中国科学院规划教材·会计学与财务管理系列

内部控制学

(第二版)

梁运吉　孟丽荣　主　编

连艳玲　陈志宏
王宇慧　赵金梅　副主编

科学出版社

北京

内 容 简 介

本教材的教学内容安排能体现内部控制领域最新研究成果，教材逻辑结构能体现企业内部控制运行的基本规律。教材全面、系统地研究和讲解了企业内部控制的基本原理与基本方法，注重对内部控制学中涉及的基本概念和基本原理的把握与理解；注重对企业内部控制学理论和实践在当今最新发展的介绍与分析，涵盖了内部控制基本规范及其配套指引近年来的修订与变化后的内容；并通过企业内部控制案例分析帮助学生理解企业内部控制学的基本理念、分析方法和实际运用；同时注重培养学生对内部控制领域的认知能力，注重培养学生审计与内部控制评价与实施的职业素养，为学生后续的学习奠定坚实的基础。

本教材讲解全面、深入，资料详尽、实用，具有较强的操作性，是各院校审计专业及经济管理专业学生学习企业内部控制的入门教材，也是拟从事企业内部控制工作人员的理想参考用书。

图书在版编目（CIP）数据

内部控制学/梁运吉，孟丽荣主编. —北京：科学出版社，2018.7
ISBN 978-7-03-056120-6

Ⅰ. ①内⋯ Ⅱ. ①梁⋯ ②孟⋯ Ⅲ. ①企业内部管理-高等学校-教材 Ⅳ. ①F270

中国版本图书馆 CIP 数据核字（2017）第 324887 号

责任编辑：王京苏 郝 静 / 责任校对：彭 涛
责任印制：徐晓晨 / 封面设计：蓝正设计

科学出版社 出版
北京东黄城根北街 16 号
邮政编码：100717
http://www.sciencep.com

北京中石油彩色印刷有限责任公司 印刷
科学出版社发行 各地新华书店经销
*
2015 年 3 月第 一 版　开本：787×1092　1/16
2018 年 7 月第 二 版　印张：25
2021 年 7 月第四次印刷
字数：605 000
定价：58.00 元
（如有印装质量问题，我社负责调换）

"会计学与财务管理系列教材"编委会

顾　问　于玉林　曲晓辉

主　任　张　林　唐现杰

委　员　王福胜　田国双　常树春
　　　　孙长江　谭旭红　任秀梅
　　　　刘东辉　张劲松　徐　鹿

第三版总序

"会计学与财务管理系列教材"第一版于2007年5月出版,2012年系列教材再版,到2017年已历经10年时间,系列教材发行总量超过50万册,部分教材已经累计印刷数十次,全国有数十所高校的数万名师生使用了我们的教材,对这套教材给予了充分的信任与关注。在服务广大读者和师生的同时,系列教材得到了诸多荣誉:《基础会计学》《高级财务会计》《财务管理》《财务通论》被评为普通高等教育"十一五"国家级规划教材,并获得省级教学成果一等奖;《基础会计学》《财务管理》分别获得黑龙江省第十四届社科成果一等奖、二等奖;《基础会计学》《中级财务会计》《财务管理》《成本会计》被确认为省级精品课使用教材;《基础会计学》《成本会计》荣获教育部普通高等教育"十二五"国家级规划教材。一套系列教材能够获得如此多的奖励与成就,皆源于广大读者的支持与厚爱。

伴随着我国走进新时代,"创新驱动""一带一路"倡议成为我国社会经济发展的主要推动力,大数据、云计算、互联网、人工智能等新科技的高速发展,推动着新业态、新模式和新思维不断涌现;数字经济的迅猛发展更令会计和财务管理等相关专业人才培养重新思考、重新定位;新的会计规范出台,新的理论不断产生、完善,都要求我们的教材无论从内容上还是形式上与时俱进、不断更新完善,才能为培养出更多符合社会发展的创新型、应用型、复合型高素质专门人才提供支撑。为此,本系列教材进行第三次改版。承蒙读者们10年关注与厚爱,更加激励我们将此套系列教材打造成为精品,以成为"经典教材"为奋斗目标。

本次再版修订,本系列教材继续保持所具有的优势特色。

(1) 知识体系完整,各教材内容相互紧密衔接。

(2) 内容新颖全面,逻辑思维清晰严谨,知识点讲解准确,语言表述通俗易懂。

(3) 理论与实际结合紧密,操作性、应用性强。

(4) 习题资料及案例内容翔实,突出学生的能力训练和综合素质的培养。

(5) 注重现实,放眼未来。许多教材中对学科研究前沿做出专题介绍,开阔学生视野,形成良好的专业发展引导和思维延展,培养学生创新意识。

此外,教材的主编又根据实际情况做出相应的修订,主要包括以下几种情况。

(1) 由于社会发展、环境变化,所形成的新思想、新理念、新方法及科学研究新成果,在相应教材中予以反映。

（2）国家法规及会计准则、会计制度（如《政府会计制度》）等的修订，导致原有教材内容的不适应。

（3）增加最近几年出现的引起学术界普遍关注的经典商业案例。

（4）部分教材的习题资料进一步充实完善。

（5）由读者建议而适当调整的内容。

本系列教材在第三版修订中，得到科学出版社的责任编辑王京苏、郝静的大力支持，也得到许多读者提供的意见与建议。在教材编写过程中，借鉴和参考了国内外学者的相关研究成果，在此一并表示感谢。

张　林
2018 年 1 月

第二版总序

2007年5月，黑龙江省高校会计学教师联合会组织编写的"会计学及财务管理系列教材"由科学出版社出版发行，本套系列教材是中国科学院规划教材。其中，《基础会计学》《高级财务会计》《会计制度设计》《财务管理》《财务通论》被评为普通高等教育"十一五"国家级规划教材，并获得省级优秀教学成果一等奖；《基础会计学》《财务管理》分别获得黑龙江省第十四届社科成果一等奖、二等奖。本套系列教材的再版，是在原系列教材的基础上结合近几年国内外会计及财务管理领域理论、方法及应用的变化和教学内容、教学方法改革的需要，在保持原教材特色与优点的前提下，对会计学及财务管理专业领域的技术方法、阐述内容进行全面修订而形成的系列新作。

针对普通地方高校培养应用型、复合型人才需要的"会计学及财务管理系列教材"自出版至今，重印了多次，取得了很好的社会反响。此系列教材已成为哈尔滨商业大学、哈尔滨工业大学、东北农业大学、东北林业大学、东北石油大学、黑龙江大学、黑龙江八一农垦大学和黑龙江科技学院等多所高校经济管理类专业学生的专业课指定教材、硕士研究生入学考试教材，同时作为会计学和财务管理专业课教材，被国内多所高校选用。各高校的教师和同学在使用的过程中给予了此系列教材一致好评，认为此系列教材不仅详细地介绍了理论知识、专业技术，而且运用大量的案例将晦涩的理论知识变得易于理解和掌握，可以说很好地将理论与实践结合了起来，填补理论空白的同时，为学生日后的实践提供了很好的指导。越来越多的高校选择此系列教材作为经济管理类专业学生的指定用书。

虽然此系列教材自出版以来取得了一定的成绩，但是我们清楚地知道仍有很多地方需要修订及进一步完善。21世纪的头10年中，会计学及财务管理领域的发展日新月异，无论是国际、国内的理财环境，还是会计学及财务管理运用的具体方法都有了翻天覆地的变化，这也对会计学及财务管理的学习提出了更高的要求。在这样的大环境下，我们绝对不敢停下前进的步伐，必须紧跟发展的大潮，把握发展的方向，紧扣发展的脉搏，为会计学及财务管理的发展贡献力量，并为提高会计学及财务管理的教学质量而努力。各界同仁的支持与肯定就是我们发展的原动力，各方的质疑声更是我们改正的明镜，在各个方面的共同作用下，我们一定会越走越好。我们再版本系列教材的目的就是更好地为各位教师、同学服务，你们的满意就是对我们最大的肯定。

在再版"会计学及财务管理系列教材"的过程中，我们虽然收集了大量的素材，做了全面的准备，但是我们发现在相关理论、方法、实务的理解上仍然存在一定的差距，所以不可能对会计学及财务管理领域出现的所有问题都进行全面的阐述。加之编写人员学识所限，教材中难免有不恰当之处，恳请各位读者不吝赐教，以便进一步修订、完善。

"会计学及财务管理系列教材"的再版，借鉴和参考了国内外许多专家学者的研究成果，在此一并表示感谢！

2011 年 6 月

第一版总序

21世纪是一个以网络化、信息化、数字化、知识化为重要特征的新经济时代。新时代飞速发展的市场经济对经济与管理类的专业教育提出了新的要求。顺其大势，我国会计学和财务管理学科的理论研究、实践改革和人才培养都呈现出一派前所未有的繁荣景象。这表明我国的会计学和财务管理学科正以蓬勃的生机向前发展着。随着我国市场经济和现代企业制度的建立和逐步完善，新世纪的会计、财务管理教育面临新的挑战。因此，培养通晓商业惯例和会计准则，掌握财务与会计管理技术与方法，适应21世纪市场竞争的高级财务与会计管理人才，已经成为普通高等院校会计学与财务管理专业人才培养的基本目标。

2006年2月，新会计准则和审计准则的颁布以及2007年1月1日新会计准则在上市公司的实施，是我国会计改革进程中的一次重大举措，会计热又一次被推向了高潮。为了更好地将新会计准则贯彻下去，更快地让学生掌握新的会计准则体系，适应新准则下的财务与会计管理工作，我们借鉴了国内外优秀的会计和财务管理类教材，以新会计准则和新审计准则为基础，编写了会计学及财务管理专业系列教材，共计20本，包括《基础会计学》《会计学》《中级财务会计》《高级财务会计》《成本会计》《会计制度设计》《政府与非营利组织会计》《审计学》《财会专业英语》《财务管理》《财务通论》《公司财务》《高级财务管理》《管理会计》《财务报告分析》《国际财务管理》《会计信息系统》《证券投资与评估》《资产评估》《纳税筹划理论与实务》。其中，《基础会计学》《高级财务会计》《会计制度设计》《财务管理》《财务通论》被评为普通高等教育"十一五"国家级规划教材。

本套系列教材由黑龙江省高校会计学教师联合会组织编写，由科学出版社出版。我们认为在大众化教育的背景下，集中各校优势，通过合作方式实现教学资源优化配置，编写一套适用于普通地方高校培养应用型、复合型人才要求的教材，对加强各校的合作交流、推动师资培养、促进相关课程的教学改革，是一件一举多得的好事。编审委员会由哈尔滨商业大学、哈尔滨工业大学、东北林业大学、东北农业大学、黑龙江八一农垦大学、大庆石油学院、黑龙江大学、黑龙江科技学院、齐齐哈尔大学、哈尔滨理工大学10所高校的教师组成，其中包括教学经验丰富、学术造诣较深的老教师，风华正茂的中年教师以及具有足够成长后劲的青年骨干教师。本系列教材的主编均由教学经验丰富的教授担任。

我们从多年的教学实践中深切感受到，教材和教学质量有着十分密切的关系。教材规定了教学内容，是教师授课取材之源，也是学生求知和复习之本，没有优秀的适用教材，也就无法提高教学质量。丢开教材，欲求提高教学质量，不啻缘木求鱼。换言之，没有优秀的教材，就没有优秀的高等教育；没有高质量的人才培养，就没有高水平的大学。我国目前各高等院校会计学专业和财务管理专业所使用的教材，尽管版本众多，内容和结构有所差别，各校可选择的空间较大，但仍有进一步改革之必要。这是因为：第一，目前各高校所使用的教材，大都编写于21世纪初，很多都没有体现2007年实施的新会计准则，再加上计算机、网络技术和电子商务的不断发展，原有的教材内容需要大范围的更新；第二，随着会计和财务管理理论与实践的发展，人们对会计和财务管理的认识不断发生变化，对于原有教材的有些内容也需要在新的认识基础上重新解读，使学生能够在更宽广的视野和更高的层次上掌握会计和财务管理的专业知识；第三，尽管各种版本的会计和财务管理专业教材内容和结构都不尽相同，但是侧重理论教学、奠定科研基础、培养本科生毕业后从事研究工作的教材偏多，而适合于培养应用型、复合型人才的普通地方高校的教材却少之又少；第四，现有教材在体系结构上大多采用教材、案例、习题相分离的编排形式，而且有的教材根本没有案例，这给强调动手能力和实际操作能力的大众化教育模式的专业课教学带来诸多不便，需要加以改进。正因为如此，我们在不断反思会计与财务管理教育改革与创新培养目标、不断修正完善教学计划的基础上，摸索培养特色人才的新定位、新理念、新途径，针对现有教材存在的缺点，改善以往简单地选用重点大学教材的状况，编写了本系列教材，力图为普通地方高校会计学和财务管理专业提供一套具有理论性、实践性、指导性的优秀教材。这套系列教材的编写本着务实、求新、继承与开拓的精神，定位于会计学、财务管理本科专业必修课，是对两个专业本科教学内容的总体设计和完善，目的是为进一步建立和完善会计学和财务管理学科体系奠定基础，以求通过科学、先进、实用的教学体系培养出适合我国经济发展需要的会计和财务管理应用型和复合型人才。为了保证教材具有高起点、高质量，我们在编写与出版过程中突出以下三点：①"质量第一，开拓创新"是编写教材的指导思想。通过本系列教材，期望展示我们各所学校的教学改革和教材建设的成果。②以"借鉴国际通用教材体例、实现系列教材的国际化风格"为编写教材的基本原则。广泛借鉴国际流行的教材编写风格，适应新世纪人才培养的新要求。③以"主编负责，合约约束"为质量保证手段。

本套教材主要体现了以下几个特点。

（1）内容新颖全面。本系列教材的编写建立在新颁布的《企业会计准则》《企业会计准则——应用指南》《审计准则》《公司法》《证券法》等制度和法律的基础上，融合了新准则、新法规中的新规定，是新准则颁布之后较早、较全的一套系列教材。其中，不仅体现出了会计专业教材中的很多具体准则变化的业务处理（如《企业会计准则——金融工具确认和计量》《企业会计准则——资产减值》），而且财务管理相关知识的最新变化也同样出现在本套系列教材中（如新《公司法》中关于利润分配的变化、财务报表分析中财务指标的变化）。

会计是一种国际商业语言，随着世界经济的一体化、市场竞争的国际化，需要国际惯例协调的范围越来越广,所以在系列教材的编写过程中,我们参考了相当多的会计学和财务管理学方面的经典国际知名教材,以国际会计最新发展趋势为依据,充分体现我国的会计准则和国际准则的实质性趋同,力争使本套教材成为教师指导学生的一个有用工具,使学生能够通过学习教材掌握最新的财务与会计知识的专业技能,同时具有国际"变通"能力。

(2) 系统性和可操作性。系统性是指本系列教材体现了知识体系的架构、知识点的交叉渗透,以及各自的逻辑关系。一方面,在内容结构体系安排上体现了由简单到复杂、由易到难的渐进过程,适用于教与学。另一方面,在内容选择和体例编排上都充分考虑了不同阶段、不同知识结构学生的需要,基本解决了教学层次多,但教材单一、内容滞后的矛盾。两个专业的教材分别包括了初级(如《基础会计学》《财务通论》)、中级(如《中级财务会计》《公司财务》)和高级(如《高级财务会计》《高级财务管理》)三个层次的教学内容,而且最大限度地避免了课程内容的交叉与重复。本套教材的可操作性主要体现了理论与实际的紧密联系,强调实际操作能力的培养,从培养应用型、复合型人才的宗旨出发,各教材根据需要设置了复习思考题、计算分析题及案例分析等,旨在培养学生独立思考、独立处理业务、独立解决问题的能力。

(3) 便于教师教学和学生学习。为了方便教师教学和学生学习,在每部教材中均安排了如下内容:①每章前面设有导言和重要概念,章后有小结;②注重对习题和案例的编写,每章后面根据需要设置有复习思考题(其中包括简答题、计算题)和案例分析。如此安排便于学生明确各章学习重点并对学习内容产生兴趣。通过大量的习题和经典案例,让教师的教学达到更好的效果,为学生的学习和理解提供了更好的工具,有利于锻炼学生综合分析问题和解决问题的能力。

(4) 突出学生综合素质和创新能力的培养。我们认为,社会经济的发展状况将本科会计学和财务管理教育定位为:为企事业单位、金融机构和财务咨询或服务机构培养从事会计、理财工作和其他相关经济管理工作的具有综合素质的人才。这类人才应该具有以下特点:有很强的适应性;有不断吸收新知识的能力;有进一步发展的潜力;有一定的创新能力;有较高的综合素质;有国际化意识或全球意识。

作为培养新世纪高级应用型、复合型人才的系列教材,除了要强化学生的基础知识和基本技能以外,还应注意学生综合分析能力和判断决策能力的培养,引导学生打破常规、勇于创新,将素质教育融入教材之中。以学生自主创新能力培养为核心的教学,要求教师在完成必要的知识教学和技能培训目标的同时,培养学生的自主学习能力和创新能力,最终达到提高学生综合素质的目的。在编写教材时,每位作者都努力站在企业或组织的整体角度考虑和阐述问题,以期达到扩展会计学及财务管理专业学生视野的目的,实现对学生综合能力和创新意识的培养。

(5) 突出现实性和适应性。根据新世纪人才的培养目标,本系列教材立足于我国国情和当前经济现实,与我国正在进行的市场经济建设相适应,具有较强的应用性。同时又面向未来,在吸收国际先进理论与技术方法的基础上,注意了我国普通地方高校本科教学的适用性。本套教材以新颁布的《公司法》《证券法》等法律规范为依据进行编写，以保证教材中介绍的会计、财务管理知识能够在新的法律环境下更好地应用。

本套系列教材能够顺利出版，要感谢哈尔滨商业大学等10所高校领导和教师们的大力支持，感谢科学出版社的鼎力帮助，感谢所有主编和参编人员的通力合作，感谢所有有关兄弟院校会计、财务管理界同仁多年来的友好协作与真诚关怀。不积跬步，无以至千里。

我们希望通过这套会计学和财务管理专业系列教材的编撰，能够对会计和财务管理的理论与实务做出一个相对清晰的描述和阐释。我们越深入这一过程，就越强烈地意识到，在传播会计和财务管理知识体系这一艰巨而复杂的任务中，我们尚处于开端处。尽管我们做了较长时间的准备，所有编写人员也付出了艰辛的劳动，但由于经济环境的迅速变化，对国内外现状的掌握不可能全面、透彻，加之编写人员学识所限，教材中难免有不妥甚至谬误之处，恳请读者不吝赐教，以便在今后修订时更正和完善。

2007年7月

前　言

内部控制是由企业董事会、监事会、经理层和全体员工实施的，旨在实现控制目标的过程，是适应企业加强管理、实现企业经营管理目标而产生发展的，有利于保证企业经营管理合法合规、资产安全、财务报告及相关信息真实完整，提高经营效率和效果，促进企业实现发展战略。内部控制从最初的内部牵制到内部结构化，从会计和管理控制再到企业目标驱动的全面风险管理，经历了一个逐渐发展的过程。这个过程有企业管理水平和内控活动认识提升，管理的"黑匣子"不断打开的结果，也有大的跨国企业集团破产失败的经验教训的总结。在我国实务界和有关学者的推动下，在财政部、中国证券监督管理委员会（以下简称"证监会"）、审计署、中国银行业监督管理委员会（以下简称"银监会"）[①]、中国保险监督管理委员会（以下简称"保监会"）等部门的主导下，先后颁布了《企业内部控制基本规范》、18项《企业内部控制应用指引》、《企业内部控制评价指引》和《企业内部控制审计指引》。为更好地加强对相关准则和指引的学习理解，我们以《企业内部控制基本规范》《企业内部控制应用指引》为基本依据，以案例分析的形式，系统阐述企业内部控制理论、方法及各个业务控制的关键点、实务操作，形成内部控制学教材。该教材以内容规范、体系完整、讲解通俗易懂等特点，受到了读者的广泛好评。几年过去了，企业内部控制的实务与环境都发生了一些变化，企业的信息化水平不断提升，管理信息化与大数据决策支持作用不断提升，电子商务模式的迅速发展，互联网平台公司的崛起，企业的营销模式、采购模式、物流管理、业务外包、信息沟通与系统管理等都发生了一定变化，管理对内部控制提出了更多的要求。

本书在保持教材第一版基本风格、特点和内容的基础上，结合最近电子商务蓬勃发展、企业电子信息系统大量应用等企业经营环境变化和内控发展需要，对教材进行了修订，修订后的教材在对各章节内容梳理后，在各章增加该章节重点内容及其关系的内容体系框架，有利于读者较好把握各章内容体系；对于销售与收款等涉及多岗位、多部门的业务活动的相互牵制和授权等内部控制节点通过业务流程图直观呈现，再配以文字说明，有利于读者较好地把握相关业务活动的关键节点和主要内部控制措施；另外，新教材按各章节内容精选最新的经典案例，结合内部控制相关理论，深入分析案例中企业内部控制缺陷的主要表现及其缺陷产生的原因或案例企业内部控制成功之处，有利于读者更好地理解和把握新环境下企业如何有效地加强内部控制，更好地把握不同经营管理与

[①] 中国银行业监督管理委员会和中国保险监督管理委员会现已合并组建中国银行保险监督管理委员会。

业务活动的内部控制关键环节和控制手段。

各章执笔人分别如下：梁运吉（第三章、第四章、第五章、第六章）；赵金梅（第七章）；连艳玲（第八章、第九章、第十章、第十一章、第十九章）；陈志宏（第十二章、第十三章、第十四章、第十五章）；孟丽荣（第一章、第二章、第二十章、第二十一章、第二十二章）；王宇慧（第十六章、第十七章、第十八章）。参与本书编写的人员还有部莉珺、刘毅、赵亦婷、曲月娜、魏莹、王欣瑶、陈梦、程译萱、梁夜、蒋卓、李雪萌、张鸿深、韩旭、孙富强、王雨萌等。

在编写本书的过程中，我们参考了大量的国内外文献和资料，并尽可能地加以注明，如有无意疏漏，敬请各位作者谅解。在本书出版之际，我谨代表本书编写人员向所有致力于内部控制研究领域的专家与学者致以最诚挚的敬意。

由于时间仓促及水平有限，本书难免存在疏漏之处，恳请各位学者、专家、同仁和广大读者不吝赐教，以使本书得以不断充实和完善。

编 者

2018 年 1 月

目 录

第一章 总论 ·· 1
第一节　内部控制的理论和实务发展 ·· 2
第二节　我国内部控制理论与实务的发展 ·· 7
第三节　我国企业内部控制规范体系 ·· 9
第四节　内部控制案例分析 ·· 18
本章小结 ·· 21

第二章 内部控制的基本理论 ·· 23
第一节　内部控制的内涵与目标 ·· 24
第二节　内部控制的原则 ·· 30
第三节　内部控制的要素 ·· 31
第四节　案例分析 ··· 41
本章小结 ·· 41

第三章 组织架构指引 ·· 45
第一节　组织架构的基本内容 ·· 46
第二节　组织架构控制关键点 ·· 55
第三节　组织架构案例分析 ·· 60
本章小结 ·· 62

第四章 发展战略指引 ·· 63
第一节　发展战略的基本内容 ·· 64
第二节　发展战略控制关键点 ·· 78

第三节　发展战略案例分析 ………………………………………… 82
本章小结 ……………………………………………………………… 83

第五章　人力资源指引

第一节　人力资源的基本内容 ……………………………………… 86
第二节　人力资源控制关键点 ……………………………………… 96
第三节　人力资源案例分析 ………………………………………… 100
本章小结 ……………………………………………………………… 103

第六章　社会责任指引

第一节　社会责任的基本内容 ……………………………………… 105
第二节　社会责任控制关键点 ……………………………………… 106
第三节　社会责任案例分析 ………………………………………… 111
本章小结 ……………………………………………………………… 116

第七章　企业文化指引

第一节　企业文化的基本内容 ……………………………………… 118
第二节　企业文化控制关键点 ……………………………………… 120
第三节　企业文化案例分析 ………………………………………… 123
本章小结 ……………………………………………………………… 126

第八章　资金活动指引

第一节　资金活动的基本内容 ……………………………………… 129
第二节　资金活动业务流程及控制关键点 ………………………… 130
第三节　资金活动案例分析 ………………………………………… 142
本章小结 ……………………………………………………………… 145

第九章　采购业务指引

第一节　采购业务的基本内容 ……………………………………… 148
第二节　采购业务流程及关键控制点 ……………………………… 151
第三节　采购业务案例分析 ………………………………………… 157

本章小结 ··· 159

第十章 资产管理指引 ··· 161
第一节　资产管理的基本内容 ·· 162
第二节　资产管理关键控制点及管控措施 ·· 175
第三节　资产管理案例分析 ·· 181
　　本章小结 ··· 185

第十一章 销售业务指引 ·· 187
第一节　销售业务的基本内容 ·· 188
第二节　销售业务各流程的主要风险及管控措施 ······································ 189
第三节　销售业务案例分析 ·· 193
　　本章小结 ··· 195

第十二章 研究与开发指引 ··· 197
第一节　研究与开发的基本内容 ··· 198
第二节　研究与开发业务各流程的主要风险及管控措施 ··························· 198
第三节　研究与开发案例分析 ·· 201
　　本章小结 ··· 202

第十三章 工程项目指引 ·· 205
第一节　工程项目的基本内容 ·· 206
第二节　工程项目控制关键点 ·· 207
第三节　工程项目案例分析 ·· 216
　　本章小结 ··· 218

第十四章 担保业务指引 ·· 219
第一节　担保业务的基本内容 ·· 219
第二节　担保业务控制关键点 ·· 225
第三节　担保业务案例分析 ·· 230
　　本章小结 ··· 231

第十五章 业务外包指引 ……………………………………………… 232
第一节 业务外包的流程 …………………………………………… 233
第二节 业务外包控制关键点 ……………………………………… 233
第三节 业务外包控制案例分析 …………………………………… 236
本章小结 …………………………………………………………… 237

第十六章 财务报告指引 ……………………………………………… 239
第一节 财务报告内部控制概述 …………………………………… 240
第二节 财务报告内部控制关键点 ………………………………… 243
第三节 财务报告内部控制案例分析 ……………………………… 250
本章小结 …………………………………………………………… 252

第十七章 全面预算指引 ……………………………………………… 254
第一节 全面预算内部控制概述 …………………………………… 255
第二节 全面预算内部控制关键点 ………………………………… 262
第三节 全面预算内部控制案例分析 ……………………………… 267
本章小结 …………………………………………………………… 270

第十八章 合同管理指引 ……………………………………………… 272
第一节 合同管理内部控制概述 …………………………………… 273
第二节 合同管理内部控制关键点 ………………………………… 276
第三节 合同管理内部控制案例分析 ……………………………… 281
本章小结 …………………………………………………………… 282

第十九章 内部信息传递指引 ………………………………………… 284
第一节 内部信息传递概述 ………………………………………… 285
第二节 内部报告的主要风险点及管控措施 ……………………… 290
本章小结 …………………………………………………………… 298

第二十章 信息系统指引 ··· 300

第一节 信息系统的基本内容 ··· 301
第二节 信息系统规划和开发控制 ··· 302
第三节 信息系统的运行与维护控制 ··· 310
第四节 信息系统案例分析 ··· 315
本章小结 ··· 315

第二十一章 企业内部控制评价 ··· 319

第一节 内部控制评价概述 ··· 320
第二节 内部控制评价的内容、程序 ··· 325
第三节 内部控制缺陷的认定 ··· 334
第四节 内部控制评价报告案例 ··· 343
本章小结 ··· 347

第二十二章 企业内部控制审计 ··· 349

第一节 内部控制审计概述 ··· 350
第二节 内部控制审计程序 ··· 354
第三节 企业内部控制审计案例分析 ··· 374
本章小结 ··· 377

参考文献 ··· 379

第一章

总　　论

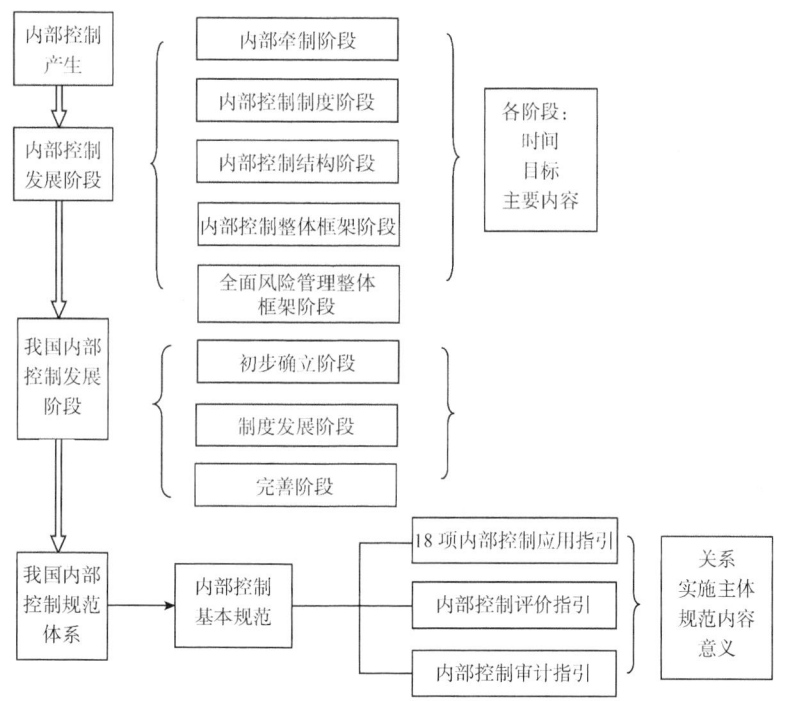

公元前 3000 多年前，内部控制思想已经萌芽，20 世纪 40 年代后，现代内部控制理论和实践不断完善。内部控制的发展大致经历了五个阶段，即内部牵制阶段、内部控制制度阶段、内部控制结构阶段、内部控制整体框架阶段和全面风险管理整体框架阶段。其中 COSO（The Committee of Sponsoring Organizations of the Treadway Commission，美国反虚假财务报告委员会下属的发起人委员会）1992 年公布的《内部控制——整合框架》报告是内部控制发展史历程中的一座重要的里程碑，其后的 ERM（enterprise resource management，企业资源管理）框架将内部控制上升到企业全面风险管理的高度。本章将简要介绍内部控制发展的历程，揭示内部控制的发展趋势，并对我国内部控制理论与实务发展脉络进行梳理，加强对企业内部控制的理解和认识。

【**重要概念**】内部牵制　内部控制制度　内部控制结构　内部控制整体框架　全面风险管理整体框架

第一节 内部控制的理论和实务发展

内部控制理论与实践的发展大体上经历了内部牵制、内部控制制度、内部控制结构、内部控制整体框架和全面风险管理整体框架阶段五个不同的阶段。内部控制是组织运营和管理活动发展到一定阶段的产物，是科学管理的必然要求。

一、内部牵制阶段

随着社会经济生活的发展，组织和分工产生后，对组织成员的活动行为进行控制的需要也随之产生，在古埃及、古波斯、古希腊、古罗马和古代中国都有原始牵制控制的雏形。甚至最早可以追溯到前3600～前1900年的苏美尔文化时期。但由于生产规模和活动的相对简单，仅产生控制的思想萌芽，没有形成现代意义的内部控制思想体系。

15世纪初，随着资本主义经济的萌芽，复式记账法的出现促进了内部牵制的发展。此时的内部控制主要表现为对会计账目核对和一定程度的岗位分离，内部控制相互牵制，使任何一个部门或人员都不能独立地控制会计账目，并且使两个或两个以上内部控制的部门和人员能够对会计账目实现交叉检查或交叉控制，标志着内部牵制渐趋成熟。18世纪产业革命以后，企业规模逐步扩大，公司内部稽核制度效果显著，被许多大公司所采纳。20世纪初，所有权与经营权相互分离为主要特征的股份公司迅速发展，企业为了解决两权分离的信息不对称问题，提高运营效率、防范错弊，在生产经营中探索完善了内部牵制制度。内部牵制制度的主要特点是以"查错纠弊"为目的，进而保证财产物资安全和会计记录真实。

内部牵制机制的提出主要基于两个设想：一是两个或两个以上人员或部门无意识地犯同样错误的概率远小于一个人或部门，二是两个或两个以上人员或部门有意识作弊的可能性要远低于一个人或部门。因此，内部牵制强调分权和制衡，以抑制由权力集中而引发的错误或舞弊行为。在现代内部控制理论中，内部牵制仍占有很重要的地位，为现代内部控制理论中有关组织规划、职务分离控制奠定基础。

二、内部控制制度阶段

20世纪40～70年代属于内部控制发展的第二阶段，即内部控制制度阶段。这一时期资本主义经济快速发展、所有权与经营权进一步分离，社会化大生产、新技术的应用、股份制公司组织形式的发展，以及注册会计师行业的推动，使内部控制由早期的内部牵制逐渐演变为涉及组织结构、岗位职责、人员素质、业务处理程序、检查标准和内部审计等比较严密的内部控制系统。在这一阶段，西方各国纷纷以法律的形式要求通过内部控制强化对企业财务会计资料及各种经济活动的内部管理，以保护投资者和债权人的经济利益。同时，为适应注册会计师评价单位内部控制状况的需要，一些国家开始将内部控制划分为内部会计控制和内部管理控制。其中，内部会计控制主要是针对会计记录系统和相关的资产保护实施的控制，内部管理控制主要是针对经济决策、交易授权和组织规划等实施的控制。

1949 年，美国注册会计师协会（American Institute of Certified Public Accountants，AICPA）所属的审计程序委员会发表了一份题为"内部控制：系统协调的要素及其对管理部门和独立公共会计师的重要性"(*Internal Control: Elements of Coordinated System and its Importance to Management and the Independent Public Accountant*)的特别报告，首次正式提出了内部控制的权威性定义，即"内部控制包括组织机构的设计和企业内部采取的所有内部控制协调方法和措施，旨在保护资产，审核会计信息的准确性和可靠性，提高经营效率，促进既定管理政策的贯彻执行"，这就形成了内部控制系统思想。这一定义强调内部控制系统不局限于与会计和财务部门相关的控制方面，还包括预算控制、成本控制、定期报告、统计分析和内部审计等内容，以保证企业制定的政策方针的贯彻实施。

1958 年，出于注册会计师测试与财务报表有关的内部控制的需要，美国注册会计师协会下属的审计程序委员会又发布了第 20 号审计程序公告《独立审计人员评价内部控制的范围》(*CAP No.29, Scope of the Independent Auditor's Review of Internal Control*)，也将内部控制分为内部会计控制（internal accounting control）和内部管理控制（internal administrative control）两类，其中前者涉及与财产安全和会计记录的准确性、可靠性有直接联系的所有方法与程序，如授权与批准控制、从事财物记录与审核的职务及从事经营与财产保管的职务实行分离、实物控制和内部审计等。后者主要是与贯彻管理方针和提高经营效率有关的所有方法与程序，一般与财务会计只是间接相关，如统计分析、业绩报告、员工内部控制培训、质量控制等。这一分类就是我们熟知的内部控制"制度二分法"的由来。

由于管理控制的概念较模糊，在实际业务中与会计控制的界限难以明确划清，因此 1972 年 11 月，审计准则执行委员会发布《审计准则公告第 1 号——审计准则和程序汇编》，重新阐述了内部管理控制和内部会计控制的定义，使得注册会计师在研究与评价企业内部控制制度的基础上来确定实质性测试的范围和方式成为可能。由此内部控制进入"制度二分法"或内部控制"二要素"阶段。这一阶段的内部控制正式被纳入制度体系之中，同时管理控制成为内部控制的一个重要组成部分。

1. 管理控制

管理控制包括（但不限于）组织规划及与管理部门业务授权决策过程有关的程序和记录，它是直接与达到组织目标的责任相联系的管理职能，是对经济业务建立会计控制的出发点。

2. 会计控制

会计控制包括组织规划和涉及保护资产与财务记录可靠性的程序和记录，并为以下各项内容提供合理保证。

（1）根据管理部门的一般授权和特殊授权处理各种经济业务。

（2）经济业务的记录对使财务报表符合一般公认会计原则或其他适用的标准和保持对资产的经营管理责任都是必不可少的。

（3）只有经过管理部门的授权才能接触资产。

(4) 每隔一段时间，要将账目记录的资产和实有资产进行核对，并对有关差异采取适当的措施。

三、内部控制结构阶段

20世纪80年代以后，内部控制的研究重点逐步从一般含义向具体内容深化。1988年，美国注册会计师协会发布《审计准则公告第55号》，这个公告首次以"内部控制结构"的概念代替了"内部控制制度"，明确企业内部控制结构包括为提供达到企业特定目标的合理保证而建立的各种政策和程序。该公告认为，内部控制结构由三个要素组成，即控制环境（control environment）、会计系统（accounting control）和控制程序（control procedure）。

内部控制结构阶段，人们在管理实践中逐渐认识到控制环境应该作为内部控制的一个有机组成部分来考虑，特别是公司不同利益主体，如董事会、监事会、管理层和员工都是内部控制执行者与参与者，其对内部控制的态度从根本上影响了内部控制执行的效度，是有效的内部控制体系得以建立和运行的基础与有力保障。在内部控制结构阶段，不再区分会计控制和管理控制，而统一以要素形式来描述，并首次将控制环境纳入内部控制的范畴。人们在管理过程中发现内部会计控制和管理控制在实践中其实是相互联系、难以分割的。这是内部控制发展史上的一次重要改变。

四、内部控制整体框架阶段

1987年，美国反虚假财务报告委员会（由美国注册会计师协会、会计学会、财务经理人协会、内部审计师协会、美国管理会计师协会1985年联合创立）提议成立发起人委员会（The Committee of Sponsoring Organizations of the Treadway Commission，COSO），专门研究内部控制问题。1992年9月，COSO委员会发布了指导内部控制实践的纲领性文件，即著名的《内部控制——整合框架》报告（*Internal Control—Integrated Framework*，COSO报告），并于1994年进行了增补。该报告是内部控制发展历程中的一座重要里程碑，提出了内部控制的三项目标和五大要素，并且这份报告对内部控制做了一个迄今为止最权威的界定：内部控制是由主体的董事会、管理层和其他员工实施的，旨在为经营的效率和有效性、财务报告的可靠性、相关法律法规的遵循等目标的实现提供合理保证的过程。这说明，内部控制仅仅是一个提供合理保证的过程，真正的内部控制是由人来实施的，人的行为才是内部控制制度得到有效落实的核心。内部控制的目标不是唯一的，经营目标、财务报告目标和法律法规目标既相互独立，又相互联系、相互影响。

该份报告还明确了内部控制的内容，即内部控制的五要素：控制环境、风险评估、控制活动、信息与沟通和内部监督。

1. 控制环境

控制环境主要是指主体内部的文化、价值观、组织结构、管理理念和经营风格等。这些因素是内部控制的基础，将对内部控制的运行和效果产生重要的影响。控制环境包括员工的诚信和职业道德、价值观、胜任能力、管理层的理念和经营风格、董事会及审计委员会、组织机构、权责划分、人力资源政策与实务等。

2. 风险评估

风险评估（risk appraisal）是指识别和分析与实现目标相关的风险，并采取相应的措施加以控制。这一过程包括风险识别和风险分析两个部分。风险识别既包括对新技术发展、竞争、经济变化等外部因素的识别，也包括对员工素质、公司活动性质、信息系统处理等内部活动进行检查。风险分析则涉及估计风险的重大程度、风险发生的可能性、如何控制风险等内容。

3. 控制活动

控制活动（control activity）是指主体对所确认的风险采取必要的措施，以保证其目标得以实现的政策程序。控制活动包括职责分离、实务控制、信息处理控制、业绩评价等。

4. 信息与沟通

信息与沟通（information and communication）是指为了使管理层和员工能履行其职责，企业各个部门及员工之间必须沟通与交流相关的信息。这些信息既有外部的信息，也有内部的信息。沟通的方式一般有政策规则、财务报告、备查簿，以及口头交流或管理示例等。

5. 内部监督

内部监督是评价内部控制的设计与执行情况，包括日常的监控活动、内部审计和专项评价、监督企业与外部团体进行信息的交流等。内部监督活动通常是由内部审计、财务、人力资源等部门执行。通过定期或不定期地对内部控制制度的设计与执行情况进行检查和评估，与有关人员就内部控制有效与否进行交流，并提出改进意见，以保证内部控制随着环境的变化而不断改进。

五、全面风险管理整体框架阶段

内部控制整体框架阶段在内部控制发展史上具有重要地位，内部控制五要素共同构成了一个有机的整体框架，但安然、世界通信、美国在线、时代华纳等一系列世界著名企业涉嫌财务报告欺诈事件引发了人们的深入思考，人们意识到原有的内部控制整体框架中注重信息披露结果的监督而对风险的防范和化解关注不够。

2004年9月，COSO委员会在原有的COSO报告基础上，根据《萨班斯—奥克斯利法案》要求，进行了补充和拓展，发布了《企业风险管理——整合框架》（*Enterprise Risk Management- Integrated Framework*）报告。该框架将企业风险管理定义为：全面风险管理是一个过程，它由企业的董事会、管理层和其他员工共同参与实施，应用于战略制定并贯穿于企业内部各个层次和部门，旨在识别可能对企业造成影响的潜在事项、管理风险，以使其在该主体的风险容忍度之内，为主体目标的实现提供合理保证。这一阶段最鲜明的特点是将内部控制上升至全面风险管理的高度来认识，企业要将风险作为控制的核心理念。对全面风险管理整体框架内容的理解和把握有以下几个方面。

（1）全面风险管理具有全员参与提供合理保证特性，持续应用于生产经营活动的全过程。全面风险管理从公司治理角度研究内部控制，由董事会、管理层和组织中各个层级的人员共同实施，在公司层面，通过有效的制衡机制，对管理者进行激励约束，促进管理者科学决策，减少道德风险和逆向选择；在业务层面，管理者加强对生产经营活动的控制，通过业务流、资金流、信息流、人员流等进行监控，提高管理效率和经营绩效，为企业目标实现提供合理保证。

（2）全面风险管理构建了基于战略驱动的多目标全方位内部控制，全面风险管理在过去企业对经营目标、合规目标关注的基础上，增加了一个目标，即战略目标，提出风险管理应为战略目标实现提供合理保证，扩大了对风险管理的关注范围，并将风险意识上升到企业最高管理层，体现了风险管理的重要核心地位。同时，ERM框架通过战略目标制订、战略目标分解和战略执行将战略目标与其他目标融合，为企业目标实现服务，企业各层级为促进企业战略实现进行全方位风险管理。

（3）ERM框架为全面风险管理提供了风险全过程管理的方法。《企业风险管理——整合框架》将风险评估要素进一步细分为目标设定、事件识别、风险评估和风险应对，四个要素有机衔接，环环相扣，共同构成基于战略目标实现的风险管理全过程。

（4）ERM框架提出了风险组合观，并提出了风险偏好和"风险承受力"（风险容忍度）的概念。风险偏好是指企业在实现其目标的过程中愿意接受的风险类型和大小程度，风险偏好是建立在风险容忍度基础上的。风险容忍度是企业在目标实现过程中对所出现差异的可容易限度。ERM框架要求企业管理者以风险组合观的观念应对风险，在设定的战略目标基础上，识别风险并采取相应的措施，将企业能承受的风险限制在可承担的风险偏好和容忍范围内。

内部控制发展各阶段的变化如表1-1所示。

表1-1 内部控制发展各阶段的变化

发展阶段	时间	内部控制的主要需求	主要内容	特点
内部牵制阶段	20世纪40年代前	预防舞弊，保护所有者权益	以组织控制、不相容职务分离为核心内容	强调分权和制衡
内部控制制度阶段	20世纪40~70年代	提高经营效率和审计效率，降低审计成本用于系统基础审计	分为内部会计控制和内部管理控制	制度二分法，内部控制正式被纳入制度体系之中，同时管理控制成为内部控制的一个重要组成部分，未考虑环境因素影响
内部控制结构阶段	20世纪80~90年代	为企业既定目标提供合理保证，提高审计效率，降低审计风险	三要素：控制环境、会计系统和控制程序	首次将环境因素纳入内控范畴；不再区分会计控制和管理控制，以要素形式构建控制结构体系

续表

发展阶段	时间	内部控制的主要需求	主要内容	特点
内部控制整体框架阶段	20世纪90年代至21世纪初	服务于组织目标的实现；同时也用于重大错报风险的评估	五要素：控制环境、风险评估、控制活动、信息与沟通、内部监督	提出了内部控制的三项目标和五大要素
全面风险管理整体框架阶段	21世纪初至今	管理的重点应由单纯的控制转向全面风险管理	以促进战略目标实现为基础，将风险评估要素分为目标设定、事项识别和风险应对三个要素	将内部控制上升至全面风险管理的高度，风险管理成为控制的核心理念；以风险组合观的态度对待风险

第二节 我国内部控制理论与实务的发展

中华人民共和国成立之初，实行的是苏联高度集中的计划经济体制，企业几乎没有内部控制制度。改革开放以后，随着对企业自身经营管理效益要求和控制成本意识的提升，内部控制制度逐渐完善起来，经历了内部控制制度初步建立阶段、内部控制制度发展阶段和内部控制制度完善阶段。

一、内部控制制度初步建立阶段：1985~1996年

在内部控制制度初步建立阶段，有关的内部控制制度很多是在会计和审计相关法规中进行规范的。没有有关内部控制的专门法规。例如，1985年1月颁布的《中华人民共和国会计法》（以下简称《会计法》）规定会计机构内部应当建立稽核制度；出纳人员不得兼管稽核、会计档案保管，以及收入、费用、债权债务账目的登记工作。从现在看，这些规定仅是内部控制中有关财务控制的最基本要求。然而，这是中华人民共和国成立后，我国首次在法律文件上对内部牵制提出的明确要求。1996年6月颁发的《会计基础工作规范》，对会计基础工作的管理、会计机构和会计人员职业道德、会计核算、会计监督、单位内部会计管理制度建设等问题做出了全面规范。其中对会计监督的规定成为我国企业内部控制制度初步建立的标志。1995年12月，中国注册会计师协会颁布《中国注册会计师独立审计准则》，要求被审计单位建立健全内部控制，并对内部控制的定义和内容做出具体规定，要求注册会计师从审计角度审查企业的内部控制，进行企业内部控制评价，注册会计师对审计过程中发现的内部控制重大缺陷应当告知被审计单位管理层，必要时，可出具管理建议书。《中国注册会计师独立审计准则》中有关内部控制的描述和要求，提高了我国企业对内部控制的关注程度，促进了我国企业内部控制制度的初步建设。

二、内部控制制度发展阶段：1997~2006年

1997年6月，亚洲金融危机爆发使亚洲各国和地区金融业陆续经受重创，欧美各地的股市和汇市也产生大幅波动，许多企业在危机中不堪一击，相继破产，进而对各国经济发展造成严重冲击。亚洲金融危机使人们更清晰地认识到，必须创新企业制度，增强

作为各国市场构成单元的企业的稳定性，减少企业的破产倒闭和兼并，进而带动经济增长和社会稳定。因而，亚洲金融危机后加强对企业监管、进行企业制度创新成为各国政府努力的新方向。分别在新修订的会计、审计和金融监管等法规中纳入有关内部控制的规定要求。

1999年10月新修订的《会计法》对会计监督制度要求更加重视和细化，是我国内部控制制度建设历程中的重大突破，该法明确规定，"各单位应当建立、健全本单位内部会计监督制度。单位内部会计监督制度应当符合下列要求：（一）记账人员与经济业务事项和会计事项的审批人员、经办人员、财物保管人员的职责权限应当明确，并相互分离、相互制约；（二）重大对外投资、资产处置、资金调度和其他重要经济业务事项的决策和执行的相互监督、相互制约程序应当明确；（三）财产清查的范围、期限和组织程序应当明确；（四）对会计资料定期进行内部审计的办法和程序应当明确。"

此外，为方便外部投资者进一步了解证券发行的公众公司的经营管理情况，提高资本市场资源优化配置的效率，证监会于2000年11月在《公开发行证券公司信息披露编报规则》中首先要求公开发行证券的商业银行、保险公司、证券公司建立健全内部控制制度，并在招股说明书正文中说明内部控制制度的完整性、合理性和有效性，同时，要求注册会计师对被审计者的内部控制制度及风险管理进行评价和报告。2001年，要求一般上市公司监事会对公司是否建立了完善的内部控制制度发表独立意见，若监事会认为内部控制制度完善，则可免于披露。这标志着内部控制成为企业信息披露的一部分，虽然没有强制要求上市公司披露内部控制信息，但内部控制信息在企业信息披露中的地位已不再仅是会计监督和会计控制，而是成为与企业风险管理完善程度相关的一个标志。

2004年1月重新修订的《中华人民共和国国家审计基本准则》第二十二条规定："审计组实施审计时，应当深入调查了解被审计单位的情况，对其内部控制制度进行测试，以进一步确定审计重点和审计方法。必要时，可以按照规定及时修改审计方案。"新审计基本准则要求注册会计师从制度基础审计的角度审查企业的内部控制，从对企业内部控制评价发展到对内部控制制度进行测试，表明了外部审计对企业内部控制制度的测试成为审计的实施标准。

另外，财政部从2001年6月到2003年还颁布了一系列内部会计控制基本规范，主要有《内部会计控制规范——基本规范（试行）》《内部会计控制规范——货币资金（试行）》《内部会计控制规范——采购与付款（试行）》《内部会计控制规范——销售与收款（试行）》《内部会计控制规范——担保（征求意见稿）》《内部会计控制规范——成本费用（征求意见稿）》《内部会计控制规范——工程项目（试行）》等，这些规定明确了单位建立和完善内部会计控制体系的基本框架与要求，以及货币资金、销售与收款、工程项目等业务内部控制的要求。内部会计控制的一系列试行规范虽然以会计控制规范的形式出台，但是其所涉及的内容不仅局限在会计领域，而是对采购、生产、销售、投资等诸多方面内部控制的规范，这也为我国内部控制规范体系的形成奠定了基础。

2002年2月，中国注册会计师协会发布了《内部控制审核指导意见》，该意见对内部控制审核进行了界定,并界定了被审计单位和注册会计师的责任,明确了内部控制审核业务的工作要求。

三、内部控制制度完善阶段:2006年至今

安然事件后,人们对内部控制的认识上升到全面风险管理整体框架阶段,相关研究成果推动了我国内部控制制度的发展完善。2006年,上海证券交易所(以下简称"上交所")和深圳证券交易所(以下简称"深交所")分别发布了《上市公司内部控制指引》。同年,国务院国有资产监督管理委员会(以下简称"国资委")根据《企业国有资产监督管理暂行条例》(国务院令第378号)关于"国有及国有控股企业应当加强内部监督和风险控制"的要求,出台了《中央企业全面风险管理指引》(以下简称《指引》)。

2006年7月15日,为保证资本市场健康发展,有效遏制资本市场频发的大股东占用上市公司资金、违规担保,加强公司内部控制建设,完善公司内外部治理,建立现代企业制度,由财政部牵头,财政部、国资委、证监会、审计署、银监会和保监会联合发起成立企业内部控制标准委员会,委员会成员包括来自监管部门、实务界和理论界的31位专家学者,这为构建我国企业内部控制标准体系提供了组织和机制保障,又设立了由86名专家组成的内部控制咨询委员会,发布了《企业内部控制基本规范》和17个具体规范的征求意见稿,标志着我国内部控制国际化时代的到来。

2007年,证监会发布《关于做好上市公司2007年年度报告及相关工作的通知》,提出上市公司应在2007年年报中全面披露公司内部控制建立健全的情况,包括建立健全内部控制的工作计划及其实施情况、内部控制检查监督部门的设置和人员到位情况、董事会对内部控制有关工作的安排、相关的责任追究机制,同时强调上市公司应充分发挥审计委员会的监督作用,维护审计的独立性。

2008年5月22日,财政部会同证监会、审计署、银监会、保监会联合发布《企业内部控制基本规范》。2010年4月26日,财政部等五部委联合发布了《企业内部控制配套指引》,该配套指引包括18项《企业内部控制应用指引》、1项《企业内部控制评价指引》和1项《企业内部控制审计指引》,并要求自2011年1月1日起在境内外同时上市的公司执行,2012年1月1日起在上交所和深交所主板上市的公司执行。内部控制基本规范和配套指引的发布标志着我国内部控制规范体系的基本建成,是我国内部控制制度发展的重要里程碑。

第三节 我国企业内部控制规范体系

在我国内部控制规范体系中,《企业内部控制基本规范》属于最高层次,建立了内部控制的基本理论框架,在内部控制体系中起到统驭作用,是制定应用指引、评价指引和审计指引的依据。《企业内部控制应用指引》和《企业内部控制评价指引》应用主体是企业,其中,《企业内部控制应用指引》是内部控制的建设标准,指导企业如何建立、

健全内部控制制度体系。《企业内部控制评价指引》为企业管理层对内部控制健全性和有效性进行自我评价提供指导，是评价标准。《企业内部控制审计指引》为注册会计师事务所和注册会计师执行内部控制审计业务提供执业准则，是执业标准。三类配套指引相互独立、相互联系，构成企业内部控制规范体系的重要组成部分。

一、企业内部控制基本规范

《企业内部控制基本规范》共7章50条（图1-1），为企业加强内部控制建设提供权威指引。主要内容包括如下几个方面。

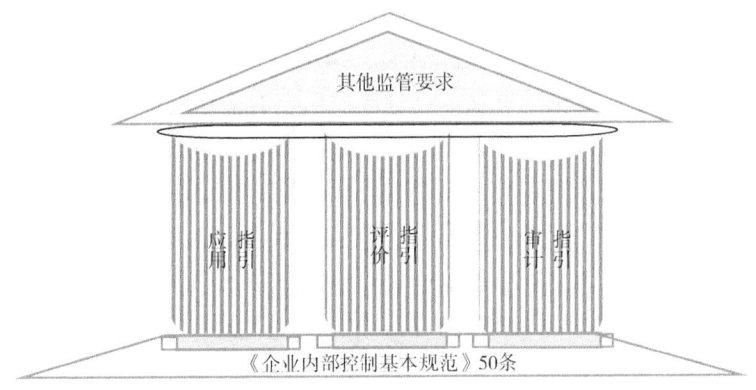

图 1-1 企业内部控制规范体系

1. 内部控制的目标

《企业内部控制基本规范》将内部控制定义为："由企业董事会、监事会、经理层和全体员工实施的、旨在实现控制目标的过程。"并将内部控制的目标归纳为五个方面（表 1-2）。

表 1-2 内部控制目标比较

名称	COSO 报告	ERM 框架	企业内部控制基本规范
目标	经营的效率效果性 财务报告的可靠性 法律法规的遵循性	战略目标 经营目标 报告目标 合法目标	合理保证企业经营管理合法合规 合理保证企业资产安全 合理保证企业财务报告及相关信息真实完整 提高经营效率和效果 促进企业实现发展战略

2. 内部控制的原则

《企业内部控制基本规范》规定，建立与实施内部控制应当遵循五项原则，即全面性、重要性、制衡性、适应性和成本效益原则。

3. 内部控制的要素

借鉴 COSO 框架，《企业内部控制基本规范》将内部控制的要素归纳为内部环境、风险评估、控制活动、信息与沟通、内部监督五大方面。具体如表 1-3 所示。

表 1-3　《企业内部控制基本规范》五要素

内部环境	风险评估	控制活动	信息与沟通	内部监督
治理结构、组织机构设置与权责分配 企业文化 人力资源政策 内部审计机构设置 法制教育与规范	目标设定 风险识别 风险分析 风险应对	不相容职责分离控制 授权审批控制 会计系统控制 预算控制 财产保护控制 运营分析控制 绩效考评控制	信息的收集机制 企业内外部的信息沟通与反馈机制 信息技术应用 反舞弊机制	日常监督检查 专项监督检查 内部控制缺陷认定与整改 内部控制自我评估

二、企业内部控制应用指引

五部委在发布《企业内部控制基本规范》后又联合发布了《企业内部控制配套指引》，配套指引共包括 18 项《企业内部控制应用指引》、1 项《企业内部控制评价指引》和 1 项《企业内部控制审计指引》，其构成如图 1-2 所示。

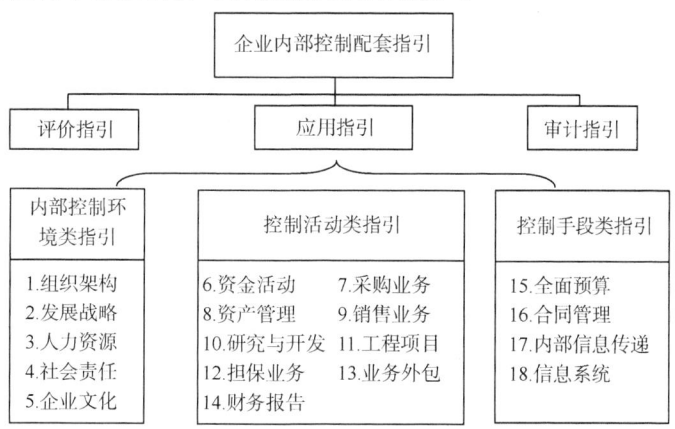

图 1-2　企业内部控制配套指引构成

《企业内部控制应用指引》从项目构成看，主要包括三类内容，即内部控制环境类指引、控制活动类指引和控制手段类指引，基本涵盖了企业资金流、实物流、人力流和信息流等各项业务与事项。

（一）内部控制环境类指引

内部环境是企业实施内部控制的基础，支配着企业全体员工的内控意识，影响着全体员工实施控制活动与履行控制责任的态度、认识和行为。内部环境类指引有五项，即组织架构、发展战略、人力资源、社会责任和企业文化。

1. 组织架构

组织架构是指企业按照国家有关法律法规、股东（大）会决议和企业章程，结合本企业实际，明确股东（大）会、董事会、监事会、经理层和企业内部各层级机构设置、职责权限、人员编制、工作程序与相关要求的制度安排。

组织架构应用指引明确规定了企业组织架构设计要求。

一是企业应当根据国家有关法律法规的规定，明确董事会、监事会和经理层的职责权限、任职条件、议事规则与工作程序，确保决策、执行和监督相互分离，形成制衡。

二是企业的重大决策、重大事项、重要人事任免及大额资金支付业务等，应当按照规定的权限和程序实行集体决策审批或者联签制度。任何个人不得单独进行决策或者擅自改变集体决策意见。

三是企业应当按照科学、精简、高效、透明、制衡的原则，综合考虑企业性质、发展战略、文化理念和管理要求等因素，合理设置内部职能机构，明确各机构的职责权限，避免职能交叉、缺失或权责过于集中，形成各司其职、各负其责、相互制约、相互协调的工作机制。

四是企业应当对各机构的职能进行科学合理的分解，确定具体岗位的名称、职责和工作要求等，明确各个岗位的权限和相互关系。

五是企业应当利用组织结构、业务流程、岗位说明和权限指引等内部管理制度或相关文件，使员工了解和掌握组织架构设计及权责分配情况，正确履行职责。

企业应当根据组织架构的设计规范，对现有治理结构和内部机构设置进行全面处理，确保本企业治理结构、内部机构设置和运行机制等符合现代企业制度要求。企业应当定期对组织架构设计与运行的效率和效果进行全面评估，发现组织架构设计与运行中存在缺陷的，应当进行优化调整。

2. 发展战略

发展战略是指企业在对现实状况和未来趋势进行综合分析与科学预测的基础上，制订并实施的长远发展目标与战略规划。

发展战略应用指引，就战略关注的主要风险、战略的制定和实施提供了应用指引。要求企业在制定战略时注意战略不明确或实施不到位的问题，避免战略过于激进和脱离企业实际导致的过度扩张和经营失败，同时避免战略因主观原因频繁变动，就上述重要风险有针对性地提出应对措施。因而，企业应当在充分调查研究、科学分析预测和广泛征求意见的基础上制订发展目标并根据发展目标制订战略规划。企业应在董事会下设立战略委员会，或者指定相关机构负责发展战略管理工作。董事会从全局性、长期性和可行性等角度，严格审议战略委员会提交的发展战略方案，再报经股东（大）会批准实施。同时，企业要设立发展战略实施后评估制度，战略委员会加强对发展战略实施情况的监控，及时发现并报告明显偏离发展战略的情况，按照规定的权限和程序调整发展战略。

3. 人力资源

人力资源是指企业组织生产经营活动而录（任）用的各种人员，包括董事、监事、高级管理人员和全体员工。人力资源对实现企业发展战略起重要的智力支持作用。企业应当重视人力资源建设，根据发展战略，结合人力资源现状和未来需求预测，制订人力资源发展目标，建立人力资源总体规划和能力框架体系，优化人力资源整体布局，明确人力资源的引进、开发、使用、培养、考核、激励、退出等管理要求，实现人力资源的合理配置，全面提升企业核心竞争力。

人力资源的引进和开发方面，企业应当根据人力资源总体规划，结合生产经营实际需要，完善和有效落实人力资源引进制度；根据人力资源能力框架要求，明确各岗位的职责权限、任职条件和工作要求，通过公开招聘、竞争上岗等多种方式选聘优秀人才；对选聘人员依法建立劳动用工关系、开展试用和岗前培训，建立员工培训长效机制。

人力资源的使用和退出方面，企业应当建立和完善人力资源的激励约束机制，设置科学的业绩考核指标体系，制定与业绩考核挂钩的薪酬制度，对各级管理人员和全体员工进行严格考核与评价，以此作为确定员工薪酬、职级调整和解除劳动合同等的重要依据，确保员工队伍处于持续优化状态。按照法律规定，建立健全员工退出（辞职、解除劳动合同、退休等）机制。

4. 社会责任

社会责任是指企业在经营发展过程中应当履行的社会职责和义务，主要包括安全生产、产品质量（含服务质量，下同）、环境保护、资源节约、促进就业、员工权益保护等。

社会责任应用指引要求企业重视履行社会责任，切实做到经济效益与社会效益、短期利益与长远利益、自身发展与社会发展相互协调，实现企业与员工、企业与社会、企业与环境的健康和谐发展。应关注在履行社会责任方面的下列风险。

（1）安全生产措施不到位，责任不落实，可能导致企业发生安全事故。

（2）产品质量低劣，侵害消费者利益，可能导致企业巨额赔偿、形象受损，甚至破产。

（3）环境保护投入不足，资源耗费大，造成环境污染或资源枯竭，可能导致企业巨额赔偿、缺乏发展后劲，甚至停业。

（4）促进就业和员工权益保护不够，可能导致员工积极性受挫，影响企业发展和社会稳定。

5. 企业文化

企业文化是指企业在生产经营实践中逐步形成的、为整体团队所认同并遵守的价值观、经营理念和企业精神，以及在此基础上形成的行为规范的总称。

企业文化应用指引明确提出以下几项管控措施。

一是要求企业应当根据发展战略和企业实际情况，采取切实有效的措施，确认文化建设的目标和内容，提炼核心价值，形成文化规范，构成员工行为守则的重要组成部分。

二是积极培育适合自身特色、能充分体现企业特点的发展愿景，积极向上的价值观，诚实守信的经营理念，开拓创新的企业精神，以及团队协作和风险防范意识，以此引导和规范员工行为，打造以主业为核心的企业品牌，形成整体团队的向心力，促进企业长远发展。

三是企业高管人员，包括董事、监事、经理和其他高级管理人员在企业文化建设中发挥主导和垂范作用，以自身的优秀品格和脚踏实地的工作作风，带动和影响整个团队，共同营造积极向上的企业文化环境，促进文化建设在企业内部有效沟通和宣传，确保员工共同遵守。

四是要求企业建设适应企业经营活动，因地制宜融入生产经营全过程，切实做到文化建设对发展战略的保障，增强员工的责任感和使命感，规范员工的行为方式，使员工自身价值在企业发展中得到充分体现。

（二）控制活动类指引

企业应当结合风险评估结果，通过手工控制与自动控制、预防性控制与发现性控制相结合的方法，对企业经营过程中的重要活动，包括资金活动、采购业务、资产管理、销售业务、研究与开发、工程项目、担保业务、业务外包、财务报告九个方面，运用不相容职务分离控制、授权审批控制、财产保护控制等控制措施进行有效控制，将风险控制在可承受度之内。

1. 资金活动

资金活动是企业筹资、投资和资金营运等活动的总称。资金是企业生产经营循环的血液，是企业生存和发展的基础，决定着企业的竞争能力和可持续发展能力。概括来讲，企业资金活动面临的重要风险如下：筹资决策不当，引发资本结构不合理或无效融资，可能导致企业筹资成本过高或债务危机；企业投资决策失误，引发盲目扩张或丧失发展机遇，可能导致资金链断裂或资金使用效益低下；资金调度不合理、营运不畅，可能导致企业陷入财务困境或资金冗余；资金活动管控不严，可能导致资金被挪用、侵占、抽逃或遭受欺诈。企业应当根据自身发展战略，科学确定投融资目标和规划，完善严格的资金授权、批准、审验等相关管理制度，加强资金活动的集中归口管理，明确筹资、投资、营运等各环节的职责权限和岗位分离要求，定期或不定期检查和评价资金活动情况，落实责任追究制度，确保资金安全和有效运行。

2. 采购业务

采购是指购买物资（或接受劳务）及支付款项等相关活动。企业在办理采购业务时不同程度地存在以下问题：采购计划安排不合理，市场变化趋势预测不准确，造成库存短缺或积压，导致企业生产停滞或资源浪费；供应商选择不当，采购方式不合理，招投标或定价机制不科学，授权审批不规范，致使采购物资质次价高，出现舞弊或销售欺诈；采购验收不规范，付款审核不严，造成采购物资、资金损失或信用受损。企业应当结合实际情况，全面梳理采购业务流程，完善采购业务相关管理制度，统筹安排采购计划，明确请购、审批、购买、验收、付款、采购后评估等环节的职责和审批权限，按照规定的审批权限和程序办理采购业务，建立价格监督机制，定期检查和评价采购过程中的薄弱环节，采取有效控制措施，确保物资采购满足企业生产经营需要。

3. 资产管理

资产是指企业拥有或控制的存货、固定资产和无形资产。企业资产管理存在的风险主要包括：存货积压或短缺，可能导致流动资金占用过量、存货价值贬损或生产中断；固定资产更新改造不够、使用效能低下、维护不当、产能过剩，可能导致企业缺乏竞争力、资产价值贬损、安全事故频发或资源浪费；无形资产缺乏核心技术、权属不清、技术落后、存在重大技术安全隐患，可能导致企业法律纠纷、缺乏可持续发展能力。企业应当加强各项资产管理，保证资产安全完整，提高资产使用效能，从而有利于维持企业正常生产经营，有利于促进企业发展战略的实现。

4. 销售业务

销售是指企业出售商品（或提供劳务）及收取款项等相关活动。企业在销售过程中主要存在如下重要风险：销售政策和策略不当、市场预测不准确、销售渠道管理不当等，导致销售不畅、库存积压、经营难以为继；客户信用管理不到位、结算方式选择不当、账款回收不力等，造成销售款项不能收回或遭受欺诈；销售过程存在舞弊行为，可能导致企业利益受损。企业应当结合实际情况，全面梳理销售业务流程，完善销售业务相关管理制度，确定适当的销售政策和策略，明确销售、发货、收款等环节的职责和审批权限，按照规定的权限和程序办理销售业务，定期检查分析销售过程中的薄弱环节，采取有效控制措施，确保实现销售目标。

5. 研究与开发

研究与开发是指企业为获取新产品、新技术、新工艺等所开展的各种研发活动，是企业进行自主创新的重要手段。企业应当重视研发工作，根据发展战略，结合市场开拓和技术进步要求，科学制订研发计划，强化研发全过程管理，规范研发行为，促进研发成果的转化和有效利用，通过研发新产品和新技术，创造新工艺，不断提升企业自主创新能力，增强核心竞争力，促进发展战略实现。

6. 工程项目

工程项目是企业自行或委托其他单位所进行的建造、安装工程。工程项目通常与企业发展战略密切相关，周期较长，并涉及大额资金及物资的流转，存在较大的不确定性和风险。企业应加强工程项目管理，提高工程质量，保证工程进度，控制工程成本，防范商业贿赂等舞弊行为，确保项目资金安全。

7. 担保业务

担保是企业作为担保人按照公平、自愿、互利的原则与债权人约定，当债务人不履行债务时，依照法律规定和合同协议承担相应法律责任的行为。企业应加强企业担保业务管理，明确担保的对象、范围、方式、条件、程序、担保限额和禁止担保等事项，防范担保业务决策失误，规范担保审批和执行流程，切实防范担保业务风险。

8. 业务外包

业务外包是企业利用专业化分工优势，将日常经营中的部分业务委托给本企业以外的专业服务机构或其他经济组织（承包方）完成的经营行为。企业应当对外包业务实施分类管理，规定业务外包的范围、方式、条件、程序和实施等相关内容，明确相关部门和岗位的职责权限，强化业务外包全过程的监控，防范外包风险，充分发挥业务外包的优势。

9. 财务报告

财务报告是企业财务信息对外报告的重要形式之一。对于上市公司而言，财务报告是投资者进行决策的主要依据；对于国有企业而言，财务报告则可能成为政府进行经济决策时关注的重要信息来源。企业应当严格执行会计法律法规和国家统一的会计准则制度，加强对财务报告编制、对外提供和分析利用全过程的管理，明确相关工作流程和要求，落实责任制，确保财务报告合法合规、真实完整和有效利用。企业负责人对财务报告的真实性、完整性负责。

（三）控制手段类指引

内部控制目标的实现，需要根据控制的对象特点和内容，采取相应的控制手段。内部控制应用指引对全面预算、合同管理、内部信息传递和信息系统四种控制手段进行了明确规定。

1. 全面预算

全面预算是企业对一定期间经营活动、投资活动、财务活动等做出的预算安排。全面预算作为一种全方位、全过程、全员参与编制与实施的预算管理模式，通过将企业的资金流与实物流、信息流相整合，可优化企业的资源配置，提高资金的使用效率。企业应当加强全面预算工作的组织领导，明确预算管理体制以及各预算执行单位的职责权限、授权批准程序和工作协调机制。

2. 合同管理

合同是企业与自然人、法人及其他组织等平等主体之间设立、变更、终止民事权利义务关系的协议。市场经济就是合同经济；然而，合同管理往往又是企业内部控制中薄弱且最容易被疏忽的环节之一。未有效订立、履行合同或合同纠纷处理不当，可能导致企业合法权益受到侵害，经济利益或信誉、形象受损。企业应当加强合同管理，明确合同拟定、审批、执行等环节的程序和要求，促进合同有效履行，切实维护企业的合法权益。

3. 内部信息传递

内部信息传递是企业内部各管理层级之间通过内部报告形式传递生产经营管理信息的过程。内部信息传递不通畅、不及时或泄露，可能导致决策失误、相关政策措施难以落实，削弱企业核心竞争力。企业应促进生产经营管理信息在内部各管理层级之间的有效沟通和充分利用。

4. 信息系统

信息系统是信息内部传递和信息对外报告的技术手段，是企业利用计算机和通信技术，对内部控制进行集成、转化和提升所形成的信息化管理平台。企业应建立信息系统，制订整体规划，加大投入力度，有序组织信息系统开发、运行与维护，优化管理流程，防范经营风险，全面提升企业现代化管理水平。

三、企业内部控制评价指引

企业内部控制评价指引旨在为企业董事会和管理层对企业内部控制有效性进行评价提供专业规范和指导。为了了解内部控制应用规范在企业的执行运用情况如何，是否还有缺陷，如何改进，以确保内部控制的有效运行，客观上需要进行有效性的评价。

《企业内部控制评价指引》主要包括内部控制评价的原则、内部控制评价的内容、内部控制评价的组织、内部控制缺陷的认定、内部控制评价报告和内部控制评价报告的披露或报送等内容。企业董事会应当对内部控制评价报告的真实性负责。

1. 内部控制评价的原则

企业实施内部控制评价应当遵循全面性原则、重要性原则和客观性原则。

2. 内部控制评价的内容

企业根据评价指引，围绕内部环境、风险评估、控制活动、信息与沟通、内部监督五要素，对内部控制有效性（包括财务报告内部控制有效性和非财务报告内部控制有效性）进行全面评价。

3. 内部控制评价的组织

《企业内部控制基本规范》及《企业内部控制评价指引》就内部控制评价的组织领导体制做出了明确要求，要求企业授权内部审计机构或其他专门机构作为内部控制评价机构，负责内部控制评价的具体组织实施工作。这实际上就为内部控制评价工作的开展设置了专门的职能机构。

4. 内部控制缺陷的认定

内部控制缺陷一般可分为设计缺陷和运行缺陷两种。企业根据现场测试获取的证据，对内部控制缺陷按其影响程度分为重大缺陷、重要缺陷和一般缺陷。重大缺陷应当由董事会予以最终认定。企业对于认定的重大缺陷，应当及时采取应对策略，切实将风险控制在可承受度之内，并追究有关部门或相关人员的责任。

5. 内部控制评价报告

内部控制评价报告应当分别对内部环境、风险评估、控制活动、信息与沟通、内部监督五要素进行设计，对内部控制评价过程、内部控制缺陷认定及整改情况、内部控制有效性的结论等相关内容做出披露。

内部控制评价报告至少应当披露：①董事会对内部控制报告真实性的声明；②内部控制评价工作的总体情况；③内部控制评价的依据；④内部控制评价的范围；⑤内部控制评价的程序和方法；⑥内部控制缺陷及其认定情况；⑦内部控制缺陷的整改情况及对重大缺陷拟采取的整改措施；⑧内部控制有效性的结论。

6. 内部控制评价报告的披露或报送

内部控制评价报告应当报经董事会或类似权力机构批准后对外披露或报送相关部门。报告以12月31日作为年度内部控制评价报告的基准日，并于基准日后4个月内报出内部控制评价报告。企业内部控制审计报告应当与内部控制评价报告同时对外披露或报送。

四、企业内部控制审计指引

内部控制审计是指会计师事务所接受委托，对特定基准日内部控制设计与运行的有效性进行审计。《企业内部控制审计指引》旨在为注册会计师执行企业内部控制审计业务提供专业规范和指导。《企业内部控制审计指引》明确指出建立健全和有效实施内部控制，评价内部控制的有效性是企业董事会的责任，在实施审计工作的基础上对内部控制的有效性发表审计意见，是注册会计师的责任。注册会计师执行内部控制审计工作，应当获取充分、适当的证据，为发表内部控制审计意见提供合理保证。注册会计师应当对财务报告内部控制的有效性发表审计意见，并对内部控制审计过程中注意到的非财务报告内部控制的重大缺陷，在内部控制审计报告中增加"非财务报告内部控制重大缺陷描述段"予以披露。

第四节 内部控制案例分析

内部控制整合框架案例：沃尔玛

世界上最大的零售企业沃尔玛百货有限公司，由美国人山姆·沃尔顿于 1962 年创立。在短短几十年，它从乡村走向城市，从北美走向全球，由一家小型折扣商店发展成为世界上最大的零售企业之一。1991 年沃尔玛以 326 亿美元的销售额成为全美零售业的销售冠军。2002 年《财富》评选的"500 强"中，沃尔玛更是以 2189.12 亿美元的销售收入位居首位。

沃尔玛如何能在如此短的时间内不断壮大，超越对手，坐上世界零售企业的头把交椅呢？沃尔玛有 80 000 多种商品，为满足全球 4000 多家连锁店的配送需要，沃尔玛每年的运输总量超过 780 000 万箱，总行程达 65 000 万千米。没有强大的信息系统，它根本不可能完成如此大规模的商品采购、运输、存储、物流等管理工作。因而在庞杂的经营活动中，沃尔玛通过建立并有效地执行内部控制体系，实现了有效运营，在激烈的市场竞争中成为零售业的巨头。其内部控制具体表现在以下几方面。

1. 控制环境的建设

早在 20 世纪 80 年代，沃尔玛就建立起自己的商用卫星系统。在强大的技术支持下，如今的沃尔玛已形成了"四个一"，即"天上一颗星"——通过卫星传输市场信息；"地上一张网"——有一个便于用计算机网络进行管理的采购供销网络；"送货一条龙"——通过与供应商建立的计算机化连接，供货商自己就可以对沃尔玛的货架进行补货；"管理一棵树"——利用计算机网络把顾客、分店或山姆会员店和供货商像一棵大树有机地联系在一起。

其实，最初提出要建立自己的卫星系统时，山姆·沃尔顿是不太赞成的。他认为目前的信息系统已经可以使沃尔玛在同业中处于领先地位，不必要又将如此多的资金投进去。然而公司的其他高层，包括几位董事和技术总监，深知投资新技术对公司发展和控制成本、提高管理的重要性，他们敢于不断地向山姆施压，以大量的数据证明了建立卫星系统的可行性以及将会给沃尔玛带来的巨大效益。在其他高管的不懈努力下，山姆终于被说服了。待意见统一之后，沃尔玛立刻花费大约7亿美元建成目前拥有的计算机和卫星系统。

沃尔玛作为零售企业，主要采取连锁经营的方式，所以其物流系统是最重要的部门，为了达到减少库存增加运营效率的目的，企业有必要建立强大的信息支持系统，但是要花费较高的成本，这对于企业的高层管理者来说是一个挑战。此时沃尔玛良好的内部控制环境发挥了作用，虽然企业的创立者不同意，但是其他的董事、技术总监能够利用有效的公司治理机制说服山姆·沃尔顿，最终成功地为企业带来了巨大的经济效益。这种内部控制环境是一种文化，也是一种机制。

2. 保持应有的风险意识

每次有哪位主管想建立新系统，山姆·沃尔顿总要求他们认真地对应用这个系统后可能带来的风险进行评估，并且谨慎地扩大系统的应用范围，循序渐进，逐渐推广。现在超市里的条形码已经为我们所熟悉，但是在20世纪80年代还是新生事物。1981年，沃尔玛开始试验利用商品条码和电子扫描器实现存货自动控制，当时沃尔玛并没有把握证明条形码能够有效减少商品丢失现象和提高销售速度，他们意识到新技术的实行具有较大的风险，因此对风险进行了全面的评估和测试。公司先定几家商店，在收款台安装读取商品条码的设备。两年后，试验范围扩大到25家店。1984年，试验范围扩大到70家店。1985年，公司宣布将在所有的商店安装条码识别系统，当年又扩大到200多家。到20世纪80年代末，沃尔玛所有商店和配送中心都安装了电子条码扫描系统。沃尔玛用将近10年的时间评估一项新技术的风险，可见其对风险评估环节的重视程度。

3. 内部控制活动的开展

在沃尔玛总部，高速计算机和各个发货中心及各家分店的计算机连接，商店付款台上的激光扫描器会把每件货物的条形码输入计算机，再由计算机进行分类统计。当某一货品库存减少到一定数量时，计算机就会发出信号，提醒商店及时向总部要求进货。总部安排货源后，送往离商店最近的一个发货中心。再由发货中心的计算机安排发送时间和路线。这样，从商店发出订单到接到货物并把货物提上货架销售，一整套工作完成只要36小时，这保证了它在拥有巨大规模的同时仍保持高效。

沃尔玛的物流管理系统非常复杂，而且涉及的人员和部门众多，如果不采取有效的控制活动就很可能出现资产的损失。对于存货管理的控制活动体现了总部控制和销售分部控制的结合，既考虑了进货点、进货渠道，又考虑了进货时间和货物的运输路线，这样就通过控制活动完善了整个存货管理的业务过程，而且所耗费的时间很短，这保证了控制活动的效率。

4. 对控制流程的监督

沃尔玛有一个统一的产品代码叫UPC代码（universal product code，商品统一代码），公司可以对它进行扫描、阅读。经理们选择一件商品，扫描一下该商品的UPC代码，不仅可以知道商场目前有多少这种商品，订货量是多少，而且还能知道有多少这种产品正在运输到商店的途中，会在什么时候运到。这些数据都通过主干网和通信卫星传递到数据中心。管理人员不但能实时地对销售情况、物流情况等进行监控，还可知道当天回收多少张失窃的信用卡、信息卡以及相应认可体系是否正常工作，并得到当天做成的交易数目。沃尔玛的数据中心也与供应商建立了联系，从而实现了快速反应的供应链管理。厂商通过运营系统可以进入沃尔玛的电脑分销系统和数据中心，直接从中得到某供应商的商品流通动态信息，如不同店铺及不同商品的销售统计、沃尔玛各仓库的调配状态、销售预测、电子邮件与付款通知等，以此作为安排生产、供货和送货的依据。通过这个信息系统，管理人员能掌握到第一手的资料，并对日常运营与企业战略做出分析和决策。

沃尔玛的管理人员利用现代技术和自己的卫星系统，可以全面了解企业上架商品的所有信息，包括库存信息、销售情况、供应商的报价和有关客户的消费情况。这就使得远离销售地点的中高层管理人员能够随时了解各级员工的经营结果，进行绩效分析，从而实现对内部控制的监督。应该说，沃尔玛的监督工作进行得较好，但是似乎对经理人员的制衡机制有些欠缺，经理的权力较大，这可能存在潜在的风险。

5. 内部控制系统的信息与沟通机制

一个良好的信息与沟通系统有助于提高内部控制的效率和效果。企业须按某种形式在某个时间之内，辨别、取得适当的信息，并加以沟通，使员工顺利履行其职责。沃尔玛的信息不仅供内部分店使用，而且与供应商共享。卫星系统每天可将销售点的资料快速、直接地传递给4000多家供应商，以便供应商及时使用，也使供应商快速适应市场需求。对于沃尔玛来说，他们的物流链已经远远超出了本公司的范围，沃尔玛的供应商也被包括进来。20世纪80年代末，沃尔玛通过计算机网络、电子数据交换系统与供应商建立起伙伴关系。例如，皇后公司和沃尔玛的计算机进行了联网，这样皇后公司可随时了解其商品在沃尔玛各分店的销售和库存变动情况，并据此调整公司的生产和发货，提高效率，降低成本。

沃尔玛物流系统的内部控制建立了良好的信息与沟通机制，非常有利于掌握更多的信息，并及时发现业务运行过程中的问题。具体沟通机制有：与供应商建立了关于信息共享系统，使供应商能随时了解货物的供应情况，这样就降低了双方的经营成本；通过强大的网络信息系统掌握了客户的信息，对客户需求进行分析，增加了销售收入；供应商、客户也可以根据企业内部控制的实际情况提出合理化建议，不断改善物流系统的内部控制制度。

【案例分析】

从上述沃尔玛的相关内部控制中可以看出，沃尔玛的物流系统内部控制框架是一个完善的系统，值得学习的经验有：企业的高层管理者要重视和积极参与到内部控制过程中；要充分利用现代信息技术提高企业内部控制的效果和效率；在内部控制实务中，有些企业经常对风险评估走过场，没有经过严格的分析就执行业务，从而增加了风险，而沃尔玛在积极引入新技术提高管理效率的同时，高度重视相应风险的评估和应对，用将近10年的时间评估一项新技术的风险,然后再全面铺开;控制活动的制定和实施要经过分析,适合企业自身经营活动和特点;建立有效的内部和外部信息沟通的反馈机制,实现发展共赢。

本章小结

内部控制是组织运营和管理活动发展到一定阶段的产物,是科学管理的必然要求。内部控制理论和实践的发展大概经历了内部牵制、内部控制制度、内部控制结构、内部控制整体框架和全面风险管理整体框架五个阶段。我国加快了内部控制制度的发展。《企业内部控制基本规范》与《企业内部控制应用指引第1号——组织架构》等18项应用指引、《企业内部控制评价指引》和《企业内部控制审计指引》,标志着我国内部控制规范体系的形成。

复习思考题

一、简答题

1. 内部控制的产生与发展经历了哪几个阶段,每一阶段都有什么特点?
2. 简述内部控制配套指引对哪些问题进行了规范。
3. 简述我国新颁布的《企业内部控制基本规范》的基本框架。
4. 简要概括我国企业内部控制规范的框架体系。

二、案例分析

在内部控制审计报告中,被事务所出具否定意见的上市公司很多都是ST某公司(公司股票交易因为财务状况出现异常被沪深交易所特别处理的公司)。例如,2016年,某会计师事务所对ST某公司的内部控制审计报告出具了否定意见的审计报告。根据中国注册会计师协会披露的公告显示,该会计师事务所内部控制审计报告导致否定意见的事项段内容如下:导致否定意见的事项重大缺陷,是指一个或多个控制缺陷的组合,可能导致企业严重偏离控制目标。我们在审计的过程中,发现ST某公司存在以下问题。

1. 公司层面内部控制重大缺陷

例如,ST某公司2016年度财务报表附注4、27所述,ST某公司对前期会计差错事项进行了追溯调整,阐述了2016年财务报表比较数据,对财务报表影响程度重大。ST某公司违反了企业会计准则的规定,以前年度财务报表存在对财务数据的不实陈述,并因涉嫌违反信息披露的证券法律法规,被中国证监会立案调查。ST某公司于2016年12月31日未有效建立针对管理层舞弊及凌驾于内部控制之上的风险而设计的控制,对销售和发货、费用计提以及存货资产管理的会计系统控制和内部监督失效,导致未能有效识别在财务会计报告中存在的重大会计差错。

2. 与对子公司股权管理相关的内部控制重大缺陷

我们在对 ST 某公司的重要子公司进行审计时,发现孙公司 B 在系统中同时记录了多个账套。另外,我们发现子公司 C 账面记录了多笔将银行承兑汇票背书给第三方非金融机构并取得借款的业务,但所附凭据存在票据到期日被涂改的痕迹。同时,ST 某公司未能有效执行对子公司股权的管理控制,导致保证公司投资安全完整的控制存在重大缺陷。

有效的内部控制能够为财务报告及相关信息的真实完整提供合理保证,而上述重大缺陷使 ST 某公司内部控制失去这一功能。ST 某公司管理层已识别出上述重大缺陷,并将其包括在企业内部控制评价报告中。

我们认为,由于存在上述重大缺陷及其对实现控制目标的影响,ST 某公司于 2016 年 12 月 31 日未能按照《企业内部控制基本规范》和相关规定在所有重大方面保持有效的财务报告内部控制。

要求:

请结合该案例,试分析内部控制审计报告和内部控制评价报告的差异,为什么很多 ST 某公司的内部控制审计报告被出具了否定意见的审计报告。

第二章

内部控制的基本理论

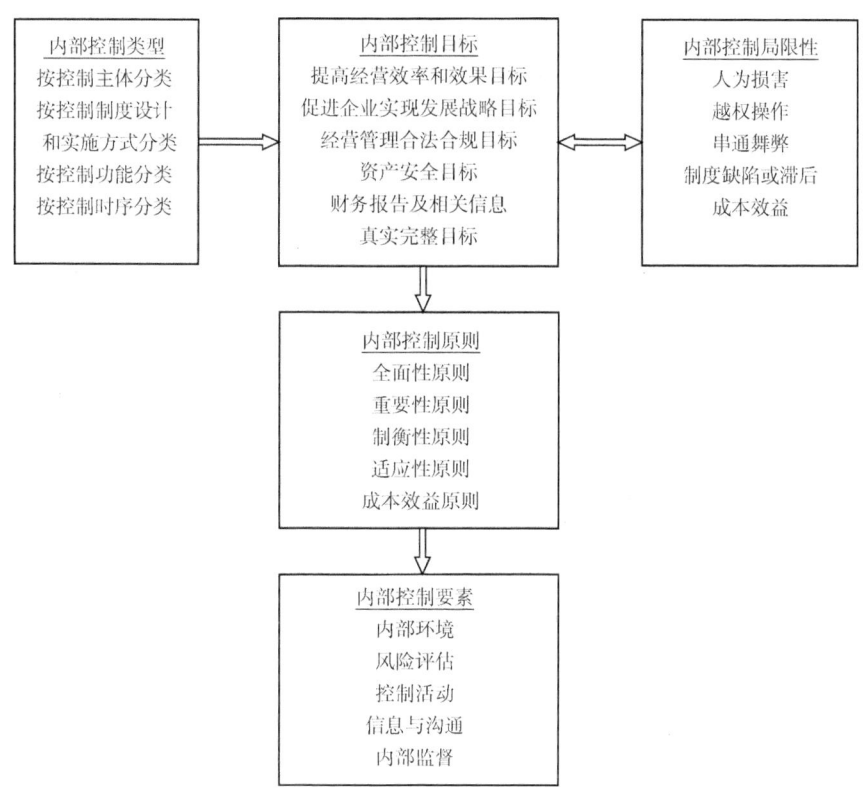

随着经济全球化和生产要素配置资源效度的提升,特别是现代互联网、大数据等信息技术的发展,企业的经营方式、管理制度都发生了深刻的变化,内部控制在企业经营管理中的重要性日益凸显,是企业防范和抵御经营与环境风险,降低代理成本,实现可持续发展的重要基础。有效的内部控制制度要根据不同企业的经营环境、产品和技术流程等进行梳理完善,从而各有侧重,现代内部控制理论发展要求内部控制要基于企业战略,整合企业控制环境、风险评估、控制活动等要素进行分析,针对企业实际设计企业内部控制架构,实现内部控制的目标。内部控制的基本理论学习是企业建立与实施内部控制的基础保障,因此本章主要对内部控制的含义、内部控制目标、建立内部控制制度的原则,以及内部控制的五要素进行了详细的阐述,这对企业内部控制体系的建立与实施有着重要的意义。

【重要概念】 内部控制　控制环境　风险评估　控制活动　信息与沟通　内部监督

第一节　内部控制的内涵与目标

一、内部控制的内涵

内部控制，作为一个专有名词和完整的概念，直到20世纪30年代才被提出来，并逐渐得到社会各界的认识和接受。内部控制的产生和发展源于企业内部管理的需要。而由于审计业务及其程序需要，美国注册会计师协会所属的审计程序委员会在1949年首次正式提出了内部控制定义。1992年COSO报告定义"内部控制是由企业董事会、经理阶层和其他员工实施的，为运营的效率效果、财务报告的可靠性、相关法令的遵循等目标的实现提供合理保证的过程"。内部控制理论发展从内部牵制到会计控制和管理控制二分法，再到引入环境要素进入结构化，又到COSO报告的整合框架，最后形成企业目标驱动的全面风险管理，内部控制内涵不断丰富，从会计控制转到关注管理控制、公司治理的全面控制。我国对内部控制的定义也是几经变迁，从财政部颁布的《内部会计控制规范——基本规范（试行）》和《内部会计控制规范——货币资金（试行）》等一系列具体规范，到上交所和深交所分别发布的《上海证券交易所上市公司内部控制指引》和《深圳证券交易所上市公司内部控制指引》，均对内部控制定义有所描述。随着我国内部控制规范体系的形成完善，《企业内部控制基本规范》对内部控制的概念给出了统一的界定，明确内部控制是由企业董事会、监事会、经理层和全体员工实施的，旨在实现控制目标的过程。内部控制的目标确定为促进企业实现发展战略，提高经营效率和效果，保证企业经营管理合法合规、资产安全、财务报告及相关信息真实完整。

定义强调内部控制是由企业董事会、监事会、经理层和全体员工实施的，是有利于实现全面、全员、全过程控制的有机整体。

（一）内部控制是全面控制

内部控制是一种全面控制，涵盖企业所有的业务和事项，包含企业经营管理活动各个层级和环节，而且还要体现多重控制目标的要求，内部控制本质上是对风险的管理与控制。企业设计的内部控制活动和流程要充分防范与控制企业经营过程中的风险，而不能仅仅局限于控制财务报告风险。内部控制不仅仅是一种防弊纠错的机制，而且还是一种经营管理方法、战略实施工具，是一种为多目标的实现进行的全面控制。

（二）内部控制是全员控制

内部控制是一种全员控制，包括两层含义：一是内部控制不同于外部监督管理控制，它是由企业的内部员工组织实施的；二是内部控制强调全员参与，上自企业董事长，下至基层岗位人员全部参与其中，人人有责。企业的各级管理人员和全体员工都应当树立现代管理理念，强化风险意识，以主人翁的姿态积极参与内部控制的建立和实施，并主动承担相应的责任，而不是被动地遵守内部控制的相关规定。内部控制强调的"全员控制"与董事会、监事会和经理层在内部控制建设与实施过程中的领导作用并不矛盾，领导者与普通员工根据其在内部控制中的不同分工、不同作用，承担不同的责任，但都是内部控制的参与主体。内部控制要求企业从董事会到全体员工全员参与，这样可以克服长期以来我国企业内部控制建设滞后、相关各方执行时权责不清、从管理层到员工缺乏企业内部控制的责任与动力的问题。

（三）内部控制是全程控制

内部控制是一种全程控制，指内部控制是一个完整的内部控制体系，从时间顺序上看，包括事前控制、事中控制和事后控制，从内容上看，包含制度设计、制度执行与监督评价。制度设计、制度执行与监督评价环环相扣，逐步递进，彼此配合，并随着内外部环境的变化不断完善调整，共同构成了一个完整的内部控制体系。在这个过程中企业要不断进行风险评估，根据企业内外部环境变化和企业风险承受能力，选择不同的应对措施，识别和分析风险是有效内部控制的必备要素。因而，内部控制是一个过程，它是达到结果的手段而不是结果本身，通过内部控制能够获得的只是合理的保证，而不是绝对的保证。

（四）内部控制是目标多元化控制

内部控制目标是内部控制的驱动因素，是多层次的，包括《企业内部控制基本规范》中要求的合规目标、资产安全目标、报告目标、经营目标和战略目标等不同层次的目标。目标的实现涵盖企业的各种业务和事项，包括企业的人、财、物、供、产、销等所有环节，因此从本质上说内部控制属于企业的一项管理活动，内部控制需要根据达成的目标进行调整。

（五）内部控制是以制衡为核心的控制

内部控制应在治理结构、机构设置及权责分配、业务流程等方面形成相互制约、相互监督，通过明确董事会、监事会、经理层的权责的有效配置完善治理结构。需要强调的是内部控制制度设计表现为企业组织机构设置、权责分配等各项规章制度，但实施效果受组织各个层次人员作用的影响。在内控设计和实施过程中都以相互牵制与制衡为核心，保障企业内部控制有效运行。并通过内部监督机制对内部控制建设和实施情况进行监督，发现内部控制缺陷，及时改进。

综上，内部控制是由企业董事会、监事会、经理层和全体员工实施的，旨在实现控制目标的过程，是一种全面、全员、全过程的内部控制体系。

二、内部控制的目标

内部控制的目标是促进企业实现发展战略目标、提高经营效率和效果目标、经营管理合法合规目标、资产安全目标和财务报告及相关信息真实完整目标。内部控制的五个目标不是孤立的目标个体，而是相互联系，通过共同作用机制，产生"1+1>2"的综合效应,共同构成一个完整的内部控制目标体系。在这个目标体系中,由于目标所处的控制层级不同,各个目标在整个目标体系中的地位和作用也存在差异。战略目标是最高目标、终极目标,经营目标、报告目标是根据战略目标进行的分解、落实结果,合规目标和财产安全目标为总体目标和具体目标实现提供保障。

(一)促进企业实现发展战略目标

促进企业实现发展战略是内部控制的最高目标与长期目标。以促进企业战略目标实现作为企业内部控制最高目标,是企业基于长期发展考虑,从总体上应对各种风险和企业内外部环境变化的整体规划,相关的内部控制目标必然是基于长期和总括性的应对与选择。要实现这一目标,首先应由公司董事会或总经理办公会议制订总体战略目标,然后通过股东代表大会表决通过,战略目标的制订要充分考虑外部环境和内部条件的变化,根据相应的变化进行适时的调整,确保战略目标在风险容忍度之内;其次就是将战略目标按阶段和内容划分为具体的经营目标,确保各项经营活动围绕战略目标开展;再次就是依据既定的目标实施资源分配,使组织、人员、流程与基础结构相协调,以便促成战略的成功;最后是将目标作为主体从事活动的可计量的基准,围绕目标的实现程度和实现水平实施绩效考核,提高企业核心竞争力。

(二)提高经营效率和效果目标

经营目标是内部控制的核心目标。企业制订基于长期战略发展的内部控制目标后,需要分解与细化,将战略目标短期化与具体化,才能将战略目标与具体经营活动相联系,将目标落到实处。提高经营效率和效果是内部控制要实现的最直接也是最根本的目标。这既是企业持续发展的需要,也是在竞争中获胜的根本。企业得以持续发展的基础是实现长期经济利益,并在不同利益主体之间进行合理分配。因而,企业一方面要提高经营的效率和效果,实现收益;另一方面要设计有效的制度体系,提高产品质量、降低成本,并保证收益在不同利益主体之间合理分配,防止大股东、员工或管理层侵害其他主体合法权益。内部控制通过科学化的管理方法和业务流程,通过对风险的管理和控制,将对风险的防范落实到每个细节和环节当中,做到防微杜渐,使企业可以在低风险的环境中稳健经营。

一个良好的内部控制可以从以下四个方面来提高企业的经济效率和效果:一是通过制衡机制,根据企业业务特点整合组织结构,实现权利和义务的有效配置,精简组织结构,各部门各职位权责划分明确,各部门之间、工作环节之间要密切配合,协调一致,充分发挥资源潜力,充分有效地使用资源,提高经营绩效;二是相互协调和牵制,优化、整合内部控制业务流程,查找修正内控盲点,设计最优的内控流程并严格执行,最大限度地提高执行效率;三是建立良好的信息和沟通体系,保障内部控制、业务信息能快速地在企业内部各个管理层次和业务系统之间有效地流动,特别是偏离企业经营目标或突发事件等风险信息能够及时传递到相关负责人,提高管理层的经济决策和反应的效率;四是完善内部考核机制并有效执行,目前企业普遍根据业务需要建立了内部控制制度,但要保证内控目标实现,必须根据企业内外环境变化不断调整完善内部控制制度,将内控执行效果与相关人员的绩效考核结果挂钩，并落实到奖惩机制中，对部门与员工进行激励和促进，提高工作的效率和效果。

（三）经营管理合法合规目标

经营管理合法合规目标是实现经营目标的有效保证，是指内部控制要合理保证企业在国家法律和法规允许的范围内开展经营活动，严禁违法经营。为保障整个经济社会运行秩序，实现有序竞争，要求所有的企业必须在国家政策法规和基本行为规范的框架范畴内开展经营管理活动。企业要将国家和行业的政策法规的遵循分解落实到企业内部控制制度与业务流程中，有效保证经营活动的合法性与合规性。盲目追求利润、无视国家法律法规的违法行为轻则影响企业声誉与收益，重则严重损害他人利益，将被吊销营业执照。因此，经营管理合法合规是企业生存和发展的客观前提，是内部控制的基础性目标，是实现其他内控目标的保证。

（四）资产安全目标

资产安全目标主要是防止资产流失。保护资产的安全与完整是企业开展经营活动的物质前提。资产安全目标有两个层次：一要确保资产在使用价值上的完整性，主要是指防止货币资金和实物资产被挪用、转移、侵占、盗窃及对无形资产控制权的旁落。二是确保资产在价值上的完整性，主要是防止资产被低价出售，损害企业利益；同时要充分提高资产使用率、提升资产管理水平。为了保障内部控制、实现资产安全目标，必须建立资产的记录、保管和盘点制度，确保记录、保管与盘点岗位的相互分离，并明确职责和权限范围，从而保护企业的资产不被非法侵蚀或占用，保障企业正常经营活动的顺利开展。

（五）财务报告及相关信息真实完整目标

报告目标是经营目标的成果体现与反映。财务报告及相关信息真实完整目标是指内部控制要合理保证企业提供了真实可靠的财务信息及其他信息。财务报告及相关信息反映了企业的经营业绩，以及企业的价值增值过程，财务报告反映了企业的过去和现状，并可预测企业的未来，是投资者进行投资决策、债权人进行信贷决策、管理者进行管理决策和宏观经济调控部门进行政策决策的重要依据，因此，财务报告目标是内部控制的重要控制活动之一。此外，财务报告及相关信息的真实披露还可以将企业诚信、负责的形象公之于众，有利于市场地位的稳固与提升以及企业未来价值的增长。从这点来看，报告目标的实现程度又在一定程度上影响经营目标的实现程度。

三、内部控制的类型

内部控制按照不同的标准，分为不同的类型。

1. 按控制主体分类

企业应当根据国家有关法律法规和企业章程，建立规范的公司治理结构和议事规则，明确决策、执行、监督等方面的职责权限，形成科学有效的职责分工和制衡机制。

（1）以董事会为主体的公司治理控制。董事会负责内部控制的建立健全和有效实施。企业应当在董事会下设立审计委员会。审计委员会负责审查企业内部控制，监督内部控制的有效实施和内部控制自我评价情况，协调内部控制审计及其他相关事宜等。

（2）以管理者为主体的管理控制。经理层负责组织领导企业内部控制的日常运行，对董事会负责，主持企业的生产经营管理工作。经理和其他高级管理人员的职责分工应当明确。

（3）以员工为主体的任务控制或作业控制。企业应当结合业务特点和内部控制要求设置内部机构，明确职责权限，将权利与责任落实到各责任单位。

2. 按控制制度设计和实施方式分类

按控制制度设计和实施方式不同，内部控制可分为正式控制和非正式控制两种。

（1）正式控制。正式控制是指通过组织正式的组织结构和制度程序进行的控制，是有组织的、有明文规定的控制。

（2）非正式控制。非正式控制是通过正式系统以外的途径实施控制，没有明文规定的非组织形式的控制，如信任、威信、奖励和交谈等。

3. 按控制功能分类

按控制功能不同，内部控制可分为预防性控制和发现性控制两种。

（1）预防性控制。预防性控制是指为防止错误和非法行为的发生，或尽量减少其发生机会所进行的一种控制。相关的控制措施目标是要实现"能够在一开始就防止错弊的发生"。这是控制的根本所在，它针对风险发生的根源，采取相应的控制措施和违反规定的处理规定，发挥预先警示作用，有效降低企业的各种成本。

（2）发现性控制。发现性控制是指为及时查明已发生的错误和非法行为或增强发现错弊机会的能力所进行的各项控制。它一方面能解决"如果错弊仍然发生，如何查明"的问题，如通过账账核对、实物盘点，以发现记账错误和货物短缺等；另一方面能够及时发现因环境变化而不适应内部控制目标要求的相关制度规定，及时完善企业内部控制。

4. 按控制时序分类

按控制时序不同，内部控制可分为事前控制、现场控制和事后控制。

（1）事前控制。事前控制是一种预防性控制，控制者事先深入实际，调查研究，预测出发生差错的问题和概率，并设定出预防措施、关键控制点和保护性措施。

（2）现场控制。现场控制是指在财务行动执行相关控制目标或标准的过程中，及时获得实际状况的信息反馈，以便控制者尽早发现问题、解决问题，采取措施，防错纠弊。

（3）事后控制。事后控制是指在实际行动发生后，分析比较实际业绩与控制目标或标准之间的差异，采取相应的措施防错纠偏，并给予造成差错者处罚。

四、内部控制的局限性

随着现代企业经营规模的扩大和分工的不断细化，企业的经营活动进一步细化，活动之间更加需要有序组织与衔接，内部控制因有利于提高经营绩效、降低企业成本，在企业经营管理中获得了广泛的认可。然而内部控制不是万能的，内部控制虽能通过风险评估在一定程度上降低风险，但并不能完全消除风险，环境的变化也影响内部控制制度设计与执行的有效性。因而，内部控制只能为上述目标的实现提供合理保证，而不是绝对保证。内部控制的局限性主要表现在以下几个方面。

1. 人为错误损害内部控制执行效果

企业内部控制是一个系统衔接的有机组成部分，不仅是企业财务部门和监管部门的职责，更是企业所有业务活动的有机衔接与控制过程。在这个过程中，有些内部控制的制度规定具体、直观，有利于直接操作，但很多的内部控制活动比较复杂，内部控制执行主体的人为错误必将影响内部控制作用的实现。首先，很多控制活动不能用直接的数字标准进行事先限定，或者有些管理活动面对的外部环境变化频繁，难以事先预期并采取有效的控制活动，只能实施弹性控制，如果内部控制主体能力不足，就不能根据企业长期发展目标做出合理的决策；其次，企业经营管理重大决策的控制，往往选择集体决策，但在决策时可能存在领导者权威主导其他管理者选择，使集体决策的内部控制流于形式；最后，在具体业务层面，内部控制执行主体可能由于经验不足或对内部控制制度规定认识不足、理解错误，或因粗心大意或者精力身体等原因，未严格按照内控规定操作，导致内部控制失效。

2. 越权操作导致内部控制流于形式

在内部控制制度设计中，针对企业不同组织结构设置和层级，不同层级的部门和管理者拥有不同的决策权限与管理范畴，发挥内部控制的牵制和制约作用。然而，如果企业管理者对于内控执行的严肃性认识不足，滥用手中权力，无视内部控制制度规定，越权批准，打乱正常的内部控制程序和业务流程，导致内部控制系统无法阻止负责监督管理和控制企业经营活动的管理者滥用职权等不正当行为，造成控制程序彻底失效，就会为徇私舞弊、违法违规问题的发生埋下隐患。高层管理人员凌驾于内部控制之上，造成的危害更大，往往是许多重大舞弊案件发生的一个重要原因。

3. 串通舞弊损害利益相关者权益

企业内部存在管理者代理成本和控股股东代理成本与具体业务执行员工舞弊等代理问题，损害了不同主体权益，企业需要通过设计并组织实施内部控制制度，防范各种代理问题的发生。尽管基于不同代理成本防范的内部控制制度的内容和程序有所差异，但内部控制制度设计的基本思想都是"制衡""牵制"，即不相容职责与业务活动之间分别由不同的主体负责，通过不相容岗位分离、轮岗等内部控制制度减少舞弊的发生。若串通舞弊，会破坏这种制衡和牵制，如会计和出纳人员的合谋，将损害企业货币资金的安全等，这种合谋导致内部控制制度无效，损害相关主体利益。

4. 内部控制制度缺陷或滞后影响内部控制作用发挥

我国内部控制准则，特别是《企业内部控制应用指引》颁布后，为企业设计有效的内部控制提供了引导。然而，有效的内部控制制度是一个企业内外部环境和企业文化、业务特点等有机整合的内部控制体系，在这个有机内部控制体系设计的过程中，由于设计人员或管理者能力、经验和水平的限制或环境的变化，设计出的内部控制往往会存在各种"先天"的缺陷，或者由环境的变化而导致原先有效的内部控制制度不再适应新的环境，不能有效发挥内部控制的职能作用，甚至可能成为阻碍企业适应环境变化的"制度性"障碍。

5. 成本效益方面的制约

企业内部控制的设计和实施是需要付出成本与时间的，因此，企业应当根据企业规模和业务复杂性等，分析实施内部控制带来的潜在收益与发生的现实成本，运用科学、合理的方法充分权衡，有目的、有重点地选择控制点，决定内部控制的范围、程序和实施的平台与沟通机制，实现有效控制。内部控制的目标在于为企业创造价值，所以企业在设计内部控制制度的时候要充分权衡成本与效益问题，如果设计和执行一项控制带来的收益不能弥补其所耗费的成本，就应该放弃该项控制。因此企业实施内部控制应当量力而行，在符合成本效益的范围内开展并改进自身的内部控制制度。

第二节 内部控制的原则

企业在实施内部控制的过程中必须遵循一定的原则，才能使内部控制制度实现既定目标，发挥有效作用。建立和实施内部控制必须遵循以下原则。

一、全面性原则

全面性原则即内部控制应当贯穿决策、执行和监督全过程，覆盖企业及其所属单位的各种业务和事项。内部控制是基于企业内外部环境，基于经营全过程、全方位和全体人员的全面控制。现代内部控制理论与实践发展进步的最重要一步就是要基于企业内外部环境，以企业战略目标实现为最终目的，通过组织企业董事会、管理层和全体员工，对全部经营业务活动进行系统、全面的控制，包括企业的人、财、物，涵盖企业决策、执行、监督、反馈等各个环节。因而，现代企业内部控制是全程控制、全员控制和全面控制。

二、重要性原则

内部控制的重要性原则指内部控制应当在全面控制的基础上，关注重要业务事项和高风险领域。内部控制全面性原则要求内部控制必须全方位、全过程，不留盲点，但不是所有的环节和控制点都要面面俱到，投入相等的时间和精力。内部控制在坚持全面性的前提下要突出重点，对于企业高风险领域、重要业务事项和岗位要进行重点控制，特别是"三重一大"（重大事项决策、重要干部任免、重要项目安排和大额资金的使用）等影响企业整体发展的重要事项，要制定更加严格的内部控制程序。

三、制衡性原则

内部控制的制衡性原则指内部控制应当在治理结构、机构设置及权责分配、业务流程等方面形成相互制约、相互监督，同时兼顾运营效率。制衡是内部控制体制有效运行的核心基础之一，在企业运行过程中，制衡的重要内容之一就是职责和权力的制衡，具体表现为不相容的机构、岗位和人员相互分离与制约，实现权力的制衡，发挥权力制约监督作用。企业贯彻制衡性原则主要表现为，在公司治理结构、企业组织机构设置和权责分配、业务流程等方面，要既相互牵制又相互协调，各项决策事项、业务程序既要相互独立、权责明确、相互制衡，各司其职、各负其责，又要紧密衔接，避免业务办理中的相互扯皮和脱节现象，保证经营活动的连续性和有效性，这也是对制衡性原则的深化与补充。

四、适应性原则

适应性原则指内部控制应当与企业经营规模、业务范围、竞争状况和风险水平等相适应，并随着情况的变化及时加以调整。

虽然企业内部控制准则和应用指引根据企业内部控制的一般原理给出了相应的控制内容和控制手段等方面的指引，然而没有任何一套内部控制制度是适应所有企业的，企业要根据其内外部环境因地制宜地建立相应的内部控制制度，而且企业构建的内部控制制度也不是一劳永逸的，而应根据企业经营规模、业务范围、竞争状况和风险水平等情况的变化及时加以调整、完善。

五、成本效益原则

内部控制的成本主要有以下三方面的内容：内部控制的设计成本，包括自行设计和外包设计成本；内部控制的实施成本，包括评价和监督人员的工资、因实施内部控制降低了效率带来的机会成本及将内部控制制度嵌入信息系统后的信息系统的运行和维护成本；内部控制的鉴证成本，一般是聘请注册会计师实施内部控制审计的鉴证费用。内部控制的成本效益原则指内部控制应当权衡实施成本与预期效益，以适当的成本实现有效控制。企业要杜绝"短视行为"，立足长远，充分考虑内部控制带来的未来收益并与成本进行对比，运用科学、合理的方法，有目的、有重点地选择控制点，实现有效控制。

第三节 内部控制的要素

内部控制的内容，归根结底是由基本要素组成的。这些要素及其要素之间的构成方式，决定着内部控制的具体内容与形式。随着人们认识的提升，内部控制相关要素涵盖的内容不断增加，从最初的关注会计控制和管理控制，到引入环境要素形成结构，再到加入风险评估、信息与沟通、监督等形成整体框架，最后增加战略目标，转向全面风险管理阶段，内部控制要素内容不断丰富，并相互形成系统化的整合。一方面由于整合框架阶段的五要素影响广泛；另一方面由于风险管理整合框架提出的八要素并没有否定

COSO 五要素，而是对五要素的细化和具体应用，且后者更为成熟、稳定，再加上美国证监会推荐、参照的框架是五要素，所以，大多数国家，包括我国设计的内部控制要素还是五要素。例如，我国《企业内部控制基本规范》第五条规定了内部控制的五要素，即控制环境、风险评估、控制活动、信息与沟通和内部监督。

一、内部控制五要素

（一）控制环境

控制环境处于内部控制五大要素之首，是企业实施内部控制的基础，一般包括治理结构、机构设置及权责分配、内部审计、人力资源政策、企业文化和法律环境等。

1. 治理结构

《企业内部控制基本规范》第十一条明确了股东（大）会享有法律法规和企业章程规定的合法权利，依法行使企业经营方针、筹资、投资、利润分配等重大事项的表决权。董事会对股东（大）会负责，依法行使企业的经营决策权。监事会对股东（大）会负责，监督企业董事、经理和其他高级管理人员依法履行职责。经理层负责组织实施股东（大）会、董事会决议事项，主持企业的生产经营管理工作。治理结构是由股东大会、董事会、监事会和管理层组成的，相关制度规定公司内部决策过程和利益相关者参与公司治理的办法，主要作用在于协调公司内部不同产权主体之间的经济利益矛盾，降低代理成本。

2. 机构设置及权责分配

我国相关法规反映出董事会在公司管理中居于核心地位，董事会应该对公司内部控制的建立、完善和有效运行负责。监事会对董事会建立与实施内部控制进行监督。公司管理层对内部控制制度的有效执行承担责任，其中处于不同层级的管理者掌握着不同的控制权力并承担相应的责任，同时相邻层级之间存在控制和被控制的关系。

3. 内部审计

《企业内部控制基本规范》第十五条规定，企业应当加强内部审计工作，保证内部审计机构设置、人员配备和工作的独立性。内部审计机构应当结合内部审计监督，对内部控制的有效性进行监督检查。内部审计机构对监督检查中发现的内部控制缺陷，应当按照企业内部审计工作程序进行报告；对监督检查中发现的内部控制重大缺陷，有权直接向董事会及其审计委员会、监事会报告。

内部审计控制是内部控制的一种特殊形式。其范围主要包括财务会计、管理会计和内部控制检查。内部审计主要具有监督、评价、控制和服务四种职能，其主要起防护性作用和建设性作用。防护性作用是通过内部审计的检查和评价企业内部的各项经济活动，发现那些不利于企业目标实现的环节和方面，防止给企业造成不良后果。建设性作用是通过对审查活动的检查和评价，针对管理和控制中存在的问题与不足，提出富有建设性的意见和改进方案，从而协助企业改善经营管理，提高经济效益，以更好的方式实现组织的目标。

4. 人力资源政策

良好的人力资源政策对更好地贯彻和执行内部控制有很大的帮助，还能确保执行企业政策和程序的人员具有胜任能力与正直品行。《企业内部控制基本规范》第十六条规定，企业应当制定和实施有利于企业可持续发展的人力资源政策。人力资源政策应当包括下列内容：①员工的聘用、培训、辞退与辞职；②员工的薪酬、考核、晋升与奖惩；③关键岗位员工的强制休假制度和定期岗位轮换制度；④掌握国家秘密或重要商业秘密的员工离岗的限制性规定；⑤有关人力资源管理的其他政策。

从某种意义上说，企业内部控制的成效取决于员工素质的合格程度。任何内部控制制度的成效取决于其设计水平和高素质的人员的贯彻执行。因此，员工素质控制是内部控制的一个重要因素。员工素质控制包括企业在招聘、培训、考核、晋升与奖励等方面对员工素质的控制。

《企业内部控制基本规范》第十七条规定，企业应当将职业道德修养和专业胜任能力作为选拔和聘用员工的重要标准，切实加强员工培训和继续教育，不断提升员工素质。员工素质是内部控制得以有效实施的关键所在，员工的素质控制是内部环境的重要组成部分。培训则是保证和提高员工职业素质与专业胜任能力的重要方式。培训原则主要有激励、因材施教、实践、明确目标和统筹安排、合理规划等，培训完成后，培训评估是不可缺少的环节，即依据培训目标，应用科学的评估方法来评价培训的效果，只有这样，企业才能知道培训是否达到了目的。

5. 企业文化

企业文化是一切从事经济活动的组织之中形成的组织文化，是企业在长期的经营实践中形成的共同思想、作风、价值观念和行为准则，是一种具有企业个性的信念和行为方式。企业文化包含四个要素：制度文化、物质文化、行为文化和精神文化。这四者相互影响、相互作用，共同构成企业文化的完整体系，因此《企业内部控制基本规范》第十八条明确了企业应当加强文化建设，培育积极向上的价值观和社会责任感，倡导诚实守信、爱岗敬业、开拓创新和团队协作精神，树立现代管理理念，强化风险意识。

6. 法律环境

企业如果不具有较强的法律意识，不能充分认识到法律风险的存在，并对其进行有效控制，轻则给企业带来经济损失，重则会给企业带来灭顶之灾。因此《企业内部控制基本规范》第十九条规定，企业应当加强法制教育，增强董事、监事、经理及其他高级管理人员和员工的法制观念，严格依法决策、依法办事、依法监督，建立健全法律顾问制度和重大法律纠纷案件备案制度。

（二）风险评估

风险评估是组织辨认和分析与目标实现有关的风险的过程。风险评估提供了控制风险的基础。内部控制中的风险评估过程必须判明企业实现既定目标存在的外部风险与内部风险,分析各种风险的类型和程度。此处的风险评估是一个比较宽泛的概念,包括风险管理的全过程,即设置目标、风险识别、风险分析和风险应对。

1. 设置目标

《企业内部控制基本规范》第二十一条规定,企业开展风险评估,应当准确识别与实现控制目标相关的内部风险和外部风险,确定相应的风险承受度。风险承受度是企业能够承担的风险限度,包括整体风险承受能力和业务层面的可接受风险水平。所以企业应根据设定的风险承受度全面系统持续地收集相关信息,结合实际情况,及时进行风险评估。

2. 风险识别

风险识别实际上是收集有关损失原因、危险因素及损失暴露等方面信息的过程。风险识别作为风险评估过程的重要环节,主要回答的问题是:存在哪些风险,哪些风险应予以考虑,引起风险的主要因素是什么,这些风险所引起的后果及严重程度如何,风险识别的方法有哪些,等等。企业在风险评估过程中,更应当关注引起风险的主要因素,应当准确识别与实现控制目标有关的内部风险和外部风险。

企业的内部风险因素主要如下:①董事、监事、经理及其他高级管理人员的职业操守,员工专业胜任能力等人力资源因素;②组织机构、经营方式、资产管理、业务流程等管理因素;③研究开发、技术投入、信息技术运用等自主创新因素;④财务状况、经营成果、现金流量等财务因素;⑤营运安全、员工健康、环境保护等安全环保因素及其他因素。

企业的外部风险因素主要如下:①经济形势、产业政策、融资环境、市场竞争、资本供给等经济因素;②法律法规、监管要求等法律因素;③安全稳定、文化传统、社会信用、教育水平、消费者行为等社会因素;④技术进步、工艺改进等科学技术因素;⑤自然灾害、环境状况等自然环境因素及其他因素。

3. 风险分析

对于识别出的风险,我们应对其进行分析。为此《企业内部控制基本规范》第二十四条规定,企业应当采用定性与定量相结合的方法,按照风险发生的可能性及其影响程度等,对识别的风险进行分析和排序,确定关注重点和优先控制的风险。企业进行风险分析,应当充分吸收专业人员,组成风险分析团队,按照严格规范的程序开展工作,确保风险分析结果的准确性。

4. 风险应对

在风险识别和风险分析的基础上,企业应该结合具体的实际情况,选择合适的风险应对策略。企业风险应对策略有四种基本类型:风险规避、风险降低、风险分担和风险承受。因此《企业内部控制基本规范》第二十六条规定企业应当综合运用风险规避、风险降低、风险分担和风险承受等风险应对策略,实现对风险的有效控制。

风险规避是企业对超出风险承受度的风险,通过放弃或停止与该风险相关的业务活动以避免和减轻损失的策略。这是控制风险的一种最彻底、最有力的措施,它与其他的控制风险方法不同,是在风险事故发生之前,将所有风险因素完全消除,从而彻底排除某一特定风险事故发生的可能性,同时也是一种消极的风险应对措施,因为选择这一策略也就放弃了可能从风险中获得的收益。

风险降低是企业在权衡成本效益之后,准备采取适当的控制措施降低风险或减轻损失,将风险控制在风险承受度之内的策略。这是风险管理中更积极主动也是最常见的一种处理方法,包括两类措施:风险预防和风险抑制。

风险分担是企业准备借助他人力量,采取业务分包、购买保险等方式和适当的控制措施,将风险控制在风险承受度之内的策略。其主要措施包括业务分包、保险、出售、开脱责任合同和合同中的转移责任条款五种。

风险承受是企业对风险承受度之内的风险,在权衡成本效益之后,不准备采取控制措施降低风险或减轻损失的策略。这也是一种最普通、最省事的风险应对策略。

风险应对的四种策略是根据企业的风险偏好和风险承受度制定的,风险规避策略在采用其他任何风险应对措施都不能将风险降低到企业风险承受度以内的情况下适用;风险降低和风险分担策略则是通过相关措施,使企业的剩余风险与企业的风险承受度相一致;风险承受则意味着风险在企业可承受范围之内。企业应该结合具体情况及时调整风险应对策略,所以《企业内部控制基本规范》第二十七条规定企业应当结合不同发展阶段和业务拓展情况,持续收集与风险变化相关的信息,进行风险识别和风险分析,及时调整风险应对策略。

(三) 控制活动

《企业内部控制基本规范》第二十八条规定,企业应当结合风险评估结果,通过手工控制与自动控制、预防性控制与发现性控制相结合的方法,运用相应的控制措施将风险控制在可承受度之内。控制措施一般包括不相容职务分离控制、授权审批控制、会计系统控制、财产保护控制、预算控制、运营分析控制和绩效考评控制等。

1. 不相容职务分离控制

《企业内部控制基本规范》第二十九条规定,不相容职务分离控制要求企业全面系统地分析、梳理业务流程中所涉及的不相容职务,实施相应的分离措施,形成各司其职、各负其责、相互制约的工作机制。所以企业进行组织规划,首先是要对不相容职务进行分离。

如果担任不相容职务的职工之间相互串通勾结,则不相容职务分离就失去作用了。但如果企业没有适当的职务分离,则发生错误和舞弊的可能性更大。

2. 授权审批控制

《企业内部控制基本规范》第三十条规定,授权审批控制要求企业根据常规授权和特别授权的规定,明确各岗位办理业务和事项的权限范围、审批程序和相应责任。企业应当编制常规授权的权限指引,规范特别授权的范围、权限、程序和责任,严格控制特别授权。常规授权是指企业在日常经营管理活动中按照既定的职责和程序进行的授权。

特别授权是指企业在特殊情况、特定条件下进行的授权。企业各级管理人员应当在授权范围内行使职权和承担责任。企业对重大的业务和事项，应当实行集体决策审批或联签制度，任何个人不得单独进行决策或者擅自改变集体决策。

授权按其形式可分为常规授权和特别授权。常规授权是企业在日常经营管理活动中按照既定的职责和程序进行的授权。特别授权是对非经常经济行为进行专门研究后做出的授权。与常规授权不同，特别授权的对象是某些例外的经济业务，只涉及特定的经济业务处理的具体条件及有关具体人员。

3. 会计系统控制

《企业内部控制基本规范》第三十一条规定，会计系统控制要求企业严格执行国家统一的会计准则制度，加强会计基础工作，明确会计凭证、会计账簿和财务会计报告的处理程序，保证会计资料真实完整。会计系统是为确认、汇总、分析、分类、记录和报告企业发生的经济业务，并保持相关资产和负债的受托责任而建立的各种会计记录手段、会计政策、会计核算程序、会计报告制度和会计档案管理制度等的总称。所以很有必要对会计系统进行相关的控制。

4. 财产保护控制

《企业内部控制基本规范》第三十二条要求企业建立财产日常管理制度和定期清查制度，采取财产记录、实物保管、定期盘点、账实核对等措施，确保财产安全；严格限制未经授权的人员接触和处置财产。这里所述的财产主要包括企业的现金、存货及固定资产等，它们在企业资产总额中的比重较大，是企业进行经营活动的基础，企业应加强实物资产的保护控制，保证实物资产的安全、完整。

5. 预算控制

《企业内部控制基本规范》第三十三条规定，预算控制要求企业实施全面预算管理制度，明确各责任单位在预算管理中的职责权限，规范预算的编制、审定、下达和执行程序，强化预算约束。所以企业通过预算控制，使得经营目标转化为各部门、各个岗位甚至个人的具体行为目标，作为各责任单位的约束条件，预算控制能够从根本上保证企业经营目标的实现。一般来说，企业全面预算体系包括经营预算、资本预算和财务预算。

6. 运营分析控制

开展运营活动分析的目的在于把握企业经营是否朝着预算规定的目标值发展，一旦发生偏差和问题就能找出问题所在，并根据新的情况解决问题或修正预算。一个企业的成功不仅仅依靠安全生产、扩大销售等手段，还要依靠对运营成果进行总结分析，因此《企业内部控制基本规范》第三十四条规定，运营分析控制要求企业建立运营情况分析制度，经理层应当综合运用生产、购销、投资、筹资、财务等方面的信息，通过因素分析、对比分析、趋势分析等方法，定期开展运营情况分析，发现存在的问题，及时查明原因并加以改进。

7. 绩效考评控制

《企业内部控制基本规范》第三十五条规定，绩效考评控制要求企业建立和实施绩效考评制度，科学设置考核指标体系，对企业内部各责任单位和全体员工的业绩进行定期考核和客观评价，将考评结果作为确定员工薪酬以及职务晋升、评优、降级、调岗、辞退等的依据。由此可见，绩效考评是一个过程，即首先明确企业要做什么（目标和计划），然后找到衡量工作做得好坏的标准进行监测。发现做得好的，进行奖励，使其继续保持或做得更好，能够实现更高的目标；发现做得不好的地方，通过分析找到问题所在并进行改正，使工作做得更好。该过程就是绩效考评过程。

（四）信息与沟通

信息与沟通涵盖内部控制整个过程。及时、准确、完整地收集、加工、整理决策所需的信息是管理活动的重要组成部分。为此《企业内部控制基本规范》第三十八条规定，企业应当建立信息与沟通制度，明确内部控制相关信息的收集、处理和传递程序，确保信息及时沟通，促进内部控制有效运行。这里所提到的信息是影响企业内部环境、风险评估、控制活动、内部监督等方面的信息。沟通是信息系统的一部分，是组织中的信息交流。信息交流是组织结构的核心，是组织存在的基础，没有信息交流就没有组织。因此信息的沟通是组织稳定的基础，对一个组织的发展具有重要作用。

1. 信息收集

企业在进行信息收集时应明确收集的内容、方式等，所以《企业内部控制基本规范》第三十九条规定企业应当对收集的各种内部信息和外部信息进行合理筛选、核对、整合，提高信息的有用性。企业可以通过财务会计资料、经营管理资料、调研报告、专项信息、内部刊物、办公网络等渠道，获取内部信息。企业可以通过行业协会组织、社会中介机构、业务往来单位、市场调查、来信来访、网络媒体及有关监管部门等渠道，获取外部信息。不同企业需要的信息存在差异，各企业对每类信息的侧重点也存在差异。因此企业应结合自身特点及成本效益原则，选择使用适合的方式收集有价值的信息。

2. 信息传递

《企业内部控制基本规范》第四十条规定，企业应当将内部控制相关信息在企业内部各管理级次、责任单位、业务环节之间，以及企业与外部投资者、债权人、客户、供应商、中介机构和监管部门等有关方面之间进行沟通和反馈。信息沟通过程中发现的问题，应当及时报告并加以解决。所以信息传递对于企业来说也是非常重要的，但是往往因为管理者对信息传递的认识不够或传递方式有问题，信息传递中可能存在一些问题，常见的有准确性问题、完整性问题、及时性问题和安全性问题等。针对这些问题企业应该加强信息传递过程的监督与复核、信息传递者和使用者的知识储备、对信息系统的改进及信息传递与企业文化的结合。这样才能更好地为企业服务。

3. 信息共享

企业的内部控制系统实质上是一个信息系统,是一个对信息进行收集、核对、整合、传递的过程,并且通过反馈机制改进信息的收集、处理和传递,从而形成一个灵敏的信息沟通机制,促进内部控制目标的实现。信息系统的发展离不开信息技术的进步和人们对信息需求的增加,在信息化社会中,信息的需求无疑会持续增加,所以企业应当提高先进信息技术的应用水平,建设和完善自身的信息系统。同时,信息系统又是由许多子系统组成的,为了使信息流、物流、资金流在企业内部部门之间、企业与外部机构之间充分流动,企业就必须依赖信息技术搭建信息共享的平台。因此《企业内部控制基本规范》第四十一条明确了企业应当利用信息技术促进信息的集成与共享,充分发挥信息技术在信息与沟通中的作用。企业应当加强对信息系统开发与维护、访问与变更、数据输入与输出、文件储存与保管、网络安全等方面的控制,保证信息系统安全稳定运行。

4. 反舞弊机制、举报投诉制度和举报人保护制度

有效的信息交流机制可以对防范和及时发现舞弊行为起到很好的作用,《企业内部控制基本规范》第四十二条规定企业应当建立反舞弊机制,坚持惩防并举、重在预防的原则,明确反舞弊工作的重点领域、关键环节和有关机构在反舞弊工作中的职责权限,规范舞弊案件的举报、调查、处理、报告和补救程序。企业至少应当将下列情形作为反舞弊工作的重点:①未经授权或采取其他不法方式侵占、挪用企业资产,牟取不当利益;②在财务会计报告和信息披露等方面存在的虚假记载、误导性陈述或者重大遗漏等;③董事、监事、经理及其他高级管理人员滥用职权;④相关机构或人员串通舞弊。

同时《企业内部控制基本规范》第四十三条规定企业应当建立举报投诉制度和举报人保护制度,设置举报专线,明确举报投诉处理程序、办理时限和办结要求,确保举报、投诉成为企业有效掌握信息的重要途径。举报投诉制度和举报人保护制度应当及时传达至全体员工。举报投诉制度是企业内部建立的、旨在鼓励员工对企业内部涉及内部控制方面的违法行为或不当行为以匿名或明示的方式进行举报、投诉,并由专门机构对举报内容进行调查处理的一系列政策、程序和方法。该制度属于内部控制框架中的信息与沟通要素,具有预防、制止和揭露组织活动中的违法违规行为,保证企业各项活动的合法性和合规性的功能。

(五)内部监督

内部监督是内部控制体系中不可或缺的一部分,是内部控制得到有效实施的有力保障,具有非常重要的地位。完善的内部监督可以发现内控缺陷,改良内控体系,提升企业内部控制的健全性、合理性;提高企业内部控制施行的有效性;是外部监管的有力支撑;可以减少代理成本,保障股东的利益。为此《企业内部控制基本规范》第五条第五款规定内部监督是企业对内部控制建立与实施情况进行监督检查,评价内部控制的有效性,发现内部控制缺陷,应当及时加以改进。《企业内部控制基本规范》第四十四条规定,内部监督分为日常监督和专项监督。日常监督是指企业对建立与实施内部控制的情

况进行常规、持续的监督检查；专项监督是指在企业发展战略、组织结构、经营活动、业务流程、关键岗位员工等发生较大调整或变化的情况下，对内部控制的某一或者某些方面进行有针对性的监督检查。专项监督的范围和频率应当根据风险评估结果以及日常监督的有效性等予以确定。所以一般来说，风险水平较高并且重要的控制，对其进行专项监督检查的频率应较高。当然，如果企业的日常监督能够有效地起到监管效果，可以减少专项监督的频率。

《企业内部控制基本规范》第四十六条明确企业应当结合内部监督情况，定期对内部控制的有效性进行自我评价，出具内部控制自我评价报告。以便发现和解决内部控制过程中出现的问题。之所以对内部控制进行评价，就是为了强化内部控制意识，建立健全内部控制机制，严格落实各项控制措施，确保内部控制体系有效运行；提高风险管理水平，为实现企业发展战略和经营目标提供保障；增强企业业务、财务和管理信息的真实性、完整性和及时性；保障企业资产的安全和完整；确保企业各项活动的合法合规性；为企业的风险管理提供信息服务和决策支持。

设计企业内部控制流程图时的图示及标识说明如表2-1所示。

表 2-1 设计企业内部控制流程图时的图示及标识说明

编号	图示	说明
2.1	⬡	：流程开始
2.2	▭	：进程框，按业务流程环节（控制点）控制内容进行描述
2.3	◇	：条件判断框（决策框），对判断条件在框中进行描述
2.4	▭	：预先定义的流程框，如付款流程
2.5	▱	：内部控制形成的文档，如报表、单据等
2.6	▭	：内部信息存储、归档
2.7	↓	：流程方向，箭头方向为业务流程流向
2.8	○	：页面内控制流程引用
2.9	⬠	：控制流程离页引用
2.10	☆	：关键控制点，根据重要性、关键性，采取专家会议法确定
2.11	▭	：流程结束框

二、内部控制要素之间的关系

内部控制每个要素都具有明确的内涵和边界，但其要素间的有机整合、相互作用才是内部控制整合框架的精髓所在，内部控制的控制环境、风险评估、控制活动、信息与沟通、内部监督五要素构成了相互联系的有机整体，任何一个要素都不能脱离整体发挥作用。其中，控制环境是内部控制发挥作用的环境基础，风险评估、控制活动、信息与沟通是内部控制体系核心三个环节，内部监督是内部控制有效实现、不断发展完善的重要组成部分。

1. 控制环境是内部控制实施的环境基础

控制环境是建立和实施内部控制的环境。内部控制建设首先要对内部控制的环境进行评价，控制环境中的组织架构和权责分配为信息在部门间的流转提供了一个基本架构和传递路径，与此同时充当"信使"角色的员工的职业道德与胜任能力在很大程度上影响部门之间信息沟通的及时性和有效性。同时，控制环境中的组织框架和公司治理结构的有效性影响内部控制制度有效性，公司的治理结构直接影响了监督要素中监督机构的设置和监督活动的进行，如果缺乏对高管人员和权力的有效监督，员工素质欠缺，品格不佳，再完善的内部控制制度都将流于形式，因为无论多么完美的内部控制都没有办法防止员工间的串通舞弊。如果控制环境好，具备良好的风险意识和内控文化，即使某些方面存在控制不足，也会通过自我调整和制衡机制及时调整与完善，而不会产生严重的后果。

2. 风险评估是内部控制建设的方向

内部控制强调成本效益原则，企业需要规范和控制的环节方方面面，因而在内部控制过程中对于常规性的流程和程序可以通过规范的制度体系有效控制，而将内部控制的重点放在重大风险的识别和应对上，必须注重风险评估，建立风险为导向的内部控制体系。风险评估划分为风险识别和风险应对两个分要素。企业应该基于风险评估的结果进行优先级排序、分配资源和采取相应的监督方式。企业往往会把目光聚焦在一些风险较大的环节或项目上。

3. 控制活动是内部控制体系的核心环节

控制活动是内部控制的关键和核心，其他四个要素通过与企业内部业务流程的嵌入，将内部控制的目标落到实处。从形式上看，内部控制活动是内部控制五要素之一，而从本质上看，它是内部控制的外在体现。内部控制框架是一个整体，控制活动在其中扮演着极为重要的角色，它根据企业各项业务流程形成具体的控制措施，在其他要素的共同作用下，使得内部控制有效运转实施。

4. 信息与沟通是纽带

信息沟通包括信息传递和信息系统两个部分。信息是沟通的对象和内容，沟通是信息传递的手段。信息采集和信息传递是企业部门之间、上下级之间、各管理级次之间存在的沟通渠道。信息与沟通是其他四个要素相互联结的纽带，没有了这个要素，其余四个要素都会沦为信息的孤岛，如果信息沟通不畅，整个体系将没有办法有效运转。在风险评估过程中，需要根据内外部的信息反馈，及时对潜在的和现实的风险进行评估判断，根据企业现有的资源信息选择合适的应对策略。对于控制活动,通过活动的信息执行和反馈,及时了解企业业务活动的执行进度与预期目标的偏差,进而发现存在的缺陷和不足,不断完善管理。控制环境中,人力资源、组织框架、企业经营环境与优势劣势都要通过构成控制环境的要素所反馈的信息来进行分析。而监督本身就是将控制过程中产生的遵循情况的信息进行处理和沟通的过程。因而,企业的有序运转需要有效的信息生成、传递与沟通机制。

5. 监督检查是使内部控制有效实现的保障机制

监督包括自我评价和独立评价、日常监督和专项监督。内部监督是企业对内部控制建立与实施情况进行监控检查,评价内部控制的有效性,发现内部控制缺陷,应当及时加以改进。因而,监督是对内部控制活动的再控制,监督是一个不断检查与反馈的过程,其职能不仅仅停留在督导员工贯彻执行控制制度的层面,更为关键的是建立与组织目标相适应的评价标准和考核机制,检查并纠正控制环境、风险评估、控制活动以及信息与沟通过程中的漏洞,将获取的信息反馈给组织,使得组织有机会及时提出修改意见,优化升级企业内部控制活动,从而促进内部控制的自我完善。内部控制要素关系图如图 2-1 所示。

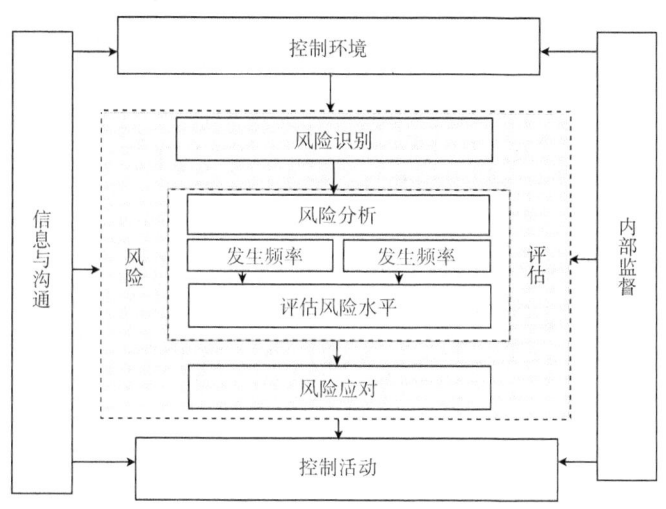

图 2-1　内部控制要素关系图

第四节　案例分析

说到辣椒酱,我们也许首先想到的是贵阳南明老干妈风味食品有限责任公司(以下简称老干妈):8 块钱一瓶的辣酱,每天卖出 100 多万瓶,一年用 1 万多吨辣椒,近 2 万吨大豆。2012 年 7 月,美国奢侈品电商 Gilt 把老干妈奉为尊贵调味品,限时抢购价 11.95 美元两瓶(约 7.74 英镑,折合约 79.1 元人民币)。在美国"老干妈"绝对算得上是"来自中国的进口奢侈品"。2017 年销售收入超过 45 亿元,纳税 7.55 亿元。从 30 年前的小摊到今天的全国著名企业,老干妈撰写了一个非凡的商界传奇故事,制造了中国品牌的一个传奇,连总理也给它点赞。老干妈销售与纳税增长情况如表 2-2 所示。

表 2-2 老干妈销售与纳税增长情况　　　　　　　　　　单位:万元

年份	1998	1999	2006	2013	2017
销售收入	5 014	12 600	128 000	372 000	454 900
纳税	329		16 000	51 000	75 500

1. 控制环境

老干妈创始人陶华碧,年近 50 岁才开始创业,不懂品牌却创造了个大品牌,没有上市动力,不靠资本驱动,也没后台、没资源。10 多年来老干妈坚持不做推销、不打广告、不上市、不贷款。这些商业理念是老干妈经营过程中的独特之处,但却不是成功的核心。老干妈的成功源于对产品品质的坚持和谨慎的风险应对策略,将适合老干妈自身的企业内部控制成功运用于生产经营的各个方面。

(1) 专注核心产品,不搞跨业经营。

老干妈公司董秘刘涛说:"老干妈一直坚持不贷款、不融资、不上市,稳扎稳打。'老太太(陶华碧)常说'隔行如隔山',我们只做辣椒行业的龙头企业'。"对于从家庭小作坊发展起来的企业,专注于主业经营可以较好地实现企业内部各项活动及时、有效控制,避免疲于应对多元化的各种困扰,实现企业稳定发展。2014 年贵州省企业社会责任报告发布会报告评审专家组就老干妈公司的企业社会责任报告总结其特点指出:企业在持续、稳步发展老干妈品牌的同时自觉履行社会责任,倾力打造责任、诚信、和谐、安全、优质的老干妈品牌;企业以人为本,激发和调动职工的主动性、积极性、创造性,实现员工和企业共同发展;企业充分发挥技术中心的作用,主动与科研院所合作,对企业的生产技术进行不断完善和规范,全面提高产品质量的控制能力。企业的稳步发展带动了相关行业和农业产业化的发展,同时带动了城乡劳动力就业,取得了良好的经济效益和社会效益。

(2) 以品质制胜,靠口碑实现发展。

企业产品质量是企业长久发展的根基,尤其是食品企业,对产品质量的控制更为重要。不仅是保有顾客忠诚的必需,更是凝聚内部员工的动力。基于此,老干妈应把"为顾客提供爽口、健康的产品"作为自己忠贞不渝的使命,努力在从原料到生产的所有环节提升自己的标准,从源头保障产品的健康和安全。老干妈对于产品质量的控制不仅贯穿公司内部各环节,甚至形成外部供应商的共识。老干妈所用辣椒原料,主产地在遵义,遵义辣椒曾为出口免检产品。供货商说给它的辣椒,谁也不敢大意,只要出一次错,以后再想与它打交道就难了。当地给它的辣椒,全部要剪蒂,一只只剪,这样剪过蒂的辣椒,再分装,就没有杂质了。在品质有效控制基础上,老干妈靠消费者的口碑相传,实现了坐在家门口,经销商就来抢货,而且要现款现货,先打款才发货。老干妈实现了企业"有华人的地方就有老干妈的产品"的目标,在国外老干妈被称为"留学生必备""家的味道",也受到很多外国消费者的喜爱,每瓶售价不足 10 元的产品最终成功跻身国外奢侈品市场。

2. 风险评估

（1）适应企业产品特点的稳健营销模式。老干妈谨慎地控制各种风险。作为产品高度专一化的食品加工企业，老干妈专一的经营模式保障企业没有太多的投资需求，稳健的发展模式导致企业急于通过赊销等方式扩大生产规模。同时，良好的产品品质与市场需求量又有效保障了老干妈现款现货，概不赊账，甚至因质量过硬不产生也不接受代理商的退货，保障销售收入及时收回，稳健的营销模式实现了对风险的有效控制。另外，由于从不做广告和营销，公司节约了大量的成本，保证了一个相对稳定的、具有较强竞争力的价格优势。

（2）有效应对假冒仿冒问题。随着老干妈品牌深入人心，全国各地市场上每年都有50多种假冒老干妈的产品。老干妈充分认识这些假冒伪劣对老干妈发展造成的风险隐患，加强自身商标权的维护，将与企业商标相近的如"老于妈"等114个商标均进行了注册；加大产品的防伪工作，并花大力气开展打假工作，每年投入两三千万元专项资金用于打假。

3. 控制活动

严格控制生产与原材料供应。原材料供应方面，从2002年开始，老干妈的采购形式经历了三次变革——由市场自购、价格随行就市，演变为农户根据质量要求自发组织种植，运货上门、按质定价。之后，又联合当地建立无公害干辣椒基地和绿色产品原材料基地。截至2004年5月，老干妈82.3%的原材料直接来自这些生产基地。在经营管理过程中，老干妈结合业务流程架设了部门结构，然后设立岗位，明确岗位职责，能及时总结发现的问题，完善相关内部控制制度，并严格执行。如针对以前发生的经销商收货实际数与"发票账单及发货单"数量不一致的问题，老干妈财务部门根据原材料投入与产出之间的数据关系，财务部每天核查前一天的这三个数据：纸箱领用数量、成品入库数量、车间班组日报数据。在整个考核与管理架构中，老干妈的业务流程、组织结构、岗位职责、授权执行、职务分离等，建设很完善、细致。

本 章 小 结

内部控制是由企业董事会、监事会、经理层和全体员工实施的，旨在实现控制目标的过程。内部控制的产生和发展源于企业内部管理的需要。内部控制的五要素包括控制环境、风险评估、控制活动、信息与沟通和内部监督。内部控制是以制衡为核心的目标多元化控制，是有利于揭示全面、全员、全过程控制的有机整体过程。内部控制的目标是合理保证企业经营管理合法合规、资产安全、财务报告及相关信息真实完整，提高经营效率和效果，促进企业实现发展战略。内部控制的五个目标不是孤立的目标个体，而是相互联系的。然而内部控制不是万能的，内部控制虽能通过风险评估一定程度降低风险，但并不能完全消除风险，环境的变化也影响内部控制制度设计与执行的有效性。内部控制只能为上述目标的实现提供合理保证，而不是绝对保证。

复习思考题

简答题

1. 如何理解内部控制的定义?
2. 内部控制的目标分为几个层次,各个层次之间的关系如何?
3. 企业建立与实施内部控制应把握哪些原则,全面性原则、重要性原则与成本效益原则具有怎样的内在联系?
4. 我国《企业内部控制基本规范》规定内部控制包含哪五个要素,它们之间具有怎样的联系?
5. 内部控制存在哪些局限性?

第三章

组织架构指引

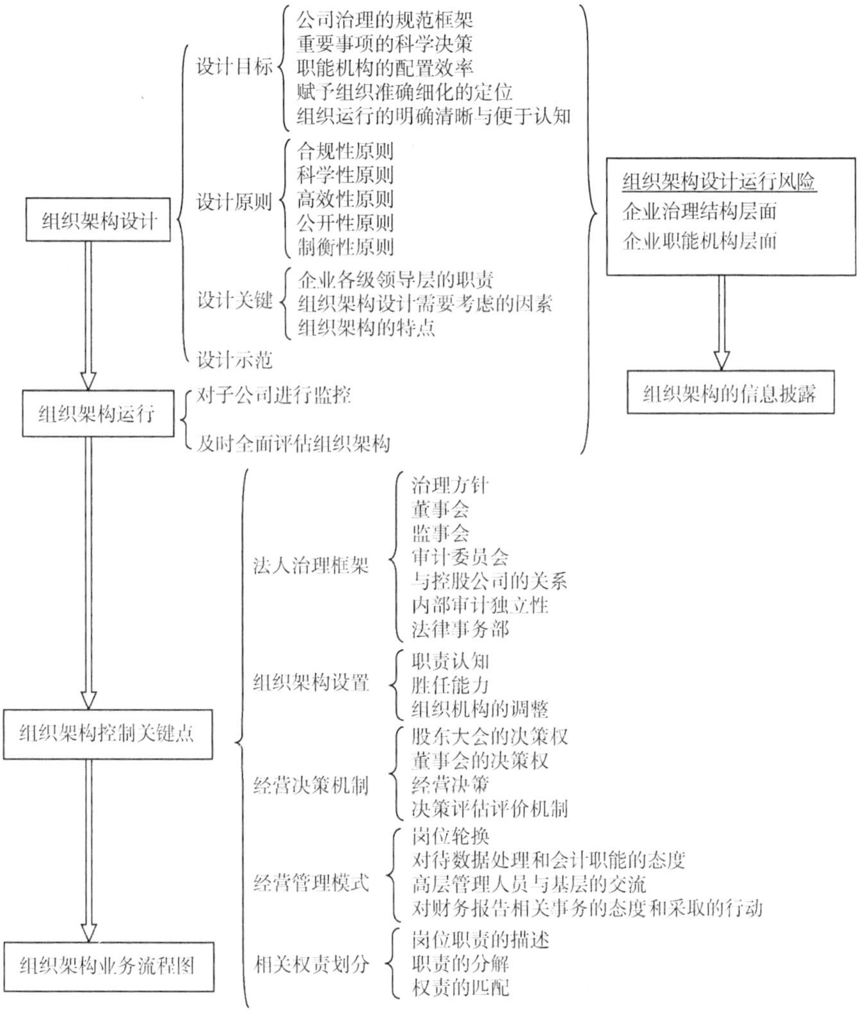

```
                    ┌ 设计目标 ─┬ 公司治理的规范框架
                    │          ├ 重要事项的科学决策
                    │          ├ 职能机构的配置效率
                    │          ├ 赋予组织准确细化的定位
                    │          └ 组织运行的明确清晰与便于认知
                    │
                    │ 设计原则 ─┬ 合规性原则
         组织架构设计│          ├ 科学性原则            组织架构设计运行风险
                    │          ├ 高效性原则            企业治理结构层面
                    │          ├ 公开性原则            企业职能机构层面
                    │          └ 制衡性原则                    ↓
                    │ 设计关键 ─┬ 企业各级领导层的职责
                    │          ├ 组织架构设计需要考虑的因素
                    │          └ 组织架构的特点           组织架构的信息披露
                    └ 设计示范

         组织架构运行─ 对子公司进行监控
                    └ 及时全面评估组织架构

                    ┌ 法人治理框架 ┬ 治理方针
                    │              ├ 董事会
                    │              ├ 监事会
                    │              ├ 审计委员会
                    │              ├ 与控股公司的关系
                    │              ├ 内部审计独立性
                    │              └ 法律事务部
                    │ 组织架构设置 ┬ 职责认知
         组织架构控制│              ├ 胜任能力
           关键点    │              └ 组织机构的调整
                    │ 经营决策机制 ┬ 股东大会的决策权
                    │              ├ 董事会的决策权
                    │              ├ 经营决策
                    │              └ 决策评估评价机制
                    │ 经营管理模式 ┬ 岗位轮换
                    │              ├ 对待数据处理和会计职能的态度
                    │              ├ 高层管理人员与基层的交流
                    │              └ 对财务报告相关事务的态度和采取的行动
                    └ 相关权责划分 ┬ 岗位职责的描述
                                   ├ 职责的分解
                                   └ 权责的匹配

         组织架构业务流程图
```

　　组织架构是内部控制重要的环境因素，它对内部控制活动有着十分重要的影响：为控制活动提供了框架，是内部控制活动有效实施的基本保障。企业组织架构是指企业按照国家有关法律法规、股东（大）会决议和企业章程，结合本企业实际，明确股东（大）

会、董事会、监事会、经理层和企业内部各层级机构设置、职责权限、人员编制、工作程序和相关要求的制度安排。它包括组织结构和权责配置两个方面。组织架构为控制活动提供了框架，即界定了控制活动的空间范围和控制活动可依附的主体。控制活动是那些帮助管理层处置风险所需的特定指令得以贯彻的政策和程序，控制活动是执行这些政策的人员的行动。因此弄清其组织架构对内部控制活动的影响，对正确设计内部控制活动，保证内部控制活动的有效进行，充分发挥内部控制活动的作用具有十分重要的意义。

【重要概念】组织架构　组织架构运行风险　组织架构设计　组织架构运行　组织架构控制关键点

第一节　组织架构的基本内容

一、组织架构的基本含义

组织架构，是指企业按照国家有关法律法规、股东（大）会决议和企业章程，结合本企业实际，明确股东（大）会、董事会、监事会、经理层和企业内部各层级机构设置、职责权限、人员编制、工作程序和相关要求的制度安排。

组织构架，从静态方面来看，是反映企业运行中关于人、职位、任务及相互之间的特定关系的架构网络和支撑系统。这一架构可以把承担组织职能的机构或岗位之间分工的范围、程度，相互之间的协调配合关系，各自的任务和职责等用部门和层级的方式确定下来，成为整个企业组织的框架体系。从动态方面来看，它指企业在其成长、成熟等特定阶段，维持与变革其组织承载主体，以实现组织目标的过程。通过组织架构的建立与变革，将企业生产经营活动的各个要素、各个环节，从时间、空间上科学地组织起来，使每个成员都能接受领导、协调行动，从而衍生出新增的、大于个人和小集体功能简单加总的整体效能。

二、组织架构设计与运行的风险

关于组织架构设计与运行的主要风险，可以从企业治理结构和企业职能机构两个层面进行分析。

第一，从治理结构层面看，风险主要集中表现为治理结构形同虚设，缺乏科学决策、良性运行机制和执行力，可能导致企业经营失败，难以实现发展战略。

各类公司在公司法人治理层面的风险表现不尽相同，以上市公司为例，至少包括以下九个方面。

（1）股东大会是否规范而有效地召开，股东是否可以通过股东大会行使自己的权利。

（2）企业与控股股东是否在资产、财务、人员方面实现相互独立，企业与控股股东的关联交易是否贯彻平等、公开、自愿的原则。

（3）对与控股股东相关（如关联交易）的信息是否根据规定及时完整地披露。

（4）企业是否对中小股东权益采取了必要的保护措施，使中小股东能够和大股东同等条件参加股东大会，获得与大股东一致的信息，并行使相应的权利。

（5）董事会是否独立于经理层和大股东，董事会及其审计委员会中是否有适当数量的独立董事存在且能有效发挥作用。

（6）董事会是否能够保证企业建立并实施有效的内部控制，审批企业发展战略和重大决策并定期检查、评价其执行情况，明确设立企业可接受的风险承受度，并督促经理层对内部控制有效性进行监督和评价。

（7）监事会的构成是否能够保证其独立性，监事能力是否与相关领域相匹配。

（8）监事会是否能够规范而有效地运行，监督董事会、经理层正确履行职责并纠正损害企业利益的行为。

（9）对经理层的权力是否存在必要的监督和约束机制。

第二，从企业内部职能机构层面看，主要风险集中表现为内部机构设计不科学，权责分配不合理，可能导致机构重叠、职能交叉或缺失、推诿扯皮、运行效率低下。

通常，企业在内部职能机构运转方面的风险，具体表现为以下八个方面。

（1）企业内部组织机构是否考虑经营业务的性质，按照适当集中或分散的管理方式设置。

（2）企业是否对内部组织机构设置、各职能部门职责权限、组织运行流程等有明确的书面说明和规定，是否存在关键职能缺位或职能交叉的现象。

（3）企业内部组织机构是否支持发展战略的实施，并根据环境变化及时做出调整。

（4）企业内部组织机构的设计与运行是否适应信息沟通的要求，有利于信息上传、下达和在各层级、各业务活动间的传递，有利于为员工提供履行职权所需的信息。

（5）关键岗位员工是否对自身权责有明确的认识，有足够的胜任能力去履行权责，是否建立了关键岗位员工轮换制度和强制休假制度。

（6）企业是否对董事、监事、高级管理人员及全体员工的权限有明确的制度规定，对授权情况是否有正式的记录。

（7）企业是否对岗位职责进行了恰当的描述和说明，是否存在不相容职务未分离的情况。

（8）企业是否对权限的设置和履行情况进行了审核与监督，对越权或权限缺位的行为是否及时予以纠正和处理。

三、组织架构的设计

（一）组织架构的设计目标

设计科学、合理的组织架构，可以实现如下几个方面的目标。

1. 公司治理的规范框架

企业应当根据国家有关法律法规的规定，明确董事会、监事会和经理层的职责权限、任职条件、议事规则和工作程序，确保决策、执行和监督相互分离，形成制衡。这种制衡机制是公司法人治理结构的核心作用所在，其中，董事会对股东（大）会负责，并依法行使企业的经营决策权。在董事会旗下，可按照股东（大）会的有关决议，设立战略、审计、提名、薪酬与考核等专门委员会，分工研究各类重大问题，并明确各专门委员会的职责权限、任职资格、议事规则和工作程序，为董事会科学决策提供支持。

与董事会并驾齐驱的是监督机构监事会，监事会本着对股东（大）会负责、与执行分离的原则，承担着对企业董事、经理和其他高级管理人员的依法监督职责。管理层作为董事会的执行机构，主持企业的生产经营管理工作，并对董事会负责。经理和其他高级管理人员的职责分工应当明确。董事会、监事会和经理层的产生程序应当合法合规，其人员构成、知识结构、能力素质应当满足履行职责的要求。

从内部控制的有效性、操作性和针对性出发，每一个企业都要结合自身的特殊情况细化相关的组织架构。例如，在上市公司治理结构的设计上，应当充分反映其公众性。其特殊之处主要表现为建立独立董事制度、建立董事会专门委员会、设立董事会秘书等。在国有独资企业治理结构设计上，也要体现国有资产监管机构代行股东（大）会职权而国有独资企业董事会可以根据授权部分行使股东权，国有独资企业董事会成员中应当包括公司职工代表，国有独资企业监事会成员由国有资产监管机构委派，外部董事由国有资产监管机构提名推荐，并由任职公司以外的人员担任。

2. 重要事项的科学决策

基于决策机制的科学与效率，企业必须区别各种事项的不同性质，总体原则是"管住重点，放开一般"，即对关系到企业投资、融资、经营等领域的重大决策、重大事项、重要人事任免及大额资金支付业务等（以下简称"三重一大"），应当按照规定的权限和程序实行集体决策审批或联签制度。任何个人不得单独进行决策或擅自改变集体决策意见。重大决策、重大事项、重要人事任免及大额资金支付业务的具体标准由企业结合自身的资产总额、营业规模、产业背景、发展阶段、管理体制等要素自行确定，充分体现风险控制信念，区别不同情况下的具体数量化标准。

3. 职能机构的配置效率

效率是企业组织架构运行的核心追求之一，务必充分落实到机构设置中去，"既要数量少，更要质量高"。因此，企业应当按照科学、精简、高效、透明、制衡的原则，综合考虑企业性质、发展战略、文化理念和管理要求等因素，合理设置内部职能机构，明确各机构的职责权限，避免职能交叉、缺失或权责过于集中，形成各司其职、各负其责、相互制约、相互协调的工作机制。

4. 赋予组织准确细化的定位

企业应当对各机构的职能进行科学合理的分解，确定具体岗位的名称、职责和工作要求等，明确各个岗位的权限和相互关系。企业在确定职权和岗位分工过程中，应当体现不相容职务相互分离的要求。组织架构领域的不相容职务，通常指可行性研究与决策审批环节、决策审批与执行环节、执行与监督检查环节等的各自独立运行。

5. 组织运行的明确清晰与便于认知

组织架构事关企业上到股东（大）会、董事会、监事会、经理层，下至各部门、各职能机构、各业务一线的全体员工。全体企业成员需要明确自己在整体流程中的相对位置与分工关系，这样才能配合运行。因此，企业应当制作组织架构图、业务流程图、岗

（职）位说明书和权限指引等内部管理制度或相关文件，使员工了解和掌握组织架构设计及权责分配情况，正确履行职责。

（二）组织架构的设计原则

组织架构的设计应遵循合规性原则、科学性原则、高效性原则、公开性原则和制衡性原则。

1. 合规性原则

组织架构的设计必须遵循我国法律法规的要求，严格规范出资者、董事会、监事会、经理层的权利和义务，以及其相关的聘任条件和议事程序等，合理解决企业各方利益分配问题。

2. 科学性原则

在设计组织架构时应遵循科学性原则，整体设计应该符合企业长远发展战略，充分考虑企业所在行业、规模、核心竞争力配置等情况，为企业提供相对稳定的发展平台。同时，在组织架构设计的时候还应考虑内外部环境给企业的影响，应谋求企业内外部资源的优化配置。

3. 高效性原则

组织架构设计应该有相应的协同作战理念，应力求均衡，不能因为企业现阶段没有要求而合并部门和职能，在企业运行一段时间后又要重新进行设计，一句话，职能不能没有，岗位可以合并。企业要综合考虑现有的人力资源状况及企业未来几年对人力资源素质、数量等方面的需求，以人为本进行设计，切忌拿所谓先进的框架往企业身上套，更不能因人设岗、因岗找事。

4. 公开性原则

组织架构的设计应该公开、公正、透明。对于业务一线的机构、综合管理的机构、治理层面的机构，要遵循各自运行规律，采用择优排序方法确定必保组织和备选项目，减少主观随意性与暗箱操作，使架构设计更加规范、透明。

5. 制衡性原则

组织架构在设计的时候应该充分体现相互之间的制约关系，分工与配合、分工与制约，都是现代经济条件下的必然产物。此外，制衡原则的体现，在最后实施时，必须强制执行，严厉惩罚一切违规行为，确保整体运行的有序性，某些被证明不适合企业的设计可在运行两三个月后再进行微调。

（三）组织架构的设计关键

企业组织架构设计，应根据国家有关法律法规的规定，明确董事会、监事会和经理层的职责权限、任职条件、议事规则和工作程序，确保决策、执行和监督相互分离，形成制衡。

1. 企业各级领导层的职责

董事会对股东（大）会负责，依法行使企业的经营决策权，可按照股东（大）会的有关决议，设立战略、审计、提名、薪酬与考核等专门委员会，明确各专门委员会的职责权限、任职资格、议事规则和工作程序，为董事会科学决策提供支持。

监事会对股东（大）会负责，监督企业董事、经理和其他高级管理人员依法履行职责，经理层对董事会负责，主持企业的生产经营管理工作。

2. 组织架构设计需要考虑的因素

合理设置内部职能机构，明确各机构的职责权限，避免职能交叉、缺失或权责过于集中，形成各司其职、各负其责、相互制约、相互协调的工作机制。组织架构设计需要考虑以下因素。

（1）企业性质和发展战略。在组织架构与发展战略的相互关系上，一方面，发展战略的制定必须考虑企业组织架构的现实；另一方面，一旦发展战略形成，组织架构应做出相应的调整，以适应战略实施的要求。发展战略不同，在两个层次上影响组织的结构：不同的发展战略要求开展不同的业务活动，这会影响管理职务的设计；战略重点的改变，会引起组织的工作重点转变，从而引起各职务与部门在组织中重要程度的改变，因此要求对各管理职务及部门之间的关系做相应的调整。

（2）文化理念和外部环境。企业文化是企业所创造的所有物质产品和精神产品的综合，企业文化理念则是企业所形成的具有自身特点的经营宗旨、价值观念和道德行为准则的综合。企业在设计组织架构时应当考虑企业本身的文化理念的影响，设计合适的组织架构。外部环境对组织架构的影响可以反映在三个不同的层次上，这就是职务与部门设计层次、各部门关系层次和组织总体特征层次。

（3）技术。组织的活动需要利用一定的技术和反映一定技术水平的特殊手段来进行。技术及技术设备的水平，不仅影响组织活动的效果和效率，而且会作用于组织活动的内容划分、职务设置，会对工作人员的素质提出要求。

（4）人力资源。组织架构是企业实现战略目标的一个平台，人力资源是企业在平台上发挥作用的工具。企业必须根据发展战略的需要设计组织架构，并充分利用原有的人力资源。发展战略决定组织架构，但人力资源的制约反过来也会影响组织架构的设计。

（5）企业规模与企业所处的发展阶段。企业的规模往往与企业的发展阶段相互联系，伴随着企业活动的内容日趋复杂，人数会逐渐增多，活动的规模会越来越大，企业组织架构也须随之调整，以适应变化后的情况。

3. 组织架构的特点

组织架构的特点有以下几个方面。

（1）重大问题的集体决策或联签制度。企业的重大决策、重大事项、重要人事任免及大额资金支付业务等，应当按照规定的权限和程序实行集体决策审批或联签制度。任何个人不得单独进行决策或擅自改变集体决策意见。重大决策、重大事项、重要人事任免及大额资金支付业务的具体标准由企业自行确定。

（2）避免业务重复或职能重叠。业务重复或职能重叠会导致企业有限资源的浪费和工作效率的下降，设计组织架构应避免出现这样的问题，以提高资源的利用效率和工作效率，将企业管理层次保持在合理水平。

（3）明确岗位职责。企业应当对各机构的职能进行科学合理的分解，确定各具体职位的名称、职责和工作要求等。编制岗（职）位说明书，明确各个岗位的权限和相互关系。应当制定并公布组织架构图、员工手册、业务流程图、岗（职）位说明书和权限指引等内部管理制度或相关文件，使企业员工了解和掌握组织架构设计及权责分配情况，促进企业各层级员工明确职责分工，正确行使职权。

（4）不相容职务分离。企业在确定职权和岗位分工过程中，应当体现不相容职务相互分离的要求。不相容职务分离基于的假设是两个人无意识同犯一个错误的可能性很小，而一个人舞弊的可能性要大于两个人，而且两个人共同舞弊的成本也高于一个人舞弊，可以有效地降低舞弊风险。通常需要对以下职务进行分离：①授权与执行职务要分离；②执行与审核职务要分离；③执行与记录职务要分离；④保管与记录职务要分离；⑤执行与监督职务要分离；等等。

（四）组织架构的设计示范

某上市公司的组织架构设计规范简介如下。

第1章 总则

第1条 目的

为了引导和推动公司建立健全内部控制体系，促进公司实现发展战略和经营目标，防范企业组织架构设计与运行风险，优化企业治理结构、管理体制和经营机制，建立和完善现代企业制度，满足企业自身治理和外部监管的要求。依据相关法律法规、《企业内部控制基本规范》和《企业内部控制应用指引第1号——组织架构》，并结合公司实际情况，特制定本规范。

第2条 范围

本规范适用于组织架构涉及的各部门、岗位及人员。本规范符合并参照集团对各级分子公司的管理原则和管理要求，以及对各级分子公司日常管理实践的指导规范意见。

第3条 含义界定

本规范中所指的组织架构设计是指为了保证公司目标的实现，使公司现有的资源能最大限度地发挥作用，对公司内各个要素的职务范围、权利、责任、架构进行确立、调整的过程。

第4条 组织架构设计时间

1. 公司创立之初。
2. 公司经过一段时间高速发展，需进行规范管理时。
3. 公司业务发生重大转型时。
4. 公司经营环境发生剧烈变化时。
5. 并购、重组后。

第 5 条　组织架构的设计目标

1. 组织架构设计应有利于促进决策科学化和运行规范化。

明确各级管理层的职责权限、任职条件、议事规则和工作程序，确保决策、执行和监督相互分离、有机协调，确保各层级管理机构能够按照法律法规和公司章程的规定行使职权。

2. 对重大决策、重大事项、重要人事任免及大额资金支付等业务，实行集体决策审批或者联签制度。

3. 从组织架构的设计上体现不相容职务相互分离的制衡要求。

通过加强组织架构设计相关内部控制，防范集团系统风险，优化资源配置，促进资源共享。

第 2 章　组织架构设计原则

第 6 条　适应性原则

在进行组织架构设计时，考虑内、外部环境对组织运行的影响与制约，应使组织架构与内、外部环境处于"最佳适应状态"。

第 7 条　明确性原则

在进行组织架构设计时要清晰界定公司内各层级的报告关系，明确各岗位的具体职责，以避免重复管辖和多头领导的情况，从而有利于经营活动的开展和公司运作效率的提高。

第 8 条　合理管理幅度原则

在进行组织架构设计时，要为每一位管理人员设计合理的管理幅度。管理幅度过大或过小，都会导致公司运营效率下降的不良后果。

第 9 条　分工协作原则

公司应根据自身特点和条件，选择适合自身的组织架构模式，通过分工协作提高工作效率。

第 10 条　协调配合原则

将公司作为一个有机整体，保证公司内各部门之间的有机联系及相互协调配合。

第 11 条　适度分权原则

在进行组织架构设计时，应考虑权力的分配模式，要将集权与分权控制在合适的基准上，既不影响公司的运作效率，也不影响管理层和基层员工的工作积极性，使组织具有高度的开放性和协作性。

第 12 条　责权对等原则

在组织架构设计下，所设计的职能部门应在具备一定职责的同时，还需具备相应的权力。若没有与责任相对等的权力，也就无法完成相应的职责。

第 13 条　精简性原则

在保证公司战略目标的前提下，力求部门数量最少，以避免公司庞大和冗繁，有利于节省沟通成本和缩短各项业务的流程，从而大大提高公司的运营效率。

第 14 条　执行监督分设原则

在设计组织结构时，应将执行部门与监督部门分开设立，这样可以有效防范与化解营私舞弊的风险。

第 3 章　组织架构设计程序

第 15 条　核算事务工作总量和分量

组织架构设计人员应对公司为达成目标所要完成的事务工作做一个全面的清理和核算，从总量和分量上进行计量，并详细列出。

第 16 条　界定公司员工相互之间的事务工作关系

1. 界定公司员工相互之间的事务工作关系，即选择组织架构的基础模式。

2. 组织架构设计人员应根据公司的规模、公司内部主要事务工作的性质等客观实际，分析、界定公司员工相互之间的事务工作关系，以便最大限度地保证公司运行的效率。员工相互之间的事务工作关系主要有以下三种。

（1）指挥与被指挥、控制与被控制的关系。

（2）相互依存和相互补充的关系。

（3）相互支持和彼此配合的关系。

第 17 条　设置单位、部门和岗位

组织架构设计人员根据不同事务工作之间的性质，以及不同事务工作量的大小，确定具体承担的单位、部门和岗位。

第 18 条　绘制组织架构图

组织架构设计人员勾画出整个公司的组织结构图，并提交董事会进行审核。

第 19 条　界定单位、部门和岗位的工作标准

组织架构设计人员在对公司内部的单位、部门和岗位相互之间的关系进行界定的基础上，明确界定各自的工作标准，使相应的单位、部门和岗位角色明确自身的工作职责、标准要求和履职条件，以保证在公司整体目标所要求的时间、质量和数量标准范围之内完成相应的工作。

第 4 章　附则

第 20 条　本规范制定权归总经办所有，修订权和解释权亦归总经办所有。

第 21 条　本规范自董事会审批之日起实施。

四、组织架构的运行

企业应当根据组织架构的设计规范，对现有治理结构和内部机构设置进行全面梳理，确保本企业治理结构、内部机构设置和运行机制等符合现代企业制度要求。

企业对组织架构运行的控制主要通过以下两个方面进行说明。

（一）对子公司进行监控

企业拥有子公司的，应当建立科学的投资管控制度，通过合法有效的形式履行出资人职责、维护出资人权益，重点关注子公司特别是异地和境外子公司的发展战略、年度财务预决算、重大投融资、重大担保、大额资金使用、主要资产处置、重要人事任免、内部控制体系建设等重要事项。

母公司对子公司的组织及人员控制主要包括确定子公司章程的主要条款，参与建立子公司的治理框架，选任代表母公司利益的董事、经理及总会计师等高级管理人员。

母公司主要是通过以下岗位对子公司进行运行监控。

岗位一：母公司董事会，其主要职责有十三项。

（1）建立子公司的质量架构，审批子公司章程。

（2）确立调整子公司的组织架构。

（3）委派、选任子公司高级管理岗位人员。

（4）提议罢免不能胜任的子公司总经理。

（5）审议子公司高级管理人员的绩效薪酬制度。

（6）考核管理子公司的高级管理人员。

（7）审批子公司的经营方针、经营计划、中长期发展规划和重大项目投资方案。

（8）审议子公司增加或减少注册资本的方案。

（9）审核子公司年度财务预算方案和决算方案。

（10）审核子公司利润分配方案和亏损弥补方案。

（11）审批、检查子公司对外担保或互保事项。

（12）审批子公司提交的超越章程规定的业务范围或审批权限的交易或事项。

（13）审议、监督子公司发生的重大交易或事项。

岗位二：母公司财务总监，其主要职责有七项。

（1）统一母子公司会计政策和会计核算期间。

（2）制订重大事项的会计核算方法。

（3）编制母公司合并财务报表。

（4）参与子公司财务预算的编制与审查。

（5）会同母公司人力资源部制定委派会计的管理制度和考核标准。

（6）参与子公司的资金控制与资产管理工作。

（7）参与内部转移价格的制定与管理。

岗位三：母公司人力资源总监，其主要职责有四项。

（1）提名、考察派往子公司的高级管理人员。

（2）制定派往子公司高级管理人员绩效考核与薪酬激励制度。

（3）参与考核派往子公司的高级管理人员。

（4）审批子公司的薪酬体系和劳动用工制度。

岗位四：子公司董事会，其主要职责有七项。

（1）编制董事会报告，定期向出资者报告。

（2）聘任或解聘子公司高级管理人员。

（3）审议子公司经营方针、经营计划、中长期发展规划和重大项目的投资方案。

（4）审批子公司增加或减少注册资本的方案。

（5）制订子公司年度财务预算方案和亏损弥补方案。

（6）制订子公司利润分配方案和亏损弥补方案。

（7）审议子公司发生的重大交易或事项。

（二）及时全面评估组织架构

企业梳理治理结构，应当重点关注董事、监事、经理及其他高级管理人员的任职资格和履职情况，以及董事会、监事会和经理层的运行效果。企业梳理内部机构设置，应当重点关注内部机构设置的合理性和运行的高效性等。内部机构设置和运行中存在职能交叉、缺失或运行效率低下的，应当及时解决。

企业应当定期对组织架构设计与运行的效率和效果进行全面评估，发现组织架构设计与运行中存在缺陷的，应当进行优化调整。企业组织架构调整应当充分听取董事、监事、高级管理人员和其他员工的意见，按照规定的权限和程序进行决策审批。

五、组织架构的信息披露

企业应当根据国家有关法律法规，以适当的形式披露组织架构设计与运行情况，重点披露董事会、监事会和经理层的实际运行情况。内容包括企业应当依法披露董事、监事、高级管理人员的基本情况、主要工作经历、年度报酬情况，以及报告期内当选或离任的董事、监事的基本情况，高级管理人员激励约束机制的落实情况和解聘原因等信息。董事会办公室作为公司信息对外披露的具体执行部门，负责按照国家监管机构的要求，定期收集上述信息，并完成对外信息披露相关工作。

第二节 组织架构控制关键点

企业组织架构控制的过程，包括法人治理、职能机构、"三重一大"在内的组织设计，组织结构的运行，都是整个控制链条中紧紧相扣的环节。从控制效率看，组织架构涉及较为广泛，应该分析和掌握其贯穿企业经济管理的重要方面与重要环节，并选择一些关键的项目进行重点控制，从而保证组织架构方面的内部控制制度得以有效运行。

一、法人治理框架

公司治理结构是指关于公司内外部利害关系人之间权利、责任和利益的制度安排，其实质是各利益相关者之间的相互制衡机制。这种相互制衡机制及其有效运行，在公司内部是通过股东会、董事会、监事会及经理层之间的契约直接支撑的，在公司外部是通过资本市场、产品市场及经理市场上的竞争间接实现的。科学、合理的公司治理是保证现代企业有效运营的基础与条件。企业应根据我国公司治理原则架构公司治理结构，制定一套符合国家监管法规认可的公司治理指导方针。

具备相应规模的企业，其法人治理环境层面的组织架构控制，可以包括以下七个方面。

（一）治理方针

公司治理方针的控制目标就是全面遵循并符合政府公司治理原则的标准。公司治理方针的控制措施，主要包括公司应制定一套单独的公司治理方针。该方针应包括董事任职资格、董事职责、董事定位和后续教育、经理层继任、董事会职责履行情况的年度评价,以及"董事有权随时找经理层,在必要和适当的时候还可以独立顾问的规定"。

(二)董事会

公司董事会的控制目标是建立一个积极、有效、完善的董事会。公司董事会的控制措施主要包括:董事会应规定明确的董事职责和义务,并符合有关法律法规的要求;董事会应严格履行章程规定的职责;应制定符合法律法规要求的董事会下设委员会章程;董事会的组成和选聘过程应符合相关法规规定;董事会成员兼职情况应符合相关法规规定;董事会成员应拥有必要的技能和经验;公司的董事会应按有关规定履行其责任和义务;董事会薪酬委员会应批准所有经理层关于业绩的激励计划;针对发现的经营管理问题,董事会应当下发指导意见给经理层,详细描述应采取的具体行动;董事会应当进行监督,必要时进行后续调查;应保留所有董事会的决议;有关独立董事的独立性、权力、职责等的规定应符合相关法规;公司的非执行董事应能够在经理层人员不参与的情况下召开定期执行会议;公司应禁止对其董事或经理层以个人贷款的形式提供信贷或安排提供信贷。公司董事会及经理层应注意增强公司透明度,积极支持董事会秘书履行职责,并在工作机构及人员配备方面给予必要的保证;董事会成员行事必须诚实,符合职业道德,并严格遵守诚信原则。

(三)监事会

公司监事会的控制目标就是充分发挥监事会审查董事履行职责,评价、监督公司的管理行为和经营决策等方面的重要作用。

公司监事会的控制措施主要包括公司应有明确的制度阐述监事会的职责权限、具体工作规则、议事程序及人员任职条件等事项,且符合法律法规的要求;公司应根据情况增加外部监事的比重,如果公司监事会换届,外部监事应占监事会人数的 1/2 以上,并酌情增设相应的独立监事;公司外部监事应向股东大会独立报告公司经理层的诚信及勤勉尽责表现,应协调监事会与审计委员会相互重合的职能,避免资源浪费或监管真空。

(四)审计委员会

公司董事会可以根据需要设置审计委员会,审计委员会的控制目标是充分发挥审计委员会审核和监督公司财务报告程序及内部控制的作用。

审计委员会的控制措施主要包括:审计委员会必须有明确的书面章程,并符合有关法律法规的要求;审计委员会的宗旨应该有明确的规定;审计委员会的职责应当全面明确;审计委员会的组成、独立性和胜任能力应符合国家或证券交易监管机关的规定;对审计委员会成员兼职的规定和披露应符合有关法规的规定。

(五)与控股公司的关系

许多企业都会经常涉及与控股公司的关系,这也是组织架构发挥控制效能的重要载体。企业要处理好与控股股东的关系,其控制目标就是公司与控股机构在法律关系上是互相独立的母子公司关系,各自独立核算,独立承担责任和风险。

企业处理与控股股东的关系，其控制措施主要包括：公司应仅接受控股公司通过股东会以法定程序对公司行使股东的权利；公司的机构，特别是董事会、经理层、财务、营销等机构应独立于控股公司；本公司各职能部门与控股公司的相应部门没有上下级关系，不得以执行控股公司文件等形式影响经营的独立性。

（六）内部审计独立性

内部审计机构的控制目标是充分保证内部审计的独立性。内部审计机构的控制措施，主要包括：应明确内部审计的职能；内部审计的章程、职能、权限、工作指导，应当为公司经理层和董事会所支持；应明确内部审计的报告机制；内部审计部门承担的审计项目不应该受到材料范围和获取途径的限制；实行公司上下系统内的审计部垂直领导、统一管理的体制，公司总部审计部向旗下分支机构审计组织下达年度审计工作计划。

（七）法律事务部

公司法律事务部作为内部控制的职能机构，其控制目标就是保证公司依法合规经营，维护公司合法权益。公司法律事务部的控制措施，主要包括：通过设立法律事务机构，满足公司在法规遵循性方面的需求；公司制定相应制度对法律事务部门的机构设置、职责权限、任职资格、工作流程等内容进行规范。

二、组织架构设置

在企业运行中，组织机构提供一个框架。在此架构中，为实现企业目标而进行各项活动，包括规划、执行、控制和监督。每个企业都应该根据自己的需要适当地组织架构，定义关键领域的权责分工，确定合适的报告途径。企业组织架构的适当性取决于规模和所从事经营活动的性质。在承载职能的组织机构控制方面，需要掌握的关键控制点主要包括如下三个环节。

（一）职责认知

对组织机构的职责认知，其控制目标就是保证员工充分认识并履行其职责。其相应的控制措施主要包括：高级管理人员要对其职责有明确的认识，并就其对该职责的理解认识进行沟通交流；公司经营管理活动的职责和期望要向对其负责的员工进行清晰的传达；通过公司培训、岗位说明书和各种会议等其他方式让员工了解其职责、控制责任及公司对其的基本要求，明确公司经营目标和各自所起的作用。

（二）胜任能力

对组织机构的胜任能力，其控制目标就是保证公司的高级管理人员和其他主要管理人员具备履行其职责的经验、知识和技能水平。其相应的控制措施主要包括公司应规定高级管理人员具备的必需知识、经验和技能，并进行充分的培训，以使其顺利地履行职责。

（三）组织机构的调整

组织机构不是一成不变的，而需要与时俱进地进行调整。组织机构调整的控制目标是保证组织机构适应市场环境的变化。其相应的控制措施主要包括：经理层应该在经营状况、自身发展和市场环境发生重大变化的情况下，对公司的组织机构进行评价，必要时进行调整；公司应建立一套完整的组织机构调整政策或程序，设立相应的审批权限，以保证组织机构调整的合规性和有效性。

三、经营决策机制

经营决策机制包括股东大会的决策权、董事会的决策权、经营决策和决策评估评价机制。

（一）股东大会的决策权

明确股东大会的决策权，就是确保股东大会依法行使法律赋予的职权，这是其控制目标所在。股东大会的决策权，其控制措施主要包括：公司通过章程明确股东大会的职权；股东大会依法行使其决策职权，并形成股东大会决议；股东大会定期召开，并通常明确应于上一会计年度完结之后的数月之内举行；在规定情况下董事会应当在两个月内召开临时股东大会；会议由会议秘书记录，由出席会议的董事签名。

（二）董事会的决策权

强调董事会的决策职权，意在强化其控制目标，即保证董事会依法行使相应决策职权。其相应的控制措施主要包括：公司章程明确规定董事会的职权；董事会依法行使其决策职权，董事会每年至少召开两次会议，由董事长召集，有紧急事项时，经 1/10 以上有表决权的股东、1/3 以上董事或董事会提议，可以召开临时董事会会议；董事会应当对会议所议事项的决定做成会议记录，出席会议的董事和记录员应当在会议记录上签名，董事应当对董事会的决议承担责任。

（三）经营决策

经营决策的控制目标就是保证经营决策的科学、民主、合理、有效。其相应的控制措施包括：建立科学、民主、高效的决策程序；保证经营目标与战略目标的一致性；职工代表大会依法参与公司重大经营决策的制定；对省内外、国内外同类行业发展状况进行研究，为经理层进行经营决策提供参考。

（四）决策评估评价机制

为确保决策能够规范有效，需要强化对决策的评估评价机制。这一控制的目标就是保证决策的科学、民主、合理、有效，提高决策水平。其相应的控制措施主要包括：公司决策前要经过可行性研究，实施过程中不断总结、修订，实施后进行科学的评价；公司决策实施过程中，审计部门通过"审计关注"，掌握具体实施过程出现的情况，必要时通过预警机制提请经理层对决策进行修正；实行决策问责制，提高决策者的责任心和决策水平。

四、经营管理模式

经营理念和经营风格影响着企业管理的方式,公司应依赖完善的制度、确定的流程、合理的业绩指标和例外报告来实施控制。

(一)岗位轮换

经验证明,特定岗位的定期轮换和强制轮换是一项富有实效的关键控制措施。许多跨国公司在中国的企业已经给我们做出了很好的榜样。岗位轮换控制的目标是既要防范舞弊风险,又要防止人员过于频繁地轮换而造成资源浪费。其相应的控制措施主要包括:公司应对关键岗位(如业务操作、会计、数据处理、内部审计等)予以特别关注,视情况做不定期轮换,以避免在关键岗位工作时间太长导致或长期掩盖不良行为;公司应对经理层和监督人员的过多轮换进行主动积极的监控。

(二)对待数据处理和会计职能的态度

对重要数据的控制目标就是确保财务报告的可信性和资产的保全,其相应的控制措施包括:公司经理层通过各种方式强调数据处理和会计职能的重要性;对数据处理和财会部门配备充足的硬件及软件予以支持,保障专业人员水平;公司对数据处理和会计职能存在的问题及时改进;对数据处理和会计职能方面的舞弊行为制订严厉的惩处措施。

(三)高层管理人员与基层的交流

上下沟通也是一项控制渠道,能够"上情下达,下情上传"。其控制目标就是保证高层管理人员及时了解基层公司情况并传达政策。其相应的控制措施包括:高层管理人员定期或不定期到基层公司调研;高层管理人员定期或不定期召开基层公司人员会议;高层管理人员设立基层公司对总公司计划或政策意见的反馈渠道。

(四)对财务报告相关事务的态度和采取的行动

财务报告是每一个企业相关利益者都十分关注的信息载体,关注财务报告的控制目标就是采用适当的财务报告系统和选用恰当的会计方法。其相应的控制措施包括:公司经理层通过会议发文等方式强调财务报告的真实与公允;公司应选择稳健的会计政策,不应使用激进的会计政策;制订对操纵、篡改会计记录行为的惩处办法;管理者要重视财务报表所反映的违规业务操作的信号;公司应聘请声誉良好的会计师事务所进行外部审计,并设立专门的董事会审计委员会与外部审计师进行定期会晤与沟通;公司有专门机构负责对外信息的披露事宜,公司相关经理层和律师对披露的信息进行审核。

五、相关权责划分

职责的分配、职权的授予和相关政策的制定为确立权利义务、内部控制及员工的角色分工奠定了基础。

（一）岗位职责的描述

科学的岗位职责陈述，能够保证员工清楚地了解其岗位的内容和标准。其相应的控制措施主要是管理部门应当编制岗位说明书，其中应包含适当的与其岗位相关的控制标准和程序，还应包括关于控制职责的说明。

（二）职责的分解

职责分解的控制措施包括：公司将职责分解到相应的员工身上，以满足组织目标、经营职能和法规的要求；在决定对个人的职责分配时，应考虑到不相容职务相分离原则及其他适当的信息。

（三）权责的匹配

权责匹配就是保证权责分明，所拥有的权力与所承担的责任相匹配。其相应的控制措施包括：为了高效快捷地完成工作，公司将给予员工适当的授权；授权应当与其职责相匹配；适当层次的员工应该有纠正问题或推行改进措施的权力；对分支机构采取逐级授权的方式，这些授权应该与适当层次的胜任能力和明确的授权界限相匹配。

第三节 组织架构案例分析

山东某制药股份有限公司是中国制药工业的 50 强之一，旗下有 9 家控股子公司。2012 年 3 月 23 日，某会计师事务所对山东某制药股份有限公司出具了否定意见的内部控制审计报告，认为该制药公司的内部控制方面主要有两个比较严重的缺陷。

一方面，该制药公司的下属子公司没有控制多头授信的情况，在实际执行中，子公司的三个部门分别向同一客户授信，使得公司对一个客户的授信额度太大。例如，甲公司一直以来都是该制药公司的大客户，该制药公司的应收票据中，甲公司是金额较大的前 5 名往来客户之一。2011 年甲公司为该制药公司带来了 1.49 亿元的营业收入，成为该制药公司的第三大客户。该制药公司共对甲公司及其存在担保关系方的 5 家公司授信形成了 6.07 亿元的应收账款。但在 2011 年 12 月 30 日，甲公司由于涉嫌非法吸收公众高达 10 亿元的存款，被公安局立案侦查。由于甲公司被立案侦查，资金链断裂、经营出现异常，甲公司等 5 家公司欠该制药公司下属子公司的货款得不到回收，该制药公司遭受重大经济损失。所以 2011 年度，该制药公司对上述应收款项计提了 4.86 亿元坏账准备，使得该制药公司 2011 年度增收却不增利。

另一方面，其子公司对部分客户的授信超出了客户的注册资本，导致部分客户的授信额度过大，而且在公司中也存在没有授信就进行发货的情况。

【案例分析】

《企业内部控制应用指引——对子公司的控制》规定：企业至少应当关注下列涉及对子公司管理的风险：子公司超越业务范围或审批权限从事相关交易或事项，可能给企业造成投资失败、法律诉讼和资产损失；子公司业务权限应当合理授权，重大业务应当经母公司严格审批；未经母公司董事会或经理批准，子公司不得对外提供担保或互保。

经批准的担保事项，子公司应当建立备查账簿，逐笔登记贷款企业、贷款银行等信息，母公司负责组织专人定期检查。

对于企业集团，为了实现集团整体有序协调运作，企业内部控制必须根据企业的业务特点架构适当的组织结构，同时保证集团内各子公司和各部门的有效沟通与协调，加强集团公司对子公司及其各部门的监督，如果企业规模过大、组织结构臃肿、反应不及时，则会导致公司的经营活动难以有效执行、效率低下，组织内耗严重，甚至所属子公司或分支机构还会发生各种违规问题，拖累集团整体的经营绩效与发展。如山东某制药股份有限公司存在的问题在于组织机构运行协调内控机制存在缺陷，主要表现为以下几方面。

1. 内部控制联动体系缺失，部门间缺乏沟通

部门沟通对一个部门、一个企业的发展都具有重要的意义。在现实状况中，销售部门往往片面追求高销售额，没有从全局考虑，所以不太注重和财务部门及信用部门的合作，使得公司应收账款金额巨大，应收账款风险增高。在本案中，山东某制药股份有限公司出现了对部分客户超过其注册资本的赊销以及未授信发货的情况，反映了企业的销售部门、财务部门以及信用部门之间缺乏沟通和联系，过高地注重自身利益和目标，可见其应收账款内部控制联动体系的缺失。

2. 应收账款监督机制薄弱

有效的监督能够使企业防微杜渐，防患于未然。但是，在我国，很多企业对会计监督缺乏应有的重视，山东某制药股份有限公司的应收账款内部控制系统存在缺陷也是其被出具否定意见审计报告的根本原因。山东某制药股份有限公司内部根本没有发现公司在应收账款制度的设计和执行方面所存在的缺陷与不足，也没有专门的人员和部门进行监督管理，造成巨额应收账款不能收回，给企业带来巨大的损失。这就暴露出企业的应收账款监督体系薄弱，企业应该得到足够的重视，加强应收账款监督机制。

3. 集团内部机构数据独立分割

山东某制药股份有限公司是一个上市公司，而且有很多子公司，这也要求整个企业的应收账款系统不能独立而更应该成为一个有机统一的整体。从企业的自我控制评价报告中我们可以看出，山东某制药股份有限公司在销售管理方面内部控制主要是针对流程设计，而忽略了站在集团的角度，从宏观出发按组织机构的职责管理进行宏观上和总体上的协调。山东某制药股份有限公司的应收账款管理体系中有漏洞的存在，企业部门只是通过自己部门的数据来进行分析和决策，而忽视了部门和分公司之间的沟通与合作，部门数据独立分割，未能从集团的角度进行有效的数据分析和控制。

4. 企业风险管理意识淡薄

山东某制药股份有限公司与甲公司一直是合作伙伴关系，而且甲公司也是山东某制药股份有限公司的重要客户，发挥着关键作用，但是山东某制药股份有限公司却没有对其产生更多的关注，没有足够的风险意识。假如山东某制药股份有限公司在批准对甲公司的信用销售之前能够进行资信评估，同时实时关注甲公司的运营状况，很有可能减少甚至避免此次损失的发生。

本章小结

组织架构是内部控制重要的环境因素，它对内部控制活动有着十分重要的影响：为控制活动提供了框架，是内部控制活动有效实施的基本保障。本章首先介绍了组织架构的基本含义，分析了组织架构在设计与运行中存在的风险；在此基础上阐述了组织架构的设计规则，主要对组织架构设计的目标、原则、设计关键进行了分析，并列示组织架构的设计示范案例。其次，本章从法人治理框架、组织架构设置、经营决策机制、经营管理模式、相关权责划分的角度论述了组织架构在控制过程中的关键点。最后以案例分析阐述了组织架构在内部控制中的应用以及发挥的重要作用。

复习思考题

一、简答题

1. 如何理解企业的组织架构，企业组织架构在设计与运行中存在哪些风险？
2. 如何理解企业组织架构控制的关键点，假如你是企业负责内部控制的工作人员，你将如何设计企业组织框架？

二、案例分析

2015 年，某能源集团股份有限公司公告称，因全资子公司华南分公司违规对外担保事项，公司收到上交所出具的对集团公司及其有关责任人予以监管关注的决定，对集团公司时任董事长、时任总经理等人予以监管关注。

2014 年，华南分公司为广州甲公司金额 2.2 亿元的借款提供了连带保证责任担保。华南分公司在对外进行如此大额的担保时，未向母公司提出申请或备案，以致母公司对该事项未能及时知晓并采取相关披露措施。可见该公司在制定母子公司管控权限时，未对有关子公司的权限进行约束，也未对子公司相关经济事项的报批或报备进行明确规定，更未设置相应的监督和考核机制。而华南分公司在担保执行过程中，没有及时关注被担保的广州甲公司的经营和财务信息等，当广州甲公司经营状况下滑时，华南分公司也未能及时采取有效措施避免风险和损失。因而，广州甲公司经营亏损，华南分公司需承担担保责任。但华南分公司未披露前述事项，也未按规定履行董事会决策程序。母公司在知悉华南分公司上述事项后，进行了补充披露。上交所认为，该能源集团股份有限公司违反了《上海证券交易所股票上市规则》有关规定。董事长、总经理等人未能尽责，对违规行为负有主要责任。

结合案例分析：

1. 某能源集团股份有限公司的子公司华南分公司违规担保是个案吗？为何证监会要对该集团公司及其责任人予以监管关注？
2. 除就子公司违规对外担保事项及时对外披露外，该能源集团股份有限公司应如何加强其内部控制管理？

发展战略指引

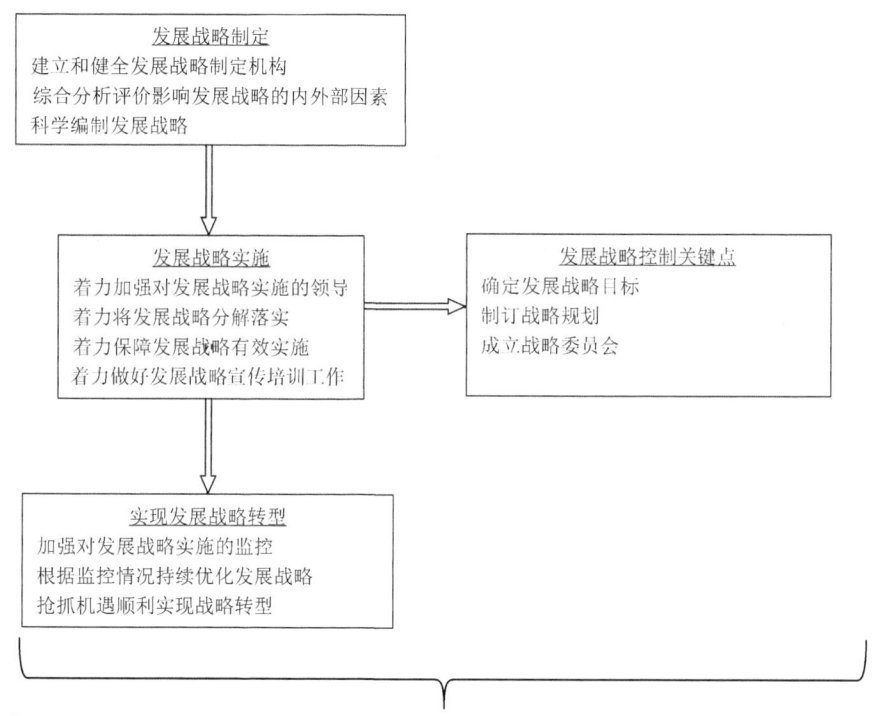

　　发展战略对内部控制活动有着重要的影响：发展战略可以为企业找准市场定位，定位准确，才能赢得市场，才能获得竞争优势，才能不断发展壮大，指明企业的发展方向、目标与实施路径，描绘企业未来经营方向和目标纲领，是企业发展的蓝图，关系着企业的长远生存与发展。企业内部控制的系列目标中，促进发展战略实现是内部控制最高层次的目标。它一方面表明，企业内部控制最终所追求的是如何通过强化风险管控促进企业实现发展战略；另一方面也说明，实现发展战略必须通过建立和健全内部控制体系提供保证。发展战略为企业内部控制指明了方向,内部控制为企业实现发展战略提供了坚实保障。

【重要概念】发展战略　发展战略设计与运行的风险　发展战略制定　发展战略实施　发展战略控制关键点

第一节　发展战略的基本内容

一、发展战略的基本含义

发展战略是企业在对现实状况和未来趋势进行综合分析与科学预测的基础上,制订并实施的中长期发展目标与战略规划。

企业发展战略确定的目标,必须与企业的宗旨和使命相吻合。从企业经营管理的角度看,战略是一种思想,一种思维方式,也是一种分析工具和一种较长远与整体的计划规划,是在企业长远规划基础上的一种升华和提炼。战略指导思想是战略的出发点和灵魂,也是企业文化的重要组成部分;企业整体战略是企业具体发展战略的总纲和指引,是企业各子公司或职能部门的经营管理活动能够保持方向和目标一致的重要保证;职能部门战略是对企业战略的分解和落实,是整体战略实施过程的有机构成部分,也是能否实现企业战略的关键环节。

管理当局设定战略目标,进行战略规划,并为组织确定相关的经营、合规和报告目标。主体的使命和战略目标一般是稳定的,但它的战略和许多相关的目标却更多是动态的,并且会随着内部和外部条件的变化而调整。在考虑实现战略目标的备选方式时,管理当局要识别与一系列战略选择相关联的风险,并考虑它们的影响。

二、发展战略设计与运行的风险

发展战略设计与运行的风险主要包括以下几点。

1. 缺乏明确的发展战略或发展战略实施不到位,可能导致企业盲目发展,难以形成竞争优势,丧失发展机遇和动力

明确的发展战略是企业经营活动的导向,发展战略缺乏可能导致企业的发展没有计划性、战略性。发展战略的制定与实施,对处于任何生命周期的企业来说都是至关重要的。其风险主要表现在如下方面。

(1) 制定的战略"跑调"了,字面上是战略,实质上与经营思路重复,对外宣传是公司战略,结果贻误中长期发展规划。

(2) 新战略提法多样化,没有形成集中统一的战略,让人捉摸不定。

(3) 战略朝令夕改,没有慎重考虑科学决策之后的稳定性。

(4) 战略在企业生命周期的判断和选择上不合时宜,与企业现有基础完全脱节。

(5) 战略在竞争策略的判断与选择上不够科学,混淆了不同竞争战略的适合环境。

2. 发展战略过于激进，脱离企业实际能力或偏离主业，可能导致企业过度扩张，甚至经营失败

发展战略的制定要符合企业的实际情况，脱离了具体企业环境的发展战略，不仅不能促进企业的良好发展，反而可能成为企业发展的障碍。脱离实际的发展战略不仅表现在对战略环境、战略地位、企业资源和竞争能力、企业领导者分析不透，从而延误了企业战略面对风险的应对之策，脱离实际地过于追求高大全，形成劳民伤财的局面，还表现在对创业风险、运作风险、竞争风险分析不清，混淆了不同风险的防范策略，导致自身弱项对战强项，损失战机，应用 SWOT 分析不当，没有有效地趋利避害，等等。

3. 发展战略因主观原因频繁变动，可能导致资源浪费，甚至危及企业生存和持续发展

发展战略应当体现出长期性和根本性的发展目标与战略规划。发展战略作为企业发展的灵魂、企业核心竞争力的体现，应当反映企业发展的长期性、战略性和稳定性，不可以因主观原因频繁变动企业发展战略，企业应当注意发展战略与发展计划的区别。主观原因导致的战略资源浪费风险主要表现在以下几个方面。

（1）中上层干部和高层领导两条心，上下沟通不及时甚至不沟通，相互之间不知道对方的想法，危机慢慢出现，潜移默化地伤害了企业。

（2）企业家把企业看成了自己的孩子，感情越深，越蒙蔽了双眼，看不到企业中存在的危机。

（3）企业之间的竞争非常激烈，企业家对自己的企业更要有理性的认识，否则，感性战胜了理性，风险就会来临。

（4）有些高层领导看不到内外部环境发生的变化，陶醉于过去的成功经验，不能与时俱进、开拓创新。

三、发展战略的制定

制定发展战略是企业实现健康可持续发展的起点。企业应当按照科学发展观的要求，将企业的前途与国家的命运紧密联系起来，立足当前，面向未来，科学制定切合自身实际又符合市场经济发展规律的发展战略。

（一）建立和健全发展战略制定机构

企业应当在充分调查研究、科学分析预测和广泛征求意见的基础上制订发展目标，在制订发展目标的过程中，应当综合考虑宏观经济政策、国内外市场需求变化、技术发展趋势、行业及竞争对手状况、可利用资源水平和自身优势与劣势等影响因素。制定发展战略应联系企业的现在和未来，企业各层级都应给予高度重视和大力支持，要在人力资源配置、组织机构设置等方面提供必要的保证。

企业应当在董事会下设立战略委员会，或指定相关机构负责发展战略管理工作，履行相应职责。战略委员会对董事会负责，委员包括董事长和其他董事。战略委员会委员应当具有较强的综合素质和实践经验。例如，熟悉公司业务经营运作特点，具有市场敏

感性和综合判断能力,了解国家宏观政策走向及国内外经济、行业发展趋势等。同时,委员的任职资格和选任程序应符合有关法律法规与企业章程的规定。战略委员会主席应当由董事长担任;委员中应当有一定数量的独立董事,以保证委员会更具独立性和专业性。必要时,战略委员会还可聘请社会专业人士担任顾问,提供专业咨询意见。

战略委员会的主要职责是对公司长期发展战略和重大投资决策进行研究并提出建议,具体包括:对公司的长期发展规划、经营目标、发展方针进行研究并提出建议,对公司涉及产品战略、市场战略、营销战略、研发战略、人才战略等经营战略进行研究并提出建议,对公司重大战略性投资、融资方案进行研究并提出建议,对公司重大资本运作、资产经营项目进行研究并提出建议等。为确保战略委员会议事过程透明、决策程序科学民主,企业应当明确相关议事规则,对战略委员会会议的召开程序、表决方式、提案审议、保密要求和会议记录等做出明确约定。

为了使公司发展战略管理工作落到实处,企业除了在董事会层面设立战略委员会外,还应在内部机构中设置专门部门或指定相关部门,承担战略委员会有关具体工作。董事会应当严格审议战略委员会提交的发展战略方案,重点关注其全局性、长期性和可行性。董事会在审议方案中如果发现重大问题,应当责成战略委员会对方案做出调整。企业的发展战略方案经董事会审议通过后,报经股东(大)会批准实施。

(二)综合分析评价影响发展战略的内外部因素

企业外部环境、内部资源等因素,是影响发展战略制定的关键因素。只有对企业所处的外部环境和拥有的内部资源展开深度分析,才能制定出科学合理的发展战略。在此过程中,企业应当综合考虑宏观经济政策、国内外市场需求变化、技术发展趋势、行业及竞争对手状况、可利用的资源水平和自身优势与劣势等影响因素。

1. 分析外部环境,发现机会和威胁

外部环境是制定发展战略的重要影响因素,包括企业所处的宏观环境、行业环境及竞争对手、经营环境等。分析企业面临的外部环境,应当着重分析环境的变化和发展趋势及其对企业战略的重要影响,同时评估有哪些机会可以挖掘,以及企业可能面临哪些威胁。

第一,宏观环境分析。企业是一个开放的经济系统,其经营管理必然受到客观环境的控制和影响。企业要在充分研究外部环境的现状及未来发展趋势的基础上,抓住有利于企业发展的机会,避开环境威胁的因素。宏观环境分析一般通过政治和法律环境、经济环境、自然环境、社会和文化环境、技术环境等因素分析企业所面临的状况。

(1)政治因素。政治因素包括采用新的政治议程的政府官员选举,以及新的法律和监管,它们会导致诸如对国外市场的新的开放或限制进入,或者更高或更低的税收。

(2)经济因素。经济因素包括价格变动、资本的可获得性,或者竞争性准入的较低障碍,它们会导致更高或更低的资本成本以及新的竞争者。

(3)自然环境因素。自然环境因素包括洪水、火灾或地震,它们会导致厂场或建筑物的损失,限制获取原材料,或者人力资本的损失。

（4）社会因素。社会因素包括人口统计、社会习俗、家庭结构、对工作、生活的优先考虑的变化，以及恐怖主义活动，它们会导致对产品或服务需求的变化、新的购买场所和人力资源问题，以及生产中断。

（5）技术因素。技术因素包括电子商务的新方式，它会导致数据可取得性的提高、基础结构成本的降低，以及对以技术为基础的服务的需求增加。

第二，行业环境及竞争对手分析。企业应当加强对所处行业调研、分析，发现影响该行业盈亏的决定性因素、当前及预期的盈利性以及这些因素的变动情况。通过行业分析，确保企业在所提供产品或服务的类型、方式及地点，以及希望实现的产业规模等方面，能够与同行业竞争对手区别开来，建立和巩固自身市场优势，制定差异化竞争战略。

行业环境分析最常用的工具是五力分析模型，用以确定企业在行业中的竞争优势和行业可能达到的最终资本回报率。这五力分别是：行业新进入者的威胁、供应商的议价能力、购买商的议价能力、替代产品的威胁和同业竞争者的竞争强度。

第三，经营环境分析。经营环境分析侧重于对市场及竞争地位、消费者消费状况、融资者、劳动力市场状况等因素的分析。经营环境比宏观环境和行业环境更容易为企业所影响与控制，也更有利于企业主动应对其带来的机会和威胁。

【例4-1】 企业发展战略内部控制失败案例

10年前，王某靠着向亲朋好友借贷来的10万元创办了一家电脑软件公司。由于看准市场机会，加上自己的聪明才智，王某的公司得到了迅速的发展。公司成立第一年就获得不俗的业绩，公司规模也迅速扩展。此后几年时间中，公司发展一直稳中求胜，在业界也有了一定的知名度。作为创业者的王某，对公司的未来充满信心。

由于身处高科技行业，随着行业技术的快速变化、竞争形势的不断严峻，王某感觉压力越来越大。在一次大客户招标会上，王某原本以为凭着公司实力肯定能独占鳌头，没想到半路上冒出更强劲的竞争对手将订单横刀夺去，这对王某的自信心是很大的打击。一种强烈的危机感在王某心中滋生，一向做事有条不紊、镇静自如的他开始被一种挥之不去的焦躁感所困扰。

在这种焦躁感的驱使下，王某开始对公司员工施加压力，要求他们不断加班加点，恨不得所有人都只干活而不休息；无休无止地开会讨论公司各种发展机会，不断对公司的策略发展方案进行改动，希望能够看到短期成效；对所有员工提出更严格甚至是苛刻的要求，不允许任何人有犯错的机会——王某试图用百分百的要求打造出百分百的公司竞争力，让公司在竞争中求胜。

然而，这一切的努力都没有取得如期效果。在王某吹毛求疵的严格要求下，整个公司的创新精神受到重挫，员工不求有功只求无过。另外，王某的焦躁情绪让整个公司陷入一种人为的紧张气氛中：在他面前，员工如惊弓之鸟，生怕由于一点点失误而受到斥责。在汇报工作时，公司高管尽量用美化的词语去报告工作，而不直言工作过程真实存在的缺陷与危机。更糟糕的是，公司几名核心骨干由于受不了王某的"高压"政策而辞职，公司的发展受到影响。

为了迅速扩大公司规模，强化公司实力，王某不顾公司元老的劝说，开始走上大规模并购的道路。按照王某的思维，当年思科也是靠着不断的并购成为业界的老大的。思科能成功，我们同样能成功。

王某花费几千万元购入了几家企业，但并没有如他所希望的那样产生协同效应。这些没有经过仔细调查兼并过来的企业，有的原先隐匿了糟糕的财务状况，有的则与兼并方在企业文化上格格不入，有的被兼并之后骨干人员大批流失——当王某发现自己在企业发展道路上过于急躁、决策太过冒进时，企业已经深陷于困境无力回天。从一无所有到拥有一家大企业，王某用了整整10年时间，而从成功步入失败却只有短短1年时间。

【案例分析】

导致王某失败的原因有以下两点。

第一，王某无休止地给员工施加压力，希望公司策略尽快取得短期效应。王某个人的焦躁情绪让公司陷入一种人为的紧张气氛中，导致很多核心骨干在不切实际的压力下大批流失。人力资源管理制度和业绩考核体系没有与发展战略相适应，产生了严重不兼容的问题，造成发展战略失败。

第二，王某的公司盲目进行大规模并购，无法产生协同效应。该公司没有仔细调查所并购的企业，不重视企业文化的整合，原有的发展战略难以得到实施。

企业的发展战略应符合企业的发展阶段，若采用只求短期效应的发展战略，只会让企业步入一种隐性的陷阱。企业发展就如人的成长一样，如果忽视了某些先决条件，揠苗助长的结果往往是欲速而不达，反而伤了企业元气；而一味追求公司近期产出，不考虑企业远期价值，只会让企业走上发展的歧路。

2. 分析内部资源，识别优势和劣势

内部资源是企业发展战略的重要制约条件，包括企业资源、企业能力、核心竞争力等各种有形资源和无形资源。分析企业拥有的内部资源和能力，应当着重分析这些资源和能力使企业在同行业中处于何种地位，与竞争对手相比，企业有哪些优势和劣势。

第一，企业资源分析。企业资源分析应着重对企业现有资源的数量和利用效率，以及资源的应变能力等方面进行分析。通过企业资源分析，确定企业资源的状态，找出企业资源优势和劣势；通过与主要竞争对手资源情况的比较，明确形成企业核心能力和竞争优势的战略性资源。

第二，企业能力分析。企业能力是企业有形资源、无形资源和组织资源等各种资源有机组合的结果，企业能力分析主要包括研发能力分析、生产能力分析、营销能力分析、财务能力分析、组织管理能力分析等。通过分析和挖掘企业能力，可以了解发展战略能否适应企业面临的各种机遇和挑战，同时还可以发现让竞争对手无法获取的新机会和新领域。

第三，核心竞争力分析。核心竞争力是指能为企业带来相对于竞争对手存在竞争优势的资源和能力。能够有助于企业构建核心竞争力的资源主要包括稀缺资源、不可模仿的资源、不可替代的资源、持久的资源等。企业在战略分析时，应当将注意力特别集中在那些能够帮助企业建立核心竞争力的资源上。

（三）科学编制发展战略

发展战略可以分为发展目标和战略规划两个层次。其中，发展目标是企业发展战略的核心和基本内容，是在最重要的经营领域对企业使命的具体化，表明企业在未来一段时期内所要努力的方向和所要达到的水平。战略规划是为了实现发展目标而制订的具体规划，表明企业在每个发展阶段的具体目标、工作任务和实施路径。

1. 制订发展目标

企业发展目标作为指导企业生产经营活动的准绳，通常包括盈利能力、生产效率、市场竞争地位、技术领先程度、生产规模、组织结构、人力资源、用户服务、社会责任等。关于发展目标的制订，有以下两点值得注意。

（1）发展目标应当突出主业。在制订发展目标时突出主业，将其做精做强，做成行业"独一份"，不断增强核心竞争力，是许多成功跨国公司的经验之谈。然而，我国少数大型企业存在盲目投资非主业的现象，特别是一些非地产主业的央企投资房地产，引发了社会各界的广泛争议。此举既不利于国家宏观调控政策的贯彻落实，也可能损害企业的长远发展。企业在发展过程中，只有集中精力做强主业，才能增强企业核心竞争力，才能在行业发展、产业发展中发挥引领和带头作用。

（2）发展目标不能过于激进，不能盲目追逐市场热点，不能脱离企业实际，否则可能导致企业过度扩张或经营失败。为追求"超常规""跨越式"发展，有些企业转而制订激进的发展目标。在这种浮躁心态的驱使下，这些企业盲目做大，不惜成本，急于"铺摊子"，试图在短期内就打造成为巨型企业。但是，这种所谓"跨越式"发展，在内部管理能力难以跟上、风险管理水平不匹配的情况下，一旦遇到外部环境"风吹草动"，企业很可能顷刻间"灰飞烟灭"，迅速走向衰败。

2. 编制战略规划

发展目标确定后，就要考虑使用何种手段、采取何种措施、运用何种方法来达到目标，即编制战略规划。战略规划应当明确企业发展的阶段性和发展程度，制定每个发展阶段的具体目标和工作任务，以及达到发展目标必经的实施路径。

【例4-2】 某集团公司的发展战略规划

某集团公司通过认真分析内外部环境、自身资源以及面临的机遇和挑战，根据国民经济发展需要和集团自身的发展能力，提出了集团发展目标和2003～2020年的战略规划。

发展目标是：把集团建设成经营型、控股型、市场化、集团化、现代化、国际化，具有较强发展能力、盈利能力和国际竞争能力的大型企业集团。

分阶段战略规划如下。

2003～2005年为第一阶段，这是集团公司的创业阶段。这个阶段的目标是：通过"组建年""管理年""安全年"的工作，夯实集团公司发展基础，发展战略体系基本确立，集团化管理体制和运作机制基本形成，管理制度进一步完善，具有集团特色的企业文化初步形成。保持较快发展速度，2005年实现"三个突破"，即实现装机容量突破××万千瓦，发电量突破×××亿千瓦时，销售收入突破××亿元。

2006～2010年为第二阶段，集团公司进入持续快速协调发展阶段。这个阶段的目标是：集团化运作体系和运作机制趋于成熟，主业有较大的发展，并做到规模经济同步增长，电源布局合理，电源结构有明显改善，集团的发展能力、盈利能力、国际竞争能力明显增强，2010年进入世界500强。

2010～2020年为第三阶段，集团公司进入以电为主、多元发展、跨国经营阶段。这个阶段的目标是：在发电主业做大做强的同时，煤炭、铁路、环保、物流以及电力产业链相关的多种产业形成规模，在集团销售收入中占有一定比例；国际化经营逐步扩大，形成一定的规模和稳定的收入，集团的发展能力、盈利能力、国际竞争力、影响力进一步增强，成为世界知名公司。

为有效实施集团发展战略，该集团在制定总体发展战略的同时完成了集团化战略、现代化战略、市场化战略、国际化战略、人才强企战略和企业文化战略的制定工作。这六个子战略紧密配合集团总体发展战略和战略目标，既有各自的战略目标，又有具体措施和行动计划，对总体发展战略形成重要支撑，有助于建立完整的集团发展战略体系。

【案例分析】

企业制定发展战略时，要根据面临的机遇和挑战，并结合自身的资源和发展能力，制订切实可行的战略目标，同时整体战略目标可以分解为一系列子战略目标，通过将战略细化分解形成几个阶段，通过分步骤的规划落实，整合各方面资源，有效地配置和利用企业集团资源，做强主业，集中聚焦优势产业，发展壮大，同时降低企业集团的经营风险，才能使企业集团稳定发展，实现战略目标规划。

3. 严格审议和批准发展战略

发展战略拟定后，应当按照规定的权限和程序对发展战略方案进行审议与批准。

审议战略委员会提交的发展战略建议方案，是董事会的重要职责。在审议过程中，董事会应着力关注发展战略的全局性、长期性和可行性，具体包括：第一，发展战略是否符合国家行业发展规划和产业政策；第二，发展战略是否符合国家经济结构战略性调整方向；第三，发展战略是否突出主业，有助于提升企业核心竞争力；第四，发展战略是否具有可操作性；第五，发展战略是否客观全面地对未来商业机会和风险进行分析预测；第六，发展战略是否有相应的人力、财务、信息等资源保障。董事会在审议中如果发现发展战略方案存在重大缺陷问题，应当责成战略委员会对建议方案进行调整。

企业发展战略方案经董事会审议通过后，应当报经股东（大）会批准后付诸实施。

四、发展战略的实施

科学制定发展战略是一个复杂的过程，实施发展战略更是一个系统工程。企业只有重视和加强发展战略的实施，在所有相关目标领域全力推进，才有可能将发展战略描绘的蓝图转变为现实，铸就核心竞争力。为此，企业应当加强对发展战略实施的统一领导，制订详细的年度工作计划，通过编制全面预算，将年度目标进行分解、落实，确保企业发展目标的实现。此外，还要加强对发展战略的宣传培训，通过组织结构调整、人员安排、薪酬调整、财务安排、管理变革等配套措施，保证发展战略的顺利实施。

（一）着力加强对发展战略实施的领导

要确保发展战略有效实施，加强组织领导是关键。企业经理层作为发展战略制定的直接参与者，往往比一般员工掌握更多的战略信息，对企业发展目标、战略规划和战略实施路径的理解与体会也更加全面深刻，应当担当发展战略实施的领导者。要本着"统一领导、统一指挥"的原则，围绕发展战略的有效实施，卓有成效地发挥企业经理层在资源分配、内部机构优化、企业文化培育、信息沟通、考核激励相关制度建设等方面的协调、平衡和决策作用，确保发展战略的有效实施。

【例 4-3】 某集团公司加强对发展战略实施的组织领导

面对激烈变化的行业环境和竞争格局以及高速扩张的企业规模，某集团公司围绕"提升战略制定的有效性，强化战略执行力"目标，经过多年实践，逐步建立起一套科学有效的战略管理体系，推动发展战略的成功实施。该集团公司的各级领导始终将发展战略作为统领企业发展的总纲，亲自主导战略的制定与决策，不断鼓励和培养企业各级人员的战略意识与思维，全面推动战略的落实和执行。在董事会的指导下，该集团成立了由集团公司总经理、副总经理、各部门负责人和部分有代表性的省级分公司总经理组成的战略管理委员会，代表董事会行使战略管理的最高决策权。企业发展战略的制定、决策、实施、变更调整等，都需要战略管理委员会的同意。同时，成立专门具体负责发展战略管理工作的专职部门，作为战略管理委员会决策的参谋和助手。领导的高度重视和亲自推动，成为企业发展战略成功构建和实施的第一推动力。

【案例分析】

企业战略的制定是关系企业发展和可持续性的重要活动。企业对自身战略制定必须按照严格的内部控制规定，建立战略制定与实施的管理体系，做好调查研究，把握市场发展趋势，结合企业内外部环境和企业资源优势，制订战略总体规划目标，真正做到"提升战略制定的有效性，强化战略执行力"。同时战略的制定与实施是事关企业整体发展的、全局性的事项，因而，必须由企业最高领导层负责组织实施，并承担相应的责任，发展战略的制定、决策、实施、变更调整等，都需要企业最高层的讨论决议，并通过高层领导的组织、领导和协调，企业各部门、各项业务活动才能顺利实施。

（二）着力将发展战略分解落实

发展战略制定后，企业经理层应着手将发展战略逐步细化，确保"文件上"的发展战略落地变为现实。第一，要根据战略规划，制订年度工作计划。第二，要按照上下结合、分级编制、逐级汇总的原则编制全面预算，将发展目标分解并落实到产销水平、资产负债规模、收入及利润增长幅度、投资回报、风险管控、技术创新、品牌建设、人力资源建设、制度建设、企业文化、社会责任等可操作层面，确保发展战略能够真正有效地指导企业各项生产经营管理活动。第三，要进一步将年度预算细分为季度、月度预算，通过实施分期预算控制，促进年度预算目标的实现。第四，要通过建立发展战略实施的激励约束机制，将各责任单位年度预算目标完成情况纳入绩效考评体系，切实做到有奖有惩、奖惩分明，以促进发展战略的有效实施。

【例 4-4】 某集团公司的战略分解体系

为了将企业发展战略落实到企业的具体运营管理活动中,某集团公司逐年滚动制定《××集团公司三年战略规划》,将发展战略转化为目标明确、任务清晰、责任落实的具体实施举措,并构建了战略规划分解体系,在全集团推广应用,使公司战略从理念层面真正导入实施层面。

(1)建立三级战略规划分解体系。该集团公司经过多年的探索和实践,逐步创建了战略规划—主要工作—具体项目三级战略规划分解体系,并形成规划分解操作模板,实现了战略规划逐层逐级分解落实。

(2)形成以战略地图为核心的战略规划方法。该集团公司集合关键成功因素分解、利益相关者分析、平衡积分卡等各种工具和方法,形成了以战略地图为核心的战略规划方法。战略地图把财务、客户、内部能力、学习成长四个层面的业绩指标通过因果关系联系起来,清晰地描述了所有战略措施如何有效运作,最终实现公司价值的提升。

(3)实现战略管理与预算管理相衔接。该集团公司将发展战略与预算目标设定、预算编制、预算分析、预算调整等预算管理环节相互结合起来:一是把发展目标作为预算目标的输入,二是将年度工作计划作为预算编制的基础,三是把预算执行情况作为战略实施评估的主要依据,四是将战略实施评估结果作为预算调整的重要参考。

(4)实现战略管理与绩效管理的紧密结合。该集团公司创造性地构建了适合自身特点的战略绩效管理体系,将企业发展战略纳入内部绩效考核体系,将发展战略转化为公司内部可执行、可落实的行为目标,并注重对整个战略绩效管理过程的监控和改善,确保战略的有效实施。

【案例分析】

由于企业发展战略是企业基于自身定位与资源整合的面向未来几年的目标定位,即制定这种战略目标往往需要较高的视野与对企业整体的把握。因而即使这种战略目标是科学、合理、完全符合企业未来发展的,也可能会因执行不到位而失败。究其原因可能主要源于三方面:一是企业整体战略目标与部门或个人短期利益冲突,利益受到损失的人员看不到战略实施对自己的好处,排斥战略;二是除企业高层外,其他企业管理者和员工不了解,战略落实过程中因缺乏企业各部门整体配合协调而失败;三是战略目标缺乏具体的落实措施和各部门的任务分解细化,各部门不知本部门在战略实现中的作用,甚至战略实施过于关注产品研发、生产和销售,而忽视了公司其他部门在战略中的支持作用。因而,良好的战略必须有效分解,根据企业财务状况、客户、内部能力等将战略落实划分为几个阶段,明确每个阶段完成的具体目标,各阶段目标实现过程中企业人、财、物如何有效整合。

(三)着力保障发展战略有效实施

战略实施过程是一个系统的有机整体,需要研发、生产、营销、财务、人力资源等各个职能部门间的密切配合。目前复杂动态的市场环境和激烈的市场竞争,对企业内部不同部门之间的这种协同运作提出了越来越高的要求。为此,企业应当采取切实有效的保障措施，确保发展战略的顺利贯彻实施。

（1）培育与发展战略相匹配的企业文化。企业文化是发展战略有效实施的重要支持。发展战略制定后，要充分利用企业文化所具有的导向、约束、凝聚、激励等作用，统一全体员工的观念行为，共同为发展战略的有效实施而努力奋斗。

（2）优化调整组织结构。发展战略决定着企业组织结构模式的设计与选择；反过来，发展战略的实施过程及效果又受到所采取的组织结构模式的制约。要解决好发展战略前导性和组织结构滞后性之间的矛盾，企业必须在发展战略制定后，尽快调整企业组织结构、业务流程、权责关系等，以适应发展战略的要求。

【例4-5】 某财务公司为实现发展战略而优化调整组织架构

某财务公司是经中国人民银行批准设立的非银行金融机构。为了积极应对国际金融危机带来的严峻挑战，该公司以全面业务调整为主线，开始了由"投资理财"业务模式向"金融服务"模式的战略调整。在战略调整过程中，该公司对其组织架构进行了优化调整。

（1）完善治理结构。公司董事会增设了风险管理委员会和审计委员会；同时授权管理层设立审贷委员会和投资委员会，负责审核财务贷款和投资领域重大事项，并定期向董事会提交有关资料，确保董事会对管理层的有效监督。

（2）调整内部机构。该公司为适应战略调整和业务发展的需要，对内部机构进行优化调整，原有的6个部门进行重新组合，按照"135"三层次的格局进行重新设计，即总经理部为经营决策层，计划财务部、研发信息部、稽核风险管理部为管理服务层，结算部、信贷部、经营部、投资部、咨询部为业务执行层。优化调整后的组织架构体现了该公司的战略定位，符合向"金融服务"转型的战略调整方向，为企业发展战略顺利实施提供了组织保障。

（3）整合内外部资源。企业能够利用的资源是有限的，调动和分配企业不同领域的人力、财力、物力和信息等资源来适应发展战略，是促进企业发展战略顺利实施的关键所在。企业在战略实施过程中，只有对拥有的资源进行优化配置，使战略与资源相匹配，才能充分保证战略的实现。

（4）相应调整管理方式。企业在战略实施过程中，往往需要克服各种阻力，改变企业日常惯例，在管理体制、机制及管理模式等方面实施变革，由粗放、层级制管理向集约、扁平化管理转变，为发展战略的有效实施提供强有力的支持。

【案例分析】

战略目标实现不仅表现为准确的市场定位、产品定位，增长收益，更重要的是企业管理能力的提升，企业内部权力责任的有效配置，明确各部门在战略落实过程中的作用，因而需要企业顶层公司治理结构的完善、公司董事会对战略落实的责任和有效监督；需要企业各部门的整合，公司的财务、研发、信息、销售、稽核等各部门职能的有效衔接，完善的内部控制保障。任何一个环节的职能没有有效发挥作用，企业资源缺乏整合协调，都会导致战略失败。

【例 4-6】 某能源公司的战略实施

某能源公司为了推动发展战略的顺利实施，成立了战略规划领导小组，根据公司的现状和外部环境，提出了"突出一个先行、拓展两个市场、抓好三个环节、创造四个条件、实现五个创新、加强六个管理、强化七个意识、实现八个优化"的系统工程，保障公司战略目标的实现。

（1）突出一个先行：突出一个"以人为本、人才先行"的原则。一是培养和使用一批具有真才实学、目标远大、责任心强、敢于创新的复合型人才。二是坚持以能力、业绩为用人标准，形成"优者用、能者上、平者让、庸者下、劣者汰"的用人机制。

（2）拓展两个市场：抓住市场机遇，拓展国内外市场。不仅要立足国内市场，而且还要放眼世界，利用公司自身的优势，开拓国际市场，真正加入世界经济大循环中去，实施公司战略目标。

（3）抓好三个环节：一是物流采购供应链；二是生产品质系统（包括成本、质量、准时交货和客户服务）；三是产品开发和技术创新。

（4）创造四个条件：工作条件、激励条件、融资条件和福利条件。

（5）实现五个创新：思路创新、组织创新、管理创新、机制创新和文化创新。

（6）加强六个管理：成本管理、目标管理、投资管理、财务管理、标杆管理和六西格玛管理。

（7）强化七个意识：危机意识、竞争意识、发展意识、团队意识、拼搏意识、服务意识和超前意识。

（8）实现八个优化：决策科学化、经营规模化、产品高档化、生产集约化、组织高效化、人才结构合理化、办公管理自动化和资源配置优选化。

【案例分析】

战略目标是企业根据自身能力，迎接市场的机遇和挑战的目标定位，这种目标定位制定和实施都需要人才的保障。在国际资本市场融合和信息科技快速发展的背景下，资本在企业中的决定性地位有所缓解，而人才在企业发展中的作用越发凸显。企业战略的实现要有人才的保障，有了人才，企业的产品才能适应市场；有了人才，企业的管理才能跟上，因而，该企业也将人才先行放在最前面，而人才的吸引需要工作条件和福利的保障，需要良好的激励机制。另外，战略实现还需要企业各方面的有机整合与协调，涉及企业方方面面，要面向两个市场，立足国内市场，开拓国际市场；要抓住企业的产品生产，需要物流、品质和研发的共同作用；还需要人、财、物的保障和整合，需要危机意识、发展意识、团队意识等思维理念的融合。

（四）着力做好发展战略宣传培训工作

企业应当重视发展战略的宣传培训工作，为推进发展战略实施提供强有力的思想支撑和行为导向。一是在企业董事、监事和高级管理人员中树立战略意识与战略思维，充分发挥其在战略制定与实施过程中的模范带头作用；二是通过采取内部会议、培训、讲座、知识竞赛等多种行之有效的方式，把发展战略及其分解落实情况传递到内部各管理层级和全体员工，营造战略宣传的强大舆论氛围；三是企业高管层要加强与广大员工的沟通，使全体员工充分认清企业的发展思路、战略目标和具体举措，自觉将发展战略与自己的具体工作结合起来，促进发展战略的有效实施。

【例4-7】 某公司的战略宣传

某公司是一家大型能源型企业。该公司明确提出"三年双百亿，五年翻一番"的发展战略目标。为落实战略目标的实现，公司广泛开展战略宣传主题实践活动。

（1）在宣传内容上，重点宣传好公司发展战略目标的内容、重大意义，宣传好公司各项重点工作、推进措施、取得的阶段性成果以及活动中涌现出的先进典型等。

（2）在宣传目标上，通过宣传发动，切实为推进发展战略实施提供强有力的思想支撑和行为导向。一是要使广大员工在进一步掌握发展思路、具体目标、具体举措的同时，充分认清公司面临的机遇与挑战，增强解放思想、改革创新、深化改革、加强发展的压力感、紧迫感和责任感，全力以赴抓好生产；二是要促使各级人员树立"时不我待、攻坚克难、敢为人先、创新发展"的新思维、新观念和大局意识；三是要让各级人员及时看到推进战略实施的阶段性结果，鼓舞士气、激发斗志；四是要大力选出各级各类先进集体和先进个人，大力弘扬先进事迹，用典型示范作用引导员工人人创先争优。

（3）在宣传形式上，坚持区分层次、突出重点、形式多样、针对性强的原则，紧密结合员工思想和工作实际，充分发挥广播、电视、内部网络、班前会等载体的优势，采取经济形势通报会、座谈研讨会、党组织"三会一课"以及印发专题宣传提纲等多种行之有效的措施，营造战略宣传的强大舆论氛围。

【案例分析】

战略目标制订后，企业的高管人员通过参与战略目标制订、讨论和决策过程，相对企业其他员工对于为什么制定此战略而非彼战略，制定该战略对于企业未来发展的影响和意义，能够具有较为深刻的理解。然而，在企业中，从事具体事务活动的其他员工缺乏对公司整体资源、内外部环境和未来发展的整体认知，甚至对于各部门为何因为战略调整相应的人员、职责分工和激励考核等内容都缺乏全面与长远的认知，他们在面对改变，特别是短期利益受损时，将阻碍战略目标的实现。因而，战略目标制订后，企业必须向全体企业员工宣传战略目标及其实施的具体规划和具体举措，增强全体员工的责任感和参与积极性，对战略目标的重点内容、主要变化和影响等进行全员培训，统一思想、加强宣传；针对具体员工的职责特点，有针对性展开有关内容的培训，保障战略目标整体协调，具体内容精准落实。

五、实现发展战略转型

企业的内外部环境处于不断变化之中。当这种变化累积到一定程度时，发展战略可能会滞后或其执行偏离既定的发展目标。对此，企业战略委员会应当加强对发展战略实施情况的监控，定期收集和分析相关信息，对于明显偏离发展战略的情况，应当及时报告。同时，因经济形势、产业政策、技术进步、行业状况以及不可抗力等因素发生变化，确需对发展战略做出调整优化甚至转型的，应当按照规定权限和程序，调整发展战略或实现战略转型。

（一）加强对发展战略实施的监控

企业应当建立发展战略评估制度，加强对战略制定与实施的事前评估、事中评估和事后评估。从发展战略监控的角度讲，重点应当放在对实施中及实施后的评估。事中评估是对实施中发展战略的效果进行评估，是战略调整的重要依据。企业应当结合战略期内每一年度工作计划和经营预算完成情况，侧重对战略执行能力和执行效果进行分析评价。事后评估是对发展战略实施后效果的评估，应结合战略期末发展目标实现情况，侧重对发展战略的整体实施效果进行概括性的分析评价，总结经验教训，并为制定新一轮的发展战略提供信息、数据和经验。在发展战略评估过程中，企业应当采取定性与定量相结合、财务指标与非财务指标相结合的方法。发展战略制定与实施过程中存在的问题和偏差，应当及时进行内部报告，并采取措施予以纠正。

【例 4-8】 某公司的战略实施评估体系

某公司在发展战略实施过程中建立了内部评估与外部评估相结合的发展战略实施评估体系。

（1）内部评估。该公司成立了战略评估小组专门负责战略评估工作，战略管理部门作为执行机构具体实施战略评估工作。内部评估采取定期评估和不定期评估两种形式。定期评估主要对公司战略规划、重要战略举措及战略执行情况进行评估，并形成战略执行情况评估报告和战略调整建议；不定期评估包括战略规划重要项目的执行和结果的跟踪分析，并按项目进度提交评估报告。

（2）外部评估。该公司利用"战略实施效果第三方评估"，为企业发展战略调整和三年战略规划的滚动调整获取专业咨询意见。外部评估的主体是独立第三方机构，负责收集竞争对手的战略管理信息，组织对该公司发展战略实施效果的访谈和调查，开展战略实施效果的分析，并据此提出战略实施改进建议。

【案例分析】

战略制定后不是绝对不能变化、必须一以贯之的。成功的战略制定与实施体系，必须保障随着企业具体经营内外部环境，特别是新的技术发展和竞争格局的变化而变化。企业战略确需调整的，应该及时有效地调整，以应对各种内外部风险；而战略的实施和调整都需要对战略实施状况进行评估。因而，企业战略制定与实施都需要开展评估活动。在战略评估过程中，通过定期和不定期评估，保障企业各项活动以既定战略为目标顺利实施。在评估过程中，战略评估的重点包括战略实施进度、战略目标偏离和对意外事件的处理等内容。评估战略是对战略实施的肯定或对意外事件后果的及时纠偏与挑战等。

（二）根据监控情况持续优化发展战略

发展战略明确了企业长期发展目标，在一定时期内应当保持相对稳定。但是，企业在开展战略监控和评估过程中，发现下列情况之一的，应当调整、优化发展战略，以促进企业内部资源能力和外部环境条件保持动态平衡：一是经济形势、产业政策、技术进步、行业竞争态势以及不可抗力等因素发生较大变化，对企业发展战略实现有较大影响；二是企业内部经营管理发生较大变化，确有必要对发展战略做出调整。

发展战略调整牵一发而动全身，应当按照规定的权限和程序进行。第一，各战略执行单位提出各自的战略规划评估报告和修订意见。第二，战略管理部门汇总各单位意见，并提出修订后的发展战略规划草案。第三，战略委员会对修订后的发展战略规划草案进行评估论证，向董事会提出发展战略建议方案。第四，企业董事会严格审议战略委员会提交的发展战略建议方案。按公司章程规定，董事会审议通过的方案须报经股东（大）会批准的，还应履行相应的程序。第五，战略管理部门将批准的新发展战略，下发各战略执行单位遵照执行。

【例4-9】 开心网战略优化缺失案例

几年前"种菜"游戏风靡一时，引发"全民偷菜"热潮，一时间，开心人信息用户注册达3500万，用户增长率高达500%，估值超过1亿美元。而2011~2012年一年时间，开心网的人均网站驻留时间从最高的40分钟下降到不足10分钟。2016年，开心网母公司开心人信息作价10亿元卖给上市公司赛为智能。

【案例分析】

开心网是伴随着社交游戏的兴旺而崛起的，然而在2010年之前，社交游戏主要是在电脑上操作，人们不能每天提着电脑随时操作游戏，而"种菜"这种社交游戏在"种菜"之余，因不能始终坚守在电脑前，所"种的菜"会有丢失的危险，而玩家也可以去"偷"别人种的菜。因而，这种游戏使玩家感受到"偷菜"特别是偷"熟人的菜"的刺激、"防偷"的牵肠挂肚和"被偷"的气恼，这些感觉具有一定的新鲜感，但游戏没有支撑玩家一直玩下去的核心产品，因为熟人社交不是刚需，无法成为支撑一个产品的最大支柱。一个人的熟人朋友数目有限，产生的内容和互动数量也越来越少。特别是智能手机兴起，微博、微信走入人们的生活，"种菜"游戏难以再吸引新老玩家。而开心网没有根据内外部环境的变化，及时调整企业战略，没有根据新的社交工具——智能手机的特点，借鉴微信、微博的社交沟通软件的成功经验，推出新的具有广泛吸引力的社交游戏产品。因战略调整不及时、不到位，导致公司在全盛时期吸引到的大量注册用户资源优势没有演变成在未来发展中，能持续创造新的业绩增长点的基础。因而，战略实施中缺乏有效的应对经营环境变化的战略优化调整机制，也是不成功的战略。

（三）抢抓机遇顺利实现战略转型

当企业外部环境尤其是所从事行业的竞争状况发生重大变化时，或当企业步入新的成长阶段需要对生产经营与管理模式进行战略调整时，企业必须选择新的生存与发展模式，即战略转型。企业战略转型不是战略的局部调整，而是各个战略层次上的方向性改变。例如，海尔从产品制造企业向高端制造服务型企业的战略转型，吉利汽车从低端汽车产品向中端产品的战略转型，等等。

【例4-10】 某集团公司的战略转型

某集团公司是由原冶金工业部的4家贸易和生产企业合并组建而成的。然而，和国内同行业企业相比，尽管它在铁矿石进口、钢铁出口等领域有一些优势，但总体来看，战略定位不清晰，没有形成独具特色、可以使企业长期保持优势地位的核心竞争力，经营规模长期徘徊在100亿元以下，利润只有2亿元。面对困境，该集团决定突破传统业务模式，提出为钢铁工业和钢铁生产企业"提供综合配套、系统集成服务"的战略定位，着力推进企业形态和商业模式创新，成功实施了从传统商贸企业到现代生产服务企业的战略转型，实现了企业的跨越式发展。该集团战略转型的主要做法如下。

（1）创新发展思路，明确战略定位。集团结合自身的业务基础和固有优势，选择服务业和制造业互动发展模式，积极探索钢铁生产性服务业的发展道路，立足于促进我国钢铁工业的社会化分工和专业化协作，将钢铁生产服务流程的构成要素进行重新整合和专业化协作，成为专业化的钢铁生产服务商。

（2）围绕钢铁生产流程，做强做大核心业务。集团公司明确提出了三大主业：资源开发、贸易物流和工程科技。为此，公司采取积极有效措施，形成了围绕钢铁生产流程，为钢铁生产企业提供上下游综合配套服务的产业布局：一是大力推进海外矿产资源开发；二是构建冶金原料和产品贸易的物流系统；三是努力提升科技研发能力、工程配套能力和设备制造能力。

（3）实施资源开发和企业并购，夯实实业基础。为保证稳定的资源供应，该集团在海内外积极寻求建立新的资源基地，并抓住钢铁供应的发展机遇，进行了一系列的并购重组活动，最终构筑起了矿业开发、碳素制品、耐火材料、铁合金、装备制造五大产业板块，为企业长远发展打下了坚实的实业基础。

（4）调整和优化组织结构，构建有效的管控体系。为推动战略转型的顺利实施，该集团建立健全法人治理结构，调整内部机构设置，大力实施专业化经营，形成了贸易、炉料、钢材、设备、投资、货运、招标、期货八大专业公司。同时，以流程和制度为基础，建立科学的战略管控体系，加强集团总部对各种战略资源的管控和整合，培育企业核心竞争力。

第二节 发展战略控制关键点

企业发展战略在其执行过程中，需要随时加以修正和完善，这些工作均需要企业管理当局及时做出正确的决策，但是随着信息技术的普及，高层管理者所需要掌握的信息量日益剧增，每天都面临正确处理大量信息的挑战，而管理者的精力和时间都是有限的，很难同时控制全部绩效指标的实施状况，这就需要管理者采取有重点的控制，即采用"关键点控制"模式进行控制。通过这种关键点控制形式，管理者既体现了抓主要矛盾的思想，收到"牵一发而动全身"的效果，又能节省管理者的时间与精力。

一、确定发展战略目标

企业应当在充分调查研究、科学分析预测和广泛征求意见的基础上，综合考虑宏观经济政策、国内外市场需求变化、技术发展趋势、行业及竞争对手状况、可利用资源水平和自身优势与劣势等影响因素，制订发展目标。根据发展目标制订战略规划，明确企业发展的阶段性和发展程度，确定每个发展阶段的具体目标、工作任务和实施路径。企业选取对企业战略全局具有决定意义或具有重大影响的重点目标，作为关键点控制的目标，及时掌握战略目标的实施情况，发现实施中存在的问题，采取适当措施加以解决，保证这些关键目标的有效实现，并促进企业总体战略的实现。

例如，联想的发展战略经历了一段反复和波折，尤其是当新兴市场金砖四国经济在全球一片低迷中高歌猛进时，柳传志调整了联想的战略规划。于是，联想在稳定成熟的中国市场的基础上把发展重点转向消费计算机的新兴市场。顺应移动互联网的发展趋势，联想开始在终端领域大展拳脚。同时，联想也开始向物联网和云计算等更新的技术领域推进。云计算、物联网、移动互联网，每一项技术单独拿出来都可以创造巨大的社会价值，引发相关产业的变革。经过前一阶段的蓄势，联想已经积累了强大的研发队伍和丰厚的资金，并在一些领域达到世界一流水平。在联想第一代移动互联网终端产品中，除了具有过渡色彩的双模笔记本电脑，联想还推陈出新了全新产品——智能手机，并已在业界获得很高评价。联想集团从最初的专注 PC 业务成为中国市场 PC 行业霸主，到多元化战略，再到国际化战略回归主业，最终到全方位规划发展战略阶段，联想的发展战略变革是在实践中不断调整的。在这个过程中联想也遭遇了挫折，联想分析了国内外的市场需求、技术发展趋势、行业及竞争对手状况，制定新的发展战略，重视新兴市场，创造新的世界，寻求不同领域的发展。

二、制订战略规划

企业应当根据发展目标制订战略规划，战略规划应当明确发展的阶段性和发展程度，确定每个发展阶段的具体目标、工作任务和实施路径，如选择销售计划完成率、回款完成率、资金周转率、项目年毛利率、项目直接销售费用率、基础薪酬标准、团队规模与专业人员结构等重点目标为关键点。企业应当在董事会下设立战略委员会，或指定相关机构负责发展战略管理工作，履行相应职责，董事会应当严格审议战略委员会提交的发展战略建议方案，重点关注其全局性、长期性和可行性，董事会在审议方案中如果发现重大问题，应当责成战略委员会对方案做出调整，企业的发展战略方案经董事会审议通过后，报经股东（大）会批准实施。

制订战略规划的方式有五种：第一种是领导层授意，自上而下逐级制订，这种方式在很多企业里都运用；第二种是自下而上，以事业单位为核心制订；第三种是领导层建立规划部门，由规划部门制订；第四种是委托负责、守信、权威的咨询机构制订，当然这里所说的负责、守信、权威是一些必要的条件，可能还会有更多的条件，如果咨询机构不具备这些必要的条件，那么对企业来说是非常危险的；第五种是企业与咨询机构合作制订。在实际制订规划的过程中，这五种方式往往是相互结合在一起来操作的。

三、成立战略委员会

企业可以在董事会下设立战略委员会，或指定相关机构负责发展战略规划管理工作，履行相应职责。企业战略委员会对发展目标和战略规划进行可行性研究与科学论证，形成发展战略建议方案。

战略委员会的职责是：①组织开展股份公司重大战略问题的研究，就发展战略、资源战略、创新战略、营销战略、投资战略等问题，为董事会决策提供参考意见；②组织研究国家宏观经济政策、结构调整对股份公司的影响，跟踪国外大公司发展动向，结合股份公司发展需要，向董事会提出有关体制改革、发展战略、方针政策方面的意见和建议；③调查和分析有关重大战略与措施的执行情况，向董事会提出改进和调整的建议；④对股份公司职能部门拟订的有关长远规划、重大项目方案或战略性建议等，在董事会审议前先行研究论证，为董事会正式审议提供参考意见；⑤完成董事会交办的其他工作。

战略委员会在职责范围上不要只限定在公司自身的研究层面，一定要与国家宏观层面上的内容相连，因为宏观层面的内容对公司的发展具有重要影响，宏观层面的变动将改变公司运营的外部环境，在此环境下生存和发展的任何一个经济组织都必须对诸如法律、政策等宏观层面予以特别关注，战略委员会自然应将宏观层面的研究纳入工作范围之中。战略委员会在职责设定上应更为细化一些，否则职责将流于形式而不能达到设立该委员会的目的。为了保证战略委员会真正发挥作用，在其职责权限设置时应注意其可行性，保证委员会的工作落到实处，最好同时设置一些监督检查机制，对各项事项的事实进行检查。

以下是某上市公司的战略委员会实施细则，供读者参考。

第一章 总则

第一条 为适应公司战略发展需要，增强公司核心竞争力，确定公司发展规划，健全投资决策程序，加强决策科学性，提高重大投资决策的效益和决策的质量，完善公司治理结构，根据《中华人民共和国公司法》《上市公司治理准则》《公司章程》及其他有关规定，公司特设立董事会战略委员会，并制定本实施细则。

第二条 董事会战略委员会是董事会按照股东大会决议设立的专门工作机构，主要负责对公司长期发展战略和重大投资决策进行研究并提出建议。

第二章 人员组成

第三条 战略委员会成员由3名董事组成。

第四条 战略委员会委员由董事长、二分之一以上独立董事或者全体董事的三分之一提名，并由董事会选举产生。

第五条 战略委员会设主任委员（召集人）一名，由公司董事长担任。

第六条 战略委员会任期与董事会任期一致，委员任期届满，连选可以连任。其间如有委员不再担任公司董事职务，自动失去委员资格，并由委员会根据上述第三至第五条规定补足委员人数。

第七条 战略委员会可以根据工作需要成立投资评审小组。

第三章 职责权限

第八条 战略委员会的主要职责权限：

（一）对公司长期发展战略规划进行研究并提出建议；

（二）对《公司章程》规定须经董事会批准的重大投资融资方案进行研究并提出

建议；

（三）对《公司章程》规定须经董事会批准的重大资本运作、资产经营项目进行研究并提出建议；

（四）对其他影响公司发展的重大事项进行研究并提出建议；

（五）对以上事项的实施进行检查；

（六）董事会授权的其他事宜。

第九条　战略委员会对董事会负责，委员会的提案提交董事会审议决定。

第四章　决策程序

第十条　投资评审小组负责做好战略委员会决策的前期准备工作，提供公司有关方面的资料：

（一）由公司有关部门或控股（参股）企业的负责人上报重大投资融资、资本运作、资产经营项目的意向、初步可行性报告以及合作方的基本情况等资料；

（二）由投资评审小组进行初审，签发立项意见书，并报战略委员会备案；

（三）公司有关部门或者控股（参股）企业对外进行协议、合同、章程及可行性报告等洽谈并上报投资评审小组；

（四）由投资评审小组进行评审，签发书面意见，并向战略委员会提交正式提案。

第十一条　战略委员会根据投资评审小组的提案召开会议，进行讨论，将讨论结果提交董事会，同时反馈给投资评审小组。

第五章　议事规则

第十二条　战略委员会每年至少召开两次会议，并于会议召开前七天通知全体委员，会议由主任委员主持，主任委员不能出席时可委托其他一名委员主持。

第十三条　战略委员会会议应有三分之二以上的委员出席方可举行；每一名委员有一票的表决权；会议做出的决议，必须经全体委员的过半数通过。

第十四条　战略委员会会议表决方式为举手表决或投票表决；临时会议可以采取通讯表决的方式召开。

第十五条　投资评审小组组长、副组长可列席战略委员会会议，必要时亦可邀请公司董事、监事及其他高级管理人员列席会议。

第十六条　如有必要，战略委员会可以聘请中介机构为其决策提供专业意见，费用由公司支付。

第十七条　战略委员会会议的召开程序、表决方式和会议通过的议案必须遵循有关法律、法规、公司章程及本办法的规定。

第十八条　战略委员会会议应当有记录，出席会议的委员应当在会议记录上签名；会议记录由公司董事会秘书保存。

第十九条　战略委员会会议通过的议案及表决结果，应以书面形式报公司董事会。

第二十条　出席会议的委员均对会议所议事项有保密义务，不得擅自披露有关信息。

第六章　附则

第二十一条　本实施细则自董事会决议通过之日起执行。

第二十二条　本实施细则未尽事宜，按国家有关法律、法规和公司章程的规定执行；本细则如与国家日后颁布的法律、法规或经合法程序修改后的公司章程相抵触，按国家有关法律、法规和公司章程的规定执行，并立即修订，报董事会审议通过。

第二十三条　本细则解释权归属公司董事会。

第三节　发展战略案例分析

三泰集团内部审计部非常重视战略管理，成立内部控制项目组（以下简称"项目组"），依据《企业内部控制基本规范》《企业内部控制应用指引第2号——发展战略》等有关规定，对三泰集团控股的三泰公司战略管理的内部控制进行了梳理和完善。项目组梳理了战略管理流程，三泰公司战略管理一级流程为：战略制定、战略实施、战略调整，确定了控制目标，识别出了风险点与风险，完善了控制点与控制措施，明确了控制责任和控制证据，并据此完善了相关管理制度。

三泰集团发展战略内部控制简要说明如下。

一、三泰集团发展战略的控制目标

三泰集团发展战略的控制目标是保证公司发展战略科学、可行，符合相关产业发展趋势和公司实际，并经有效审批。

二、发展战略的控制点及措施

控制点1：在董事会下设立战略委员会，明确其战略管理职责。

控制点2：设立战略规划部，具体负责战略管理工作。

控制点3：按照战略委员会的要求，战略规划部组成战略研究小组，初步确定公司发展方向，组织相关部门收集相关信息，对行业、市场和竞争环境、可利用的内外部资源等进行充分调研与论证，除进行定性化分析外，还应重点突出定量化分析，形成战略调研报告。

控制点4：公司分管领导对拟定的公司发展战略（讨论稿）进行审核，重点包括是否符合公司发展要求、战略目标是否清晰、战略定位是否准确、是否充分利用公司内外部资源、是否可行等。

控制点5：战略研究小组组织相关部门和单位对公司发展战略（讨论稿）征求意见。

控制点6：公司发展战略（讨论稿）经总经理办公会审议后报战略委员会进行研究，提出发展战略（审议稿），报公司董事会进行审议；董事会审议通过后报股东大会进行批准。

三、界定控制责任

项目组根据公司部门和岗位职责，明确设置控制点和控制措施的责任部门与责任岗位，以确保控制点和控制措施得到有效的执行。

四、控制证据

控制证据有以下几点。

（1）战略调研报告。

（2）战略初步审核意见。
（3）战略反馈意见。
（4）总经理办公会纪要。
（5）战略委员会纪要。
（6）董事会纪要。
（7）股东大会决议。

五、控制矩阵

控制设置的各项具体要素，在实务操作中以控制矩阵的方式表现出来，项目组编制了公司发展战略的控制矩阵。

六、修订完善制度

项目组在完成上述控制设置后，对公司发展战略相关的管理制度进行梳理，发现管理制度存在缺失的要求公司进行补充，对于现有制度中存在的缺陷提出完善制度的具体建议，要求公司进行完善。公司根据项目组的建议，补充完善相关的制度。

【案例分析】

（1）在设计思路方面，项目组按照"目标—风险—控制"的内部控制设计逻辑，从确定控制目标开始，依据控制目标识别风险，根据风险设置控制，满足了《企业内部控制应用指引第2号——发展战略》等的要求。

（2）在业务流程方面，项目组对三泰公司战略管理的内部控制进行了梳理与完善，但所形成的三泰公司战略管理流程目录仅有一级流程，虽界定了三泰公司战略管理内部控制的总体边界，但不具体。

（3）在风险评估方面，项目组对三泰公司战略管理风险评估工作不充分。根据《企业内部控制应用指引第2号——发展战略》要求，企业在进行发展战略风险评估时，除了需要描述具体风险点外，还需要：编制发展战略公司层面风险清单，进行发展战略风险分析，进行发展战略风险评价，确定发展战略风险应对。

（4）在内部控制具体设计方面，项目组在内部控制完善过程中，不仅明确了控制点与控制措施，而且明确了控制责任和控制证据，确保内部控制的可操作性，还根据中国企业普遍注重制度的特点，通过对制度的梳理与完善，将内部控制要求以制度形式固化，体现了中国式内部控制的特点。不过企业在发展战略内部控制设计中，要以《企业内部控制应用指引第2号——发展战略》要求为起点。

本 章 小 结

企业发展战略是对企业现实与未来进行综合分析以制订并实施企业长远发展目标的战略规划，它描绘了企业未来的发展方向。发展战略的实现是企业内部控制最高层次的目标。本章首先对发展战略的基本含义、设计与运行风险、制定、实施等基本内容进行了阐述，论证了发展战略对企业内部控制和长久发展的重要影响。其次，针对企业发展战略内部控制存在的问题，分析了在进行内部控制过程中需要特别注意的关键点。最后，通过对三泰集团公司的发展战略内部控制存在的优势和劣势进行分析，更加明确了发展战略对内部控制的重要作用。

复习思考题

一、简答题

1. 如何理解企业发展战略的内涵？企业发展战略的制定有哪些风险？
2. 举例说明影响企业发展战略政策制定的内外部因素有哪些。
3. 根据所学内容，试对三泰集团公司发展战略内部控制进行评价。

二、案例分析

某食品公司是一家销售额为5亿元人民币、总部设在北方某大城市的合资食品公司，以生产冰激凌、饼干等食品为主，员工总数为700人，外方合作伙伴是一家著名的国际食品公司。过去4年来，该公司的业务一直以平均每年70%以上的速度增长，但同时也面临着激烈的国内与国际竞争的压力，其中最大的压力来自本土企业的低价竞争。如果不降价，则该食品公司产品的平均价格将比本土竞争对手高出40%。

为了保持产品的竞争力，该食品公司打算降低产品价格。然而，如果仅仅采取降价手段，利润率肯定会下降，这是公司不愿看到的。因此，降低现有产品的运营成本就成了该食品公司在降价之后保持竞争力和维持利润率的一种战略选择。公司的高层也意识到，降低价格不是保持竞争力的长久之计，长期成功的关键在于加强新产品的开发。如果公司能够持续不断地开发出本土竞争对手不能提供的新产品，那么凭借公司的品牌知名度和顾客忠诚度，仍然能够以较高的价格出售产品，维持以往的利润率。

可以说，这家公司的战略目标是清楚的。它要实现两个目标：一是提高运营的效率，具体做法是把现有产品的运营成本降低20%，以抵消降价对利润率的影响；二是建立产品领先优势，为此必须至少把新产品的平均开发周期缩短20%～30%，同时还要保证新产品的销售额占到当年产品销售总额的40%。

然而，某食品公司在提出新战略6个月后，不管是降低运营成本还是开发新产品，都没有取得多大的成效。运营成本与上一年同期相比，不仅没有降低，反而上升了。按照计划早该推出的新产品，也迟迟不能推出。

结合案例分析：

1. 某食品公司是否应调整其发展战略？
2. 请对某食品公司进行案例分析，并参照发展战略指引提出解决对策。

第五章

人力资源指引

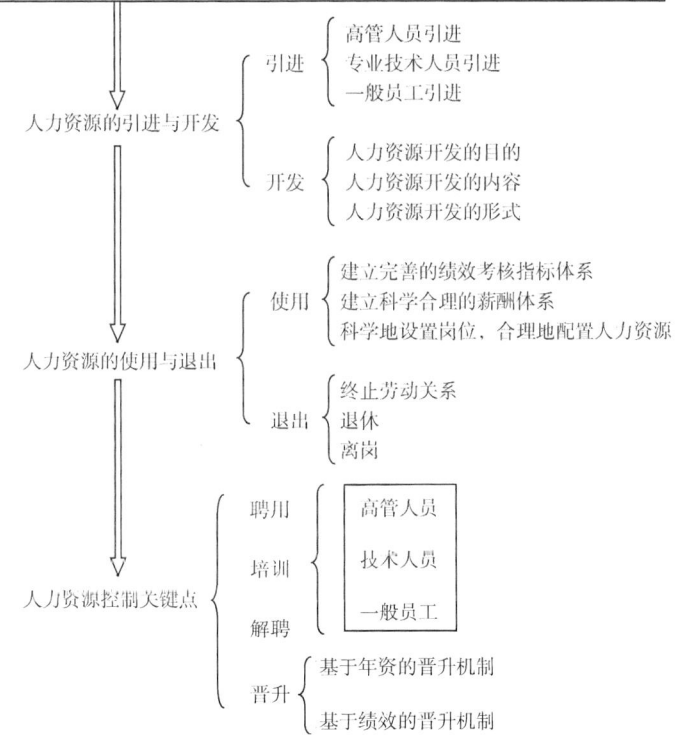

毛泽东曾经说过："政治路线确定以后，干部就是决定一切的因素。"古今中外，在影响一个国家、地区、行业或组织发展的因素当中，起决定性作用的总是人力资源因素；国与国之间、企业与企业之间的竞争，归根到底是人力资源的竞争。《国家中长期人才发展规划纲要（2010—2020年）》把人才问题提到了前所未有的高度，明确指出"人才是社会文明进步、人民富裕幸福、国家繁荣昌盛的重要推动力量"。所有这些都表明，人力资源已经成为促进经济社会发展的第一要素。企业作为创造社会财富的主体，其组织架构和战略目标确定之后，人力资源管理应当摆在"重中之重"的位置。正是基于这样的理念和实际情况，财政部在会同有关部委联合发布的《企业内部控制应用指引》中，从优化内部环境的角度出发，将人力资源单独立项，制定了《企业内部控制应用指引第3号——人力资源》，旨在促进现代企业重视人力资源建设、不断优化人力资源布局，形成科学的人力资源管理制度和机制，全面提升企业的核心竞争力。

【重要概念】人力资源　人力资源设计与运行的风险　人力资源引进与开发　人力资源使用与退出　人力资源控制关键点

第一节　人力资源的基本内容

一、人力资源的基本含义

人力资源是指企业组织生产经营活动而录（任）用的各种人员，包括董事、监事、高级管理人员和一般员工，其本质是企业组织中各种人员所具有的脑力和体力的总和，能够对财富的创造起贡献作用，成为社会财富的源泉，并能够被企业组织所利用。

人力资源对企业发展的重要作用，至少有以下三个方面。

第一，良好的人力资源管理制度和机制是增强企业活力的源泉。

人力资源管理要求企业根据发展战略，合理配置人力资源，调动全体员工的积极性，发挥全体员工的潜能和创造性，为企业创造价值，确保企业战略目标的实现。其核心和要义体现为"以人为本"的管理理念，力图实现董事、监事、高级管理人员和全体员工与企业之间的良性互动与共同发展。健全和实施良好的人力资源管理制度与机制，企业可以实现公开、公平、公正的用人自主权，引进需要的人，淘汰富余的人，建立干部能上能下、员工能进能出的灵活竞争机制，搞活企业，提高生产效率，让优秀人才有用武之地，让他们能在适合自己的岗位上得到全面发展，同时为企业和社会做出更大贡献。

第二，良好的人力资源管理制度和机制是提升企业核心竞争力的重要基础。

随着我国经济社会快速发展和经济全球化，特别是后国际金融危机时期世界经济格局的调整，优秀人才已经成为市场竞争中最重要的战略资源，人力资源在综合国力的提升和企业竞争中起着决定性作用。无论是从宏观还是从微观角度，人力资源都是最活跃的、最富有创造力的因素。人才就是效率，人才就是财富。无数事实证明，一个企业的生死存亡、经营成败，在很大程度上取决于人力资源。

有了良好的人力资源机制和制度，才能凝聚全体员工，为实现企业发展战略而不懈奋斗。"百年老店"经久不衰的根本原因在于良好的人力资源政策，在于打造了一支结构合理、分工明确、运行有效、积极向上的精英团队。可以说，正是因为拥有优秀的人才队伍，它们的核心竞争力才会不断增强，才能在竞争中保持长久的发展优势。

【例5-1】 惠普公司人力资源对战略发展的作用

美国惠普公司的成功较好地印证了人力资源对企业核心竞争力的贡献。斯坦福大学毕业生休利特以1538美元起家,建立了惠普公司,并将它发展成为美国十大电子公司之一,其成功靠的就是休利特两条有趣的"管理公式":一是"人才+资本+知识=财富",二是"博士+汽车库=公司"。休利特认为,当今是信息时代,电子仪器公司不同于传统工业,是应用最新科学技术最多最快的工业部门,这样的企业对知识的渴求远远大于其他企业,只有占据人才优势,才能在激烈的竞争中处于积极主动的地位;其公司经理在总结公司发展主要经验时,明确指出成功经验"就是寻求最佳人才"。正是在这种正确的人力资源管理理念的指引下,惠普公司取得了巨大成功。

第三,良好的人力资源管理制度和机制是实现发展战略的根本动力。

现代企业要在激烈的竞争中求生存、谋发展,在完善组织架构和制定科学的发展战略之后,起决定作用的就是要建立良好的人力资源制度和机制。在企业发展战略和人力资源管理两者的关系中,发展战略决定了人力资源政策;反过来,良好的人力资源政策又对发展战略具有积极促进作用,主要表现为:人力资源是企业发展的灵魂,有了良好的人力资源制度和运行机制,才能制定出科学的发展战略,决策才不会失误;有了良好的人力资源制度和运行机制,才能最大限度地激发专业技术人员充分发挥创造力,从事研究与开发;有了良好的人力资源制度和运行机制,才能激发全体员工为实现发展战略而不懈奋斗,最终确保发展战略有效贯彻落实,并实现预期发展目标。

【例5-2】 华为公司人力资源建设与战略的协调发展

深圳华为技术有限公司的成功就是完善的人力资源管理为企业战略目标实现提供支撑的鲜活例证。该公司七大核心价值观中的第二条指出,"认真负责和管理有效的员工是华为最大的财富。尊重知识、尊重个性、集体奋斗和不迁就有功的员工,是我们事业可持续成长的内在要求。"该公司坚持"人力资本增值大于财务资本的增值"的人力资源管理理念,重视人才,但不迁就人才,注重人的素质、潜能、品格、学历和经验,推动员工教育,在人才使用、培养与发展上按照双向选择原则提供客观且对等的承诺,工资、奖金、福利、保险等分配不搞平均主义,与绩效、能力、贡献挂钩,员工不搞终身雇佣制,中高级主管实行职务轮换政策,等等。华为技术有限公司正是在这种尊重人才成长规律、重视人力资源建设的企业管理模式下,营造出一个干一行、爱一行、专一行、勤奋努力、积极向上、公平竞争的企业氛围,逐步实现了公司的整体发展战略,迅速成为全球领先的电信解决方案供应商。目前,其产品和解决方案已经应用于全球100多个国家,服务全球运营商50强中的45家及全球1/3的人口。

企业应当重视人力资源建设,根据发展战略,结合人力资源现状和未来需求预测,建立人力资源发展目标,制定人力资源总体规划和能力框架体系,优化人力资源整体布局,明确人力资源的引进、开发、使用、培养、考核、激励、退出等管理要求,实现人力资源的合理配置,全面提升企业核心竞争力。

二、人力资源设计与运行的风险

人力资源指引按照优化人力资源的要求,明确指出了人力资源管理至少应当关注以下三个方面的重要风险。

（一）人力资源缺乏或过剩、结构不合理、开发机制不健全，可能导致企业发展战略难以实现

这一风险侧重于企业决策层和执行层的高管人员。如前所述，在现代企业中，决策层和执行层对于实现企业发展战略具有十分重要的作用。因此，企业人力资源管理应当关注这一重要风险领域，只有这样，才能抓住"牛鼻子"。也就是说，在企业发展过程中，应当通过发展战略的制定与实施，不断验证决策层和执行层的工作能力与效率。如果发现重大风险，或对经营不利，应当及时评估决策层和执行层的高管人员是否具备应有的素质与水平。在对决策层和执行层高管团队的评估考核过程中，如果发现有不胜任岗位工作的，应当通过有效方式及早加以解决，避免企业面临崩溃或走向消亡。当然，也不完全限于高管人员，其他人员缺乏和过剩、结构不合理等，也可能影响企业实现发展战略。

（二）人力资源激励约束制度不合理、关键岗位人员管理不完善，可能导致人才流失、经营效率低下或关键技术、商业秘密和国家机密泄露

这一风险侧重于企业的专业技术人员，特别是掌握企业发展命脉核心技术的专业人员。掌握企业核心技术或商业秘密，甚至国家机密的专业人才，是企业在激烈竞争中立于不败之地的关键"资本"。就实现发展战略而言，核心专业人才的流失，无疑会给企业的正常运作和长远发展带来巨大隐患，同时也会对人力资源造成巨大损失。为了留住核心专业人才，企业要有容纳人才共同创造价值的企业文化和环境；要有识才的慧眼、用才的气魄、爱才的感情；要知人善任，相信人才、依靠人才，做到用人不疑、疑人不用。特别是，面对科学技术日新月异的飞速发展，要不断更新专业技术人员的知识结构，紧密结合企业技术攻关及新技术、新工艺和新产品开发，开展各种专业培训等继续教育，帮助专业技术人员不断补充、拓宽、深化和更新知识。与此同时，还要建立良好的人才激励约束机制，做到以事业、待遇、情感留人与有效的约束限制相结合。企业对于掌握或涉及产品技术、市场、管理等方面关键技术、知识产权、商业秘密或国家机密的工作岗位的员工，要按照国家有关法律法规并结合企业实际情况，加强管理，建立健全相关规章制度，防止企业的核心技术、商业秘密和国家机密泄露，给企业带来严重后果。

（三）人力资源退出机制不当，可能导致法律诉讼或企业声誉受损

这一风险侧重于企业辞退员工、解除员工劳动合同等引发的劳动纠纷。为了避免和减少此类风险，企业应根据发展战略，在遵循国家有关法律法规的基础上，建立健全良好的人力资源退出机制，采取渐进措施执行退出计划。在具体执行过程中，要充分体现人性化和柔性化。

三、人力资源的引进与开发

人力资源管理的核心是建立一套科学的人力资源制度和机制，不断优化人力资源结构，实现人力资源的合理配置和布局，切实做到人尽其才，充分发挥人力资源的作用，强化激励机制,增强人才活力,合理引进和开发人才,用好和盘活现有人才,强化人力资源风险管理,全面提升管理团队、专业技术人才和全体员工的创造力,切实做到使每位员工都投身于企业可持续发展之中。

无论是新设立企业还是存续企业,为实现其发展目标,都会遇到人力资源引进和开发问题。人力资源作为企业总体资源的组成部分,与其他资源有机结合在一起,共同促进企业健康发展。从量上看,人力资源的引进要依据年度人力资源需求计划;从质上看,人力资源引进要符合相关能力框架、知识结构和综合素质;从层次上看,人力资源的引进要注意区分高管人员、专业技术人员和一般员工。同时,人力资源的开发也应依据相应的管理要求。

(一)人力资源的引进

人力资源的引进是指使企业稳定地拥有一定质量和必要数量的员工,以实现包括个人利益在内的企业目标,并求得人员需求量和人员拥有量之间在企业未来发展过程中的相互匹配。其主要包括三个方面的含义:企业人力资源质量、数量和结构符合其特定的生产资料与生产技术条件的要求;在实现企业目标的同时,也要兼顾满足员工个人的利益;保证人力资源与未来企业发展各阶段的动态适应。

从人力资源的结构层次上看,人力资源的引进要注意区分高管人员、专业技术人员和一般员工,并根据不同类别人员的特点、岗位职责和知识技能要求实施分类管理。

1. 高管人员的引进

高管人员包括决策层和执行层,是企业人力资源管理的重要领域。企业董事会成员和董事长构成企业的决策层,是决定企业发展战略的关键管理人员。其中,董事长的作用不可忽视。决策层团队应具有战略眼光,具备国内、国际形势和宏观政策的分析判断能力,对同行业、本企业的优势具有很强的认知度;决策层决策失误,很可能葬送企业的前程。现代化企业要通过建立和完善良好的人力资源制度与机制,促进企业决策层处于优化状态。执行层通常是指经理层。经理层应当具备较强的执行力。企业科学的发展战略必须通过经理层强有力的贯彻实施才能实现;否则,再好的发展战略如果执行不力,也会导致经营失败。建立和完善良好的人力资源制度与机制,必须能够引进优秀的管理团队,其中,总经理人选至关重要。近年来,大型企业不断创新引进优秀高管人才的方法,向国内外聘请职业经理人,就是为了实现上述目标。

高管人员的引进与开发应当处于首要位置。企业应当制订高管人员引进计划,提交董事会审议通过后实施。董事会在审议高管人员引进计划时,应当关注高管人员的引进是否符合企业发展战略,是否符合企业当前和长远需要,是否有明确的岗位设定和能力要求,是否设定了公平、公正、公开的引进方式。通常情况下,企业引进的高管人员必须对企业所处行业及其在行业的发展定位、优势等有足够的认知,对企业的文化和价值观有充分的认同;同时,必须具有全局性的思维,有对全局性、决定全局的重大事项进行谋划的能力;必须具有解决复杂问题的能力;必须具有综合分析能力和敏锐的洞察力,有广阔的思路和宽广的胸怀等;必须精明强干并具备奉献精神;在引进高管人员过程中,还要坚持重真才实学，不唯学历。

企业高管人员主要通过公开选拔、竞争上岗和组织选拔以及综合上述方式的推荐、测评、票决等方式引进，其中公开选拔、竞争上岗这两种方式由于引入竞争机制，体现了"公开、平等、竞争、择优"的原则，能拓宽用人的视野，有利于优秀人才脱颖而出，是目前最主要的两种引进方式。其中，公开选拔主要面向社会进行，竞争上岗适用于本单位或本系统内的选拔。

2. 专业技术人员的引进

核心技术是企业赖以生存与发展的关键所在。专业技术人员是企业核心技术的创造者和维护者。一个从事实业且提供高科技产品的企业，在人力资源管理中，应凸显专业技术人员团队的重要性。此类企业需要建立和完善良好的人力资源制度与机制，激发科技人员研发的积极性。从某种程度上讲，专业技术人员掌握了企业生存与发展的核心技术和命脉。企业对于掌握核心技术的人员，需要予以高度的重视，要制定相应的政策，致力于在企业内部形成尊重知识和人才的良好氛围。

专业技术人员通常具有以下特点：一是专业技术人员的数量和结构决定着企业长远发展的可持续性与核心竞争力；二是专业技术人员相比较一般员工而言，更多地追求个人职业发展和自身能力的提高，更多地追求企业给予的培训和学习的机会；三是专业技术人员具有流失压力，特别是核心专业技术人员，往往成为同行业、其他相关行业争夺的焦点，从而也带来整个队伍的不稳定性。企业应当高度重视对专业技术人员的引进。专业技术人员引进主要采取外部招聘方式进行。外部招聘的主要形式有发布广告、借助中介法、上门招聘法、熟人推荐法、网络招聘法等。

企业专业技术人员特别是核心专业技术人员是企业发展的动力。企业的发展离不开专业技术人员的创新和研发。在后金融危机时期，企业普遍都在开展自主创新，推进企业技术升级，走低碳可持续发展道路。在企业现有专业技术人员不能满足发展战略的情况下，企业要注重通过各种方式大胆引进专业技术人员为我所用。专业技术人员的引进，既要满足企业当前实际生产经营需要，同时又要有一定的前瞻性，适量储备人才，以备急需；既要注重专业人才的专业素质、科研能力，同时也应注意其道德素质、协作精神以及对企业价值观和文化的认同感；同时关注专业技术人员的事业心、责任感和使命感。

3. 一般员工的引进

一般员工是企业人力资源主体，是企业发展的动力。良好的人力资源制度和机制，能够调动全体员工的积极性，而且能够促进全体员工素质不断提升，使全体员工爱岗敬业、积极进取，甘愿为企业发展贡献终生。一般员工引进主要采取外部招聘方式进行。外部招聘的主要形式有发布广告、借助中介法、网络招聘法等。

一般员工占据企业人力资源的大部分，主要在企业生产经营的一线。一般员工通常具有流动性强的特点，因此往往成为企业年度人力资源引进工作的重要内容。为确保企业生产经营正常运转，企业应当根据年度人力资源计划和生产经营的实际需要，通过公开招聘方式引进一般员工。在此过程中，企业应当严格遵循国家有关法律法规的要求，注意招收那些具有一定技能、能够独立承担工作任务的员工，以确保产品和服务质量。在经济发展迅速、环境变化较快的今天，企业要根据组织生产经营需要，不断拓展一般员工的知识和技能，加强岗位培训，不断提升一般员工的技能和水平。同时，要善待一般员工，在最低工资标准、保险保障标准等方面严格按照国家或地区要求办理，努力营造一种宽松的工作环境。

（二）人力资源的开发

人力资源的开发是把人的智慧、知识、经验、技能、创造性、积极性当作一种资源加以发掘、培养、发展和利用的一系列活动，是一个复杂的系统过程。人力资源开发是对人力资源作用的发挥，是使人力资源保值、增值的工作。

（1）人力资源开发的目的。人力资源开发的基本目的是通过对企业的关键资源——人的投资增值来帮助企业达到经营和发展的目标。

（2）人力资源开发的内容。人力资源开发的内容主要包括开发职业技能、职业品质和发掘员工潜能，促使其自我实现这三个方面。现代企业的人力资源开发，重点是开发员工的职业技能，即员工的专业知识技能。

（3）人力资源开发的形式。人力资源开发的形式有岗前开发培训、在岗开发培训、离岗开发培训和员工业余自学等。

第一，高管人员培训与开发。按照高管人员从事的工作内容及岗位职责要求，高管人员的培训与开发应该更加注重概念技能和人际技能的挖掘与提升，这就要求对高管人员的培训开发应把企业家精神、创新思维、战略决策、领导能力以及公共关系等方面放在重要的位置，以提升高管人员的岗位胜任能力和履职水平。此外，在高管人员的开发过程中要注重激励和约束相结合，创造良好的干事业的环境，让高管人员的聪明才智得以充分显现，真正成为企业的核心领导者。

第二，专业技术人员培训与开发。按照专业技术人员从事的工作内容及岗位职责要求，专业技术人员开发过程中要注重知识持续更新，紧密结合企业技术攻关及新技术、新工艺和新产品开发来开展各种专题培训等继续教育，帮助专业技术人员不断补充、拓宽、深化和更新知识。同时，要建立良好的专业人才激励约束机制，努力做到以事业、待遇、情感留人。

第三，一般员工培训与开发。按照一般员工从事的工作内容及岗位职责要求，其开发应该更注重技术技能和人际技能的发掘与提升，这就要求对一般员工的培训开发要把岗位知识技能、执行力、人际沟通等方面放在重要的位置，以提升一般员工的岗位胜任能力和履职水平，带动企业人力资源总体素质能力的提升。

【例 5-3】 美国惠普公司秉承"惠普之道"，推行的员工职业规划体系无疑是其招揽和吸引人才的法宝。惠普是世界知名的高科技大型企业，聚集了大量的素质优秀而训练良好的专业技术人才，并将专业技术人员团队作为其发展壮大和市场竞争的主要支撑。惠普能吸引、保留和激励这些人才，不仅靠丰厚的物质待遇，更重要的是靠向这些员工提供良好的成长和发展机会，其中帮助每位员工制订令他们满意的、有针对性的职业发展计划，是一个重要因素：先是让员工用各种测试工具及手段进行个人特点的自我评估，部门经理逐一采访参加过此活动的下级，听他们汇报自己选定的职业发展目标，并记录下来，这些信息便可供高层领导来制订总体人力资源规划，确定所要求的技能，并拟定一个时间进度表；当公司未来需要的预测结构与每位学习参加者所定职业发展目标对照后相符时，部门经理就可据此帮助他的部下绘制出自己在本公司内发展升迁的路径图，标明每一次升迁前应接受的培训或增加的经历。每位员工的职业发展目标还要和绩效目标与要求结合起来使用。部门经理要监测他的部下在职业发展方面的进展，作为绩效考核活动的一部分，并需负责对他们提供尽可能的帮助与支持。

四、人力资源的使用与退出

人力资源的使用与退出是人力资源管理的重要组成部分。良好的人力资源使用机制，可以使企业员工队伍充满活力，保证员工连续的职业生涯，并有利于企业人力资源符合企业发展目标，实现企业和员工的双赢。同时，为了确保人力资源的有效利用，使员工队伍持续保持优化状态，企业应当建立和完善人力资源激励约束机制，从战略层面、管理层面，理性对待人力资源退出，致力促进企业人力资源系统良性循环。

（一）人力资源的使用

企业应当设置科学的业绩考核指标体系，对各级管理人员和全体员工进行严格考核与评价，以此作为确定员工薪酬、职级调整和解除劳动合同等的重要依据。为了充分发挥人才的作用，要创新激励保障机制，激发人才干事创业的积极性；要建立以绩效为核心的分配激励制度；要完善以按劳分配为主体、多种分配方式并存的分配制度，坚持效率优先、兼顾公平，多种生产要素按贡献参与分配。企业要注意发挥绩效考核对调动员工积极性和创造性的引导作用，注重对绩效考核结果的科学运用。

人力资源的使用，应当重视打破"大锅饭"体制，干好干坏一个样，必然损害全体员工的利益，长此以往必然导致企业效益下降甚至走向衰亡。有的企业不同程度地存在"一个干的，一个看的，一个捣乱的"现象，这种状况的存在是非常危险的。必须改革人力资源使用制度和机制，彻底解决"干好干坏一个样"的问题。

(1) 建立完善的绩效考核指标体系。绩效考评是针对企业中每个员工所承担的工作，应用各种科学的定性和定量的方法，对员工行为的实际效果及其对企业的贡献和价值进行考核与评价。

绩效考核能提高每个个体的效率，最终实现企业的目标。其作用主要表现为：一是提高企业管理效率及改进工作的重要手段；二是人力资源管理系统中各环节的重要依据，诸如人力资源规划、薪酬分配、人员调整、甄选培训、人员定位等；三是员工改进工作及谋求发展的重要途径。

实际运用的绩效考评方法很多。一般而言，选择绩效考评方法应该考虑成本、实用性、工作性质三个因素，考评方法力求目的明确、方法简单、便于控制、易于执行。

第一，评级量表法。评级量表法是在绩效考评中所采用的最普遍的考评方法。该方法把员工绩效分成若干项目，每个项目后设一个量表，由考评人对员工在每一考评因素上的情况做出评判和记分。

其优点在于：创造了一种数量化考核，可以把员工绩效的每一因素都反映出来，总考核成绩可以被看作绩效增长或被用作提升的依据；好学，易完成，费时少，有效性高。

其缺点在于：考核者很容易产生晕圈误差和趋中误差；过于宽大的或中庸的考核者，会把每个人的每个项目很快地评为高分或平均分；多数评级量表并不针对某一特别岗位，而是适用于企业的所有单位，因而不具有针对性。

第二，交替排序法。交替排序法是一种相对比较的方法，主要是将员工按照某个评估因素上的表现从绩效最好到绩效最差进行排序，最后根据序列值来计算得分的一种考评方法。

其优点在于：比较容易识别好绩效和差绩效的员工；按照要素细分进行评估，可以清晰地看到员工不足，利于绩效面谈和改进；适合人数较少的组织或团队，如某个工作小组和项目小组。

其缺点在于：需要评估的人数较多（超过20人），尤其是要进一步细分要素展开的话，此种排序工作比较烦琐；严格的名次界定会给员工造成不好的印象，中间名次比较模糊和难以确定，不如等级划分那样比较容易使人接受。

第三，配比比较法。配比比较法是针对某一绩效评估要素，把每个员工都与其他员工相比较来判断谁"更好"，记录每一个员工和任何其他员工比较时被认为"更好"的次数，根据次数的高低给员工排序。此法和交替排序法类似，也是一种相对的定价评价方法。

其优点在于：因为是通过两两比较而得出的次序，考评的误差较小，得到的评估更可靠和有效。

其缺点在于：和交替排序法相似，仅适合人数较少的情况，且操作比较麻烦。

第四，关键事件法。关键事件法是通过被考核者工作中极为成功或极为失败的事件分析和评价来考察被考核者工作绩效的一种方法。该方法一般作为一种补充考评方法出现。

其优点在于：为解释绩效评价结果提供了一些确切的事实证据；能确保在对下属人员进行绩效考察时，所依据的是员工在整个考核期的表现，而不是员工在最近时期的有关绩效状况倾向；保存一种动态的关键事件记录，可以获得一份关于下属员工是通过何种途径消除不良绩效的具体事例；针对性强，结论不易受主观因素的影响。

其缺点在于：基层工作量大，需要花大量的时间去收集关键事件，并加以概括和分类；关键事件是指显著地对工作绩效有效或无效的事件，相应遗漏了平均绩效水平；对于什么是关键事件，并非在所有的经理人员那里都具有相同的定义。

第五，强制分布法。强制分布法是根据正态分布原理，即俗称的"中间大，两头小"的分布规律，预先确定评价等级以及各等级在总数中所占的百分比，然后按照被考核者绩效的优劣程度将其列入其中某一等级。

其优点在于：等级清晰、操作简便；刺激性强，常常与员工的奖惩联系在一起，强烈的正负激励同时运用；强制区分，避免了评估者给所有人中等评价的危险。

其缺点在于：按照考评者的设想对员工进行硬性区别容易引起员工不满，同时会把一些被评价者归入不适当的类别中，挫伤其工作积极性；只能把员工分为有限的几种类别，难以具体比较员工差别，也不能在诊断工作问题时提供准确可靠的信息；不同部门中不同类型员工的概率可能不一致。

第六，述职鉴定法。述职鉴定法是由岗位人员做述职报告，把自己的工作完成情况和知识、技能等反映在报告内的一种考评方法。此法主要用于对企业中、高层管理岗位的考核中。

其优点在于：内容详细，能为考核者提供重要的依据。

其缺点在于：由于是自我鉴定考核，主观性较强，难以独立地作为最终考核的结果。

第七，目标管理法。目标管理法是管理者与每一位员工一起确定特定的可检测目标，并定期检查这些目标完成情况的一种绩效考评方法。目标管理法适合于企业中实行目标管理的项目。目标管理法的特点在于员工同他们的上级共同参与目标的建立。

其优点在于：评估人的角色从"法官"转换为"顾问"，员工的角色也从"消极的旁观者"转换为"积极的参与者"，增强了员工的满足感和自觉性；在如何实现目标方面，经理给予员工一定的自由度，部分地实现了由"被管理"到"自我管理"的转化，考评时主动性较高；该方法中绩效标准是按相对客观的条件来设定的，因而评分相对没有偏见，较为公平。

其缺点在于：有时目标难以具体化和数量化，确定目标的过程有时成为上下级之间的一场拉锯战，耗时费力；偏重操作而忽视原理；在推行过程中，往往强调短期目标，可能会损害企业的长期规划安排。

第八，360度绩效考评法。360度绩效考评法即由与被评价者有密切关系的人，包括被评价者的上级、同事、下级、员工自己、客户等，从不同的角度对员工进行考核和评价，从而避免单方评价的主观性和片面性，以增强绩效考评的可信度和效率。

人力资源的绩效考评结果应当着重运用于改进薪酬及奖金的分配、职务调整、培训与再教育、员工职业生涯规划以及作为员工退出的重要依据等多方面：一是为员工的薪酬调整、奖金发放提供依据。绩效考评为每位员工给出一个考评结论，这个考评结论不论是描述性的还是量化的，都可以作为员工的薪酬调整、奖金发放的重要依据。二是为员工的职务调整提供依据。绩效考评的结果会客观地对员工是否适合该岗位做出明确的评判。基于这种评判而进行职务调整，往往会让员工本人和其他员工接受与认同。三是为上级和员工之间提供一个正式沟通的机会。通过面对面的考评沟通，指出优点、缺点和需要改进的地方，管理者可以及时了解员工的实际工作状况及深层次的原因，员工也可以了解管理者的管理思路和计划。四是让员工清楚企业对自己的真实评价。绩效考评是一种正规的、周期性的评价系统，由于评价结果是公开的，员工就有机会正面地了解企业对自己的评价，可防止员工不正确地评估自己在组织中的位置和作用，减少不必要的抱怨。五是让员工清楚企业对自己的期望。绩效考评是一个导航器，它可以让员工清楚自己需要改进的地方，指明员工前进的航向，为员工的自我发展铺平道路。六是为改进企业政策提供依据。通过绩效考评对员工工作信息的整理和分析，可以对企业的招聘制度、选择方式、激励政策及培训制度等一系列管理政策的效果进行评估，及时发现政策中的不足和问题，从而为改进企业政策提供有效依据。

（2）建立科学合理的薪酬体系。合理的薪酬体系不仅对员工的发展至关重要，对企业管理效率的提升更是具有不可估量的促进作用。建立科学的分配制度，完善激励机制分配制度设计不但是企业吸引、引导、开发人才的重要手段，而且有利于打破"大锅饭"体制，充分调动员工的积极性，随之带动整个企业绩效的提升。

薪酬作为分配的形式之一，设置时应当遵循按劳分配、效率优先、兼顾公平的原则。同时，还应做到体现竞争性、公平性和激励性。

第一，以业绩为主、以绩效为原则导向，建立宽带薪酬等级。所谓宽带薪酬，就是薪酬设置从原来注重岗位薪酬转变为注重绩效薪酬，更加注重绩效理念，岗位归类、职级减少、带宽拉大，促使员工薪水产生更加灵活的升降幅度。宽带薪酬结构是为配合组织扁平化而量身定做的，它打破了传统薪酬结构所维护的等级制度，有利于企业引导员工将注意力从职位晋升或薪酬等级的晋升转移到个人发展和能力的提高方面，给予绩效优秀者比较高的薪酬上升空间。

第二，采用弹性化的福利制度。员工福利项目一般可以分为两类：一是强制性福利，企业必须按政府规定的标准执行，如养老保险、失业保险、医疗保险、工伤保险、生育保险等；二是企业自行设计的福利项目，常见的如人身意外保险、医疗保险、家庭财产保险、旅游、服装、误餐补助或免费工作餐、健康检查、俱乐部会费、提供住房或购房支持计划、提供公车或报销交通费、特殊津贴、带薪假期等。企业应采用弹性化的福利制度，并规定一定的福利总值，根据员工的特点和具体需求，让员工自由选择，各取所需。福利项目设计得好，不仅能给员工带来方便，解除其后顾之忧，增加员工对企业的忠诚度，而且还可以节省在个人所得税上的支出，提高企业的社会声望。

第三，注重内在激励。企业要建立基于人本理念的薪酬模式，积极探讨薪酬的多种实现形式，营造激励创新和人尽其才的文化氛围，增强对优秀人才的凝聚力和吸引力。

第四，依据完善、公平、适宜的绩效考评结果分配奖金的份额。建立良好的绩效考评制度，与员工薪酬激励部分相挂钩，为员工指明努力方向，营造竞争氛围，对取得优秀绩效的员工进行正向激励，对员工工作的长、短处进行相应的开发，能良好地控制员工的工作质量与数量，为员工奖金的分配提供依据。

（3）科学地设置岗位，合理地配置人力资源。在人力资源使用过程中，企业还要注意策略，通过对员工压担子、给路子、搭梯子，促进员工的快速成长，真正做到量才使用、人事相宜。企业应切实做到员工使用科学合理，既使员工感到轻微的压力，又不至于感到压力过大，工作职位稍有挑战性，有助于激励员工奋发进取的精神。企业还要尊重人才成长规律，善于克服人力资源管理的"疲劳效应"。在员工发展最好时，企业应适时调整岗位和职位，使之始终处于亢奋期和临战状态。

（二）人力资源的退出

建立企业人力资源退出机制是实现企业发展战略的必然要求。人力资源退出是指企业为在生产经营中，持续实现人员与岗位的匹配、能力与绩效的匹配、绩效与薪酬的匹配，以定期的绩效考核结果作为依据，对那些达不到要求的人员，依据程度的不同，采取降职、调岗、离职培训、解雇和退休等人力资源管理方式。

人力资源退出方式主要有终止劳动关系、退休和离岗。

（1）终止劳动关系。终止劳动关系一般可以分为两种基本形式：一种是员工的自愿离开，如辞职、自愿离职；另一种是非自愿离开，如解聘、裁员。

（2）退休。对于老年员工和因工、因病丧失劳动能力的员工，为企业、为社会做出过贡献的，连续工龄符合要求的，可以退休，纳入社会保障体系，享受社会基本养老待遇。

（3）离岗。员工因工作能力、态度等原因，在岗位上业绩不佳，或因年龄、身体关系，不再适应岗位工作时，应及时退出岗位。人员离岗一般可以分为三种基本形式：离岗培训，即退出原岗位进行再培训或转岗培训；离岗转岗，即退出原岗位，企业安排其他岗位工作；离岗待命，即退出原岗位，不参加企业具体工作，享受相应的退出岗位的奖励待遇。

人力资源只进不出，就会造成滞胀，严重影响企业有效运行。实施人力资源退出机制，可以保证企业人力资源团队的精干、高效和富有活力。通过自愿离职、待命停职、提前退休、离岗转岗等途径，可以实现不适合于企业战略或流程的员工直接或间接地退出，让更优秀的人员充实相应的岗位，真正做到"能上能下、能进能出"，实现人力资源的优化配置和战略目标。

人力资源的退出必须以科学的绩效考核机制为前提，同时还需要相关的环境支撑。

第一，要在观念上将人员退出机制纳入人力资源管理系统和企业文化之中，使人力资源退出从计划到操作成为可能，同时获得员工的理解与支持。

第二，要建立科学合理的人力资源退出标准，使人力资源退出机制程序化、公开化，有效消除人力资源退出可能造成的不良影响。

第三，人力资源退出一定要建立在遵守法律法规的基础上，严格按照法律规定进行操作。一方面，退出方法要根据相关法律的规定制定，要有书面材料记录员工相关行为，使员工退出具有充分证据；另一方面，在实施退出时，要注意和劳动部门做好沟通，并按《中华人民共和国劳动法》规定，给予退出员工相应补偿金额。

总之，为确保企业发展战略实现，企业应当注重健全人力资源管理制度与机制；同时，还应当定期对其制订的年度人力资源计划执行情况进行评估，总结人力资源管理经验，分析存在的主要缺陷和不足，及时改进和完善人力资源政策，促进企业整体团队充满生机和活力，为企业长远战略和价值提升提供充足的人力资源保障。

第二节 人力资源控制关键点

一、聘用

聘用分为高管人员的聘用、专业技术人员的聘用和一般员工的聘用三种。

（一）高管人员的聘用

高管人员在企业中履行创新、决策、管理和承担风险的职责，对于高管人员的聘用应注意以下几点：第一，企业要拟订高管人员招聘计划，并提交董事会；第二，对拟任人员要进行任前考察，对其价值观、战略思维、企业家精神、综合素质和能力进行全局性评估，判断其创新、决策、管理和承担风险能力；第三，董事会要对高管人员的聘用进行审议，关注高管人员的聘用是否符合企业发展战略，是否符合企业当前和长远需要，是否有明确的岗位设定和能力要求，是否设定了公平、公正、公开的聘用方式；第四，推行任前公示制度，广泛听取意见。

（二）专业技术人员的聘用

专业技术人员的聘用，既要满足企业当前实际生产经营需要，同时又要有一定的前瞻性，适量储备人才，以备急需；既要注重专业人才的专业素质、科研能力，也应注意其道德素质、协作精神以及对企业价值观和文化的认同感；同时关注专业技术人员的事业心、责任感和使命感。

（三）一般员工的聘用

企业应当严格遵循相关的法律法规要求，注意招收具有一定技能、能够独立承担工作任务的员工；善待一般员工，在最低工资标准、保险保障标准等方面严格按照国家或地区要求办理，努力营造一种宽松的工作环境，以稳定员工队伍，使员工对企业产生归属感和责任感。

二、培训

培训分为高管人员的培训、专业技术人员的培训和一般员工的培训三种。

（一）高管人员的培训

企业对高管人员的培训要注重激励和约束相结合，创造良好的创业干事环境，让高管人员的聪明才智得以充分显现，真正成为企业的核心领导者。按照高管人员从事的工作内容及岗位职责要求，高管人员的培训应该更注重概念技能和人际技能的挖掘与提升，这就要求对高管人员的培训开发应把企业家精神、创新思维、战略决策、领导能力以及公共关系等方面放在重要的位置，以提升高管人员的岗位胜任能力和履职水平。

（二）专业技术人员的培训

专业技术人员的培训需要：树立尊重知识、尊重人才的企业文化；建立良好的工作环境，鼓励创新和发明，鼓励团队式开发；注重知识持续更新，开展各种形式的培训和继续教育，帮助专业技术人员不断补充、拓宽、深化和更新知识；建立合理的人才团队，形成人才队伍梯队，防止断档；建立良好的专业人才激励约束机制。

(三）一般员工的培训

企业应根据生产经营需要，加强岗位培训，不断拓展一般员工的知识和技能；在企业内部弘扬和建立尊重知识、尊重人才的文化氛围；重视岗位练兵和现场管理工作，鼓励基层员工钻研业务，开展现场管理和挖潜活动，树立"工人专家"的典型；要在企业内部建立员工培训机制，对于能力上不足的员工，可通过组织有针对性的培训活动，发掘其潜力，提高其工作能力。通过培训仍不能适应工作的员工，才被置换到外部劳动力市场，即人员退出。

三、晋升

晋升分为基于年资的晋升机制和基于绩效的晋升机制两种。

（一）基于年资的晋升机制

工作人员的业务能力水平、技术熟练程度、对本单位所做的贡献都与工作年限成正比。因此，工资应逐年增加，工作人员工作时间越长也越应该得到晋升的机会。在日本，新员工进入企业后，他的工资待遇是按照资历逐年上升的，在干部提拔使用和晋升制度中也规定了必须具备的资历条件，达不到规定的资历就不具备成为晋升候选人的条件。

年资晋升机制的优点是：标准明确，简单易行，可以避免由于领导者个人的好恶或亲疏而产生的晋升不当现象，给工作人员安全保障感。所以，现在仍有一些企业采用这种方式。但是它也有缺点：其一，年资与工作成绩及能力并不一定成正比，资历只表明人的经历的一般自然情况，它只是一个时间指数的笼统概念。正常的情况是经历越长的，人生的经验越丰富。但归根到底，资历本身不是才能与贡献的象征，当然，它也就不能成为衡量才能大小、智慧高低的唯一标尺。因此，根据年资选拔的晋升者，不论从工作成绩上看，还是从能力上看，都未必是最佳人选。其二，年资晋升既不利于吸收外单位的人才，也无助于留住本单位的人才，它还会造成不求无功、但求无过、坐熬年头的消极心理。

（二）基于绩效的晋升机制

基于绩效的晋升是指将员工在现任岗位上的工作表现和绩效产出作为晋升的主要标准。"基于绩效的晋升"隐含一个判断是：一个人在目前的工作岗位上成绩突出，那么他一定会在更高的岗位上有所成就。应该说，如果工作责任、工作方式、工作内容不变，那么这一假设是有其合理性的。因为此时的成绩代表了他的知识水平、业务能力及工作态度，这是他未来取得成功的必备因素，技术领域尤为显著。但管理工作与一般技术性工作不同，职位的晋升意味着管理层次的升高，而不同层次的管理者处理问题的重点不同，对人的技能要求也不同。例如，基层管理者要求专业技术能力，中层管理者要求沟通能力，高层管理者要求决策能力。因此，当根据"基于绩效的晋升"的传统假设，将一位技术专家由基层管理的位置提拔到高层管理岗位时，除了体现对成绩突出者的肯定和认可外，在为企业高职位配备合格人才方面却可能是无效率的。

四、解聘

解聘分为高管人员的解聘、专业技术人员的解聘和一般员工的解聘三种。

(一) 高管人员的解聘

企业高管人员（尤其是第一责任人）离职前，应该根据有关法律法规的规定进行工作交接和离任审计。离任审计的主要内容包括以下方面。

第一，所在企业的资产、负债、损益情况；重点核查生产经营目标实现情况；国有资产保值、增值情况；潜盈、潜亏情况；管理制度建立和执行情况。

第二，任职期间有无重大的经营管理决策失误及造成的损失。

第三，任职期间遵守国家财经法纪情况。重点核查有无因失职、渎职造成企业财产损失；有无以权谋私，侵占、贪污、挪用、浪费企业资财；有无行贿、受贿；有无违反规定擅自处置企业资产；有无违反规定借欠企业款项、实物；有无群众反映和举报的重要经济问题。

(二) 专业技术人员的解聘

对掌握或涉及产品技术、市场、管理等方面关键技术、知识产权、商业秘密或国家机密的工作岗位的员工，企业应按照国家有关法律法规并结合企业实际情况，建立健全相关规章制度，加强日常管理，并与解聘的技术人员约定相关保密责任和竞业限制期限，防止企业的核心技术、商业秘密和国家机密泄露。

(三) 一般员工的解聘

一般员工的解聘包括以下三点。

第一，企业应该将一般员工的退出机制公开化、程序化，明确人力资源退出标准，使员工明确奋斗目标，了解什么样的人是企业欢迎或不需要的，即使有朝一日被迫离开企业，在感情上也可以接受，这样才能有效解除人员解聘可能给企业造成的不利影响。

第二，建立累加式惩戒制度。违纪是企业在正常运营情况下解聘员工的重要标准。员工惩戒与违反工作规则、流程、法律及职业道德标准相关。累加式惩戒有一系列针对过失的惩罚，初次过失给予非正式警告，如果过失重复则惩戒加重，直至解聘。

第三，建立环境支撑体系。人力资源工作者需要利用多种渠道、多种方式，不断宣传人才市场化、社会化的思想，人才应遵守市场规律合理流动，要树立员工正确的就业观念，认识到解聘不合格人才的必要性；解聘一般员工，特别是由于业务衰退、战略调整造成的裁员，需要付出高额的代价。企业应该准备好用于解聘一般员工的资金，以便在需要时及时支付。这些开支包括：劳动法、合同法、国家有关政策法律以企业的人员退出政策规定的员工退出企业的补偿金、辞退金、离职前工资等经济待遇；企业应缴未缴的退出员工的各类保险费用；企业用于解聘员工的培训、创业等方面的资金支持；等等。企业应加强信息沟通，消除人员解聘导致的员工不满、对留守人员和社会的消极影响；人员解聘一定要建立在法律的基础上，严格按照法律规定进行操作，必要时要向当地劳动部门咨询，甚至可以到当地劳动部门备案，确保人员解聘方法的合法性，同时要有书面材料记录员工的相关行为，使员工解聘具有充分的证据。最后，在解聘员工时，要做好沟通，解释裁员原因，取得劳动部门的支持，按照《中华人民共和国劳动法》规定，确定补偿金额。

第三节 人力资源案例分析

某集团内部审计部联合管理咨询公司组成内部控制项目组（以下简称"项目组"），依据《企业内部控制基本规范》等有关规定，对该集团控股的公司人力资源政策内部控制进行设计，确定了公司人力资源政策方面的控制点及控制措施。

1. 人力资源政策控制点

确定该公司人力资源政策方面的控制点有聘用、定岗、强制休假或轮岗、培训、考评、晋升、薪酬、补偿、激励、问责、解聘（淘汰）和离岗限制。

2. 人力资源政策控制措施

项目组根据该公司人力资源政策的控制点确定控制措施如下：①对关键岗位和紧缺人才竞聘或招聘必须有明确的岗位说明，规定相关岗位的资格要求，确保竞聘或招聘人员具备应有的胜任能力和职业道德修养。招聘程序一般包括资格初审、专业知识和素质测评、专业答辩和专家组评审等必要程序。②人事部门在选拔任用或招聘中层以上干部以及关键岗位时必须通过核查人事档案、单位鉴定等对其政治素质、技能资格水平等方面进行考察，并形成专门材料。对频繁更换工作和职业背景相差很大的候选人，进行仔细核查。③通过与员工订立劳动合同形式确立劳动关系，并依据《中华人民共和国劳动法》规定对员工实施必要管理。④对员工岗位职责进行描述，明确岗位的相应责任、职责和权限，使员工能清楚了解工作职责和公司对其的具体要求。⑤对新员工进行岗前教育培训，包括应知应会的知识和技能、全常识、公司规章制度等以及岗位职责，使其达到岗位基本技能素质要求。⑥制定员工教育培训制度，每年制订并下达培训工作计划，有针对性地组织业务和操作技能培训，确保员工技术素质和业务能力达到岗位要求。⑦与高级管理人员签订业绩合同，以合同方式将高级管理人员应完成的主要任务量化为关键业绩指标，并严格按业绩合同和考核规定进行考核。业绩指标的选择和目标值的确定注重短期目标与长期目标相结合，即与公司总体发展战略、生产经营目标一致，并结合实际，具体明确，重点突出，覆盖受约人的主要工作内容。⑧建立以业绩为基础的激励机制，针对公司领导、中层及以下管理人员、操作人员分别制定考核制度，形成系统、规范的业绩考核评价体系，对员工履行职责、完成任务情况实施全面、客观、公正、准确的考核，并以此作为确定员工薪酬、奖惩及任用的依据，通过激励机制与约束机制相结合，达到责、权、利的统一，调动员工积极性和创造性，增强公司市场竞争力。⑨组织员工定期进行工作总结，评价员工工作表现，分析员工当前成绩、经验与不足，对下一阶段工作进行安排，使员工意识到所负责任和公司期望。⑩制定违纪违规处理规定，并对重要控制制度和强制性规范进行宣传与贯彻。对发现的违规行为及时制止并进行处理。⑪相关职能部门对本职能领域内出现的重大违规事项及处理情况进行警示教育。⑫制定明确的关键岗位目录，实行关键岗位轮岗制度以及定期休假制度。⑬制定明确的保密岗位目录，与保密岗位人员签订保密协议，对保密岗位人员离职进行限制。⑭根据总体战略，每年通过对包括招聘、培训、考核、薪酬、职务晋升等制度在内的人力资源政策进行调整，使之能够有效地支持公司战略的实施。项目组根据上述内容设计内部控制手册中关于人力资源方面的内容。

【案例分析】

（1）将人力资源政策作为内部控制手册的重要内容十分必要，符合《企业内部控制基本规范》要求。人力资源是组织中拥有的成员的体质、智力、知识、技能、潜能和协作力的总和，是企业最重要的资源。人力资源政策是企业为了实现目标而制定的有关人力资源的获取、开发、保持和利用的政策规定。所有的内部控制制度都是由人制定，同时也要靠人去执行的，内部控制说到底是对人的控制。对人的控制是第一位的控制。人员的素质对内部控制的效果起着非常重要的作用。一般情况下，高素质的员工可以使内部控制的管理效果得到充分发挥，甚至可以在某种程度上弥补内部控制制度可能存在的潜在缺陷；而低素质的员工则完全相反，不仅会降低内部控制的应有管理效果，而且可能有意钻空子，导致内部控制的失败。同时，人力资源政策直接影响到企业每个人的业绩和表现，良好的人力资源政策对培养、提高员工素质，更好地贯彻和执行内部控制有很大的帮助，而现实中人力资源的腐败是当今企业最大的腐败。

（2）确定的人力资源政策方面的控制点基本上满足《企业内部控制基本规范》要求。关于人力资源政策，COSO 内部控制报告认为：人力资源措施向员工传递关于预期的诚信度、道德行为和才能的信息；COSO 风险管理框架认为包括雇用、定位、培训、评价、咨询、晋升、付酬和采取补偿措施在内的人力资源业务向员工传达着有关诚信、道德行为和胜任能力的期望水平方面的信息。这两个规范所界定的人力资源政策是对人力资源政策内容的一般理解，没有突出内部控制在人力资源政策中的特殊要求。《企业内部控制基本规范》的人力资源政策包括下列内容：员工的聘用、培训、辞退与辞职，员工的薪酬、考核、晋升与奖惩，关键岗位员工的强制休假制度和定期岗位轮换制度，掌握国家机密或重要商业秘密的员工离岗的限制性规定，有关人力资源管理的其他政策。《企业内部控制基本规范》强调了关键岗位员工的强制休假制度和定期岗位轮换制度，体现了内部控制的基本精神，对掌握国家机密或重要商业秘密员工离岗的限制性规定，具有现实意义。

（3）人力资源政策方面的控制措施比较具体。《企业内部控制基本规范》及相关配套指引对人力资源政策方面的控制做了明确要求，特别强调以下几个方面：一是岗位职责与人力资源需求计划。企业应当建立岗位说明制度，明确所有岗位的主要职责、资历、经验要求等，并定期组织内部各单位、各部门对工作岗位进行分析，确保各岗位配备胜任的人员，避免因人设岗。企业应当建立岗位责任制，明确岗位职责及其分工情况，确保不相容岗位相互分离、制约和监督。企业内部各单位、各部门应当根据岗位设置现状，结合工作开展需要及时向有关部门提交人力资源需求计划，注明所需人员的职位、数量、专业胜任能力、时间要求以及其他的备注事项。二是招聘、培训与离职。企业应当根据人力资源需求计划，采取外部招聘、内部选拔或委托第三方招聘等方式，对关键岗位和紧缺人才进行选拔。招聘工作一般可以按照资格初审、专业知识和综合素质测评、面试与答辩、专家组评审等程序进行。在整个招聘过程中的审核记录和相关资料均需妥善归档保存。企业应当根据实际需要制订培训计划，对培训目的、培训人员、培训时间、培训方式、培训预算等做出适当安排，确保员工专业知识和业务能力达到岗位要求。企业可以采取工作轮换、入职培训、脱产培训等方式对员工进行培训。员工因个人原因提出辞职申请时，企业应当根据劳动合同协议的规定，要求其提前向有关部门或人员提交辞职报告，并按规定办理有关离职交接手续。企业应当对董事、经理及其他高级管理人员进行离任审计。三是人力资源考核政策。企业应当制定科学合理的人力资源考核制度，对员工履行职责、完成任务的情况实施全面、公正、准确的考核，客观评价员工的工作表现，引导员工实现企业经营目标。企业应当根据岗位特征制订不同的考核评价方法。考核内容一般应涵盖员工的个人素质、工作态度、专业知识、工作能力、工作成果等。考核结果应作为员工薪酬水平以及职务晋升、评优、降级、调岗等的依据。四是薪酬及激励政策。企业应当制定与人力资源考核相挂钩的薪酬制度，规范分配行为，调动员工积极性和创造性，促进企业及员工自身的发展。企业在设计薪酬制度时，应当体现对员工的激励作用和对人力资源的保护作用，注重长期激励与短期激励相结合、物质激励与精神激励相结合，应当有利于保持和吸引优秀的人才。该公司人力资源政策控制措施中突出了招聘控制、用人控制和绩效考核。招聘控制是保证职工素质的重要环节，企业应当对每个用人岗位建立"岗位说明书"，并依照企业的经营政策，在"岗位说明书"中制定岗位责任与权限，再按照责权的大小及负荷能力的需要制定相应的用人条件，即用人的"基准"。用人控制是指每个岗位应该配置与标准相符合的人员，从而避免大材小用或小材大用的现象。绩效考核是指定期对职工业绩进行考核，对工作勤奋、业绩突出的职工，应予以表彰和晋升；对能力不足的职工，应及时调整其工作岗位；对玩忽职守甚至造成企业损失的职工，应予以批评、降级甚至解聘。

（4）人力资源政策方面没有列示具体的风险点，关键控制点不突出。人力资源政策普遍存在的风险有：在招聘方面，公司聘用不到恰当技能的员工，无法留住现有员工，员工得不到及时培训、知识老化，公司缺乏创新；在培训方面，员工不能迅速地开展工作，学习费用增加，员工周转率上升、缺乏承担义务的责任和竞争力，公司不太可能抓住新的机会；在晋升方面，没有正常的晋升渠道和晋升政策不公正，诱使员工从事不恰当的活动及导致人才流失；在激励方面，激励政策不能提升道德行为；等等。在建立与实施人力资源政策内部控制中应当强化对下列关键点的控制：一是岗位职责和任职要求应当明确规范，人力资源需求计划应当科学合理；二是招聘及离职程序应当规范，人员聘用应当引入竞争机制，培训工作应当能够提高员工道德素养和专业胜任能力；三是人力资源考核制度应当科学合理，并能够引导员工实现企业目标；四是薪酬制度应当能够保持和吸引优秀人才，并符合国家有关法律法规的要求，薪酬发放标准和程序应当规范；五是将职业道德修养与专业胜任能力作为选拔和聘用员工的重要标准。

本章小结

人力资源是提升企业竞争力的重要因素，它是企业发展战略的最终源泉，对企业的内部控制活动有着至关重要的影响。本章首先介绍了人力资源的基本含义，分析了企业人力资源机制在设计和运行中存在的风险；分别从人力资源的引进和开发、人力资源的使用与退出存在的问题进行分析。其次，依次对人力资源的聘用、培训、晋升、解聘等人力资源内部控制的关键点进行了阐述。最后，以案例分析阐述了人力资源在企业实际内部控制过程中的应用，并论述了人力资源对企业内部控制的重要作用。

复习思考题

一、简答题

1. 如何理解企业人力资源设计与运行中存在的风险？举例说明。
2. 如何理解企业人力资源控制的关键点？假如你是企业负责内部控制的工作人员，你将如何设计企业人力资源设计？

二、案例分析

李某是某知名软件公司开发部的高级工程师，自进入公司以来，表现十分出色，每每接到任务时总能在规定时间内按要求完成，并时常受到客户方的表扬。在项目进行时他还常常主动提出建议，调整计划，缩短开发周期，节约开发成本。但在最近的几个月里情况发生了变化，他不再精神饱满地接受任务了，同时几个他负责的开发项目均未能按客户要求完成，工作绩效明显下降。开发部新任经理方某根据经验判断导致李某业绩下降的原因是知识结构老化，不再能胜任现在的工作岗位了。于是方某立即向人力资源部提交了《关于部门人员培训需求的申请》，希望人力资源部能尽快安排李某参加相关的业务知识培训，让李某开阔一下思路。人力资源部接到申请后，在当月即安排李某参加了一个为期1周的关于编程方面的培训、研讨会。李某培训结束回到公司后，状况没有出现任何改变。

结合案例分析：

如果你是公司经理，你将怎样参照人力资源指引解决实际问题？

第六章

社会责任指引

```
履行社会责任的意义
企业履行社会责任为构建和谐社会提供了很好的物质基础
企业履行社会责任可以促进道德文明建设
企业履行社会责任可以促进社会文明和法制建设
企业履行社会责任有利于打造企业形象
```

社会责任控制关键点
- 安全生产管理
  - 建立健全安全生产检查监督机制和安全生产责任追究制度
  - 进行严格的特殊岗位资格认证
  - 进行定期和不定期的生产设备维护、检修，及时排除安全隐患
  - 建立完善可行的安全事故应急处理预案
- 产品质量控制
  - 建立健全产品质量标准体系，树立产品质量意识
  - 严格执行质量控制和检验制度，规范操作流程
  - 加强售后服务，及时采取召回或其他有效措施控制已销售的存在缺陷和隐患的产品，防止其继续流通
- 环境保护与资源节约
  - 建立并严格执行废料回收和循环制度
  - 制定严格的污染物排放管理制度，并不断改进工艺流程，降低污染物排放
  - 建立严格的污染排放及资源节约管理的监控机制
  - 建立规范的污染事件应急处理机制和相关岗位责任制
- 促进就业与员工权益保护
  - 促进就业
  - 员工权益保护

随着中国经济快速发展，社会发展与经济发展不平衡的问题日益凸显，企业作为社会的重要组成部分，既是经济活动的经营主体，也是社会责任的承担者。企业在社会活动中占有举足轻重的地位。企业要承担对员工、对消费者、对社会环境的社会责任，包

括遵守商业道德、生产安全、保护劳动者合法权益，以及保护环境、节约资源、捐助社会公益、保护弱势群体等。企业社会责任的履行，已经成为现代企业成功的重要标志。《企业内部控制应用指引第 4 号——社会责任》（以下简称"社会责任指引"）指明了企业在经营发展过程中应当履行的社会职责和义务，作为经济环境中的基本成员，企业应当增强履行社会责任的意识，在追求自身经济效益、保证实现发展战略的同时，重视对国家和社会的贡献，切实履行社会责任。

【重要概念】社会责任　安全生产管理　产品质量控制　环境保护与资源节约　促进就业与员工权益保护

第一节　社会责任的基本内容

一、社会责任的基本含义

社会责任，是指企业在经营发展过程中应当履行的社会职责和义务，主要包括安全生产、产品质量（含服务）、环境保护、资源节约、促进就业、员工权益保护等。在这一过程中，保证安全生产、提升产品质量、重视环境保护和资源节约、促进就业和保护员工权益，都属于企业直接为社会做出的相关贡献。

社会责任指引所称的社会责任包括社会职责和社会义务两个方面。社会义务是指一个企业承担其经济的和法律的责任与义务。这是法律所要求的最低程度。若只是以社会义务作为要求，那么企业在追求社会目标时将仅限于有利于其经济目标的程度。社会责任是指企业追求有利于社会的长远目标的一种义务，它超越了法律和经济所要求的义务。这一定义将企业比作一种道德的行为者。在为社会做出贡献的过程中，企业必须明辨是非。在实务中企业应注意区分社会责任和社会响应。社会响应是指一个企业适应变化的社会状况的能力，强调管理者针对其所从事的社会行动做出实际的决策。企业承担社会责任不仅来源于外部压力，更来源于企业内部的经营发展需要，因此提高企业的社会责任意识与建立完善的内部控制制度是密不可分的。企业至少应当关注在履行社会责任方面的下列风险。

（1）安全生产措施不到位，责任不落实，可能导致企业发生安全事故。

（2）产品质量低劣，侵害消费者利益，可能导致企业巨额赔偿、形象受损，甚至破产。

（3）环境保护投入不足，资源耗费大，造成环境污染或资源枯竭，可能导致企业巨额赔偿、缺乏发展后劲，甚至停业。

（4）促进就业和员工权益保护不够，可能导致员工积极性受挫，影响企业发展和社会的稳定。

二、履行社会责任的意义

履行社会责任的意义有以下几点。

第一，企业履行社会责任为构建和谐社会提供了很好的物质基础。企业在力求做大做强的同时，必须为股东和所有者创造最大的利润，要依法纳税、向股东分红，并向管理者和员工发放工资与福利，同时为社会提供更多的财富。

第二，企业履行社会责任可以促进道德文明建设。企业是道德文明重要的实践场所，企业作为规范化运作的组织，为了追求更高的效益，必然要形成企业文化，健康的企业文化能够带来更高的效益，同时，健康的企业活动又是产生道德文明的基础。

第三，企业履行社会责任可以促进社会文明和法制建设。和谐社会要求社会健康有序、和谐互助，这要求企业和社会之间保持长期稳定的关系，必然要求企业在追求经济的同时关注社会环境、关注人民生活。企业履行社会责任绝不仅仅是为了满足企业家个人的心理需求，而是企业综合竞争力的重要组成部分，是企业长期可持续发展的重要根基，是企业软实力的核心所在。同时，企业作为市场经济的主体，在市场交换的过程中必然形成公平交易、平等经营的观念，必然要求勤劳守法、诚信经营，这些都是和谐社会的要求，也是企业应该履行的社会责任。

第四，企业履行社会责任有利于打造企业形象。企业形象是指企业的社会认同度，包括国内认同度和国际认同度。社会认同度高的企业必然是优质企业。企业可以通过多种方式提升本企业的形象，如广告宣传等方式。但是这往往不能持久，真正提升企业形象取决于履行社会责任。企业只有切实做到保障安全生产，苦练内功，重视内涵，在提高产品质量上下功夫，并避免掠夺性开发资源，符合国家的环保和质量标准，促进社会就业，在认真履行社会责任的前提下实现发展目标，将履行社会责任作为发展战略的重要组成部分，才能从根本上改变和不断提升企业形象。

第二节 社会责任控制关键点

一、安全生产管理

企业对安全生产的责任重于泰山。企业应建立严格的安全生产管理体系，设立相应的安全管理和监督机构，重视安全生产投入，坚持贯彻以预防为主的原则，并实施安全生产问责制度，确保安全是企业可持续发展的前提条件。

（一）建立健全安全生产检查监督机制和安全生产责任追究制度

安全生产是企业保证员工人身、财产安全的重要途径，企业应当根据国家安全生产的相关法律规范，结合本企业实际情况，建立严格的安全生产管理体系、操作规范和应急预案，强化安全生产责任追究制度，切实做到安全生产。

近年来，国家立法部门相继制定了《中华人民共和国安全生产法》等30部关于安全生产的专门法律和行政法规，企业应当根据国家有关安全生产方面的法律法规规定，结合本企业生产经营特点，建立健全安全生产方面的规章制度、操作规范和应急预案。随着经济的逐步发展，我国很多地方发生重大安全事故，原因并不是没有相应的规章制度，而是在巨大的经济利益驱动下，企业无视规章制度。人的因素往往是重大安全事故频繁的主要原因。企业只有将安全生产的制度落实到位，才能从根本上杜绝安全隐患。

（二）进行严格的特殊岗位资格认证

安全生产培训是企业提升员工安全操作技能、提高员工安全生产意识的重要手段。企业人力资源部等相关部门应当根据企业内部安全管理规定，建立规范的安全生产培训制度，加强企业安全生产培训工作，切实提升员工的安全生产意识及操作技能。对于高危岗位需要进行严格的特殊岗位资格认证。

（三）进行定期和不定期的生产设备维护、检修，及时排除安全隐患

企业，特别是从事高危行业的企业必须重视安全生产投入，将员工生命安全视为头等大事，加快对安全生产技术的更新，加强对生产设备的维护和检修等工作，保证足够的资金、人力和财力的供给，及时排除安全隐患，保证员工人身的安全。

（四）建立完善可行的安全事故应急处理预案

企业应该建立事故应急处理预案，建立专门的应急指挥部门，配备专业队伍和必要的专业器材，在发生安全事故时能做到临危不乱，按照预定程序有条不紊地处理好发生的安全生产事故，尽快消除事故产生的影响，同时按照国家有关规定及时报告，不得迟报、谎报和瞒报。安全生产必须实行严格的责任追究制度。

二、产品质量控制

质量是企业长久发展的生命线，企业应像珍惜生命一样珍惜产品和服务的质量，树立质量意识、规范生产流程、加强售后服务，在切实保护消费者权益的同时，保障企业可持续发展。

（一）建立健全产品质量标准体系，树立产品质量意识

上自股东会、董事会、经理层，下至普通员工，都要树立产品质量意识，产品质量不仅是企业的生命，甚至是决定未来发展的法宝。所有产品都需要严格落实质量管理与控制措施。企业产品质量不合格的危害不言而喻，不仅害己，而且害人。企业应当依据国家法律法规，结合企业产品特点，制定完善产品质量标准体系，包括生产设备条件、生产技术水平、原料组成、产品规格、售后服务等，努力为社会提供优质健康安全的产品和服务，最大限度地满足消费者的需求，对社会公众负责。

企业应该通过各种有效的方法增强普通员工的质量意识。例如，通过会议或其他文娱形式来宣传产品质量的重要性，强调产品质量对企业的影响，任何人的工作不到位，都可能导致产品不合格，最终会威胁到企业的发展；企业对即将上岗的一线员工应该进行质量意识教育，必要时可签订"质量责任书"，以约束其质量行为。

（二）严格执行质量控制和检验制度，规范操作流程

企业要严把原料进厂环节，从原料的进厂一直到产品销售等环节都应该建立严格的质量控制标准，严禁未经过检验合格的产品流入市场，如果每个企业都能加强对产品质量的检验，防止不合格产品流入市场，不仅对企业自身有利，而且还能推动社会进步。

通常，产品质量的控制应该通过以下措施来实现。

1. 提高设计质量

提高设计质量可采取下列措施。

（1）抓源头，切实做好与产品设计有关的评审，满足质量标准中相应条款的要求。

（2）严格执行"设计和开发"程序，对产品的交付进度有特殊要求的，方式可灵活多样。

（3）对于生产定型，即使用户没有强制要求，各单位也应该做质量检测，尤其是对那些批量生产暴露出问题的产品。

2. 加强材料控制

加强材料控制可采取下列措施。

（1）充分认识原材料研究的重要性，应设立专项原材料性能研究。

（2）把原材料从采购文件的制定到最终使用的众多环节贯穿起来，其中相对重要的是采购文件的制定。

（3）加强对外协调、外购厂家产品质量的控制。

3. 严控操作质量

严控操作质量可采取下列措施。

（1）减少人员的流动性，尤其是对那些以手工操作为主、特殊工序较多的产品更应如此，可以针对人员的工作情况采取相应的措施。

（2）减少产品的流动性。通过合理地编排研制生产计划，可有效地减少产品的流动性。

（3）加强操作人员的责任心。

（4）充分发挥检验人员对产品研制、生产过程的监督检查作用。

4. 增强产品评审力度

增强产品评审力度可采取下列措施。

（1）评审会的时间要充分，不能仅限于对会议文件的审查，还要对实物产品进行审查。

（2）在评审过程中，不能忽略各种瑕疵与疏漏。

（3）除进行产品出厂质量评审外，还应加强产品生产前状态评审的力度，含原料、设备、环境、加工方法、人员资格等方面，将产品质量控制点前移，尽可能地避免后续出现不合格品而给单位造成经济损失。

（三）加强售后服务，及时采取召回或其他有效措施控制已销售的存在缺陷和隐患的产品，防止其继续流通

未来企业间的竞争不仅仅是产品的竞争，更是企业经营软实力的竞争，售后服务是企业与客户、消费者沟通联系的桥梁，为了扩大企业产品影响、培养忠实客户，企业通过优质的售后服务，增强与客户、消费者的紧密联系，树立企业形象，提高产品信誉。企业应该不断地创新售后服务的方法，保证对消费者的投诉件件有结果、有分析、有改正、有考核。对于有缺陷的产品，经国家权威部门鉴定属于不合格的产品（如有严重的瑕疵）应予以召回；对不能召回的，经修复后能使用的产品，按照法律的有关规定予以经济补偿。

三、环境保护与资源节约

环境保护与资源节约具体包括以下几点。

（一）建立并严格执行废料回收和循环制度

我国存在经济结构不合理、经济增长方式粗放等问题，资源环境对我国经济可持续发展的制约日益明显。能源消耗高、环境污染重已成为当前我国经济社会最突出的问题之一。企业如何承担环境保护与资源节约的社会责任问题，已经引起了政府和社会各界的广泛关注。因此企业要在激烈的市场竞争中争取主动，就要不断转变发展方式，建立废料回收和循环制度，加大对环保工作的支持力度。通过对废气、废水、废渣的自行回收、利用和处置等综合治理方式，推动生产、流通和消费过程中减少对资源的消耗。

（二）制定严格的污染物排放管理制度，并不断改进工艺流程，降低污染物排放

企业发展离不开能源和资源，而很多不可再生资源的消耗成为制约企业发展的"瓶颈"，企业只有不断增强自主创新能力，研究替代技术，发展替代产品和可再生资源，降低资源消耗和污染物的排放，才能有效实现资源的节约和环境的保护。

（三）建立严格的污染排放及资源节约管理的监控机制

企业应当建立环境保护和资源节约的监控制度，完善激励和约束机制，明确每个人的职责，严格监督落实岗位责任制，定期开展监督检查，发现问题，及时采取措施予以纠正，这样才能保证环境保护和资源节约的工作真正落到实处。例如，企业要定期开展监督检查，发现污染排放和资源浪费现象时，要及时采取措施予以纠正，污染物排放超过国家有关规定的，企业应当承担治理或相关法律责任。

（四）建立规范的污染事件应急处理机制和相关岗位责任制

企业应建立规范的污染事件应急处理机制和相关岗位责任制。发生紧急、重大环境污染事件时，企业应当启动应急机制，根据国家法律法规及时上报，并依法追究相关责任人的责任。

四、促进就业与员工权益保护

促进员工就业是企业社会责任的重要体现,保护员工合法权益是企业生存发展的内在动力,也是社会和谐稳定的需要,更是企业长远发展的需要。

(一)促进就业

促进就业是企业社会责任的重要体现,保证就业、稳定就业是社会稳定和发展的根本。最大限度地增加就业岗位,不仅仅是政府的责任,更是企业应尽的义务。社会责任指引明确规定,企业作为就业工作的最大载体,应当为国家和社会分担困难,促进充分就业。各级政府应通过培训劳动者的职业技能和素质,为企业提供各类人才。企业在录用员工时,不能因民族、种类、性别、宗教信仰等问题歧视劳动者,要保证劳动者依法享有平等就业和择业的权利。

另外,企业应当按照产、学、研、用相结合的社会需求,积极创建实习基地,大力支持社会有关方面培养、锻炼社会需要的应用型人才。企业应当积极履行社会公益方面的责任和义务,关心帮助社会弱势群体,支持慈善事业。

(二)员工权益保护

维持企业劳动关系和谐稳定,不断提高员工素质,维护员工合法权益,既是社会和谐稳定的需要,也是企业长远发展的需要。因此,社会责任指引要求企业尊重员工,关爱员工,维护员工权益,促进企业与员工的和谐稳定和共同发展。

一是建立完善科学的员工培训和晋升机制。培训的目的是让员工得到尽快发展,晋升是对每个员工的公平和公正的体现。根据不同员工的个性化培训,保证员工及时获取必要的知识和技能储备,通过公平竞争吸引优秀人才,留住优秀员工,让每个人通过自己的努力都能实现自身价值。

二是建立合理的薪酬增长机制。薪酬的高低是吸引和争夺人才的一个关键性因素,企业应当遵循按劳分配、同工同酬的原则,根据内外部因素和员工的表现,建立科学有效的薪酬增长机制。同时企业除了能够按时足额支付职工工资外,还应该为职工缴纳社会各种保险费,保障员工依法享受社会保险待遇。

三是坚持以人为本,维护员工身心健康。现代社会的激烈竞争和快节奏,导致员工身心高度紧张,承受的职业压力比较大,因此,企业应当关心员工身体健康,保证员工充分的休息和休假的权利,通过开展文娱活动释放员工压力,不断提高员工的心理素质。企业还应该定期安排职工进行身体检查,加强对值夜班的预防、控制和消除工作。企业还可以通过职工代表大会和工会组织建设来维护员工合法权益,积极开展员工职业教育培训,创造平等发展机会。

第三节 社会责任案例分析[①]

ABC 股份有限公司制定的社会责任业务流程控制制度

制度名称	社会责任业务流程控制	制度密级	通用类
		受控状态	受控
		制度编号	A-RAY/CE-C-2013
修改标记	修改处数		修改日期
执行部门	公司职能部门	监督部门	审计部

一、制定依据

为落实科学发展观，构建和谐社会，推进经济社会可持续发展，积极承担上市公司的社会责任，实现公司自身与社会、环境的全面协调可持续发展，根据《中华人民共和国公司法》、《中华人民共和国证券法》、《企业内部控制基本规范》、《企业内部控制应用指引第 4 号——社会责任》、公司章程等规定，结合公司业务特点和管理要求制定本制度。

二、业务目标

业务目标包括以下几个方面。

（1）确保股东和债权人的合法权益。

（2）确保供应商和客户的合法权益。

（3）促进就业，充分调动员工积极性，保证公司的健康持续发展和社会稳定。

（4）保证环保投入，节能降耗，减少环境污染，确保企业及其环境的可持续发展。

（5）保持良好的公共关系，参与公益事业，及时、准确披露公司社会责任相关信息，维护公司良好的社会形象。

（6）建立良好的诚信文化，为公司在资本市场的发展创造良好的市场环境，提升公信力。

三、业务风险

业务风险包括以下几方面。

（1）股东和债权人权益得不到保护、得不到股东的支持，可能导致公司决策得不到支持，严重影响公司经营和发展。

（2）损害供应商和客户权益，可能导致法律风险，遭受重大经济损失和信誉损失。

（3）环境保护投入不足，资源耗费大，造成环境污染或资源枯竭，可能导致企业巨额赔偿、缺乏发展后劲，甚至停业。

（4）促进就业和员工权益保护不够，可能导致员工积极性受挫，影响企业发展和社会稳定。

[①] 百度百科，"11·22"青岛输油管道爆炸事件

（5）公共关系处置不当，可能导致公司社会形象受损。

（6）公司诚信文化不能得到资本市场及公众的认同，可能给公司股价及未来发展造成恶劣影响。

四、业务控制范围

业务控制范围主要包括公司在经营发展过程中对国家和社会发展，自然环境和资源，以及股东、债权人、员工、客户、消费者、供应商、社区等利益相关方所应承担的相关社会职责和义务，评价企业自身社会责任履行情况的内容。

五、业务部门、岗位职责权限

本业务流程涉及的相关部门、主要岗位的职责权限如下。

1. 公司经理层

（1）完善公司治理结构。

（2）优化发展战略，合理配置资源。

（3）强化自身管理，提高管控能力，降低经营成本，增强市场竞争力。

（4）审批公司薪酬福利体系、激励机制等用人制度。

（5）审批环境保护投入情况。

（6）审批年度社会责任报告。

（7）制定符合股东利益的利润分配政策。

2. 董事会办公室

（1）收集股东意见。

（2）社会责任报告的信息披露。

（3）媒体公共关系维护。

（4）关注、收集公众、新闻媒体等对公司的评价。

3. 人力资源部

（1）制定公司薪酬、激励机制等用人制度。

（2）建立劳动安全卫生制度，执行劳动安全规程和标准。

4. 运营管理部

（1）子（分）公司环保政策实施情况检查，督促整改。

（2）子（分）公司诚信建设考核、评价，督促整改。

5. 办公室

（1）组织、承办员工工会活动，通过各种形式，听取员工对工资、福利、劳动安全卫生、社会保险等涉及员工切身利益的事项的意见，关心、重视员工的合理需求。

（2）组织员工参与慈善、公益事业。

六、业务流程环节与控制点

业务流程环节与控制点包括以下几点。

1. 股东和债权人保护

（1）公司应完善自身的治理结构，公平对待所有股东，确保股东充分享有法律、法规、规章所规定的各项合法权益。

（2）公司应选择合适的时间、地点召开股东大会，充分听取股东尤其是中小股东的意见。

（3）公司应优化发展战略，突出做强主业，缩短管理链条，合理配置资源。公司应不断强化自身管理，提高管控能力，降低经营成本，加强风险防范，提高投入产出水平，增加市场竞争能力。

（4）公司应制定长期和相对稳定的利润分配政策与办法，制订切实合理的分红方案，积极回报股东。

（5）公司应确保公司财务稳健，保障公司资产、资金安全，在追求股东利益最大化的同时兼顾债权人的合法权益，不得为了股东的利益损害债权人的合法权益。

2. 供应商、客户权益保护

（1）公司应对供应商、客户诚实守信，不得依靠虚假宣传和广告牟利，不得侵犯供应商、客户的著作权、商标权、专利权等知识产权。

（2）公司应当切实提高产品质量和服务水平，特别是要保证其提供的商品或服务的安全性，努力为社会提供优质安全健康的产品和服务，最大限度地满足消费者的需要。对可能危及人身、财产安全的商品和服务，应向消费者做出真实的说明和明确的警示，并标明正确使用方法。

（3）公司应建立相应程序，严格监控和防范公司或员工与客户和供应商进行的各类商业贿赂活动。

（4）公司应妥善保管供应商、客户的个人信息，未经授权许可，不得使用或转售上述个人信息牟利。

3. 员工权益保护

（1）公司应严格遵守《中华人民共和国劳动法》《中华人民共和国劳动合同法》等劳动和社会保障方面的法律、法规和规章，依法与员工签订并履行劳动合同，切实保护员工的合法权益，建立和完善包括薪酬体系、激励机制等在内的用人制度，保障员工依法享有劳动权利和履行劳动义务。

（2）公司应当尊重员工人格和保障员工合法权益，关爱员工，促进劳资关系的和谐稳定，按照国家有关规定对女员工实行特殊劳动保护。不得非法强迫员工进行劳动，不得对员工进行体罚、精神或肉体胁迫、言语侮辱及其他任何形式的虐待。

（3）公司应当建立、健全劳动安全卫生制度，严格执行国家相关的劳动安全规程和标准，加大安全卫生投入，对员工进行劳动安全卫生教育，严防重特大安全事故的发生。

（4）公司应当遵循按劳分配、同工同酬的原则，建立工资正常增长机制，按时足额缴纳社会保险，不得克扣或无故拖欠劳动者的工资，不得采取纯劳务性质的合约安排或变相试用等形式降低对员工的工资支付和社会保障。

（5）公司不得干涉员工信仰自由，不得因民族、种族、国籍、宗教信仰、性别、年龄等对员工在聘用、报酬、培训机会、升迁、解职或退休等方面采取歧视行为。

（6）公司建立职业培训制度和教育助学金制度，按照国家规定提取和使用职业培训经费，积极开展员工培训，并鼓励和支持员工参加业余培训与学历提升教育，为员工提供教育助学金，同时为员工发展提供更多的机会。

（7）公司根据自身实际情况，依据《中华人民共和国公司法》和公司章程的规定，建立员工监事选任制度；支持工会依法开展工作，对工资、福利、劳动安全卫生、社会保险等涉及员工切身利益的事项，通过员工代表大会、工会会议的形式听取员工的意见，关心和重视员工的合理需求。

4. 环境保护和可持续发展

（1）公司应以建设节约型社会、增强可持续发展能力为指导，促进能源、土地等资源的节约和综合利用工作，提高资源利用效率。促进节能环保技术进步，积极推进以节能减排为主要目标的设备更新和技术改造，采用有利于节能环保的新设备、新工艺、新技术。以尽可能少的资源消耗和环境占用获得最大的经济效益与社会效益。

（2）公司下属各子（分）公司要研究制定周边的环境保护政策，指派具体人员负责周边环境保护体系的建立、实施、保持和改进，并为环保工作提供必要的人力、物力，以及技术和财力支持。

（3）公司应当尽量采用资源利用率高、污染物排放量少的设备和工艺，采用经济合理的废弃物综合利用技术和污染物处理技术。

（4）公司对于排放污染物应当依照国家环保部门的规定申报登记。若出现排放污染物超过国家或者地方规定的情况，应当依照国家规定缴纳超标准排污费，并负责治理。

（5）公司应当定期指派专人检查下属子（分）公司环保政策的实施情况，对不符合公司环境保护政策的行为应予以纠正，并采取相应补救措施。

5. 公共关系和社会公益事业

（1）公司应在力所能及的范围内积极参加社区建设，鼓励员工服务社会。热心参与慈善、捐助等社会公益事业，关心支持环境保护、教育、文化、科学、卫生、社区建设、扶贫济困等公共福利事业。在发生重大自然灾害和突发事件的情况下，积极提供财力、物力和人力等方面的支持与援助。

（2）公司应主动接受政府部门和监管机关的监督与检查，关注社会公众及新闻媒体对公司的评论。

6. 制度建设和信息披露

（1）公司应当建立和完善履行社会责任的体制机制。明确归属管理部门，建立健全工作体系，逐步建立和完善社会责任指标统计与考核体系。要建立履行社会责任的评价体系，定期检查和评价社会责任制度的执行情况与存在问题。公司要定期发布社会责任报告或可持续发展报告，公布履行社会责任的现状、规划和措施，完善社会责任沟通方式和对话机制，及时了解和回应利益相关者的意见建议，主动接受利益相关者和社会的监督。

（2）公司可将社会责任报告与年度报告同时对外披露。

社会责任报告的内容至少应包括：①关于员工保护、环境污染、商品质量、社区关系等方面的社会责任制度的建设和执行情况；②社会责任履行状况是否与《企业内部控制应用指引第4号——社会责任》存在差距及原因说明；③改进措施和具体时间安排。

（3）公司依法支持党组织、工会、共青团、妇女组织在履行社会责任中发挥积极作用，努力营造有利于企业履行社会责任的良好氛围。

7. 诚信文化建设

（1）公司应当以保护投资者特别是中小投资者的合法权益作为基本出发点，以道德为基础，以法制为保障，努力培育诚信意识，切实提高诚信水平，为资本市场的稳定发展创造良好的市场环境。

（2）公司定期或不定期对履行诚信的情况进行检查，发现存在违法失信行为，要依据规章制度严肃处理和认真整改，自觉向政府部门和监管机构报告。

（3）公司应当高度重视新闻媒体宣传、监督的作用，积极支持和配合新闻媒体对自身履行诚信情况进行报道，宣传和表扬单位与员工的诚信事迹，揭露和批评违法失信行为。

（4）公司应当向社会公布举报监督电话，建立畅通的监督渠道，为广大投资者和社会公众对自身履行诚信情况进行监督提供便利，有效提高广大投资者和社会公众的监督能力。

【案例分析】

这起事故被认定为责任事故，事故的主要原因是输油管道与排水暗渠交汇处管道腐蚀变薄破裂，原油泄漏，流入排水暗渠，所挥发的油气与暗渠当中的空气混合形成易燃易爆的气体，在相对封闭的空间内集聚，现场处置人员使用不防爆的液压破碎锤，在暗渠盖板上进行钻孔粉碎，产生撞击火花，引爆了暗渠的油气。原油泄漏之后到爆炸近8个多小时中，泄漏的原油与空气形成的混合气体受排水倒灌的影响，在排水暗渠当中急剧蔓延、扩散，从而导致在大范围内连续发生爆炸。

本次事故暴露出企业安全生产存在的几个突出问题：①企业对隐患的排查治理不认真、不负责，尤其是对输油管道与排水暗渠交汇处存在的重大隐患没有进行彻底的排查和整改，企业有责任，政府监管部门也有责任。②企业应急处置不力。原油泄漏到爆炸近8个多小时，从企业到政府的有关部门对事故风险研判失误，没有及时采取封路警戒的措施，也没有及时通知疏散周边的群众。③企业存在违规违章作业，现场处置人员没有对暗渠内的油气进行检测就冒险作业，而且采用非防爆的工具进行施工，从而导致油气爆炸。④规划设计不合理，事故发生地段规划建设非常混乱，油气管道与周边的建筑物距离太近，特别是输油管道与暗渠交叉工程设计不合理，存在重大隐患。所以，设计部门、市政部门对此也负有不可推卸的责任。

企业安全生产重于泰山，这不仅仅是一句口号，更是关系到社会大众人身安全的责任。所以，企业在履行社会责任的过程中，可以从以下方面展开工作。

（1）建章建制，建立健全安全生产管理机构。

（2）加大安全生产投入和经常性维护管理。

（3）开展员工安全生产教育，落实特殊岗位资格认证制度。

（4）建立安全生产事故应急预警和报告机制。在企业发生重大安全事故时，应该及时上报并启动应急预案，采取有效措施做好救援、疏散和有关善后工作。

本章小结

企业是社会物质财富的创造者，为社会提供物质产品，是支撑人类社会生存的基本经济单位。随着社会和经济的发展与进步，企业不仅要履行好经济责任，还要对环境、社会负责，承担相应的社会责任。社会责任是指企业在经营发展过程中应当履行的社会职责和义务，主要包括安全生产、产品质量、环境保护、资源节约、促进就业和员工权益保护。

本章首先介绍了社会责任的基本含义，分析了履行社会责任的意义。在此基础上阐述了社会责任控制的关键点：安全生产管理、产品质量控制、环境保护与资源节约、促进就业与员工权益保护。最后以案例分析阐述了社会责任指引在内部控制中的应用，以及发挥的重要作用。

复习思考题

简答题

1. 阐述社会责任的含义。
2. 阐述企业履行社会责任的意义。

第七章

企业文化指引

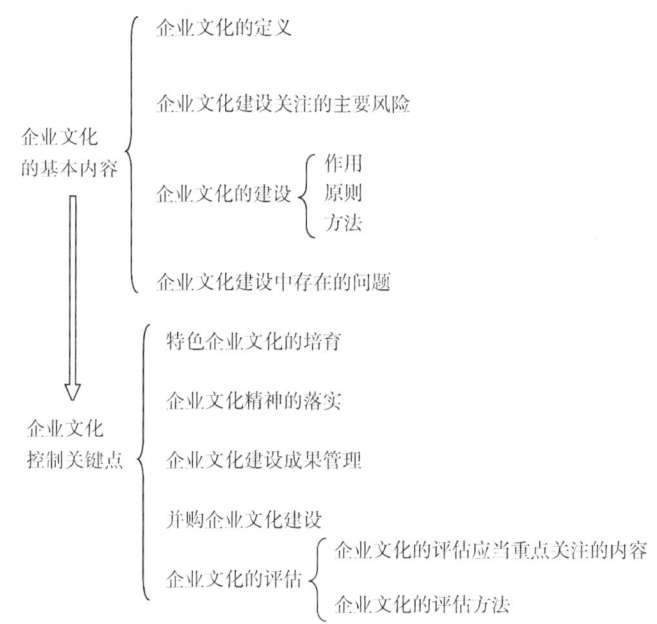

文化是企业的灵魂，是一种无形却真实存在的力量，能够指明企业奋斗的方向。企业拥有蓬勃和具有创新力的文化，就能够在激烈的市场竞争中保持强大的核心竞争力。

企业文化与企业内部控制制度的建设和执行密切相关，企业内部控制制度的贯彻执行有赖于企业文化建设的支持和维护。因为企业文化是培养诚信、忠于职守、乐于助人、刻苦钻研、勤勉尽责的一种制度约束。《企业内部控制应用指引第5号——企业文化》着力解决企业发展过程中如何建设企业文化的问题，主要包括企业文化的核心、企业文化在构建过程中关注的风险，以及企业如何构建有自己特色的企业文化等内容。

【重要概念】企业文化

第一节 企业文化的基本内容

一、企业文化的定义

企业文化是支撑企业生产经营的基石。企业文化与教育一样，它的作用不一定马上见效，但它对企业的影响更基础、更根本，也更持久。文化是一种超个性的群体意识，具有更广泛、更深刻、更长远的社会意义。

企业的发展一是靠物质、利益、产权的驱动，二是靠文化、精神、道德的纽带彼此牵制。企业文化中的文化不是指企业拥有多少高层管理者、工程师、经济师，也不是拥有多少文凭，而是拥有什么样的发展概念、对员工的影响程度、企业发展过程中的变革及超越自我的能力。文化虽然是无形的，但它是无处不在、无时不有的。

按照《企业内部控制应用指引第5号——企业文化》的定义，企业文化是指企业在生产经营实践中逐步形成的、为整体团队所认同并遵守的价值观、经营理念和企业精神，以及在此基础上形成的行为规范的总称。

二、企业文化建设关注的主要风险

加强企业文化建设至少应当关注下列风险：一是缺乏积极向上的企业文化，可能导致员工丧失对企业的信心和认同感，企业缺乏凝聚力和竞争力；二是缺乏开拓创新、团队协作和风险意识，可能导致企业发展目标难以实现，影响可持续发展；三是缺乏诚实守信的经营理念，可能导致舞弊事件的发生，造成企业损失，影响企业信誉；四是忽视企业间的文化差异和理念冲突，可能导致并购重组失败。

建立符合企业自身特点和发展战略的企业文化，加强和完善企业内部控制制度，是大中型企业进行治理的重要内容。这样不仅能够解决会计信息失真、企业内部管理失控等问题，而且对提高企业的竞争力和凝聚力，促进企业长期发展具有重要意义。

三、企业文化的建设

企业文化的建设包括企业文化在企业发展战略中的作用、企业文化建设的原则和企业文化培育的方法。

（一）企业文化在企业发展战略中的作用

企业文化能够为企业提供长久深厚的发展动力。企业要获得长久稳定的发展，就必须建立起自己的信仰体系，让员工坚定地确认企业的战略目标、经营方针、管理规范等，自觉地把自我价值与企业价值、个人命运与企业命运紧密地联系在一起。

企业文化可以从价值观、企业精神、伦理道德、管理宗旨到规章制度、员工行为、企业形象等方面，以规范严谨的方式，构建自己的体系，营造企业的精神家园，为企业发展长久战略提供源源不断的精神动力。

（二）企业文化建设的原则

企业文化建设的原则包括以下几点。

（1）企业应当重视文化建设在实现发展战略中的作用，加大投入力度，健全保障机制，防止和避免形式主义。

（2）企业应当根据发展战略和自身特点，总结优良传统，挖掘文化底蕴，提炼核心价值，确定文化建设的目标和内容，形成企业文化规范，使其成为员工行为守则的重要组成部分。

（3）企业文化建设应当融入生产经营过程，切实做到文化建设与发展战略的有机结合，增强员工的责任感和使命感，促使员工自身价值在企业发展中得到充分体现。

众多的企业文化面向社会，社会最先发现并承认的是具有鲜明个性的企业文化。没有个性的企业文化，只能淹没在文化的沙石之中，默默无闻。

（三）企业文化培育的方法

企业文化培育的方法有以下几种。

（1）通过召开职工大会，举办专题报栏让职工了解。

（2）通过开展各种各样生动活泼、具有积极意义的群众文化活动来培育企业精神，塑造企业价值观。

（3）要塑造和维护企业的共同价值观，领导要首先成为这种价值观的化身，并通过自己的行动向全体员工灌输这种价值观。

企业文化是群体文化，需要企业人员对企业目标、企业哲学、企业价值观、企业精神、企业宗旨、企业道德等进行整体确认和认同。离开整体参与，企业文化将蜕变为企业阶层文化、小团体文化。

四、企业文化建设中存在的问题

通过大量调研发现，不少企业在文化建设领域存在一些相同或相似的误区。

1. 将企业文化等同于企业形象识别

现阶段，国内不少企业将企业文化等同于企业形象识别。基于这一认识，这些企业将建立企业形象识别系统看成企业文化建设的全部。事实上，企业文化包含企业作为一个组织所追求的价值观念、行为模式和信仰等内容。企业文化的核心在于企业员工所共同认同的价值理念和受此价值理念指导的行为模式。企业文化不是秀给别人看的，成功的企业文化核心是全体员工所认同并身体力行的一种理念。

2. 将企业文化等同于全员文化

企业文化最终应成为被全体员工共同接受和遵守的价值理念、行为机制和行为模式。大量的案例告诉我们，企业文化的形成呈现出由核心向核心管理层、中坚力量、普通员工逐层推进的特点，这点在创业型企业中尤为明显。企业文化的核心价值理念和行为模式在很大程度上代表了核心的价值理念和行为模式，为核心管理层所大力倡导，而普通员工在更大程度上是对这个核心层企业文化的接受和认同,以及在既有基础上对它的延续和发展。

3. 将企业文化的关键定位于设计

许多企业认为企业文化是请人设计出来的,设计的语言越华丽越好。基于这种思想,许多企业的企业文化建设都将设计作为核心,追求语言的华丽。其实,企业文化是对企业和企业员工价值理念的深层发掘与提炼,是在企业的发展历程中积累而成的,并由企业核心层向外围逐渐延伸、扩展,最终为企业员工所接受。

4. 将企业文化定位于职能部门的事情

有些企业管理者认为,企业文化建设与自己关系不大,只需将其作为一项工作分派下去即可。但事实上,离开了核心参与,企业文化建设根本不可能取得成功。企业应当通过高层—中层—基层的顺序逐层感染和影响员工,使企业文化的根基越来越牢靠。尤其是高层管理者应当亲自推动建立以文化认同为核心的人才选拔、培养、使用、激励体系。

5. 企业文化一旦形成就一劳永逸

很多企业请人"设计"好自己企业的文化后,就在墙上形成了口号或标语,而且认定企业文化将不会改变,一直传承下来。但是我们要说,企业不变的是核心价值观。而除了核心价值观外,其他的一切都可变并必须随着经济环境、社会环境的改变而改变。

第二节　企业文化控制关键点

一、特色企业文化的培育

特色企业文化的培育包括以下几点。

(1) 企业应当采取切实有效的措施,确定企业文化建设的目标和内容,积极培育具有自身特色的企业文化,使其成为员工行为守则的重要组成部分。

(2) 打造以主业为核心的企业品牌,形成整体团队的向心力,促进企业长远发展。品牌一般是能够给企业带来增值的无形资产,企业产品或劳务的品牌与企业整体形象紧密相连。打造以主业为核心的品牌,将核心价值观贯穿于自主创新、产品质量、生产安全、市场营销、售后服务等方面的文化建设中,着力打造消费者认可的品牌是企业文化建设的重要内容。

(3) 企业应正确理解企业文化建设,积极主动地进行各项文化建设活动。

(4) 企业应当培育体现企业特色的发展愿景、积极向上的价值观、诚实守信的经营理念、履行社会责任和开拓创新的企业精神。企业应当重视并购重组后的企业文化建设,平等对待被并购方的员工,促进并购双方的文化融合。

二、企业文化精神的落实

企业文化精神的落实包括以下几点。

（1）企业高层领导发挥主导和示范作用，展现自身的优秀品质和脚踏实地的工作作风。

（2）企业高层领导需要带动并影响整体团队，共同营造积极向上的企业文化环境。董事、监事、经理和其他高级管理人员应当在企业文化建设中发挥主导与示范作用，以自身的优秀品格和脚踏实地的工作作风带动影响整个团队，共同营造积极向上的企业文化环境。企业应当促进文化建设在内部各层级的有效沟通，加强企业文化宣传贯彻，确保全体员工共同遵守。

（3）企业领导需要促进文化建设在内部各层级的有效沟通。

（4）加强企业文化的宣传贯彻，确保全体员工共同遵守。企业制定员工行为准则，并对外披露；对员工进行充分的培训，确保对行为准则的理解，确保每位员工在工作和相关商业活动中，以最高职业道德标准从事专业活动，维护企业和员工的良好信誉；对违反员工行为准则的行为进行处理。

三、企业文化建设成果管理

企业首先应该立足于生产经营活动，用文化提高效益，为可持续发展提供文化、经济双保障。其次，企业文化建设应当融入生产经营的全过程，切实做到文化建设与发展战略的有机结合，增强员工的责任感和使命感，充分体现员工的自身价值。企业应遵循"诚信为本、稳健经营"的经营方针，以市场为导向，以经济效益为中心，努力提高经营管理水平，促进企业持续健康发展，切实保障企业、员工和股东的利益。例如，企业制定统一明确的管理理念，通过培训、宣讲等具体措施提高员工对管理理念基调的认知程度，经理层和员工在日常工作中应运用管理理念处理各项事务。通过这些措施，增强员工的责任感和使命感，使员工在工作中获得满足感。最后，加强对员工的文化教育和熏陶，全面提升员工的文化修养和内在素质。

四、并购企业文化建设

企业应当重视并购重组后的企业文化建设，促进并购双方的文化融合。平等对待被并购方的员工。企业并购完成后，应当特别注重文化整合，特别是在组织架构设计环节关注文化整合因素。如果企业并购采用的是吸收合并方式，则必然会遇到各参与并购企业员工融合的问题，为了防止企业间的文化冲突，既要在治理结构层面上强调融合，也要在管理层级上体现"一家人"的思想，要防止吸收合并方员工与被吸收合并方员工分拨的现象，不要让被并购企业的员工有疏离感，要培养他们的主人翁精神。通过高层领导自身优秀品质和勤恳的工作作风，带动新企业、新团队共同进步。

国际著名咨询公司科尼尔的统计分析表明，企业并购失败风险主要发生在两个阶段，即企业并购交易开始前可行性研究阶段和并购完成后整合阶段。在约三成的失败案例中，风险一般发生在并购前。所以，企业在并购前，应该重视对并购双方的企业文化调查研究和分析评估,并将评估的重点放在并购双方在国家文化和企业文化之间的差异,以及文化能否相互融合方面。

五、企业文化的评估

企业应当建立文化评估制度,明确评估的内容、程序和方法,落实评估责任制,避免企业文化建设流于形式。

(一)企业文化的评估应当重点关注的内容

企业文化的评估应当重点关注的内容有如下几个方面。

(1)董事、监事、经理和其他高级管理人员在企业文化建设中的责任履行情况。董事、监事、经理和其他高级管理人员应当在企业文化建设中发挥主导与示范作用,以自身的优秀品格和脚踏实地的工作作风带动影响整个团队,共同营造积极向上的企业文化环境。

(2)全体员工对企业核心价值观的认同感。优秀的企业文化不是以追求利润最大化为首要目标,利润只是目标之一,而不是全部。企业文化的理念体系一旦确立,就必须明确本身希望达成的目标,不容纳不愿接受企业文化或不符合企业文化标准的员工。

(3)企业经营管理行为与企业文化的一致性。企业战略重点解决企业做什么的问题,企业文化重点解决企业如何做的问题。

(4)企业品牌的社会影响力。应当以企业文化为基础,并以此来集聚企业发展力,打造企业品牌,提高市场吸引力和社会认可度。

(5)参与企业并购重组各方文化的融合。企业应当重视并购重组后的企业文化建设,平等对待被并购方的员工,促进并购双方的文化融合。

(6)员工对企业未来发展的信心。

(二)企业文化的评估方法

企业应当重视企业文化的评估结果,巩固和发扬文化建设成果,针对评估过程中发现的问题,研究影响企业文化建设的不利因素,分析深层次的原因,及时采取措施加以改进。目前中国的企业文化评估方法主要采用"定性+定量"的综合研究方法,其中,定性分析法主要通过与绝大部分企业高层领导、部分中层干部、少数基层员工的深度访谈、座谈探讨、文献梳理、观察体验等方法,了解企业的发展历程及他们对企业文化和企业经营战略等方面的具体看法;定量分析法主要通过企业文化理念体系导向分布、文化战略、核心价值观、文化领导力、文化环境及个性文化六个模块的定量测评,科学分析企业文化的现状、发展方向、基本规律、主要资源的优劣性,以及其相互之间的适应性、冲突性等特征。

企业文化评估,最重要的目标是人,而不是设备、厂房和其他的固定资产。基于企业文化评估的代表性特征,在评估所需成本适当的前提下,应该选取尽可能广泛的评估对象。通常,企业文化评估应该覆盖企业各个部门和下属一线生产机构,包括全部高层领导、80%的中层干部及20%左右的基层干部和员工。评估内容主要包含企业文化与战略关系评估、企业文化与利润的关系评估、企业文化战略发展趋向、企业文化理念作用导向评估、核心价值观、文化领导力、文化环境及个性文化等几大部分。

文化是企业的内在驱动力。企业唯有将目标、价值观、使命感有机地结合起来，才能真正增强、壮大企业的核心竞争力，发挥自身价值。

第三节 企业文化案例分析

案例一

万科企业文化建设[①]

企业竞争到一定阶段，企业之间的差异会直接体现在企业文化上。实际上，企业文化很大程度上反映出一个企业家的思想境界。万科企业股份有限公司是中国最大的专业住宅开发企业之一。万科给自己的定位是：做中国地产行业的领跑者，并把企业的宗旨确定为"建筑无限生活"。万科致力于建设"阳光照亮的体制"，把人才视为资本，倡导"健康丰盛的人生"，认为道德伦理重于商业利益，万科企业文化案例为业界所推崇。万科认为，坚守价值底线、拒绝利益诱惑，坚持以专业能力从市场获取公平回报，致力于规范、透明的企业文化建设和稳健、专注的发展模式是万科获得成功的基石。

为了早日实现"成为中国房地产行业持续领跑者"这一愿景，万科不断钻研专业技术；向客户提供满足其需要的住宅产品和良好的售后服务；快速稳健发展公司的业务，实现规模效应；提高效率，实现业内一流的盈利水准；树立品牌，成为房地产行业知名和受信赖的企业；拥有业内出色的专业人员和管理人员，并为其提供最好的发展空间和最富竞争力的薪酬待遇；以诚信理性的经营行为树立优秀新兴企业的形象；为投资者提供理想的回报。

另外，万科确立了"创造健康丰盛的人生"的核心价值观，主要包括以下内容。

（1）客户是万科永远的伙伴。万科认为：客户是最稀缺的资源，是万科存在的全部理由；要尊重客户，理解客户，持续提供超越客户期望的产品和服务，引导积极、健康的现代生活方式，这是万科一直坚持和倡导的理念；在客户眼中，公司的每一位员工都代表万科；员工1%的失误，对于客户而言，就是100%的损失；衡量员工成功与否的最重要的标准是让客户满意的程度；与客户一起成长，让万科在投诉中完美。

（2）人才是万科的资本。尊重人，为优秀的人才创造一个和谐、富有激情的环境，是万科成功的首要因素。万科寻找人才及吸引人才的法宝是公司本身的发展所能给员工提供的众多机会，"万科充满理想主义色彩的企业文化是职业经理人难于抵挡的诱惑"。万科倡导"健康丰盛的人生"。工作不仅仅是谋生的手段，还应该能够给员工带来快乐和成就感。在工作之外，万科鼓励所有的员工追求身心的健康，追求家庭的和睦，追求个人生活内容的极大丰富。万科创业者很早就完成了转化为职业经理人的定位，很早就在企业内部建立了完善的经理人制度，从而避免了许多民营企业创始合伙人之间的冲突

---

① 李元飞.企业文化，万科企业文化的借鉴意义，新浪微博改编而来

和震荡。理性的创业者和优秀的职业经理团队使万科在管理上能够集中精力，做细、做深、做透，不仅能在本地区积聚优势，而且建成了跨地区管理的高效体系。

（3）"阳光照亮的体制"。万科强调对内平等，对外开放，致力于建设"阳光照亮的体制"，提倡专业化+规范化+透明度=万科化，强调规范、诚信、进取的经营之道；提倡信息共享，反对黑箱操作等。当别的开发商提出少于40%的利润不做时，万科却明确提出高于25%的利润不赚。万科不以盈利为唯一目标，不是单纯为客户提供住所，而是参与城市生长和城市文化建设的进程，坚持对城市负责、对后代负责的使命和理想。

（4）持续的增长和领跑。为了实现中国房地产行业的领跑者目标，万科坚持市场创新、产品创新、服务创新和制度创新，追求有质量、有效率的持续增长，灵活应变、锐意进取，永怀理想与激情，持续超越自己的成绩，持续超越客户的期望。

【案例分析】

20年的风雨历程中万科最值得骄傲的事情，就是在行业还有待成熟的时候，建立和守住了自己的价值观，在任何利益诱惑面前，一直坚持职业化的底线：对人永远尊重、追求公平回报和开放透明的体制，将企业发展目标远景与目标实现的各项基础条件，成功经验和文化理念进行整合，打造成功的企业文化，为万科发展提供了文化理念的支持。

（1）注重企业文化理念的提炼。万科很早就有意识地对企业文化进行系统的梳理，通过系统而有效的整合、提炼（确认）与提升，把企业的宗旨确定为"建筑无限生活"，把愿景确定为"成为中国房地产行业持续领跑者"，核心价值观定为"创造健康丰盛的人生"。同时，对内对外进行有意识的宣传，形成激励所有万科人与企业共同发展进步的共同理念，深入人心，成功打造了良好的企业文化。

（2）注重用文化理念吸引人才。万科理想、奋进的文化理念对优秀职业经理人有很强的诱惑，这在人才在企业发展中的作用地位日益重要的知识经济时代是企业成功的基石。通过实现"健康丰盛的人生"，万科形成了系统的经理人文化，使管理团队得以长期稳定，理性的创业者和优秀的职业经理团队使万科在管理上能够集中精力，做细、做深、做透。万科通过企业文化使每个员工有强烈的成就导向，十分关注事业的发展，通过多样化激励，激发员工潜能，实现人力资本价值最大化，使人力资源价值成为企业发展动力。

（3）高度重视自身社会责任和企业形象。万科强调规范、诚信、进取的经营之道，勇于承担企业社会责任，严把质量控制关，引领居住理念，参与城市建设，成功树立万科的品牌和形象。

（4）推行阳光透明、统一的制度规范体系。万科强调执行阳光、透明的规范制度，让每位员工都明确自己的行为准则和规范，明确自己努力的方向，确保了制度与规范得以自觉和充分落实。这也是万科企业文化的一个集中体现，上行下效，企业文化才更有说服力，既能让员工相信，也能让社会信服。

案例二

IBM：电脑帝国的企业文化[①]

IBM 拥有 40 多万名员工，年营业额超过 500 亿美元，几乎在全球各国都有分公司，要了解这样庞大规模的企业，我们需要先了解它的经营观念和企业文化。

老托马斯·沃森在 1914 年创办 IBM 时设立过"行为准则"。正如每一位有野心的企业家一样，他希望他的公司财源滚滚，同时也希望能借此反映出他个人的价值观。因此，他把这些价值观标准写出来，作为公司的基石，任何为他工作的人，都明白公司要求的是什么。

1956 年，小托马斯·沃森接任 IBM 的总裁时将父亲所规定的"行为准则"发扬光大，上自总裁，下至收发室，每个人都知晓。

第一条准则：必须尊重个人。

任何人都不能违反这一准则。沃森家族知道，公司最重要的资产不是金钱或实物资产，而是员工。自从 IBM 创立以来，就一直推行此准则。每个人都可以使公司变成不同的样子，所以每位员工都认定自己是公司的一分子，公司也试着去创造小型企业的气氛。分公司永葆小型编制，公司一直很成功地把握一个主管管辖 12 个员工的效率。每位经理人员都了解工作成绩的尺度，也了解要不断地激励员工士气。有优异成绩的员工就获得表扬、晋升、奖金。在 IBM 里没有自动晋升与调薪这回事。晋升、调薪靠工作成绩而定。一位新进入公司的市场代表有可能拿的薪水比一位在公司工作多年的员工要高。每位员工以他对公司所贡献的成绩来核定薪水，绝非以资历而论。有特殊表现的员工，也将得到特别的报酬。IBM 也曾经历经济不景气的时候，但公司都能很好地计划并安排所有员工不致失业。

IBM 的管理人员对公司里任何员工都必须尊重，同时也希望每一位员工尊重顾客，即使面对同行竞争对手也应同等对待。公司的行为准则规定，任何一位 IBM 的员工都不可诽谤或贬抑竞争对手。销售是靠产品的品质、服务的态度，推销自己产品的长处，不可攻击他人产品的弱点。

第二条准则：为顾客服务。

老托马斯·沃森倡导使 IBM 的服务成为全球第一，不仅要求他自己的公司，而且要求每一个销售 IBM 产品的公司也遵循这一准则。他严格要求 IBM 的任何行动都以顾客需要为前提，因此，IBM 对员工所做的"工作说明"中特别提到要为顾客，包括未来可能的顾客提供最佳的服务。

为了让顾客感觉自己是多么重要，无论顾客有任何问题，一定在 24 小时之内解决，如果不能立即解决，也会给予一个圆满的答复。如果顾客打电话要求服务，通常都会在 1 小时之内派人去。此外，IBM 的专家们随时在电话旁等着提供服务或解决软件方面的问题，而且电话是由公司付账。此外，还有邮寄或专人送零件等服务来扩大服务范围，IBM 公司还要求任何一个 IBM 新零件，一定要比原先换下来的好，而且也要比市场上

[①] 代凯军.2000.管理案例博士评点：中外企业管理案例比较分析.北京：中华工商联合出版社

同级产品好。服务的品质取决于公司训练及教育,这方面,IBM 已经在全球所属公司投下了大量的钱财,所提供的训练与教育是一般公司无法比拟的。每年,每一位 IBM 的经理要接受 40 小时的训练课程,而后回到公司教导员工。有时甚至定期邀请顾客前来一同上课。经营任何企业,一定要有老顾客的反复惠顾才能使企业成长,一定要设法抓住每一位顾客。最优异的顾客服务是能使他再来惠顾的重要因素。

第三条准则:优异。

对任何产品或服务都要永远保持完美无缺,虽然完美是不可能达到的,但是目标不能放低。否则整个计划都会受到影响。公司设立一些满足工作要求的指数,定期抽样检查市场以设立服务的品质。公司招聘员工时就开始注重优异的准则,IBM 公司认为到全国最好的大学招聘最优秀的学生,让他们接受公司的密集训练课程,必定可以收到良好的教育效果,日后定有优异的工作表现。为了达到优异的水准,他们必须接受优异的训练,使他们有一种使命感,一定要达到成功。小托马斯·沃森说:"对任何一个公司而言,若要生存并获得成功的话,必须有一套健全的原则,可供全体员工遵循,但最重要的是大家要对此原则产生信心。"

【案例分析】

在经营过程中,公司的任何运营方式都有可能发生变化。在任何公司,一个人若要生存,一定要有应变的能力。在科技高度进步的今日,社会形态与环境变化很快,倘若营销计划不能随机应变,可能会毁灭整个公司。对于优秀的公司来说,唯一不变的就是"原则",就是企业文化。企业文化犹如指引公司航行的明灯,虽然环境发生变化,但是前进的方向是正确的,企业就能在竞争中保持有利地位。IBM 有这三条基本原则作为基石,公司的成功是必然的。

公司内部必须把其遵守的信念、企业文化不断地向员工灌输,在 IBM 的新进入人员训练课程中,就包含了"公司经营哲学、公司历史及传统"的内容,宣讲公司的信念与价值观。但是企业文化、企业价值观不能停留在空谈层面,更重要的是:运用策略,采取行动,切实执行;衡量效果,重视奖赏,以示决心。

IBM 新入职的营销人员无论在办公室还是外出接洽业务,都能自觉遵守公司的准则。因为他们一进公司就能感受到老员工对待他们的方式是基于尊重原则,只要他们有问题,别人再忙也会帮助他们。他们也看到公司人员是怎样对待顾客的,也亲耳听到顾客对市场代表、系统工程师及服务人员的赞美。他们周围的人都在努力获得优异的成绩。有关 IBM 的信念,常在所属公司中定期刊载,有关 IBM 优异服务的实例亦常在公司训练课程中讲授,在分公司会议中特别提出来,在邀请顾客参加的讨论会中亦有介绍,主要目的是把公司的理想一再重复,以确保理想能够落到企业实践中。

本 章 小 结

企业文化是企业的灵魂,是渗透在企业中的无形的价值指南和行为规范,作为推动企业发展的潜在动力，企业文化以其价值观念和核心理念引导内部员工的思想与行为，维系着企业的统一性和凝聚力，企业要在激烈的市场竞争中走出一条快速、健康、发展的道路，就必须重视企业文化建设。

本章首先介绍了企业文化的基本含义，企业文化是指企业在生产经营实践中逐步形成的，为整体团队所认同并遵守的价值观、经营理念和企业精神，以及在此基础上形成的行为规范的总称。其次，分析了企业文化控制制度在设计与运行中存在的风险；在此基础上阐述了企业文化控制的关键点：特色企业文化的培育、企业文化精神的落实、企业文化建设成果管理、并购企业文化建设、企业文化的评估。最后以案例分析形式阐述了企业文化指引在内部控制中的应用，以及发挥的重要作用。

复习思考题

简答题
1. 如何理解企业文化的内涵？如何打造优秀的企业文化？
2. 阐述企业构建企业文化的意义。

第八章 资金活动指引

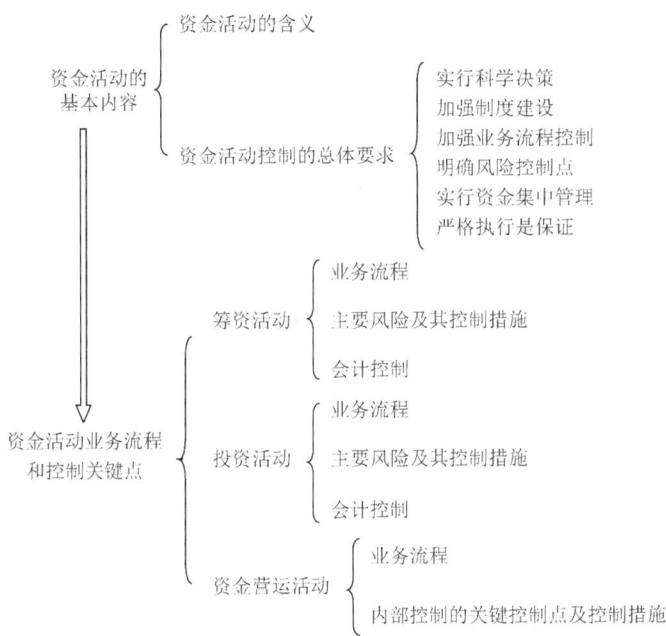

资金是企业生产经营的血液,是企业生存发展的基础,决定着企业的竞争能力和可持续发展的能力。为了促进企业正常组织资金活动,防范和控制资金风险,保证资金安全,提高资金使用效益,企业应当加强对资金的管理,明确筹资、投资、营运等各环节的职责权限和岗位分离要求,定期或不定期检查和评价资金活动情况,落实责任追究制度,确保资金安全和有效运行。

《企业内部控制应用指引第 6 号——资金活动》(以下简称"资金活动应用指引")就是解决企业发展过程中筹资、投资和资金营运的有序运转、有度调节、有效使用问题,核心是通过资金活动的控制,形成更加有利于企业可持续的资金运营环境。

【重要概念】资金活动 筹资 投资 资金营运

第一节 资金活动的基本内容

一、资金活动的含义

资金活动是指企业筹资、投资和资金营运等活动的总称。其中，筹资活动是企业筹集资金的行为与过程，是企业资金活动的起点，也是企业整个经营活动的基础；投资活动是企业投放资金的行为与过程，是筹资活动的延续，也是筹资的主要目的之一；资金运营是企业生产经营过程中资金组织、调度、平衡和管理的行为与过程。

资金是企业生产经营循环的血液，是企业生存和发展的基础，决定着企业的竞争能力和可持续发展能力。

根据资金活动应用指引的要求，企业至少应该关注资金活动涉及的下列风险。

（1）筹资决策不当，引发资本结构不合理，可能导致企业筹资成本过高或债务危机。

（2）投资决策失误，引发盲目扩张或丧失发展机遇，可能导致资金链断裂或资金使用效益低下。

（3）资金调度不合理，运营不畅，可能导致企业陷入财务困境或资金冗余。

（4）资金活动管控不严，可能导致资金被挪用、侵占、抽逃或遭受欺诈。

针对上述风险，资金活动应用指引分别对筹资、投资和资金营运活动提出一系列管控措施。

一是要求企业根据筹资目标和规划，结合年度全面预算，拟订筹资方案，并对筹资方案进行科学论证；重大筹资方案还应当形成可行性研究报告，全面反映风险评估情况。

二是要求企业对筹资方案进行严格审批后，按照规定权限和程序筹集资金。同时，严格按照筹资方案确定的用途使用资金，防止资金挪用；确需改变资金用途的，应当履行相应的审批程序。

三是要求企业加强债务偿还和股利支付环节的管理，对偿还本息和支付股利等做出适当安排，防止发生违约风险，导致诉讼损失。

四是要求企业根据投资目标和规划，合理安排资金投放结构，科学确定投资项目，拟订投资方案，重点关注投资项目的收益和风险；选择投资项目应当突出主业，谨慎从事衍生金融产品等高风险投资。国际金融危机中，我国少数企业从事的投资项目偏离主业，同时又缺乏相关专业人才和风险管控经验，导致企业发生巨亏，这些教训值得我们认真吸取。

五是对于采用并购方式进行投资的企业，要求其严格控制并购风险，重点关注并购对象的隐性债务、承诺事项、可持续发展能力、员工状况及其与本企业治理层及管理层的关联关系，合理确定支付对价，确保实现并购目标。这项要求对后金融危机时期我国企业境外并购具有很好的提示作用。

六是要求企业加强对投资方案的可行性研究，并按照规定的权限和程序对投资项目进行决策审批；审批后，与被投资方签订投资合同或协议，明确出资时间、金额、方式、双方权利义务和违约责任等内容。

七是要求企业加强投资收回和处置环节的控制；对到期无法收回的投资，应当建立责任追究制度。

八是要求企业加强资金营运全过程的管理，统筹协调内部各机构在生产经营过程中的资金需求，切实做好资金在采购、生产、销售等各环节的综合平衡，实现资金营运的良性循环，提升资金营运效率。

二、资金活动控制的总体要求

企业应当科学制订筹资、投资等资金控制的目标和规划，完善资金管理制度，明确筹资、投资、资金营运等环节的职责权限和岗位分工要求，定期或不定期检查、评估资金管理活动，落实责任追究制度，确保企业资金管理的安全。因此，在对资金活动进行控制的时候，需要遵循以下要求。

（1）实行科学决策。企业应当根据自身发展战略，综合考虑宏观经济政策、市场环境、环保要求等因素，科学确定投资目标和规划。

（2）加强制度建设。企业应当根据内部控制规范和企业自身管理的需要，完善资金管理制度，企业资金活动内部控制制度主要涉及资金授权、审批、审验等内容。应加强资金活动的集中和归口管理工作，明确筹资、投资、运营环节的管控，确保资金安全。

（3）加强业务流程控制。对资金活动实施内部控制的本质是对资金业务的控制。企业应该充分考虑相关生产经营活动的特征和流程，确保各环节、步骤的工作内容和应该履行的程序，并将其落实到具体的部门和人员。

（4）明确风险控制点。企业需要确定主要风险控制点，制订有效的控制措施，控制关键风险，提高企业内部控制效率。

（5）实行资金集中管理。资金集中管理是母子公司和集团公司在资金管理上的重要手段，一般来说，企业规模越大，管理的难度也越大，企业应当在集权与分权之间做出适当的权衡，加强资金集中、统一控制。

（6）严格执行是保证。制度的执行是关系到整个内控活动能否取得实效的关键，只有严格执行，才能保证实现资金活动的决策目标。

第二节 资金活动业务流程及控制关键点

一、关于筹资活动

筹资活动是企业资金活动的起点，也是企业整个经营活动的基础。通过筹资活动，企业取得投资和日常生产经营活动所需的资金，从而使企业投资、生产经营活动能够顺利进行。企业应当根据经营和发展战略的资金需要，确定融资战略目标和规划，结合年度经营计划和预算安排，拟订筹资方案，明确筹资用途、规模、结构和方式等相关内容，对筹资成本和潜在风险做出充分估计。如果是境外筹资，还必须考虑所在地的政治、经济、法律和市场等因素。

企业的生产经营活动过程，是一个人力资源作用于物质资源的过程。在这个过程中，物质资源的运动，一方面表现为有形的货币和实物资产的周转运动，另一方面表现为物质资源运动中蕴藏的无形的资金价值运动。因此，对企业生产经营活动中物质资源运动过程的内部控制，就是对有形的货币和实物资产周转运动的内部控制，以及对这个过程中体现出来的无形的资金价值周转运动的内部控制。

筹资活动的内部控制，不仅决定着企业能不能顺利筹集生产经营和未来发展所需资金，而且决定着企业能以什么样的筹资成本筹集资金，能以什么样的筹资风险筹集所需资金，并决定着企业所筹集资金最终的使用效益。较低的筹资成本、合理的资本结构和较低的筹资风险，能够使企业应付裕如、进退有据，不至于背负沉重的压力，可以从容地追求长期目标，实现可持续发展；而较高的筹资成本、不合理的资本结构和较高的筹资风险，常常使企业经营压力倍增。企业一方面要保持更高的资金流动性以应付不合理资本结构带来的财务风险，另一方面要追求更高的投资收益以补偿高额的筹资成本。因此，企业难以追求长期目标，往往过度追求短期利益，饮鸩止渴或者铤而走险，发展战略不能得到很好执行，经营活动的可持续性得不到保证，企业经营和发展难以为继，财务风险很大，企业正常发展受到严重制约。

（一）筹资活动的业务流程

企业筹资活动的内部控制，应该根据筹资活动的业务流程，区分不同筹资方式，按照业务流程中不同环节体现出来的风险，结合资金成本与资金使用效益情况，采用不同措施进行控制。因此，设计筹资活动的内部控制制度，首先必须深入分析筹资业务流程。通常情况下，筹资活动的业务流程如图8-1所示。

1. 提出筹资方案

一般由财务部门根据企业经营战略、预算情况与资金现状等因素，提出筹资方案，一个完整的筹资方案应包括筹资金额、筹资形式、利率、筹资期限、资金用途等内容，提出筹资方案的同时还应与其他生产经营相关业务部门沟通协调，在此基础上才能形成初始筹资方案。

2. 筹资方案论证

初始筹资方案还应经过充分的可行性论证。企业应组织相关专家对筹资项目进行可行性论证，可行性论证是筹资业务内部控制的重要环节。一般可以从下列几个方面进行分析论证：一是筹资方案的战略评估。此项主要评估筹资方案是否符合企业整体发展战略；控制企业筹资规模，防止因盲目筹资而给企业造成沉重的债务负担。企业应对筹资方案是否符合企业整体战略方向进行严格审核，只有符合企业发展需要的筹资方案才具有可行性。另外，企业在筹资规模上，不可过于贪多求大。资金充裕是企业发展的重要保障，然而任何资金都是有成本的，企业在筹集资金时一定要有战略考虑，切不可盲目筹集过多的资金，造成资金闲置同时给企业增加财务负担。二是筹资方案的经济性评估。

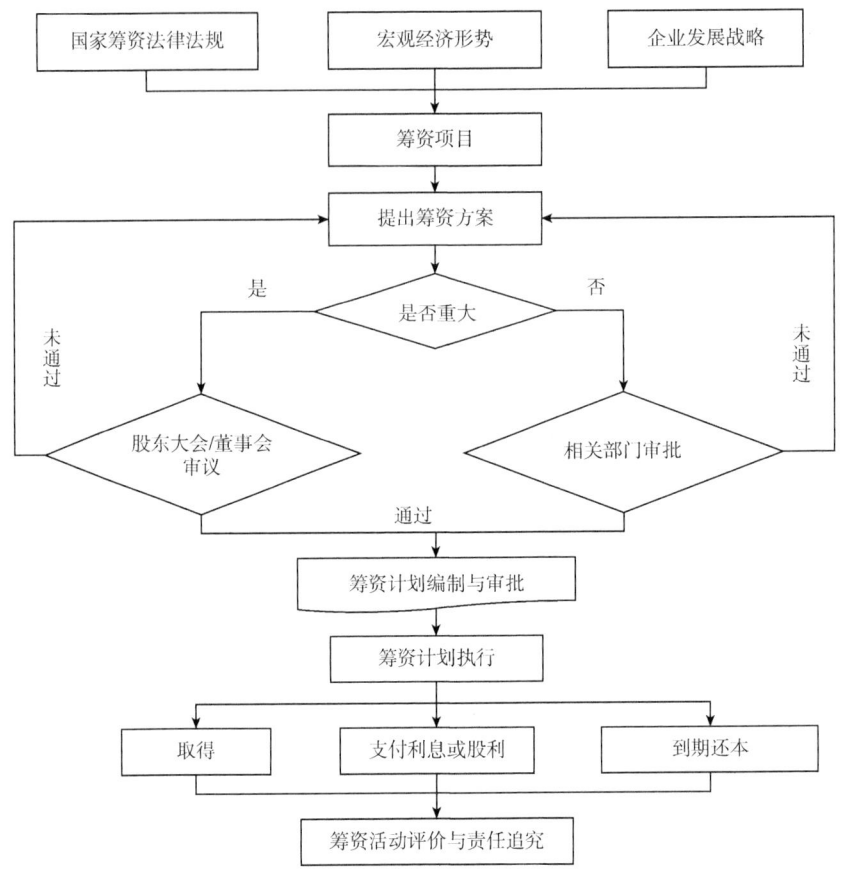

图 8-1 筹资活动的业务流程

此项主要评估分析筹资方案是否符合经济性要求，是否以最低的筹资成本获得了所需的资金，是否还有降低筹资成本的空间以及更好的筹资方式，筹资期限等是否经济合理，利息、股息等水平是否在企业可承受的范围之内。例如，筹集相同的资金，选择股票与选择债券方式，就会面临不同的筹资成本；选择不同的债券种类或者期限结构，也会面临不同的成本，所以企业必须认真评估筹资成本，并结合收益与风险进行筹资方案的经济性评估。三是筹资方案的风险评估。此项评估是对筹资方案面临的风险进行分析，特别是对于利率、汇率、货币政策、宏观经济走势等重要条件进行预测分析，对筹资方案面临的风险做出全面评估，并有效地应对可能出现的风险。例如，若选择债权方式筹资，其按期还本付息对于企业来说是一种刚性负担，带给企业的现金流压力较大；若选择股权筹资方式，在股利的支付政策上企业有较大的灵活性，且无须还本，因而企业的现金流压力较小，但股权筹资的成本也是比较高的，而且股权筹资可能会使企业面临较大的控制权风险。所以，企业应在不同的筹资风险之间进行权衡。

3. 筹资方案审批

通过可行性论证的筹资方案，需要在企业内部按照分级授权审批的原则进行审批，重点关注筹资用途的可行性。重大筹资方案，应当提交股东（大）会审议，筹资方案需经有关管理部门批准的,应当履行相应的报批程序。审批人员与筹资方案编制人员应适当分离。在审批中,应贯彻集体决策的原则,实行集体决策审批或者联签制度。在综合正反两方面意见的基础上进行决策,而不应由少数人主观决策。筹资方案发生重大变更的,应当重新履行可行性研究以及相关审批程序。

4. 筹资计划编制与执行

企业应根据审核批准的筹资方案,编制较为详细的筹资计划,经过财务部门批准后,严格按照相关程序筹集资金:通过银行借款方式筹资的,应当与有关金融机构进行洽谈,明确借款规模、利率、期限、担保、还款安排、相关的权利义务和违约责任等内容。双方达成一致意见后签署借款合同,据此办理相关借款业务。通过发行债券方式筹资的,应当合理选择债券种类,如普通债券还是可转换债券等,并对还本付息方案做出系统安排,确保按期、足额偿还到期本金和利息。通过发行股票方式筹资的,应当依照《中华人民共和国证券法》等有关法律法规和证券监管部门的规定,优化企业组织架构,进行业务整合,并选择具备相应资质的中介机构,如证券公司、会计师事务所、律师事务所等协助企业做好相关工作,确保符合股票发行条件和要求。同时,企业应当选择合理的股利支付方式,兼顾投资者的近期利益与长远利益,调动投资者的积极性,避免分配不足或过度;股利分配方案最终应经股东大会审批通过,如果是上市公司还必须按信息披露要求进行公告。另外,企业应通过及时足额还本付息,以及合理分配和支付股利,保持企业良好的信用记录,这一点对于企业顺利进行再融资具有重要意义。

5. 筹资活动的监督、评价与责任追究

要加强筹资活动的检查监督,严格按照筹资方案确定的用途使用资金,确保款项的收支、股息和利息的支付、股票和债券的保管等符合有关规定。筹资活动完成后要按规定进行筹资后评价,对存在违规现象的,要严格追究其责任。

(二)筹资活动的主要风险及其控制措施

企业筹资业务可能面临的主要风险类型较多,企业在相应的内部控制活动中应注意识别关键风险,设计相关内控制度,有效地进行风险控制。

1. 缺乏完整的筹资战略规划导致的风险

企业在筹资活动中,应以企业在资金方面的战略规划为指导,具体包括资本结构、资金来源、筹资成本等。在企业具体的筹资活动中,应贯彻既定的资金战略,以目标资本结构为指导,协调企业的资金来源、期限结构、利率结构等,如果忽视战略导向,缺乏对目标资本结构的清晰认识,则很容易导致盲目筹资,使得企业资本结构、资金来源结构、利率结构等处于频繁变动中,给企业的生产经营带来巨大的财务风险。

2. 缺乏对企业资金现状的全面认识导致的风险

企业在筹资之前,应首先对企业的资金现状有一个全面正确的了解,并在此基础上结合企业战略和宏微观形势等提出筹资方案。如果资金预算和资金管控工作不到位,企业无法全面了解资金现状,将使得企业无法正确评估资金的实际需要以及期限等,很容易导致筹资过度或者筹资不足。特别是对于大型企业集团来说,如果没有对全集团的资金现状做一个深入完整的了解,很可能出现一部分企业资金结余,而其他部分企业仍然对外筹资,使得集团的资金利用效率低下,增加了不必要的财务成本。

3. 缺乏完善的授权审批制度导致的风险

筹资方案必须经过完整的授权审批流程方可正式实施,这一流程既是企业上下沟通的一个过程,同时也是各个部门、各个管理层次对筹资方案进行审核的重要风险控制程序。在审批流程中,每一个审批环节都应对筹资方案的风险控制等问题进行评估,并认真履行审批职责。完善的授权审批制度有助于对筹资风险进行管控,如果忽略这一完善的授权审批制度,则有可能忽视筹资方案中的潜在风险,使得筹资方案草率决策、仓促上马,给企业带来严重的潜在风险。

4. 缺乏对筹资条款的认真审核导致的风险

企业在筹资活动中,都要签订相应的筹资合同、协议等法律文件,筹资合同一般应载明筹资数额、期限、利率、违约责任等内容,企业应认真审核、仔细推敲筹资合同的具体条款,防止因合同条款而给企业带来潜在的不利影响,使得企业在未来可能发生的经济纠纷或诉讼中处于不利地位。在这一方面,企业可以借助专业的法律中介机构来进行合同文本的审核。

5. 因无法保证支付筹资成本导致的风险

任何筹资活动都需要支付相应的筹资成本。对于债权类筹资活动来说,相应的筹资成本表现为固定的利息费用,是企业的刚性成本,企业必须按期足额支付,用以作为资金提供者的报酬。对于股权类筹资活动来说,虽然没有固定的利息费用,而且没有还本的压力,但是保证股权投资者的报酬一样不可忽视,企业应认真制订好股利支付方案,包括股利金额、支付时间、支付方式等,如果股利支付不足,或者对股权投资者报酬不足,将会导致股东抛售股票,从而使得企业股价下跌,给企业的经营带来重大不利影响。

6. 缺乏严密的跟踪管理制度导致的风险

企业筹资活动的流程很长,不仅包括资金的筹集到位,更要包括资金使用过程中的利息、股利等筹资费用的计提支付,以及最终的还本工作。这一流程一般贯穿企业整个经营活动的始终,是企业的一项常规管理工作。企业在筹资跟踪管理方面应制定完整的管理制度,包括资金到账、资金使用、利息支付、股利支付等,并时刻监控资金的动向。如果缺乏严密的跟踪管理,可能会使企业资金管理失控,因资金被挪用而导致财务损失,也可能因此导致利息没有及时支付而被银行罚息,这些都会使得企业面临不必要的财务风险。

筹资活动的流程较长,根据筹资业务流程,找出其中的关键风险控制点进行风险控制,可以提高风险管控的效率(表8-1)。一般来说,筹资活动中各环节的主要风险控制点包括:一是提出筹资方案。提出筹资方案是筹资活动中的第一个重要环节,也是筹资活动的起点,筹资方案的内容是否完整、考虑是否周密、测算是否准确等,直接决定着筹资决策的正确性，关系到整个筹资活动的效率和风险。二是筹资方案审批。相关责任部门拟订投资方案并进行可行性论证以后，股东（大）会或者董事会、高管层应对筹资方案履行严格的审批责任。审批中应实行集体决策审议或者联签制度，避免一人说了算或者"拍脑袋"行为。三是编制筹资计划。根据批准的筹资方案，财务部门应制订严密细致的筹资计划，通过筹资计划，对筹资活动进行周密安排和控制，使筹资活动在严密控制下高效、有序地进行。四是实施筹资方案。筹资计划经层层授权审批之后，就应付诸实施。在实施筹资计划的过程中，企业必须认真做好筹资合同的签订、资金的划拨、使用以及跟踪管理等工作，保证筹资活动按计划进行，妥善管理所筹集的资金，保证资金的安全性。五是筹资后管理。筹集资金到位以后，企业应该做好筹资费用的计提、支付以及会计核算等工作。对于债券类筹资，企业应按时计提并及时支付债务利息，保持良好的信用记录；对于股权类筹资，企业应制订科学合理并能让股东满意的股利支付方案，并严格按方案支付股利。筹资费用的管理事关资金提供者的积极性，对培养企业良好的筹资环境极为重要。

表 8-1　筹资业务的关键控制点、控制目标与控制措施

关键控制点	控制目标	控制措施
提出筹资方案	进行筹资方案可行性论证	1.进行筹资方案的战略性评估，包括是否与企业发展战略相符合，筹资规模是否适当 2.进行筹资方案的经济性评估，如筹资成本是否最低，资本结构是否恰当，筹资成本与资金收益是否匹配 3.进行筹资方案的风险性评估，如筹资方案面临哪些风险，风险大小是否适当、可控，是否与收益匹配
筹资方案审批	选择批准最优筹资方案	1.根据分级授权审批制度，按照规定程序严格审批经过可行性论证的筹资方案 2.审批中应实行集体审议或联签制度，以保证决策的科学性
编制筹资计划	制订切实可行的具体筹资计划，科学规划筹资活动，保证低成本、高效率筹资	1.根据筹资方案，结合当时经济金融形势，分析不同筹资方式的资金成本，正确选择筹资方式和不同方式的筹资数量，财务部门或资金管理部门制订具体筹资计划 2.根据授权审批制度报有关部门批准
实施筹资方案	保证筹资活动正确、合法、有效进行	1.根据筹资计划进行筹资 2.签订筹资协议，明确权利义务 3.按照岗位分离与授权审批制度，各环节和各责任人正确履行审批监督责任，实施严密的筹资程序控制和岗位分离控制 4.做好严密的筹资记录，发挥会计控制的作用
筹资后管理	保证筹集资金的正确有效使用，维护筹资信用	1.促成各部门严格按照确定的用途使用资金 2.监督检查，督促各环节严密保管未发行的股票、债券 3.监督检查，督促正确计提、支付利息 4.加强债务偿还和股利支付环节的监督管理 5.评价筹资活动过程，追究违规人员责任

（三）筹资业务的会计控制

对于筹资业务，企业还应设置记录筹资业务的会计凭证和账簿，按照国家统一会计准则和制度，正确核算和监督资金筹集、本息偿还、股利支付等相关情况，妥善保管筹资合同或协议、收款凭证、入库凭证等资料，定期与资金提供方进行账务核对，确保筹

资活动符合筹资方案的要求。具体从以下几个方面入手：一是对筹资业务进行准确的账务处理。企业应按照国家统一的会计准则，对筹资业务进行准确的会计核算与账务处理，应通过相应的账户准确进行筹集资金核算、本息偿付、股利支付等工作。二是对筹资合同、收款凭证、入库凭证等，应妥善保管。与筹资活动相关的重要文件，如合同、协议、凭证等，企业的会计部门需登记造册、妥善保管，以备查用。三是企业财会部门应做好具体资金管理工作，随时掌握资金情况。财会部门应编制贷款申请表、内部资金调拨审批表等，严格管理筹资程序；财会部门应通过编制借款存量表、借款计划表、还款计划表等，掌握贷款资金的动向；财会部门还应与资金提供者定期进行账务核对，以保证资金及时到位与资金安全。四是财务部门还应协调好企业筹资的利率结构、期限结构等，力争最大限度地降低企业的资金成本。

二、关于投资活动

企业投资活动是筹资活动的延续，也是筹资的重要目的之一。投资活动作为企业一种盈利活动，对于筹资成本补偿和企业利润创造，具有举足轻重的意义。企业应该根据自身发展战略和规划，结合企业资金状况以及筹资可能性，拟订投资目标，制订投资计划，合理安排资金投放的数量、结构、方向与时机，慎选投资项目，突出主业，谨慎从事股票或衍生金融工具等高风险投资。境外投资还应考虑政治、经济、金融、法律、市场等环境因素。如果采用并购方式进行投资，应当严格控制并购风险，注重并购协同效应的发挥。

（一）投资活动的业务流程

企业应该根据不同投资类型的业务流程，以及流程中各个环节体现出来的风险，采用不同的具体措施进行投资活动的内部控制。投资活动业务流程（图 8-2）一般包括以下几点。

1. 拟订投资方案

应根据企业发展战略、宏观经济环境、市场状况等，提出本企业的投资项目规划。在对规划进行筛选的基础上，确定投资项目。

2. 投资方案可行性论证

对投资项目应进行严格的可行性研究与分析。可行性研究需要从投资战略是否符合企业的发展战略、是否有可靠的资金来源、能否取得稳定的投资收益、投资风险是否处于可控或可承担范围内、投资活动的技术可行性、市场容量与前景等几个方面进行论证。

3. 投资方案决策

按照规定的权限和程序对投资项目进行决策审批，要通过分级审批、集体决策来进行，决策者应与方案制订者适当分离。重点审查投资方案是否可行、投资项目是否符合投资战略目标和规划、是否具有相应的资金能力、投入资金能否按时收回、预计收益能否实现，以及投资和并购风险是否可控等。重大投资项目，应当报经董事会或股东（大）会批准。投资方案需要经过有关管理部门审批的，应当履行相应的报批程序。

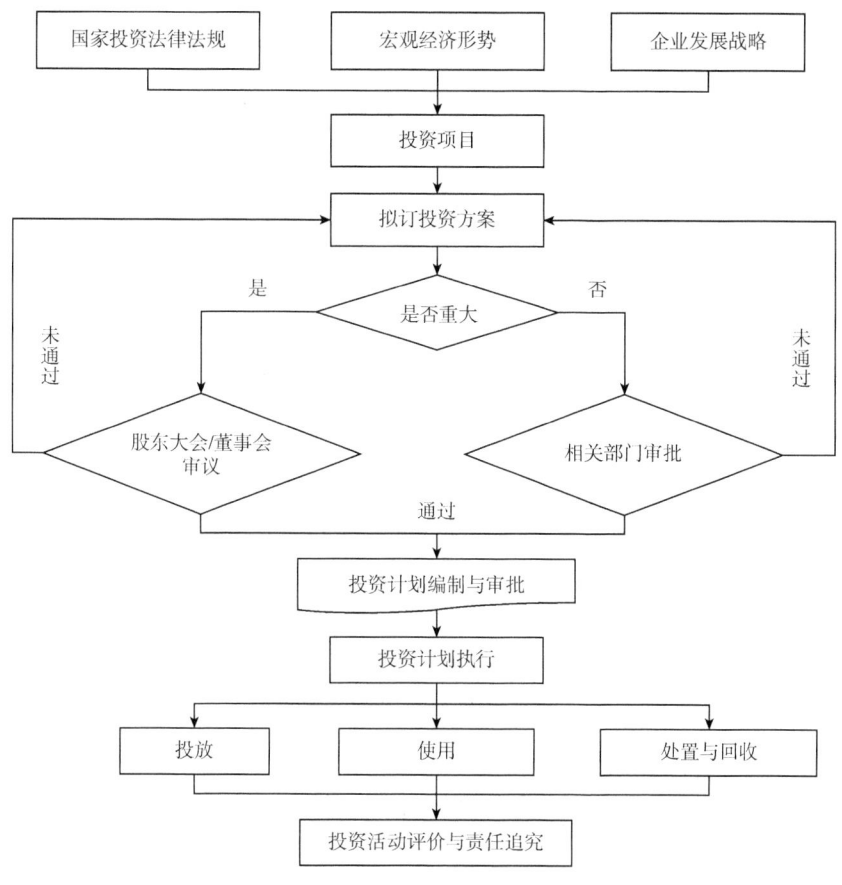

图 8-2 投资活动业务流程

4. 投资计划编制与审批

根据审批通过的投资方案，与被投资方签订投资合同或协议，编制详细的投资计划，落实不同阶段的资金投资数量、投资具体内容、项目进度、完成时间、质量标准与要求等，并按程序报经有关部门批准。签订投资合同。

5. 投资计划执行

投资项目往往周期较长，企业需要指定专门机构或人员对投资项目进行跟踪管理，进行有效管控。在投资项目执行过程中，必须加强对投资项目的管理，密切关注投资项目的市场条件和政策变化，准确做好投资项目的会计记录和处理。企业应及时收集被投资方经审计的财务报告等相关资料，定期组织投资效益分析，关注被投资方的财务状况、经营成果、现金流量以及投资合同履行情况，发现异常情况的，应当及时报告并妥善处理。同时，在项目实施中，还必须根据各种条件，准确对投资的价值进行评估，根据投资项目的公允价值进行会计记录。如果发生投资减值，应及时提取减值准备。

6. 投资项目的到期处置

对已到期投资项目的处置同样要经过相关审批流程，妥善处置并实现企业最大的经济收益。企业应加强投资收回和处置环节的控制，对投资收回、转让、核销等决策和审批程序做出明确规定。重视投资到期本金的回收；转让投资应当由相关机构或人员合理确定转让价格，报授权批准部门批准，必要时可委托具有相应资质的专门机构进行评估；核销投资应当取得不能收回投资的法律文书和相关证明文件。

（二）投资活动的主要风险及其控制措施

投资活动的主要风险及其控制措施表现在以下几个方面。

1. 投资活动与企业战略不符带来的风险

企业发展战略是企业投资活动、生产经营活动的指南和方向。企业投资活动应该以企业发展战略为导向，正确选择投资项目，合理确定投资规模，恰当权衡收益与风险。要突出主业，妥善选择并购目标，控制并购风险；要避免盲目投资，或者贪大求快，乱铺摊子，以及投资无所不及、无所不能的现象。

2. 投资与筹资在资金数量、期限、成本与收益上不匹配的风险

投资活动的资金需求，需要通过筹资予以满足。不同的筹资方式，可筹集资金的数量、偿还期限、筹资成本不一样，这就要求投资应量力而为，不可贪大求全，超过企业资金实力和筹资能力进行投资；投资的现金流量在数量和时间上要与筹资现金流量保持一致，以避免财务危机发生；投资收益要与筹资成本相匹配，保证筹资成本的足额补偿和投资盈利性。

3. 投资活动忽略资产结构与流动性的风险

企业的投资活动会形成特定资产，并由此影响企业的资产结构与资产流动性。对企业而言，资产流动性和盈利性是一对矛盾，这就要求企业投资中要恰当处理资产流动性和盈利性的关系，通过投资保持合理的资产结构，在保证企业资产适度流动性的前提下追求最大盈利性，这也就是投资风险与收益均衡问题。

4. 缺乏严密的授权审批制度和不相容职务分离制度的风险

授权审批制度是保证投资活动合法性和有效性的重要手段，不相容职务分离制度则通过相互监督与牵制，保证投资活动在严格控制下进行，这是堵塞漏洞、防止舞弊的重要手段。没有严格的授权审批制度和不相容职务分离制度，企业投资就会呈现出随意、无序、无效的状况，导致投资失误和企业生产经营失败。因此，授权审批制度和不相容职务分离制度是投资内部控制、防范风险的重要手段。同时，与投资责任制度相适应，还应建立严密的责任追究制度，使责权得到统一。

5. 缺乏严密的投资资产保管与会计记录的风险

投资是直接使用资金的行为，也是形成企业资产的过程，容易发生各种舞弊行为。在严密的授权审批制度和不相容职务分离制度以外，严密的投资资产保管制度和会计控制制

度,也是避免投资风险、保证投资成功的重要因素。企业应建立严密的资产保管制度,明确保管责任,建立健全账簿体系,严格账簿记录,通过账簿记录对投资资产进行详细、动态反映和控制。投资业务的关键风险控制点、控制目标和控制措施如表 8-2 所示。

表 8-2 投资业务的关键风险控制点、控制目标和控制措施

关键风险控制点	控制目标	控制措施
提出投资方案	进行投资方案可行性论证	1. 进行投资方案的战略性评估,包括是否与企业发展战略相符合 2. 投资规模、方向和时机是否适当 3. 对投资方案进行技术、市场、财务可行性研究,深入分析项目的技术可行性与先进性、市场容量与前景,以及项目预计现金流量、风险与报酬,比较或评价不同项目的可行性
投资方案审批	选择批准最优投资方案	1. 明确审批人对投资业务的授权批准方式、权限、程序和责任,不得越权 2. 审批中应实行集体决策审议或者联签制度 3. 与有关被投资方签署投资协议
编制投资计划	制订切实可行的具体投资计划,作为项目投资的控制依据	1. 核查企业当前资金额及正常生产经营预算对资金的需求量,积极筹措投资项目所需资金 2. 制订详细的投资计划,并根据授权审批制度报有关部门审批
实施投资方案	保证投资活动按计划合法、有序、有效进行	1. 根据投资计划进度,严格分期、按进度适时投放资金,严格控制资金流量和时间 2. 以投资计划为依据,按照职务分离制度和授权审批制度,各环节和各责任人正确履行审批监督责任,对项目实施过程进行监督和控制,防止各种舞弊行为,保证项目建设的质量和进度要求 3. 做好严密的会计记录,发挥会计控制的作用 4. 做好跟踪分析工作,及时评价投资的进展,将分析和评价的结果反馈给决策层,以便及时调整投资策略或制定投资退出策略
投资资产处置控制	保证投资资产的处理符合企业的利益	1. 投资资产的处置应该通过专业中介机构,选择相应的资产评估方法,客观评估投资价值,同时确定处置策略 2. 投资资产的处置必须经过董事会的授权批准

(三)投资业务的会计控制

企业应当按照会计准则的规定,准确进行投资的会计处理。根据对被投资方的影响程度,合理确定投资业务适用的会计政策,建立投资管理台账,详细记录投资对象、金额、期限、收益等事项,妥善保管投资合同或协议、出资证明等资料。对于被投资方出现财务状况恶化、市价当期大幅下跌等情形的,企业财会机构应当根据国家统一的会计准则和制度规定,合理计提减值准备、确认减值损失。具体包括:①企业必须按照会计准则的要求,对投资项目进行准确的会计核算、记录与报告,确定合理的会计政策,准确反映企业投资的真实状况;②企业应当妥善保管投资合同、协议、备忘录、出资证明等重要的法律文书;③企业应当建立投资管理台账,详细记录投资对象、金额、期限等情况,作为企业重要的档案资料以备查用;④企业应当密切关注投资项目的营运情况,一旦出现财务状况恶化、市价大幅下跌等情形,必须按会计准则的要求,合理计提减值准备。企业必须准确合理地对减值情况进行估计,而不应滥用会计估计,把减值准备作为调节利润的手段。

三、关于资金营运活动

企业资金营运内部控制的主要目标是：①保持生产经营各环节资金供求的动态平衡。企业应当将资金合理安排到采购、生产、销售等各环节，做到实物流和资金流的相互协调、资金收支在数量和时间上相互协调。②促进资金合理循环和周转，提高资金使用效率。资金只有在不断流动的过程中才能增值。加强资金营运的内部控制，就是要努力促使资金正常周转效率，为短期资金寻找适当的投资机会，避免出现资金闲置和沉淀等低效现象。③确保资金安全。企业的资金营运活动大多与流动资金尤其是货币资金相关，这些资金由于流动性很强，出现错弊的可能性更大，保护资金安全的要求更为迫切。

（一）资金营运活动的业务流程

企业资金营运活动是一种价值运动，为保证资金价值运动的安全、完整、有效，企业资金营运活动应按照设计严密的流程进行控制。

（1）资金收付需要以业务发生为基础。企业资金收付，应该有根有据，不能凭空付款或收款。所有收款或者付款需求，都由特定的业务引起，因此，有真实的业务发生，是资金收付的基础。

（2）企业授权部门审批。收款方应该向对方提交相关业务发生的票据或者证明，收取资金。资金支付涉及企业经济利益流出，应严格履行授权分级审批制度。不同责任人应该在自己授权范围内，审核业务的真实性、金额的准确性，以及申请人提交票据或者证明的合法性，严格监督资金支付。

（3）财务部门复核。财务部门收到经过企业授权部门审批签字的相关凭证或证明后，应再次复核业务的真实性、金额的准确性，以及相关票据的齐备性，相关手续的合法性和完整性，并签字认可。

（4）出纳或资金管理部门在收款人签字后，应根据相关凭证支付资金。

（二）资金营运内部控制的关键控制点及控制措施

资金营运内部控制的关键控制点及控制措施主要包括如下方面。

1. 审批控制点

把收支审批点作为关键点，是为了控制资金的流入和流出，审批权限的合理划分是资金营运活动业务顺利开展的前提条件。审批活动关键点包括：制订资金的限制接近措施，经办人员进行业务活动时应该得到授权审批，任何未经授权的人员不得办理资金收支业务；使用资金的部门应提出用款申请，记载用途、金额、时间等事项；经办人员在原始凭证上签章；经办部门负责人、主管总经理和财务部门负责人审批并签章。

2. 复核控制点

复核控制点是减少错误和舞弊的重要措施。根据企业内部层级的隶属关系可以划分为纵向复核和横向复核这两种类型。前者是指上级主管对下级活动的复核；后者是指平级或无上下级关系人员的相互核对,如财务系统内部的核对。复核关键点包括:资金营运活动会计主管审查原始凭证反映的收支业务是否真实合法,经审核通过并签字盖章后才能填制原始凭证;凭证上的主管、审核、出纳和制单等印章是否齐全。

3. 收付控制点

资金的收付导致资金流入流出,反映着资金的来龙去脉。该控制点包括:出纳人员按照审核后的原始凭证收付款,对已完成收付的凭证加盖戳记,并登记日记账;主管会计人员及时准确地记录在相关账簿中,定期与出纳人员的日记账核对。

4. 记账控制点

资金的凭证和账簿是反映企业资金流入流出的信息源,如果记账环节出现管理漏洞,很容易导致整个会计信息处理结果失真。记账控制点包括:出纳人员根据资金收付凭证登记日记账,会计人员根据相关凭证登记有关明细分类账,主管会计登记总分类账。

5. 对账控制点

对账是账簿记录系统的最后一个环节,也是报表生成的前一个环节,对保证会计信息的真实性起到重要作用。对账控制点包括账证核对、账账核对、账表核对和账实核对等。

6. 银行账户管理控制点

企业应当严格按照《支付结算办法》等国家有关规定,加强银行账户的管理,严格按规定开立账户,办理存款、取款和结算。银行账户管理的关键控制点包括银行账户的开立、使用和撤销是否有授权,下属企业或单位是否有账外账。

7. 票据与印章管理控制点

印章是明确责任、表明业务执行及完成情况的标记。印章的保管要贯彻不相容职务分离的原则,严禁将办理资金支付业务的相关印章和票据集中一人保管,印章要与空白票据分管,财务专用章要与企业法人章分管。

资金营运内部控制的关键风险控制点、控制目标和控制措施如表 8-3 所示。

表 8-3 资金营运内部控制的关键风险控制点、控制目标和控制措施

关键风险控制点	控制目标	控制措施
审批	合法性	未经授权不得经办资金收付业务;明确不同级别管理人员的权限
复核	真实性与合法性	会计对相关凭证进行横向复核和纵向复核
收支点	收入入账完整,支出手续完备	出纳根据审核后的相关收付款原始凭证收款和付款,并加盖戳记
记账	真实性	出纳人员根据资金收付凭证登记日记账,会计人员根据相关凭证登记有关明细分类账,主管会计登记总分类账
对账	真实性和财产安全	账证核对、账账核对、账表核对与账实核对

续表

关键风险控制点	控制目标	控制措施
保管	财产安全与完整	授权专人保管资金；定期、不定期盘点
银行账户管理	防范小金库；加强业务管控	开设、使用与撤销的授权；是否有账外账
票据与印章管理	财产安全	票据统一印制或购买；票据由专人保管；印章与空白票据分管；财务专用章与企业法人章分管

总之，强化企业资金管理，控制资金风险，保障资金安全，发挥资金规模效益，有利于企业宏观掌握和控制资金筹措、运用及综合平衡，促进企业可持续健康发展。

第三节 资金活动案例分析

案例一

×××公司银行存款控制制度范例

银行存款控制制度对企业银行存款控制工作及相关人员的权责做出了具体规范，有利于保证企业资金安全与有效使用。

下面是某企业银行存款控制制度，供读者参考。

银行存款控制制度

第1章 总则

第1条 为规范企业的银行存款业务，防范因银行存款管理不规范给企业造成的资金损失，确保企业资金的安全与有效使用，特制定本制度。

第2条 本制度适用于涉及银行存款业务的相关事项。

第3条 本制度中的银行存款是指企业存放在银行或其他金融机构的货币资金。

第2章 银行账户管理规定

第4条 企业银行账户开户工作统一由财务部负责，日常管理也由财务部指定专人负责。

第5条 企业开设账户审批程序示意图，如图8-3所示。

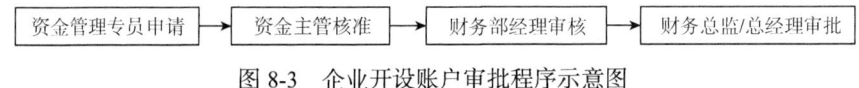

图8-3 企业开设账户审批程序示意图

第6条 企业银行账户应依据国家有关规定开立，并用于办理结算业务、资金信贷和现金收付，具体可设基本存款账户、一般存款账户、临时存款账户与专用存款账户，各账户功能如下。

（1）基本存款账户。基本存款账户是办理企业日常转账结算与现金支付的账户，如日常经营活动的资金支付，工资、奖金等现金的支取等。

（2）一般存款账户。一般存款账户办理企业的借款转存、借款归还和其他结算的资金收付，此账户只可办理现金缴存，不可办理现金支付。

（3）临时存款账户。临时存款账户办理临时机构或存款人临时经营活动发生的资金收付，在国家现金管理的规定范围内可办理现金支取。

（4）专用存款账户。专用存款账户是企业为特定用途资金进行管理和使用而开设的，如基本建设资金、更新改造资金、证券交易结算资金、期货交易保证金、信托资金、社保基金和住房基金等。

第7条　资金管理人员开设企业银行账户时要根据上述审批程序进行，需有各级管理人员的审批意见，不得私自以企业名义开设账户。特殊情况下需开立的，须经总经理批准。

第8条　开立银行账户，开户银行要尽量选择全国性的大银行。

第9条　银行账户的账号必须保密，非因业务需要不准外泄。财务部应定期检查银行账户开设及使用情况，对不再需要使用的账户，及时清理销户。检查中一旦发现问题，应及时处理。

第10条　办理企业银行账户的开户、存储资金的分配、销户等业务都要立足于和银行发展长期的合作关系，不得随便因个人关系转换银行。

第11条　财务经理牵头组织资金主管与审计人员组成审查小组，不定期地审查银行账户，发现私开账户，不按规定及时清理、撤销账户等问题时应严肃处理，涉及犯罪的移交司法机关处理，并追究当事人的责任。

第3章　银行存款业务办理管理

第12条　银行存款业务办理人员要严格遵守国家有关规定与企业资金管理的各项规定，银行账户仅供企业收支结算使用，不得出借银行账户给外单位或个人使用，不得为外单位或个人代收代支、转账套现。

第13条　企业与银行签订的结算合同中需要明确款项收付的结算工具、结算方式、结算时间等内容。

第14条　财务人员、业务人员应严格审查收到的支票或银行汇票等票据的合法性，以免收进假票或无效票。

第15条　企业各部门的业务或日常费用付款，需预先领用支票或汇票的，申请人应填写付款申请单，由相关领导审批后，交由出纳办理，申请单中至少要列明用途、金额和收款单位，银行票据应分别加盖财务章及法定代表人名章。持票人领取票据后，须在票据存根上签字确认。

第16条　出纳人员在办理结算业务前选择合适的结算方式或结算工具并在办理业务后取得结算凭证，如银行回单联等。

第17条　会计人员根据相关的原始凭证与结算凭证编制记账凭证。

第18条　出纳人员应逐日逐笔登记银行日记账，并每日结出余额。

第19条　出纳人员不慎将结算凭证丢失后，应及时上报以方便财务部门采取挂失止损等补救措施。否则若给企业造成损失，后果应由出纳人员自己承担。

第20条　资金管理专员定期通过企业银行存款日记账与银行对账单逐笔勾销的方式对账，每月至少核对一次。查明未达账项及其原因，编制"银行存款余额调节表"。银行存款余额调节表及对账单应每月装订入册。

第 21 条　企业与银行对账时发现错误的处理办法如下。

（1）记账错误的处理办法：上报财务经理，查明原因并进行处理、改正。

（2）收付款结算凭证在企业与银行之间传递需要时间，这会造成记账时间上的先后，即一方记账而另一方未记账。处理办法：编制银行存款余额表进行调节。

第 22 条　财务经理安排人员组成清查小组，不定期地审查企业银行存款余额与银行存款相关账目是否一致。

第 23 条　审计人员负责审核银行存款结算业务，具体的审核内容包括以下四个方面。

（1）银行存款业务的原始凭证、记账凭证、结算凭证是否一致。

（2）银行存款业务的手续是否齐备。

（3）银行存款业务的相关凭证与相关账目是否一致。

（4）银行存款总账与企业的银行存款相关账目、银行存款余额调节表是否一致。

第 4 章　网上银行存款的管理

第 24 条　开办网上银行账户须严格按照开设银行账户的审批流程审批。

第 25 条　网上银行存款业务的审批与管理严格按普通银行存款的相关管理规定执行。

第 26 条　网上银行的银行存款业务至少设操作员、复核员与转账员三级。

第 27 条　电子银行卡与密码的保管人员不得将卡交予其他人员，密码需定期更换。若电子银行卡丢失，需及时挂失并上报，否则后果应由保管人员承担。

第 5 章　附则

第 28 条　本制度由公司财务部负责制定、修订及解释。

第 29 条　本制度自董事会通过之日起执行。

案例二

ABC 股份公司投资

ABC 股份公司对×有限公司持有 52%的股权，×公司董事会成员由 5 人组成，其中甲乙两人由 ABC 公司派出；×公司的总经理（同时也是董事长甲）和财务负责人由 ABC 公司派出人员担任。ABC 公司对×公司合并报表。×公司董事会在两人缺席的情况下（其中一人为 ABC 派出的乙），做出用×公司的主要经营，用固定资产对外投资的决策，并由 3 位董事在决议上签字，从表面上看×公司董事会决议已半数通过，但是 ABC 公司对该项投资业务除了甲了解情况外，没有其他人知晓，使得×公司该项投资业务脱离了 ABC 公司的控制和决策之外。

【案例分析】

本案例中 ABC 公司对×公司投资虽然派出专门人员对投资项目进行跟踪管理，掌握被投资单位的全面情况，但仍然存在失控点，即未在任何文件中对派出人员的权限和责任范围做出明确规定，×公司的重大决策不能在 ABC 公司的董事会或股东会上讨论及决策，使得 ABC 公司对×公司的控制和管理流于形式，对×公司的控制只是 ABC 公司派出人员的个人行为。

针对本案例的情况，对照财政部关于投资活动的控制要求，对 ABC 公司建议如下。

第一，作为集团公司，ABC公司应建立符合集团管理的一系列管理制度，如投资管理制度、高管人员管理制度，建立对外投资业务授权审批制度，明确授权批准的方式、程序和相关控制措施，规定审批人员的权限、责任及经办人员的职责范围和工作要求，审批人应当根据对外投资授权审批制度的规定，在授权范围内进行审批，不得超越审批权限，经办人应当在职责范围内，按照审批人的批准意见办理对外投资业务。

第二，加强对外投资管理的内部控制制度，明确投资项目在运行各个阶段相关部门及人员的权限和职责范围，使权利与责任相互适应，并落实到具体人员，规定派出人员的职责，并将职责限制在被投资单位董事会表决的权限范围内，超出权限范围内的，必须以书面形式请示公司相应的权力部门，并获取书面答复，派出董事应代表派出单位进行表决。

第三，ABC公司应明确集团公司经营战略目标及投资方向，使派出人员在被投资单位行使职责时更能与集团公司的经营目标一致。

第四，修改控股公司的章程，在章程中明确被投资单位的决策权限，从法律角度进行控制，规定控股公司召开董事会之前10天书面通知董事会决策事项，在做出重大决策时每一位董事对董事会决议内容都有知情权，以保证被投资单位每项重大决策都应由全体董事进行表决，缺席董事应将本人意见以书面形式送达董事会或以书面形式委托其他董事进行表决。而派出董事应该根据批准的权限将被投资公司董事会即将表决的重大决策提交母公司董事会或相关决策层做出决定，可有效防止个人行为高于制度之上和董事会对重大事项的表决只是由部门董事决定的现象。

第五，ABC公司应设立相应监督部门定期跟踪检查制度，监督检查对外投资业务授权审批制度的执行情况。重点检查分级授权是否合理、对外投资的授权批准手续是否健全、是否存在越权审批等，从而使内部控制制度能够有效实施，而不是流于形式。

本 章 小 结

企业的财务活动中，资金始终是一项值得高度重视的资产。资金活动主要包括筹资活动、投资活动和资金营运等内容。在资金活动中存在诸多潜在风险，为了防范和控制资金风险，提高资金使用效益，企业应该加强对资金活动的内部控制制度建设。

本章分别对筹资、投资和资金营运管理等活动的内容进行了阐述，根据资金活动的特点，企业应关注资金活动中涉及的下列风险：筹资决策不当，引发资本结构不合理，可能导致企业筹资成本过高或者债务危机；投资决策失误，引发盲目扩张或丧失发展机遇，可能导致资金链断裂或资金使用效益低下；资金调度不合理，营运不畅，可能导致企业陷入财务困境或资金冗余；资金活动管控不严，可能导致资金被挪用、侵占、抽逃或遭受欺诈。企业在资金管理过程中，应针对筹资、投资、资金营运管理的环节控制的关键点分别实施控制措施，将各种资金风险降低到企业可接受的范围。最后以案例分析形式阐述了资金活动应用指引在内部控制中的应用，以及发挥的重要作用。

复习思考题

一、简答题

1. 简述资金活动的基本内容。
2. 浅谈企业构建资金控制制度对企业的意义。
3. 简述筹资活动控制的关键点及应对措施。

二、案例分析

A 公司属于国有控股的有限责任公司，2016 年 3 月聘请某会计师事务所在年报审计时对公司内部控制制度的健全和有效性进行检查与评价。检查中发现以下问题。

（1）2015 年 1 月，公司在总经理王某的推动下进入期货市场，公司高层管理人员对期货交易并不十分了解，仅仅是根据当前市场的行情进行大额投资。公司董事会虽然知道公司进行期货投资，但总经理并没有向董事会报告，董事会也没有及时制止。

（2）2015 年 6 月，该公司董事长刘某经朋友介绍认识了自称是甲投资公司（以下简称"甲公司"）总经理的彭某，双方约定，由 A 公司向甲公司投入 1000 万元，期限 1 年，无论资金的回报如何，甲公司均按固定收益率 20%支付给 A 公司收益。考虑到这项投资能给公司带来巨额回报，且收益固定，为避免错失良机，刘某指令财会部先将 1000 万元资金汇往甲公司，之后再向董事会补办报批手续、补签投资协议。财会部汇出资金后向对方核实是否收到汇款时，却始终找不到彭某。后经查实，甲公司纯系子虚乌有。

（3）2015 年 5 月，为加强财务管理，公司规定会计人员和出纳人员分设，出纳人员不得兼任账目登记工作，A 公司的银行预留印鉴的印章和票据全部由财务经理统一保管。

（4）2015 年 8 月，A 公司有一笔对外提供重大担保的业务，根据公司相关控制制度的规定，由总经理批准。后经查实，被担保方已资不抵债，给公司带来较大资产损失。

要求：

根据上述事项，分析 A 公司在资金控制方面是否存在缺陷，如果存在，请说明理由。

第九章

采购业务指引

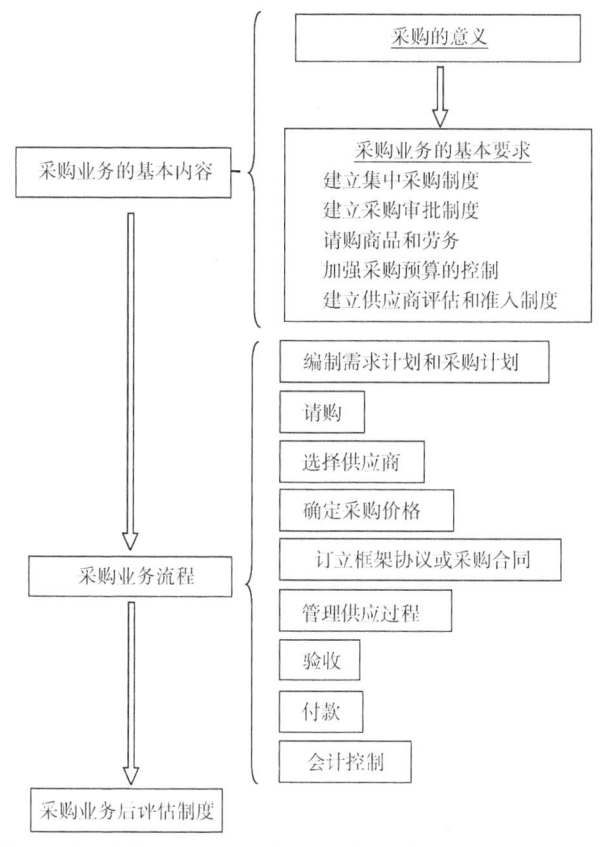

《企业内部控制应用指引第7号——采购业务》中所称采购,是指企业购买物资(或接受劳务)及支付款项等相关活动。其中,物资主要包括企业的原材料、商品、工程物资、固定资产等。采购是企业生产经营的起点,既是企业"实物流"的主要组成部分,又与"资金流"密切关联。众所周知,采购物资的质量和价格、供应商的选择、采购合同的订立、物资的运输、验收等供应链状况,在很大程度上决定了企业的生存与可持续发展。采购流程的环节虽不很复杂,但蕴藏的风险却是巨大的。基于以上考虑,《企业内部控制应用指引第7号——采购业务》对采购的主要流程进行了梳理,明确了采购业务的主要风险点,有针对性地提出了相应的控制措施。企业在健全采购业务内部控制时,应当比照健全资金、资产业务内部控制，着力从全面梳理相关流程入手。在此过程中，企业应当对采购业务管理现状进行全面分析与评价，既要对照现有采购管理制度，检查相关管理要求是否落实到位，又要审视相关管理流程是否科学合理，是否能够较好地保证物资和劳务供应顺畅，物资采购是否能够与生产和销售等供应链其他环节紧密衔接。在此基础上，要着力健全各项采购业务管理制度，落实责任制，不断提高制度执行力，确保物资和劳务采购按质、按量、按时与经济高效地满足生产经营的需要。

【重要概念】 采购制度　采购预算　供应商评估和准入制度

第一节　采购业务的基本内容

一、采购的意义

采购，是指企业购买物资（或接受劳务）及支付款项等相关活动。

采购环节是企业生产经营活动的起点，是企业生产经营活动得以顺利进行的前提保障，企业采购成本在总成本费用中的比例较高，往往占到一半以上，所以应加强采购业务的管理。

二、采购业务的基本要求

企业在进行采购业务时应遵循以下基本要求。

1. 建立集中采购制度

企业的采购业务应尽量集中，避免多头采购或分散采购，以提高采购业务效率，降低采购成本，堵塞管理漏洞。

2. 建立采购审批制度

依据购买物资或接受劳务的类型，确定归口管理部门，明确相关部门或人员的职责权限及相应的请购和审批程序。例如，采购部负责企业所需物资的采购工作；财务部负责采购物资的货款支付工作；物资使用部门和仓库部门提出采购申请；财务总监、总裁根据权限审批采购项目。

3. 请购商品和劳务

企业应根据请购商品和劳务的特殊性分别进行采购设计。

（1）原材料或零配件购进。由生产部门提出申请，材料保管人员收到请购单结合库存，同意请购。

（2）临时性物品的购进。由使用部门直接提出，不需仓储部门同意，但请购单要由使用部门主管签字，并需经资金预算的负责人员审核签字后，才能办理采购手续。

（3）由同一服务机构或公司所提供的某些经常性服务项目的购进。如公用事业等服务项目，请购手续的处理通常是一次性的。使用部门提出请购单，由负责资金预算的部门进行审批。

（4）特殊服务项的购进。如保险、广告、法律和审计服务等，一般由企业最高负责人审批,其中审计服务由审计委员会审批。

(5) 资本支出和租赁合同。对这类业务,通常要求做特别授权,只允许指定人员提出请购。对重要的技术性较强的应当组织专家进行论证,实行集体决策和审批。

4. 加强采购预算的控制

为了避免盲目采购、控制采购成本、保证合理采购需求,企业应建立采购预算制度。采购预算是采购部门为配合企业年度销售预算预测或生产数量,对所需原料、物料、零件、劳务等的数量及成本编制的货币形式进行具体、系统反映的数量计划,有利于企业整体目标的实现及资源的合理配置。采购预算管理是企业预算管理的一个分支,应与预算系统的其他系统相互协调。

首先,企业应根据企业经营目标编制采购预算。企业根据经营目标确定采购预算项目、建立预算标准,采用一定的编制方法和程序,将企业在未来一定时期内应达到的具体采购目标以数量和货币的形式表现出来。根据企业的年度销售计划,相关使用部门(生产部门、开发部门、管理部门等)填写本部门的"采购预算申请单",上交采购部。采购员汇总、整理各部门采购预算后,编制采购总预算,经采购经理补充完善后,交财务部和预算管理委员会逐一核准,采购员在此基础上调整、完善采购预算,上交总裁审批。

其次,执行采购预算。企业需要将审批的各项采购预算指标及时下达给相关责任部门及人员,并实行预算执行的授权。在预算执行过程中应实行责权利相结合,并监控预算执行过程。

再次,企业要定期分析和调整采购预算差异。在预算执行过程中,采购部要根据业务、统计和财务部门核算的实际数据,即预算的实际执行结果与预算数进行比较,编制预决算分析报告。如果有差异,要分析差异产生的原因和责任归属,制订控制差异或调整预算的具体措施。

最后,企业要随时对采购预算资金进行监控。采购预算资金控制主要有以下四点要求。

(1) 在采购预算资金控制中,必须对采购预算资金实行责任人限额审批制度。

(2) 部门负责人只能在自己的限额内进行审批,限额以上的应按企业请购审批制度进行办理,严格控制预算外的资金支出。

(3) 对于预算内的采购项目,请购部门应严格按照预算执行进度办理请购手续。

(4) 对于超预算和预算外的采购项目,采购部及财务部对需求部门提出的申请进行审核后,交总裁审批,之后再办理请购手续。

5. 建立供应商评估和准入制度

企业根据市场情况和采购计划合理选择采购方式,建立科学的采购物资定价机制,并根据确定的供应商、采购方式、采购价格等情况签订采购合同,明确双方权利、义务和违约责任。

企业的采购方式一般有订单采购、合同订货、直接采购、比质比价采购和紧急采购五种方式。

(1) 订单采购。采购部根据批准的请购单签发订购单,订购单上注明求购商品或劳务的具体项目、价格、数量、交货时间等,送交供应商并表明购买意愿。供应商按照订单上面的要求生产、供应商品或劳务。在将订单提交给供应商之前还应由财务部门检查订单的合理性。

（2）合同订货。采购部与供应商通过谈判就采购货物的质量、数量、价格水平、运输条件、结算方式等各项内容达成一致，并且以购销合同的形式确定下来，购销双方共同遵守。供应商按合同提供货物并取得货款，企业按合同验收货物并支付款项。

（3）直接采购。采购人员根据批准的请购单，就其所列货物直接向供应商购买。

（4）比质比价采购。选择3家以上的供应商，就其质量、价格、供货期等进行对比分析，在符合质量标准的前提下，选择价格最低的供应商。

（5）紧急采购。因紧急情况，需要以最快的速度使采购商品或劳务到位。紧急采购方式一般只在临时性、突发性情况下采用。

企业可以依据以下几种情况，选择适合企业自身的采购方式。

（1）根据商品或劳务的性质及其供应情况确定采购方式。

（2）一般商品或劳务的采购应采用订单采购或合同订货等方式。

（3）小额零星商品或劳务的采购可以采用直接采购等方式。

（4）重要商品或劳务的采购以及政策性采购等应当经过决策论证和特殊的审批程序后，采用订单采购、合同订货或比质比价采购方式进行。

（5）大宗原料、燃料和辅料的采购，基建或技改项目主要物资的采购，以及其他金额较大的大宗物资采购采用比质比价采购方式。

另外，企业在采购控制的过程中，对供应商的选择和控制也是非常重要的内容之一。

供应商的选择具有以下重要意义。

（1）供应商供应顺畅，才不会造成停工待料。

（2）进料品质的稳定，才可以提高成品的品质以及市场的竞争力。

（3）交货数量的符合，才会使公司生产数量准确。

（4）交期的准确，可以保障公司对客户的承诺。

（5）合理的成本，可提高产品的竞争力。

（6）各项工作的协调，可使双方配合工作顺利。

供应商在选择时，应注意选择标准。一般供应商的选择标准主要有以下几个方面。

（1）优秀的企业领导人，企业才能稳定成长。

（2）高素质的管理干部，企业才会有效率与活力。

（3）稳定的员工群体，才有良好的品质。

（4）良好的机器设备，品质更可以保证。

（5）良好的技术，才能使产品品质更有保障与成本降低。

（6）良好的管理制度，才会激励员工士气。

（7）良好的互动，可以使双方更紧密地配合。

【例9-1】 某大型企业的供应商控制方法。

（1）驻厂。

（2）定期或不定期到工厂进行检查。

（3）设监督点对特殊的工序进行检查。

(4) 要求供应商及时报告生产状况。

(5) 组织管理技术人员对供应商进行辅导。

(6) 进料检查。

(7) 要求供应商提供生产日报表与检验日报表，在5分钟内传真到采购部。

6. 建立严格的采购验收制度

确定检验方式，质量管理部门和相关使用部门对所购货物或劳务等的品种、规格、数量、质量和其他相关内容进行验收。对于验收过程中发现的异常情况，验收人员应当立即向采购部或有关部门报告，采购部或有关部门应当查明原因并及时处理。

验收异常情况通常指验收过程中如发现所载的货物与"装箱单""订购单"或合同所载内容不符，应通知办理采购的人员及相关部门进行处理。验收过程中发现货物有倾覆、破损、变质、受潮等异常情况而且达到一定程度时，验收人员应及时通知采购人员联络公证处前来公证或通知供应商前来处理，并尽可能维持其状态以利于公证作业。对于验收不合标准的货物，检验人员应贴上不合格标签，并于"材料检验报告单"上注明不良原因，经负责人核实后通知采购部门送回货物办理退货。

7. 加强采购付款的管理

企业应明确付款审核人的责任和权利，严格审核采购预算、合同、相关单据凭证、审批程序等内容，审核无误后按照合同规定及时办理付款。

8. 建立退货管理制度

企业应对退货条件、退货手续、货物出库、退货货款回收等做出明确规定，并在采购合同中明确退货事宜，及时收回退货货款。

采购物资出现质量问题后，企业应按退货管理制度的相关规定办理退货。验收人员应该严格按照企业的验收标准进行验收，不符合企业验收标准的货物为不合格货物。对于不合格货物应办理退货，涉及事项主要包括数量与质量两个方面。

对于数量上的短缺，采购员应该与供应商联系，要求供应商予以补足，或在价款上予以扣减。

对于质量上的问题，采购员应该首先通知使用部门不能使用该批货物，然后与使用部门、质量管理部门、相关管理部门联系，决定是退货还是要求供应商给予适当的折扣。

第二节 采购业务流程及关键控制点

采购业务流程主要涉及编制需求计划和采购计划、请购、选择供应商、确定采购价格、订立框架协议或采购合同、管理供应过程、验收、退货、付款、会计控制等环节（图9-1）。采购流程适应于各类企业的一般采购业务，具有通用性。企业在实际开展采购业务时，可以参考如图9-1所示流程，并结合自身情况予以扩充和具体化。

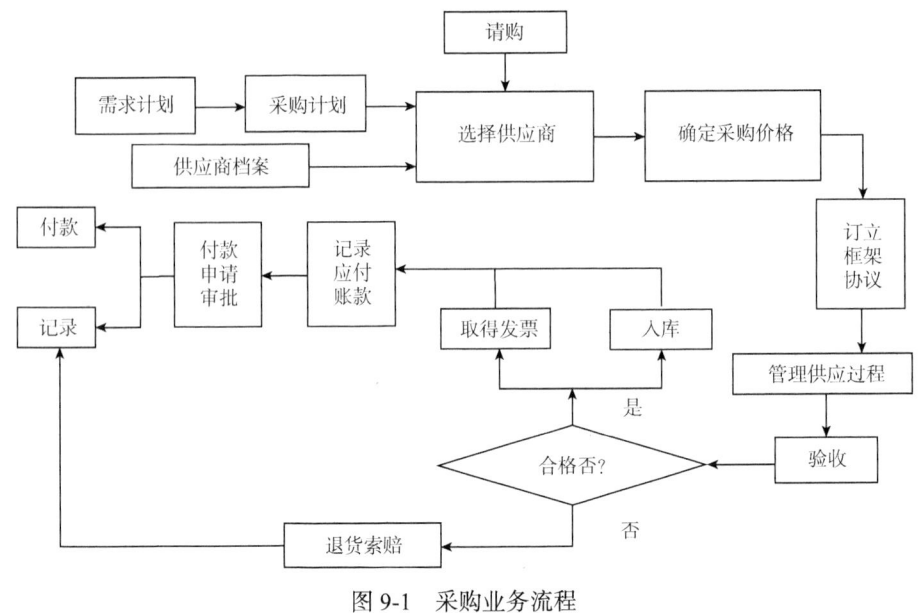

图 9-1 采购业务流程

采购活动采购与验收内部控制如图 9-2 所示。

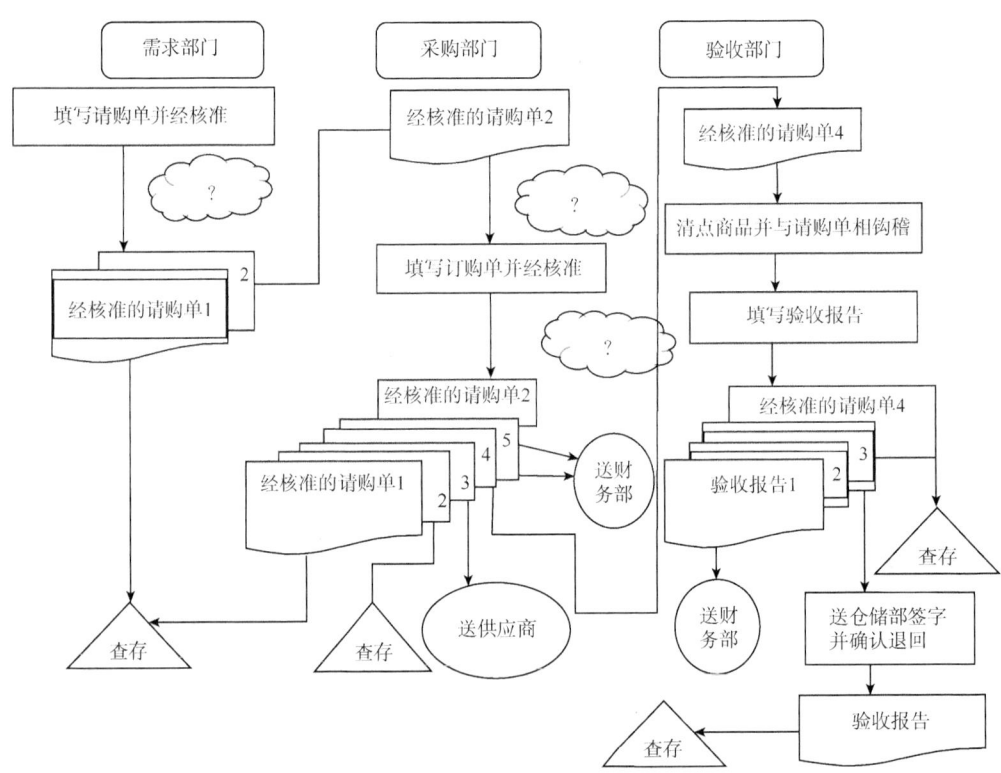

图 9-2 采购活动采购与验收内部控制

在采购阶段,需求部门必须要填写请购单并经核准才能采购,采购部门接到请购单后,要填写请购单和订购单,订购单经核准后送供应商,进入采购环节,然后开展订货,货到后，验收入库，根据财务部规定，财务部收集经核准的请购单等资料；验收部验收并核对相关文件，最后财务部门根据审核后的单据资料记账，验收合格并经批准支付相关款项。财务部门在采购业务中的内部控制如图9-3所示。

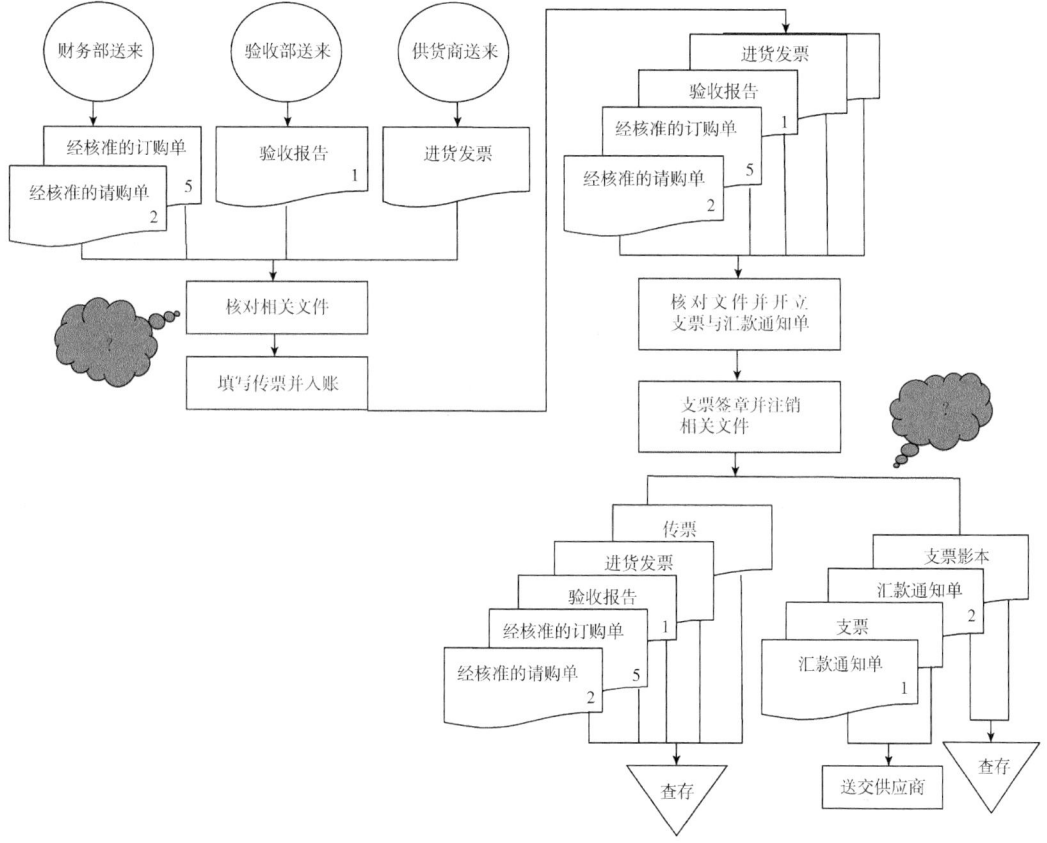

图 9-3 财务部门在采购业务中的内部控制

一、各环节的主要风险点及管理措施

各环节的主要风险点及管理措施如下。

（一）编制需求计划和采购计划

采购业务从计划（或预算）开始，包括需求计划和采购计划。企业实务中，需求部门一般根据生产经营需要向采购部门提出物资需求计划，采购部门根据该需求计划归类汇总平衡现有库存物资后，统筹安排采购计划，并按规定的权限和程序审批后执行。该环节的主要风险是：需求或采购计划不合理、不按实际需求安排采购或随意超计划采购，甚至与企业生产经营计划不协调等。主要管控措施有：①生产、经营、项目建设等部门，应当根据实际需求准确、及时编制需求计划。需求部门提出需求计划时，不能指定或变相指定供应商。对独家代理、专有、专利等特殊产品应提供相应的独家、专有资料，经专业技术部门研讨后，由具备相应审批权限的部门或人员审批。②采购计划是企业年度生产经营计划的一部分，在制订年度生产经营计划过程中，企业应当根据发展目标实际需要，结合库存和在途情况，科学安排采购计划，防止采购过高或过低。③采购计划应纳入采购预算管理，经相关负责人审批后，作为企业刚性指令严格执行。

（二）请购

请购是指企业生产经营部门根据采购计划和实际需要提出的采购申请。该环节的主要风险是：缺乏采购申请制度，请购未经适当审批或超越授权审批，可能导致采购物资过量或短缺，影响企业正常生产经营。主要管控措施有：①建立采购申请制度，依据购买物资或接受劳务的类型，确定归口管理部门，授予相应的请购权，明确相关部门或人员的职责权限及相应的请购程序。企业可以根据实际需要设置专门的请购部门，对需求部门提出的采购需求进行审核，并进行归类汇总，统筹安排企业的采购计划。②具有请购权的部门对于预算内采购项目，应当严格按照预算执行进度办理请购手续，并根据市场变化提出合理的采购申请。对于超预算和预算外采购项目，应先履行预算调整程序，由具备相应审批权限的部门或人员审批后，再行办理请购手续。③具备相应审批权限的部门或人员审批采购申请时，应重点关注采购申请内容是否准确、完整，是否符合生产经营需要，是否符合采购计划，是否在采购预算范围内等。对不符合规定的采购申请，应要求请购部门调整请购内容或拒绝批准。

（三）选择供应商

选择供应商，也就是确定采购渠道。它是企业采购业务流程中非常重要的环节。该环节的主要风险是：供应商选择不当，可能导致采购物资质次价高，甚至出现舞弊行为。主要管控措施有：①建立科学的供应商评估和准入制度，对供应商资质信誉情况的真实性和合法性进行审查，确定合格的供应商清单，健全企业统一的供应商网络。企业新增供应商的市场准入、供应商新增服务关系以及调整供应商物资目录，都要由采购部门根据需要提出申请，并按规定的权限和程序审核批准后，纳入供应商网络。企业可以委托具有相应资质的中介机构对供应商进行资信调查。②采购部门应当按照公平、公正和竞争的原则，择优确定供应商，在切实防范舞弊风险的基础上，与供应商签订质量保证协议。③建立供应商管理信息系统和供应商淘汰制度，对供应商提供物资或劳务的质量、价格、交货及时性、供货条件及其资信、经营状况等进行实时管理和考核评价，根据考核评价结果，提出供应商淘汰和更换名单，经审批后对供应商进行合理选择和调整，并在供应商管理系统中做出相应的记录。

（四）确定采购价格

确定采购价格环节的主要风险是：采购定价机制不科学，采购定价方式选择不当，缺乏对重要物资品种价格的跟踪监控，引起采购价格不合理，可能造成企业资金损失。主要管控措施有：①健全采购定价机制，采取协议采购、招标采购、询比价采购、动态竞价采购等多种方式，科学合理地确定采购价格。对标准化程度高、需求计划性强、价格相对稳定的物资，通过招标、联合谈判等公开、竞争方式签订框架协议。②采购部门应当定期研究大宗通用重要物资的成本构成与市场价格变动趋势，确定重要物资品种的采购执行价格或参考价格。建立采购价格数据库，定期开展重要物资的市场供求形势及价格走势商情分析并合理利用。

（五）订立框架协议或采购合同

框架协议是企业与供应商之间为建立长期物资购销关系而做出的一种约定。采购合同是指企业根据采购需要、确定的供应商、采购方式、采购价格等情况与供应商签订的具有法律约束力的协议，该协议对双方的权利、义务和违约责任等情况做出了明确规定（企业向供应商支付合同规定的金额、结算方式，供应商按照约定时间、期限、数量和质量、规格交付物资给采购方）。该环节的主要风险是：框架协议签订不当，可能导致物资采购不顺畅；未经授权对外订立采购合同，合同对方主体资格、履约能力等未达到要求、合同内容存在重大疏漏和欺诈，可能导致企业合法权益受到侵害。主要管控措施有：①对拟签订框架协议的供应商的主体资格、信用状况等进行风险评估；框架协议的签订应引入竞争制度，确保供应商具备履约能力。②根据确定的供应商、采购方式、采购价格等情况，拟定采购合同，准确描述合同条款，明确双方权利、义务和违约责任，按照规定权限签署采购合同。对于影响重大，涉及较高专业技术或法律关系复杂的合同，应当组织法律、技术、财会等专业人员参与谈判，必要时可聘请外部专家参与相关工作。③对重要物资验收量与合同量之间允许的差异，应当做出统一的规定。

（六）管理供应过程

管理供应过程主要是指企业建立严格的采购合同跟踪制度，科学评价供应商的供货情况，并根据合理选择的运输工具和运输方式，办理运输、投保等事宜，实时掌握物资采购供应过程的情况。该环节的主要风险是：缺乏对采购合同履行情况的有效跟踪，运输方式选择不合理，忽视运输过程保险风险，可能导致采购物资损失或无法保证供应。主要管控措施有：①依据采购合同中确定的主要条款跟踪合同履行情况，对有可能影响生产或工程进度的异常情况，应出具书面报告并及时提出解决方案，采取必要措施，保证需求物资及时供应。②对重要物资建立并执行合同履约过程中的巡视、点检和监造制度。对需要监造的物资，择优确定监造单位，签订监造合同，落实监造责任人，审核确认监造大纲，审定监造报告，并及时向技术等部门通报。③根据生产建设进度和采购物资特性等因素，选择合理的运输工具和运输方式，办理运输、投保等事宜。④实行全过程的采购登记制度或信息化管理，确保采购过程的可追溯性。

（七）验收

验收是指企业对采购物资和劳务的检验接收，以确保其符合合同相关规定或产品质量要求。该环节的主要风险是：验收标准不明确、验收程序不规范、对验收中存在的异常情况不做处理，可能造成账实不符、采购物资损失。主要管控措施有：①制定明确的采购验收标准，结合物资特性确定必检物资目录，规定此类物资出具质量检验报告后方可入库。②验收机构或人员应当根据采购合同及质量检验部门出具的质量检验证明，重点关注采购合同发票等原始单据与采购物资的数量、质量、规格、型号等核对一致。对验收合格的物资，填制入库凭证，加盖物资"收讫章"，登记实物账，及时将入库凭证传递给财务部门。物资入库前，采购部门需检查质量保证书、商检证书或合格证等证明文件。验收涉及技术性强的、大宗的和新、特物资，还应进行专业测试，必要时可委托具有检验资质的机构或聘请外部专家协助验收。③对于验收过程中发现的异常情况，如无采购合同或大额超采购合同的物资、超采购预算采购的物资、损毁的物资等，验收机构或人员应当立即向企业有权管理的相关机构报告，相关机构应当查明原因并及时处理。对于不合格物资，采购部门依据检验结果办理让步接收、退货、索赔等事宜。对延迟交货造成生产建设损失的，采购部门要按照合同约定索赔。

（八）付款

付款是指企业在对采购预算、合同、相关单据凭证、审批程序等内容审核无误后，按照采购合同规定及时向供应商办理支付款项的过程。该环节的主要风险是：付款审核不严格、付款方式不恰当、付款金额控制不严，可能导致企业资金损失或信用受损。主要管控措施有：企业应当加强采购付款管理，完善付款流程，明确付款审核人的责任和权利，严格审核采购预算、合同、相关单据凭证、审批程序等相关内容，审核无误后按照合同规定，合理选择付款方式，及时办理付款。要着力关注以下几个方面：①严格审查采购发票等票据的真实性、合理性、有效性，判断采购款项是否确实应予支付。例如，审查发票填制的内容是否与发票种类相符合、发票加盖的印章是否与票据的种类相符合等。企业应当重视采购付款的过程控制和跟踪管理，如果发现异常情况，应当拒绝向供应商付款，避免出现资金损失和信用受损。②根据国家有关支付结算的相关规定和企业生产经营的实际，合理选择付款方式，并严格遵循合同规定，防范付款方式不当带来的法律风险，保证资金安全。除了不足转账起点金额的采购可以支付现金外，采购价款应通过银行办理转账。③加强预付账款和定金管理，涉及大额或长期的预付款项，应当定期进行追踪核查，综合分析预付账款的期限、占用款项的合理性、不可收回风险等情况，发现有疑问的预付款项，应当及时采取措施，尽快收回款项。

（九）会计控制

会计控制主要指采购业务会计系统控制。该环节的主要风险是：缺乏有效的采购会计系统控制，未能全面真实地记录和反映企业采购各环节的资金流与实物流情况，相关会计记录与相关采购记录、仓储记录不一致，可能导致企业采购业务未能如实反映，以及采购物资和资金受损。主要管控措施有：①企业应当加强对购买、验收、付款业务的会计系统管制，详细记录供应商情况、采购申请、采购合同、验收证明、采购通知、入库凭证、退货情况、商业票据、款项支付情况，做好采购业务各环节记录，确保会计记录、采购记录与仓储记录核对一致。②指定专人通过函证等方式，定期向供应商寄发对账函，核对应付账款，应付票据、预付账款等往来款项，对供应商提出异议应及时查明原因，报有权管理的部门或人员批准后，做出相应的调整。

二、采购业务后评估制度

由于采购业务对企业生存与发展具有重要影响，《企业内部控制应用指引第7号——采购业务》强调企业应当建立采购业务后评估制度。因此，企业应当定期对物资需求计划、采购计划、采购渠道、采购价格、采购质量、采购成本、协议或合同签约与履行情况等物资采购供应活动进行专项评估和综合分析，及时发现采购业务薄弱环节，优化采购流程。同时，将物资需求计划管理、供应商管理、储备管理等方面的关键指标纳入业绩考核体系，促进物资采购与生产、销售等环节的有效衔接，不断防范采购风险，全面提升采购效能。

第三节 采购业务案例分析

"毒胶囊"事件引发社会对制药企业采购控制的关注

2012年4月15日，央视报道了某些企业用重金属铬超标的工业明胶冒充食用明胶生产药用胶囊的事件，引起社会强烈关注。

央视记者经过数月的调查取证，发现河北、江西、浙江等地有多家企业采用"蓝矾皮"为原料，生产工业明胶（业内俗称"蓝皮胶"），胶囊厂买去作为原料，制成药用胶囊，再流入制药厂，制成各种胶囊药品，并流入市场。

加工工业明胶的原料"蓝矾皮"实际上是皮革厂鞣制后的下脚料，因鞣制剂中含金属铬，在经过生石灰、强酸碱处理后制成的"蓝皮胶"中残留的铬含量严重超标。食用明胶相关的行业标准也明确规定，严禁使用皮革厂鞣制后的任何工业废料生产食用明胶。实际的取样检测结果是，浙江两家胶囊厂的明胶重金属铬含量分别超标30多倍和50多倍，药用胶囊中铬含量分别超标20多倍和40多倍。

2012年4月16日，国家食品药品监督管理总局第一时间发出紧急通知，要求对13种药用空心胶囊产品暂停销售和使用。随后采取了一系列行动，责成有关省食品药品监督管理局严肃查处违法违规企业，包括吊销其药品生产许可证、追究相关责任人刑事责任、销毁被查封的铬超标药用胶囊和胶囊剂药品等。4月21日，卫生部发出《关于配合召回和暂停使用部分药品生产企业胶囊剂药品的通知》，要求各级各类医疗机构积极配合药监部门召回、立即暂停购入和使用问题企业生产的检验不合格批次药品与所有胶囊剂药品。一些制药行业的上市公司如通化金马、复旦复华等相继发布公告，对涉及问题胶囊的生产车间查封或召回问题产品。

【案例分析】

"毒胶囊"事件爆发，固然反映了我国药品行业监管缺失，但从涉案的制药企业自身因素来说，毒胶囊能顺利进入制药企业，说明这些制药企业在采购环节缺乏有效的内部控制。

采购管理是被掩盖得最深的管理死角之一，内部控制失效的采购流程中通常充满各种复杂的利益驱动和人情关系，要构建有效的内部控制体系，控制采购循环中的风险，需要从组织设计、流程梳理、关键点控制、人员监督等方面入手。

第一，明确采购原则，制定采购政策。制定的采购政策要适应企业的实际情况，尽量避免单一化策略，既要有灵活的分散采购，又必须对重要的采购实施战略集中。

第二，构建合理的采购组织架构，明确职责和授权体系。预防舞弊风险的一个重要措施就是建立组织牵制，通过设置采购管理委员会等分离供应商开发、签订采购合同、下达采购订单、验收货物、确定应付账款、支付货款等主要职责和权限。建立采购与付款流程中的授权体系，如在验收货物环节，检验的权力转到质检部门和物流部门共同行使。

第三，企业应当对办理采购业务的人员定期进行岗位轮换。重要和技术性较强的采购业务，应当组织相关专家进行论证，实行集体决策和审批。除小额零星物资或服务外，企业不得安排同一机构办理采购业务全过程。企业应当建立购买公示制度，确保采购信息公开、透明。企业采购业务的不相容岗位至少包括如下五个：①请购与审批；②供应商的选择与审批；③采购合同或协议的拟定、审核与审批；④采购、验收与相关记录；⑤付款的申请、审批与执行。不相容职务的分离可以在一定程度上防止采购人员收受客户贿赂购买劣质原材料。

第四，加强采购业务流程的控制。对于一般企业来说，采购主要涉及编制采购计划、请购、选择供应商、确定采购价格、订立采购合同、验收入库、付款等环节。

首先，要制定货物和劳务请购与审批程序。请购是实施采购的第一步，为了防止盲目采购，企业要制定清晰的请购程序，由需求部门填写书面请购单，其中需注意的是：不同的需求应有不同的确定和提出请购的流程。例如，原材料或零配件的请购主要来自需求部门和仓储部门。

如果是需求部门的请购，原材料或零配件由需求部门根据采购计划或实际经营需要提出请购单。仓库材料保管员接到请购单后，查看材料保管卡上记录的库存数，将库存数与生产部门需要的数量进行比较。当生产所需材料和仓库最低库存量合计已超过库存数量时，同意请购。

如果是仓储部门请购，仓库部门在库存材料已达到最低库存量时提出请购单。仓库主管签字的请购单，一般需要通过两方面的审批。一方面，采购员审查请购单，检查该项请购是否在执行后又重复提出，以及是否存在不合理的请购品种和数量。如果采购员认为请购单合理，则应用所掌握的市场价格编制采购预算。另一方面，经采购员签署同意的请购单交财务部进行审核，如果该项请购单在经营目标和采购预算范围内，财务部签字确认后可交采购部门办理采购手续。

其次，加强供应商管理。采购部门首先要对企业需要的供应商进行初步测评。例如，采购部与使用部门根据企业实际需求寻找适合的供应商，同时收集多方面的资料，将质量、服务、交货期、价格等作为筛选的依据，并要求有合作意向的供应商填写"供应商基本资料表"。同时，由采购员对"供应商基本资料表"进行初步评价，挑选出值得进一步评审的供应商，填写供应商候选名单交采购部经理审核。

最后，采购部还要会同使用部门、请购部门、生产部门、质量管理部门、技术部门及财务部门共同进行供应商的现场评审。目的就是通过供应商的合理"新陈代谢"，使供应商队伍满足企业不断发展的需要。

第五，加强采购合同的控制。制定严格的采购合同审核程序，企业在制定统一采购政策后，同时应当制定一套规定采购合同的内部审核程序。规范的合同审核管理一方面可以避免和供应商之间日后产生各种商务纠纷的风险，另一方面也可以约束采购部业务人员和供应商之间的行为。

第六，加强验收控制，值得指出的是验收环节往往被不少企业轻视和忽视，存在的主要问题是验收不严、以少报多、以次充好。如果验收人员玩忽职守，不严格履行验收职责，或者采购和验收职责没有分离，由一个人担任两项不相容职务，容易导致材料验收中的舞弊行为，造成伪劣材料鱼龙混杂，轻则损害企业经济利益，重则伪劣产品充斥市场，给企业带来严重声誉损害。

据有关专家介绍，检验铬含量技术并不难，投入的仪器也不多，药用空心胶囊及其生产原料明胶，国家已建立相应的质量标准和要求，制药厂上游企业胶囊厂和明胶厂对白袋子包装的工业明胶及生产的药用胶囊的标准和卫生要求也是"心知肚明"的，关于药品生产、经营、流通、销售、企业准入等国家都有法律法规明确规定，这些制药厂比谁都知晓，那问题是一些被抽查到的制药厂为何使用了铬含量超标的"毒胶囊"呢？就是没有严格进行质量检验"把关"，将检验环节走过场，或者根本没有检验。

第七，加强付款控制。在付款控制中要事先确定上账的前提条件和登记入账的时间规定。在确定应付供应商货款时，应当制订付款计划。付款计划将根据企业的实际现金状况、采购合同规定以及供应商重要性等若干因素制订。付款计划通常由财务部编制，然后经过采购管理委员会审核后由总经理批准执行。企业应该从政策上对采购人员介入采购付款做出明确的规定，严格禁止采购业务人员为供应商联系催促货款，支付货款业务由财务部按照付款计划安排支付。

第八，其他方面的控制。其他方面的控制包括签订采购人员自律申请书、签订供应商阳光协议和访问供应商制度。

本 章 小 结

采购环节是企业生产经营活动的起点，是企业生产经营活动得以顺利进行的前提保障，采购是指企业购买物资（或接受劳务）及支付款项等相关活动。

本章针对采购业务的具体内容进行了阐述，根据采购业务的特点，如采购业务要由供应、采购、收货、财会各部门共同协助完成，企业应将采购业务中的预算、采购、验收、付款等部门工作的授权审批分离开来，预算员、采购员、验收员、保管员、记账员、出纳员在各自的授权范围内处理业务，各负其责，不得相互代替。企业应该根据采购业务应用指引，加强企业请购、审批、购买、验收、付款、采购后评估等环节的风险管控，确保物资采购满足企业生产经营需要。最后以案例分析形式阐述了采购业务应用指引在内部控制中的应用,以及发挥的重要作用。

复习思考题

一、简答题

1. 简述采购控制的基本内容。
2. 简述采购业务关键控制点及措施。

二、案例分析

B公司是中国一家上市公司,其母公司为八集团,八集团在B公司中拥有控股权。经过20年的快速发展,B公司成为中国机床设备制造行业最大的厂商之一,拥有完整的产品研发、制造、销售及采购体系。公司的快速发展和市场的激烈竞争让新上任的采购经理遇到了两大难题。首先是由于公司制造销售的机床设备更新速度快、客户需求差异性大,B公司为了满足客户的需求、适应市场的发展,不得不增加零部件种类,零部件种类的增多使得B公司的库存量一直在不断增加。虽然零部件种类和库存量在增加,但B公司仍然会出现物料短缺、客户订单延误的情况。其次是供应商的管理,目前B公司外购零部件种类占总零部件种类的1/3,约有60 000种,供应商有600家,其中有长期合作关系的供应商只有280家,供应商更换情况较多,供货不及时的现象时有发生。

要求:

请基于采购业务内部控制的内容,对B公司采购管理及供应商管理存在的问题进行分析,对该公司采购管理提出合理建议。

第十章

资产管理指引

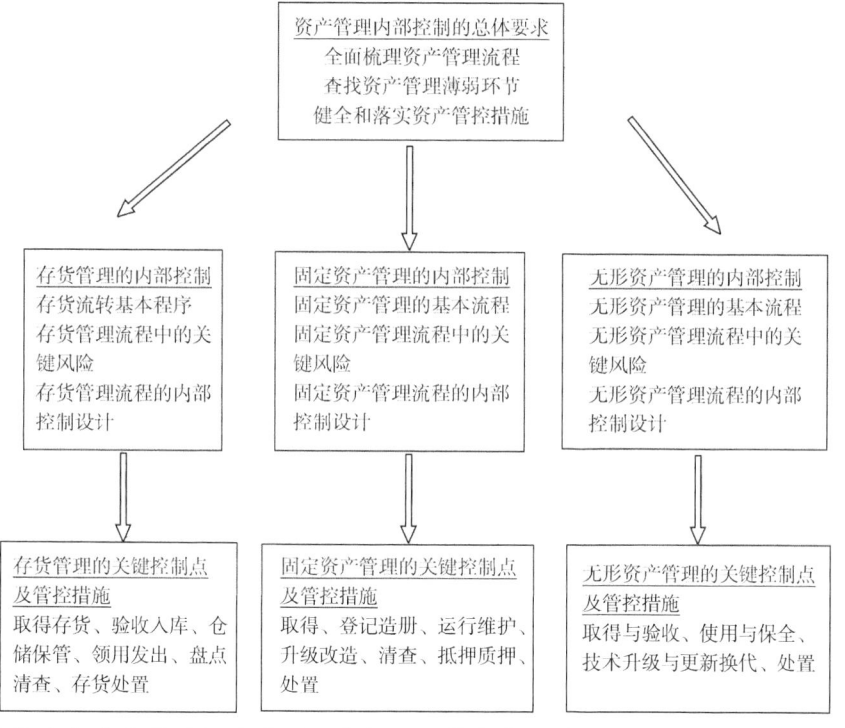

资产作为企业重要的经济资源,是企业从事生产经营活动并实现发展战略的物质基础和重要保障,资产管理贯穿于企业生产经营全过程,对企业具有重大意义。任何企业从事生产经营活动都需要拥有或控制一定数量的资产,它们一般以生产资料,即劳动手段和劳动对象的形式出现。如果资产管理失控,不仅会给企业带来经济上的直接损失,还会影响生产经营活动的正常进行,早期的企业资产管理实践中,保障资产的安全完整是内部控制的重点。随着经济的发展,资产业务内部控制已从防范资金挪用、非法占用资产拓展到重点关注资产效能,充分发挥资产资源的物质基础作用。鉴于资产管理的重要性,《企业内部控制基本规范》将合理保证资产安全作为内部控制的目标之一,同时制定了《企业内部控制应用指引第 8 号——资产管理》(以下简称"资产管理指引"),着重对企业运营和发展过程中的存货、固定资产和无形资产等提出了全面风险管控的要求,目的是在保障企业资产安全完整的前提下,进一步提高资产的使用效能。

【重要概念】资产管理　存货管理　固定资产管理　无形资产管理

第一节　资产管理的基本内容

一、资产的基本概述

资产一般可以认为是企业拥有和控制的能以货币计量，并能够给企业带来经济利益的经济资源。资产的定义在会计基本理论中的讨论较多，会计准则也有对资产定义的专门解释。在内部控制指引中所涉及的资产，通常简单地理解为企业拥有或控制的存货、固定资产和无形资产。

存货是指企业在日常活动中持有以备出售的产成品或商品、处在生产过程中的在产品、在生产过程或提供劳务过程中耗用的材料和物料。存货主要包括原材料、在产品、半成品、产成品、商品、周转材料等；企业代销、代管、代修、受托加工的存货，虽不归企业所有，也应纳入企业存货管理范畴。企业生产经营活动连续不断地进行，因此必须不断地购进、耗用、销售各类存货，存货总是处于不断流转的过程之中，因此具有较强的流动性，且存货易变质、毁损或盗用，因而是企业管理中非常重要的一环。

固定资产是指企业为生产商品、提供劳务、出租或经营管理而持有的、使用寿命超过一个会计年度的有形资产。固定资产主要包括房屋、建筑物、机器、机械、运输工具，以及其他与生产经营有关的设备、器具、工具等。固定资产属于企业的非流动资产，是企业资产的重要组成部分，是开展正常生产经营活动所必需的重要物质资源，其价值一般随着企业生产经营活动逐渐转移到产品成本中。固定资产的安全、完整直接影响到企业生产经营的可持续发展能力。

无形资产是企业拥有或控制的没有实物形态的可辨认非货币性资产，它与有形资产一起构成了企业资产的总体，是企业生产经营活动中重要的经济资源。但因为它没有物质实体，而是表现为某种法定权利或技术，通常包括专利权、非专利技术、商标权、著作权、特许权、土地使用权等。无形资产在使用和形成过程中通常具有不同于实物资产的特征，包括非实体性、不确定性、独占性。在知识经济时代，随着市场经济体制的确立，无形资产的地位和作用更加重要，尤其是对于高科技企业而言，无形资产的丧失甚至会导致企业破产关门。

二、资产管理内部控制的总体要求

为促进实现资产管理目标，企业应全面梳理资产管理流程，及时发现资产管理中的薄弱环节，切实采取有效措施加以改进。同时关注各类资产管理中的主要风险，在防范错弊的同时，不断提高企业资产管理的水平。

1. 全面梳理资产管理流程

一般工业和商业企业中，存货、固定资产和无形资产在资产总额中通常所占比重极大。无论是新企业或是存续企业，为组织生产经营活动，都需要或已经制定了相关资产管理制度，按照严格的制度管理各项资产。为了保障资产安全、提升资产管理效能，企业应当全面梳理资产管理流程。

在流程的梳理过程中,首先要从大类上区分三类资产,其次是对这三类资产的分类进一步细化。例如,存货可以进一步划分为在产品、半成品、产成品等,固定资产可以划分为房屋建筑物、机器设备和其他固定资产,无形资产则可以划分为专利权、非专利技术、商标权、土地使用权等。在资产类别细化的基础上,对各类资产管理从"进入到退出"的整个流程进行梳理,如对于存货而言,可以从验收入库、仓储保管、出库、盘点和处置等环节进行梳理。在对流程梳理的过程中一方面关注现有管理制度和要求是否落实到位;另一方面关注流程设计是否科学合理,能否合理保证物流顺畅、减少物流风险、降低相关成本、最大限度地发挥资产的应有效能等。

2. 查找资产管理薄弱环节

企业强化资产管理的关键步骤,就是通过全面梳理资产管理流程,查找资产管理薄弱环节。这些薄弱环节若不引起重视并及时加以改进,通常可能引发资产流失或运行风险,或者企业资产不能发挥应有的效能。资产管理指引重点要求企业关注三类资产存在的主要风险:对于存货而言,出现积压或短缺,可能导致流动资金占用过量、存货价值贬值或生产终止;对于固定资产而言,存在固定资产更新改造不够、使用效能低下、维护不当、产能过剩,可能导致企业缺乏竞争力、资产价值贬损、安全事故频发或资源浪费;对于无形资产而言,存在缺乏核心技术、权属不清、技术落后、重大技术安全隐患,可能导致企业法律纠纷、缺乏可持续发展能力。针对上述主要风险,企业应全面查找资产管理中的漏洞,确保资产管理不断优化。

3. 健全和落实资产管控措施

在全面梳理资产管理流程、查找资产管理薄弱环节之后,企业应当对发现的薄弱环节和问题进行归类整理,深入分析,查找原因,健全和落实相关措施。企业应当按照内部控制规范提出的对资产管理的要求,结合所在行业和企业的实际情况,建立健全各项资产管理措施。如果缺乏相关管理制度或制度不健全,则应首先健全或补充完善现行制度;如果是制度执行不到位,则应增强制度的执行力度。

三、存货管理的内部控制

不同类型的企业有不同的存货业务特征和管理模式,如相对于服务业而言,生产型企业或商品流通型企业的存货控制更重要;即使是同一企业内,不同类型的存货业务流程和管控方式也可能不同,如相对于低值易耗品而言,价值贵重的原材料或化学危险品的内部控制就更复杂和严格。因此,企业应结合自身的生产经营特点,针对业务流程中的风险点和关键环节,制订有效的控制措施,尤其是强化会计、出入库等相关记录,确保存货管理全过程的风险得以有效控制。

(一)存货流转基本程序

根据资产管理指引的要求,生产型企业的存货流转程序通常可分为取得与验收、仓储保管、生产加工、盘点处置等阶段(图10-1),历经取得存货、验收入库、仓储保管、领用发出、原料加工、装配包装、盘点清查、销售处置等主要环节。具体到特定生产企业而言,存货流转程序的繁简程度可能存在较大差异。部分生产型企业的生产经营活动较为简单,其存货业务流程可能只涉及上述阶段中的某几个环节。而对于一些复杂的生产型企业,不仅涉及上述所有环节,甚至有更多、更细的流程,且存货在企业内部要经历多次循环。例如,原材料要经历验收入库、领用加工,形成半成品后又入库保存或现场保管、领用半成品继续加工,加工完成为产成品后再入库保存,直至发出销售等过程。

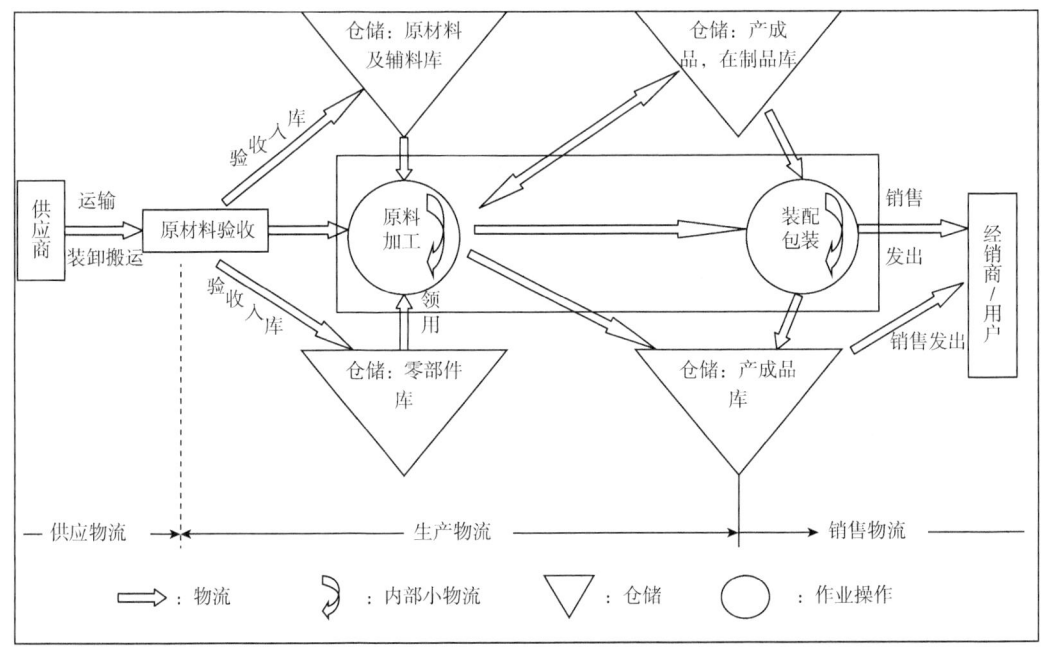

图 10-1 生产型企业存货流转程序

商品流通型的企业中,批发商企业的存货,通常经过取得、验收入库、仓储保管和销售发出等主要环节;零售商业企业则是从生产企业或批发商(经销商)那里取得商品,经验收后入库保管或者直接放置在经营场所对外销售(图10-2)。例如,仓储式超市货架里摆放的商品就是超市的存货,商品仓储与销售过程紧密联系在一起。

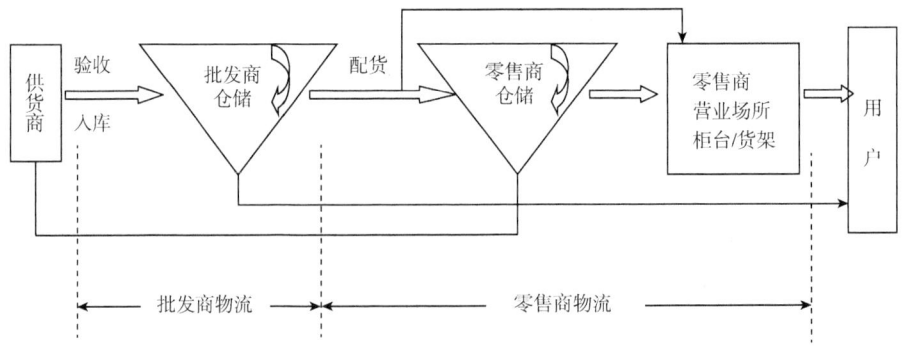

图 10-2 商品流通型企业存货流转程序

总体而言，生产型企业和商品流通型企业的存货均会经历取得、验收入库、仓储保管、领用发出、盘点清查、销售处置等环节。因此，本节中将对两类企业中共同经历的存货流转环节可能存在的主要风险及管控措施加以解释。

（二）存货管理流程中的关键风险

对存货管理流程中的关键风险分为存货取得、验收入库、仓储保管、领用发出、盘点清查、销售处置等环节加以分析。

（1）存货取得。存货的取得具有多种途径，如外购、委托加工或自行生产。企业应本着成本效益原则，从行业特点、生产经营计划和市场因素等方面综合考虑，确定与本企业相适应的存货取得方式。该环节的主要风险是：存货预算编制不科学、采购计划不合理，可能导致存货积压或短缺。

（2）验收入库。为了保证存货的数量和质量符合合同等有关规定或产品质量要求，对于外购原材料或商品，以及本企业生产的产品，都需要经过验收（质检）环节。该环节的主要风险是：验收程序不规范、标准不明确，可能导致数量克扣、以次充好、账实不符。

（3）仓储保管。通常，为确保生产过程的连续性，生产企业必须对存货进行仓储保管；商品流通企业的存货在从购入到销往客户的整个过程中，也存在仓储保管环节。该环节的主要风险是：存货仓储保管方法不适当、监管不严密，可能导致损坏变质、价值贬损、资源浪费。

（4）领用发出。生产企业生产部门通过领用原材料、辅料、燃料和零部件等，用于企业的生产加工；仓储部门需要使用销售部门开出的发货单向经销商或用户发出产成品；商品流通领域的批发商根据具体的合同或订货单等向下游经销商或零售商发出商品；消费者凭交款凭证等从零售商处取走商品；等等。以上所有流程都会涉及存货领用发出问题。该环节的主要风险是：存货领用发出审核不严格、手续不完备，可能导致货物流失。

（5）盘点清查。在盘点清查过程中，一方面要核对实物的数量，关注是否与相关记录相符、是否账实相符；另一方面也要检查实物的质量，辨别是否有明显的损坏。该环节的主要风险是：存货盘点清查制度不完善、计划不可行，可能导致工作流于形式，无法查清存货真实状况。

（6）销售处置。存货销售处置是存货退出企业生产经营活动的环节，其内容包括商品和产成品的正常对外销售以及存货在变质、毁损等情况下进行的处置。该环节的主要风险是：存货报废处置责任不明确、审批不到位，可能导致企业利益受损。

（三）存货管理流程的内部控制设计

1. *存货管理流程控制的总体目标*

存货是企业重要的资产组成部分，对存货的管理控制要实现如下总体目标：各项存货业务符合国家相关的法律法规和内部规章制度；存货的采购、验收、耗用均经过适当授权且程序规范；各项存货的成本核算与会计记录及时、准确、完整；对存货实施保护措施，做好不相容职责分离，并定期核对，确保账实相符。根据生产经营情况，确定采购量与采购时点，确保合理储备，防止存货积压或短缺、变质、毁损等造成的损失；最终为公司经营发展提供有力的物资保障，实现企业经营的战略目标。

2. 存货管理流程的内部控制

1）购入前控制

（1）预算控制。预算控制是通过合理的计划对存货的购入种类、数量、质量、价格和绩效情况的控制。通过这样的计划控制，企业能够对有限的资源进行优化配置，是开展存货控制和业务管理的前提。企业应该保有一定量的生产资料，包括存货，从而保证生产经营活动在时间、空间上的连续和并存。不同的业务部门要根据市场需求和自身的客观生产能力，确定存货采购的经济批量，编制有关的预算，最后由高管人员审核后方能开展采购活动。

①存货采购种类控制。计划部门通过分析客户的订单、销售预算和存货市场情况，制定存货的采购种类决策。企业应该保证采购种类决策与生产计划相匹配，同时要有应急方案，考虑到可能使用的替代品；财会部门则要分析采购计划的财务可行性，重点是库存成本、价格的控制。还要坚持授权审批的原则，由主管部门审核存货采购的综合资料。当采购计划经过审批后传到业务部门时，依然要适当调整，做好信息交流和沟通，完善决策结果；确定存货采购种类的过程中，要保持全程监督，防止操纵采购计划的行为。对存货的采购预算控制是一种动态的控制，预算制定部门应该根据实际变化随时调整，这是预算环节的事后控制。

②存货采购库存量的控制。根据存货的性质决定库存量。对于不允许缺货的存货，应该制定保险库存水平，预算主要解决成本节约问题；对于可以缺货的存货，可以根据实际需要确定库存，甚至可以零库存。根据企业的经营环境、条件确定适当的库存水平，主要的影响因素如下：企业使用物料的稳定性和储存能力；供货商的信誉、供货的稳定性及时间长短；企业的运输条件和距离；存货使用的结构，各种存货是否具有使用上的相关性和可替代性。

③经济采购批量的预算控制。采取永续盘存制进行存货管理时，应该在出库后清点库存量，包括两个方面：一方面，在采购总量确定的情况下，用计算的方法确定固定的经济批量，降低采购成本；另一方面，由于各采购批次之间的时间间隔是任意的，采购批量主要取决于产品生产的存货需要量。若企业对存货的管理采用定期检查，就要预测未来的存货需求量，根据每次检查库存的结果相应改变采购时间和数量，其关键在于确定检查频率。业务部门完成存货采购批量的有关预算和决策之后，应该报告最高管理层审核，批准后有权执行。

（2）生产业务的趋势分析。存货最重要的用途是满足企业生产的需要，企业在采购存货之前，应该根据企业存货使用的历史和市场情况，对经营期间内产品生产的变动程度加以分析，相应调整存货购买决策。另外，按照价值链管理理论，企业应该将存货决策与财务、销售等流程结合起来，通过使用客户关系管理系统，把供应商、生产商和购买者形成有机整体,可以提升存货的使用效率和采购效率。在制定和调整生产预算的过程中,生产、财务、销售和库存管理等部门也应该协同一致。

(3)自制存货的预算控制。企业通常会自制一部分存货以满足企业的特种需要和降低存货采购成本。在此之前,财务和生产部门应对自制存货的成本、种类、数量等内容进行预算管理。此环节的关键是对成本的预算和控制,企业应该关注以下方面:原材料价格和购买过程的控制,以及成本、费用的分摊是否符合规定,尽量防止成本信息失真。

2)购入和使用控制

(1)存货结算控制。所有的存货都应该对其结算环节进行控制,包括银行存款、现金支付控制和非货币的单据控制。结算控制需要分类实施,具体有以下几类。

①对于购入的存货,采购部门应该重点关注货币资金的控制,降低支付风险。

②对于自制的存货,财会部门进行成本结算时要取得生产过程中耗费情况的相关凭据,还要合理地对成本、费用进行分摊。

③如果是委托加工的存货,在取得后,企业结算时应依照实际耗费的材料、费用和税金计算存货的成本,同时,对于不同方式进行加工的存货,财会部门应该明确核算方法。

④对于投资者投入的存货,企业应该根据相关合同或约定来确定存货成本,并保留有关单据。

⑤对于捐赠所得的存货,应按照市场价格或重置确定其成本,并且保留有关的所有权证明。

⑥对于以其他方式取得的存货,在结算时应该依照会计制度、准则和法规的规定处理。

(2)生产增加的存货控制。企业自产的存货,包括低值易耗品在生产和使用时,应该重点检查存货的入库和出库管理。存货生产完毕时,生产部门应将其编制入库单,并交给仓库管理人员、财会部门和生产部门分别持有。存货入库时,仓库管理人员应该严格依照规定和标准办理存货验收手续,保证产品的数量和质量,交接完毕后有关人员应该在验收交接单据上签章,以明确责任。最后仓库记录人员对产品进行簿记管理,登记产品的名称、规格、库存数量和客户需求信息。由于使用、销售等因素,存货出库时,以生产、销售部门的领料单或销售出库单为依据,仓库管理人员确认单据的真实性后按照核准的数量、规格发出存货。需要至少两个人员共同完成这一过程,以防止发出存货过程中的错误。仓库管理人员应该通过实施连续编号,以及对购入和自产存货的分别管理,来加强出库单、入库单管理,以随时掌握材料的成本信息,经比较后提高经济效益。

(3)存货保管控制。存货保管控制的内容主要是对存货的安全和存货储存、使用效率进行控制。具体的控制内容包括以下六个方面。

①授权使用。任何存货的使用都需要经过授权审批,并且与生产、销售、财务等部门时刻保持沟通,得到共同授权之后才能使用存货。

②库存成本控制。存货闲置的增多会导致企业存货储存成本的增加,降低存货使用的经济效益。为了满足经营活动的需要和成本控制,仓库会计应通过及时与生产、销售

部门沟通，反馈存货余缺的情况，保持合理的存货库存水平。

③限制接近控制。存货具有容易丢失、毁坏的特点，企业必须制定严格的存货限制接近制度，任何人未经许可都不得接触存货及有关的记录。还要设置专人对重要的存货仓库进行保护管理。

④实物存放控制。考虑到存货的物理性质应当将其放在适宜的环境中，防止存货的变质和污染。同时，企业在存货仓库的选址上，应该接近生产车间，以提高使用效率，沉重、面积较大的存货更应如此。

⑤存货抽检制度。虽然财会部门定期对存货的结存进行盘点，但是存货具有快速流动性，仍然可能出现问题，所以对于重要的存货，仓库管理人员每天都要对存货的出、入情况进行抽查，在期末再由会计稽核人员进行复核，将风险降到最低水平。

⑥仓库保管牵制。仓库记录人员和保管人员不能由同一人担任，仓库管理人员应该按照有关制度规定行使权力。货物进出仓库时需要进行登记，并且签字确认，以明确责任。此外，还要建立仓库的约束激励机制，按照管理绩效考核情况对仓库人员进行奖励。

3）退出控制

存货退出的控制包括以下几项。

（1）存货损坏的控制内容。存货的毁损会减少企业的资产，但多数情况下被损坏的存货依然保有使用价值。一旦出现损坏，存货管理人员必须检查存货经过的各个业务环节，找到存货毁损的原因和有关责任人，无法明确责任时按照有关规定处理。仓库记录人员在存货毁损清单上应该记录存货损坏的数量、品种及产生的影响；财会部门根据毁损记录进行相应的会计处理，及时形成报告交由上级管理人员核查。

（2）存货丢失的控制内容。存货丢失不同于存货损坏，如果出现大量的存货丢失，必然隐藏着舞弊的可能，仓库人员要及时登记丢失存货的入库日期、数量、名称和出库记录，并与涉及的部门和人员进行核对，查明丢失的原因。若是在发货过程中发生的合理丢失、损耗，则由会计人员直接记入成本；如果是人为疏忽导致丢失的情况，由直接责任人赔偿；如果属于舞弊丢失，则仓库管理人员应该向企业的高层管理人员报告，等待批准后处理。

（3）存货期末清点的控制内容。仓库部门和财会部门应该定期或不定期对重要存货进行清点，清点的频率和品种的确定要符合成本效益原则，完成清单后要填制存货盘点报告以备查，对出现的问题应及时处理。

财务、仓库和各级主管共同进行存货盘点工作，主要内容是核验账面记录的发生额、余额、发出量、剩余量与实际库存量、发出量是否相符。对于实行标准成本预算的企业，还应该根据清点的结果对预算执行的效果和产生的差异原因进行分析，撰写差异分析报告。

企业存货的清点工作应该结合实物流转和价值流转这两大特点开展，若企业分别采用先进先出法与后进先出法，则计算出的存货发出、结存量会产生差异，对存货发出成本的影响也不同，存货清点要与存货出库计算方法保持一致。

4) 期末计价的控制

在资产负债表中应该对存货按照"成本与可变现净值孰低法"计价，存货跌价准备按照单项方式计提。针对不同类型的存货应该采用不同标准，在存货没有市价时，应该以类似商品为参照；对于损坏、变质、使用价值减小的存货，应按具体情况多提减值准备，及早收回成本，使企业的损失降到最低水平。

四、固定资产管理的内部控制

由于固定资产占企业资产总额比重高，使用寿命周期时间跨度长，对固定资产的管理牵涉诸多部门，是一项复杂的组织工作，通常包括基建部门、财务部门、后勤部门等。同时，对固定资产的管理也是一项技术性较强的工作。固定资产管理一旦失控，其造成的损失将远远超过一般的流动资产。因而对固定资产的管理责任重大，其安全、完整直接关系到企业生产经营目标的实现。

（一）固定资产管理的基本流程

企业应当根据固定资产的特点，分析、归纳、设计合理的固定资产管理流程，并通过识别管理中的薄弱环节，弥补固定资产管理流程中存在的缺陷，从而保证固定资产安全、完整、高效运行。根据资产管理指引的要求，固定资产管理的基本流程通常可以分为资产所得、验收移交、日常维护、投资改造和淘汰处置五个环节。每个环节均具有更细化的业务活动，具体流程如图10-3所示。

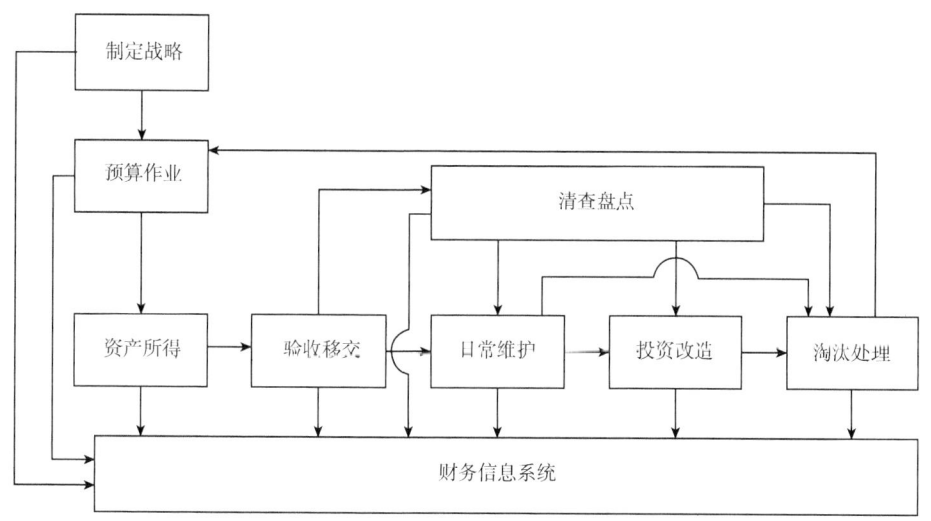

图10-3　固定资产管理的基本流程

（二）固定资产管理流程中的关键风险

在前述的固定资产管理流程中，每一个环节均存在一些关键的风险点，应对这些风险进行分析，从而为下一步固定资产管理控制设计奠定基础。

1. 固定资产取得

固定资产取得涉及外购、自行建造、非货币性资产交换换入等各种不同方式。不同类型固定资产,诸如生产设备、运输工具、房屋建筑物、办公家具和办公设备等要求使用不同的验收程序和技术,即使是同一类固定资产也会因其标准化程度、技术难度等不同而对验收工作提出不同的要求。通常来说,办公家具、电脑、打印机等标准化程度较高的固定资产验收过程较为简化,而复杂、大型的生产设备,特别是定制的高科技精密仪器和建筑物竣工验收等,就需要一套规范、严密的验收制度。

该环节的主要风险是:如果新增固定资产验收程序不规范,可能导致资产质量不合格进而影响资产的后期运行;固定资产投保制度不健全,可能导致应投保资产未投保、索赔不力,不能有效防范资产损失风险。

2. 资产登记造册

企业对取得的每项固定资产均需要详细登记,编制固定资产目录,建立固定资产卡片,以便管理人员对固定资产的统计、检查和后续管理。

该环节的主要风险是:固定资产登记内容不完整,可能导致资产流失、资产信息失真、账实不符。

3. 固定资产运行维护

固定资产运行维护环节的主要风险是:固定资产操作不当、失修或维护过剩,可能造成资产使用效率低下、产品残次率高,甚至发生生产事故或资源浪费。

4. 固定资产升级改造

定期或不定期地对固定资产进行升级改造是企业不能省略的环节,这样可以不断提高产品质量,开发新产品,降低能耗,更好地保证安全生产。固定资产更新分为部分更新与整体更新两种。部分更新包括局部技术改造、更换高性能部件、增加新功能等方面,在这过程中需权衡更新活动的成本与效益综合决策;整体更新主要指对陈旧设备的淘汰与全面升级,更侧重于资产技术的先进性,符合企业的整体发展战略。

该环节的主要风险是:固定资产更新改造不够,可能造成企业产品线老化、缺乏市场竞争力。

5. 抵押和质押

抵押是指债务人或第三人不转移对财产的占有权,而将该财产抵押作为债权的担保,当债务人不履行债务时,债权人有权依法以抵押财产折价或以拍卖、变卖抵押财产的价款优先受偿。质押也称质权,就是债务人或第三人将其动产移交债权人占有,将该动产作为债权的担保,当债务人不履行债务时,债权人有权依法就该动产卖得价金优先受偿。企业有时因资金周转等以其固定资产作为抵押物或质押物向银行等金融机构借款,如到期不能归还借款,银行则有权依法以该固定资产折价或拍卖。

该环节的主要风险是:固定资产抵押制度不完善,可能导致抵押资产价值低估和资产流失。

6. 固定资产处置

固定资产处置环节分为以下几步：首先，由固定资产使用部门或管理部门提出申请；其次，将申请材料上交相关负责人复核审批；最后，按照审批意见开展固定资产清理业务。

该环节的主要风险是：固定资产处置方式不合理，可能造成企业经济损失。

（三）固定资产管理流程的内部控制设计

1. 固定资产管理流程控制的总体目标

固定资产作为企业赖以生存和发展的重要物质基础，对其实施的内部控制应做到以下几点。

（1）通过职责分离、定期盘点、账实相符等原则确保固定资产的安全完整。

（2）建立健全固定资产登记簿和相关记录，遵循会计准则的规定，保证固定资产会计的核算及时正确。

（3）规范固定资产的采购、处置、更新维护等，确保固定资产的正常运行，满足企业生产经营的需要。

（4）通过固定资产管理活动提高资产利用率，减少资产的无谓损失，使固定资产的效用达到最大化，以实现企业经营战略的目标。

2. 固定资产管理流程的内部控制

固定资产管理流程的内部控制总共涉及四个环节：采购与验收、使用与维护、盘点和处置。

（1）固定资产采购与验收环节。固定资产的采购环节经常出现疏漏和舞弊，必须加以重视。根据固定资产的不同类型，有着不同的验收程序和技术要求，即使同一类固定资产也会因其标准化程度、技术难度不同而有着不同的验收要求。

该环节的主要风险点有以下六个。

①固定资产授权审批制度不健全、岗位分工不合理而产生舞弊行为。

②固定资产采购申请脱离了生产经营的实际需要，不当申请导致固定资产采购决策失误，更加剧了资产损失或资源浪费。

③供应商选择的风险。企业在安排相关部门定期对普通供应商和定点供应商进行考核时，由于有些重要部门未明确参与评价，所以对供应商考核的结果不够全面；对于供应商考核结果及采取的措施没有进行公示，缺乏有效的监督，进而影响到应有的效果。

④价款支付的风险。固定资产采购支付预付款时，有可能缺乏对其使用范围及跟踪核查的相关规定，导致预付款资金占用时间长、使用不合理。而且，缺乏跟踪核查制度会导致项目完成时无法获得相应凭据并及时处理账面财务问题。

⑤验收小组成员缺少经验或无法胜任，导致验收过程不规范，可能使不合格资产进入企业。

⑥固定资产的记录不及时、不准确、不完整可能导致资产流失、信息失真、账实不符。

（2）固定资产使用与维护环节。固定资产使用与维护环节包括固定资产操作与维护、更新改造、投保三个子流程。

该环节的主要风险点如下。

①固定资产的保管不善、不当操作，可能导致固定资产被盗、毁损、事故等情况。

②固定资产的年久失修或维护不当，可能造成使用效率降低、产品残次率增高、资源浪费，甚至发生重大生产事故。

③固定资产维护计划编制缺乏科学性、审批过程不规范、维护过程不符规定，可能导致企业固定资产维护费用超额滥用，使资金、资产浪费和损失。

④企业的固定资产长期闲置，可能造成资产毁损，失去真实使用价值。

⑤企业采用了不符合实际需要的固定资产更新改造，可能导致重复建设或资源浪费。

⑥没有及时对固定资产进行更新改造，可能导致企业产品线老化，缺乏市场竞争力。

⑦未及时完整办理保险或投保制度不健全，可能导致应投保资产未投保、索赔不力，从而不能有效防范资产损失风险带来的巨大经济损失。

（3）固定资产盘点环节。固定资产盘点是指使用部门和固定资产管理部门对企业的固定资产进行清查的过程，通过按规定编制盘点表，财务部门派人员进行监盘或抽盘，复核盘点结果的真实性和客观性，在查明盘盈盘亏之后，专人编制盘盈盘亏报告，经批准后调整有关账簿记录。

该环节的主要风险点包括以下两点。

①未按企业规章制度组织固定资产盘点，具体表现为盘点不及时、不准确、不完整，可能造成固定资产流失。

②固定资产的盘点差异报批与处理不及时或不当，可能造成资产损失或固定资产账实不符。

（4）固定资产处置环节。固定资产的处置控制指固定资产使用、管理部门提出正式申请，并交由相关负责人复核审批，按照审批意见开展固定资产清理业务。

该环节的主要风险点有四个。

①固定资产处置业务管理的职责分工不明确、流程混乱，而且处置业务没有引起足够重视而随意处置固定资产，容易产生资产流失。

②企业员工为了牟取私利，未履行岗位职责，也缺少适当的申请、审批、鉴定等程序，擅自选择固定资产评估机构或超越授权范围，都可能导致出售价格过低、资产损失。

③企业内部固定资产调配未按规定处理，造成管理信息失真，管理层无法获取实时动态。

④固定资产处置的相关凭证未提交给财务部门，导致账实不符。

五、无形资产管理的内部控制

随着知识经济的发展和市场经济与制度环境的改善，无形资产越来越成为企业资产的重要组成部分，同时在为企业创造利润的过程中也扮演着更加重要的角色。由于无形资产具有的特殊性，其价值往往无法运用普通的会计方法加以衡量，而被企业管理者所忽略。无形资产管理与有形资产管理存在诸多不同，其除了遵循市场经营规律外，还需要考虑科技文化发展的规律、法律法规的规定等，如策划开发品牌技术就需要注重法律规定的要求，避免面临侵权或其他类似的情形。

（一）无形资产管理的基本流程

无形资产管理是对企业无形资产的形成、积累、评估、管理、使用和创新等整个过程的控制与管理，通常会涉及产品技术开发、市场营销、财务核算、质量管理等若干领域。根据资产管理指引的规定，无形资产管理的基本流程一般包括无形资产的取得、验收并落实权属、自用或授权其他单位使用与保全、定期评估、技术升级与更新换代、处置等环节，如图10-4所示。

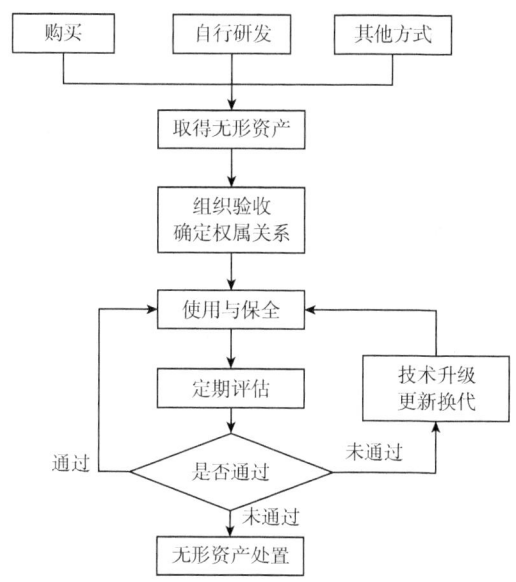

图10-4　无形资产管理的基本流程

（二）无形资产管理流程中的关键风险

对无形资产实施管理控制，首先必须理解每一环节存在的关键风险，对这些风险的分析可以为无形资产管理控制设计奠定基础。

（1）无形资产的取得与验收。该环节的主要风险是：企业取得的无形资产缺少先进性、没有实际使用价值，或者无形资产取得和验收过程中权属不清，这些都可能导致企业资源浪费或引发法律诉讼。

（2）无形资产的使用与保全。该环节的主要风险是：企业无法高效使用无形资产，难以将其效能发挥到位；企业缺乏严格的无形资产保密制度，导致与无形资产相关的企业机密外泄；商标、企业商誉等无形资产较难管理的特点，导致企业无形资产被侵权，损害企业利益。

（3）无形资产的技术升级与更新换代。该环节的主要风险是：无形资产内含的技术脱离先进技术发展轨道，企业未能及时跟进升级换代，导致企业技术落后或有重大隐患难以发现。

(4) 无形资产的处置。该环节的主要风险是：忽视无形资产处理的授权审批，导致无形资产处置不当，在无形中造成企业资产流失。

(三) 无形资产管理流程的内部控制设计

1. 无形资产管理流程的内部控制设计目标

对无形资产实施的内部控制，其主要目标至少包括规范企业无形资产的管理行为，明确职责权限，降低无形资产管理风险；防止无形资产的流失与盗用，确保无形资产的安全及有效使用，使其满足生产经营活动的需要；确保有关无形资产的会计记录及其他信息的及时与正确；提高无形资产的使用效益，最终实现企业经营的战略目标。

2. 无形资产管理流程的内部控制

无形资产管理流程的内部控制包括以下几点。

(1) 无形资产的取得与验收。在无形资产取得时，企业应该严格按照发展战略和预算安排购买、研发无形资产。同时企业要确保通过正规途径和合法手段取得无形资产。在无形资产验收时，要保证资产的权属明确及先进性。

该环节的主要风险点包括以下六个。

①无形资产采购申请脱离实际生产经营需要，采购申请无效，无形资产采购决策严重失误可能造成无形资产损失或资源浪费。

②无形资产自主研发项目未经适当审批或超越权限审批，可能导致研发失败，造成投资损失和资源浪费。

③取得的无形资产不具有先进性、缺乏技术上的独立自主权、估价不当，都可能导致企业资源的浪费。

④取得的无形资产权属不清，可能产生法律纠纷和经济损失。

⑤无形资产验收小组成员选择不当，验收过程不规范，可能导致验收结果不准确，进而导致使用风险加大，并可能带来损失。

⑥无形资产的记录不及时、不准确、不完整可能导致资产流失、信息失真、账实不符。

(2) 无形资产的使用与保全。在无形资产的使用与保全环节，要注意发挥无形资产的效能，以及确保无形资产在保存中的安全。

该环节的主要风险点包括以下五个。

①缺乏严格的保密制度，保密工作不到位，可能造成无形资产被盗用、无形资产中的商业机密泄露，公司经济利益受到损失。

②缺乏合理的无形资产价值评估机制，对无形资产在企业发展中的作用评估不充分，对无形资产的价值认识不足，导致无形资产的损失浪费。

③不能有效使用、保护无形资产，造成无形资产使用效益低下，效能发挥不到位，影响企业目标实现。

④未及时对无形资产的使用情况进行检查、评估，可能致使关键技术未能及时升级换代，进一步导致企业技术落后或存在重大安全隐患。

⑤商标等无形资产疏于管理，导致其他企业侵权，从而影响企业利益。

（3）无形资产的技术升级与更新换代。该环节目标是保持无形资产的先进性。需要定期对企业持有的专利技术等无形资产的先进性开展科学评估。同时要加大企业研发投入和规模，不断推动企业自主创新和技术升级。

该环节的风险包括企业缺乏科学有效的无形资产评估机制，导致无形资产内含的技术未能及时升级，也可导致企业技术落后和市场竞争优势的丧失。

（4）无形资产的处置。无形资产处置环节需要注意保证对其的授权审批合法合规。

该环节的主要风险点包括以下三个。

①职责分工不明确、资产处置流程不清晰，领导干部对资产处置活动没有引起足够重视而随意处置无形资产，都可能增加处置成本及降低效率，造成企业资产额外损失。

②在转让合同时，没有按照合同法等国家法律、法规和公司内部规章制度的要求，可能引起法律诉讼。

③无形资产处置的相关凭证未提交给财务部门，可能导致账实不符。

第二节　资产管理关键控制点及管控措施

企业资产管理，包括对存货、固定资产和无形资产的管理，考虑到三类资产的属性类别存在较大差异，需要根据其自身特点分别设计内部控制流程，这些内部控制程序环环相扣。从不同类型的企业和不同类型的资产来看，企业在设计资产管理控制的过程中，应分析整个流程的关键风险点和重要环节，并根据其自身特点选择一些关键点加以重点控制，从而保证资产管理的内部控制得以有效运行，并保证企业经营目标的实现。

一、存货管理的关键控制点及管控措施

无论是生产企业还是商品流通企业，取得存货、验收入库、仓储保管、领用发出、盘点清查、存货处置等都是其共有的环节。以下对这些环节可能存在的主要风险及管控措施加以阐述。

（一）取得存货

该环节的主要管控措施是：企业存货管理实务中，应当根据各种存货采购间隔期和当前库存，综合考虑企业生产经营计划、市场供求等因素，充分利用信息系统，合理确定存货采购日期和数量，确保存货处于最佳库存状态。考虑到存货取得的风险管控措施主要体现在预算编制和采购环节，将由相关的预算和采购内部控制应用指引加以规范。

（二）验收入库

该环节的主要管控措施是：企业应当重视存货验收工作，规范存货验收程序和方法，着力做好以下工作。

（1）外购存货的验收应当重点关注合同、发票等原始单据与存货的数量、质量、规格等核对一致。涉及技术含量较高的货物，必要时可委托具有检验资质的机构或聘请外部专家协助验收。

（2）自制存货的验收，应当重点关注产品质量，检验合格的半成品、产成品才能办理入库手续，不合格品应及时查明原因、落实责任、报告处理。

（3）其他方式取得存货的验收，应当重点关注存货来源、质量状况、实际价值是否符合有关合同或协议的约定。

经验收合格的存货进入入库或销售环节。仓储部门对于入库的存货，应根据入库单的内容对存货的数量、质量、品种等进行检查，符合要求的予以入库；不符合要求的，应当及时办理退换货等相关事宜。入库记录要真实、完整，定期与财会等相关部门核对，不得擅自修改。

（三）仓储保管

该环节的主要管控措施有以下几点。

（1）存货在不同仓库之间流动时，应当办理出入库手续。

（2）存货仓储期间要按照仓储物资所要求的储存条件妥善储存，做好防火、防洪、防盗、防潮、防病虫害、防变质等保管工作，不同批次、型号和用途的产品要分类存放。生产现场的在加工原料、周转材料、半成品等要按照有助于提高生产效率的方式摆放，同时防止浪费、被盗和流失。

（3）对代管、代销、暂存、受托加工的存货，应单独存放和记录，避免与本单位存货混淆。

（4）结合企业实际情况，加强存货的保险投保，保证存货安全，合理降低存货意外损失风险。

（5）仓储部门应对库存物料和产品进行每日巡查与定期抽检，详细记录库存情况；发现毁损、存在跌价迹象的，应及时与生产、采购、财务等相关部门沟通。对于进入仓库的人员应办理进出登记手续，未经授权人员不得接触存货。

（四）领用发出

该环节的主要管控措施是：企业应当根据自身的业务特点，确定适用的存货发出管理模式，制定严格的存货准出制度，明确存货发出和领用的审批权限，健全存货出库手续，加强存货领用记录。通常情况下，对于一般的生产企业，仓储部门应核对经过审核的领料单或发货通知单的内容，做到单据齐全，名称、规格、计量单位准确；符合条件的准予领用或发出，并与领用人当面核对、点清交付。商场超市等商品流通企业，在存货销售发出环节应侧重于防止商品失窃、随时整理弃置商品、每日核对销售记录和库存记录等。无论是何种企业，对于大批存货、贵重商品或危险品的发出，均应当实行特别授权；仓储部门应当根据经审批的销售（出库）通知单发出货物。

（五）盘点清查

该环节的主要管控措施是：企业应当建立存货盘点清查工作规程，结合本企业实际情况确定盘点周期、盘点流程、盘点方法等相关内容，定期盘点和不定期抽查相结合。盘点清查时，应拟订详细的盘点计划，合理安排相关人员，使用科学的盘点方法，保持盘点记录的完整，以保证盘点的真实性、有效性。盘点清查结果要及时编制盘点表，形成书面报告，包括盘点人员、时间、地点，实际所盘点存货名称、品种、数量、存放情况以及盘点过程中发现的账实不符情况等内容，对盘点清查中发现的问题，应及时查明原因，落实责任，按照规定权限报经批准后处理。多部门人员共同盘点，应当充分体现相互制衡，严格按照盘点计划，认真记录盘点情况。此外，企业至少应当于每年年度终了开展全面的存货盘点清查，及时发现存货减值迹象，将盘点清查结果形成书面报告。

（六）存货处置

该环节的主要管控措施是：企业应定期对存货进行检查，及时、充分了解存货的存储状态，对于存货变质、毁损、报废或流失的处理要分清责任、分析原因、及时合理。

二、固定资产管理的关键控制点及管控措施

企业应当建立健全固定资产全面风险管控措施，保证固定资产安全、完整、高效运行。固定资产相关业务，通常可以分为取得、资产登记造册、固定资产运行维护、固定资产升级改造、资产清查、资产抵押、固定资产处置等几个环节。

（一）固定资产取得

该环节的主要管控措施有以下两点。

（1）建立严格的固定资产交付使用验收制度。企业外购固定资产应当根据合同、供应商发货单等对所购固定资产的品种、规格、数量、质量、技术要求及其他内容进行验收，出具验收单，编制验收报告。企业自行建造的固定资产，应由建造部门、固定资产管理部门、使用部门共同填制固定资产移交使用验收单，验收合格后移交使用部门投入使用。未通过验收的不合格资产，不得接收，必须按照合同等有关规定办理退换货或其他弥补措施。对于具有权属证明的资产，取得时必须有合法的权属证书。

（2）重视和加强固定资产的投保工作。企业应当通盘考虑固定资产状况，根据其性质和特点，确定和严格执行固定资产的投保范围与政策。投保金额与投保项目力求适当，对应投保的固定资产项目按规定程序进行审批，办理投保手续，规范投保行为，应对固定资产损失风险。对于重大固定资产项目的投保，应当考虑采取招标方式确定保险人，防范固定资产投保舞弊。已投保的固定资产发生损失的，及时调查原因及受损金额，向保险公司办理相关的索赔手续。

(二)固定资产登记造册

该环节的主要管控措施有以下两点。

(1) 根据固定资产的定义,结合自身实际情况,制定适合本企业的固定资产目录,列明固定资产编号、名称、种类、所在地点、使用部门、责任人、数量、账面价值、使用年限、损耗等内容,有利于企业了解固定资产使用情况的全貌。

(2) 按照单项资产建立固定资产卡片,资产卡片应在资产编号上与固定资产目录保持对应关系,详细记录各项固定资产的来源、验收、使用地点、责任单位和责任人、运转、维修、改造、折旧、盘点等相关内容,便于固定资产的有效识别。固定资产目录和卡片均应定期或不定期复核,以保证信息的真实和完整。

(三)固定资产运行维护

该环节的主要管控措施有以下几点。

(1) 固定资产使用部门会同资产管理部门负责固定资产日常维修、保养,将资产日常维护流程体制化、程序化、标准化,定期检查,及时消除风险,提高固定资产的使用效率,切实消除安全隐患。

(2) 固定资产使用部门及管理部门建立固定资产运行管理档案,并据以制订合理的日常维修和大修计划,并经主管领导审批。

(3) 固定资产实物管理部门审核施工单位资质和资信,并建立管理档案;修理项目应分类,明确需要招投标项目。修理完成,由施工单位出具交工验收报告,经资产使用和实物管理部门核对工程量并审批。重大项目应专项审计。

(4) 企业生产线等关键设备的运作效率与效果将直接影响企业的安全生产和产品质量,操作人员上岗前应由具有资质的技术人员对其进行充分的岗前培训,特殊设备实行岗位许可制度,需持证上岗,必须对资产运转进行实时监控,保证资产使用流程与既定操作流程相符,确保安全运行,提高使用效率。

(四)固定资产升级改造

该环节的主要管控措施有以下两点。

(1) 定期对固定资产技术先进性进行评估,结合盈利能力和企业发展可持续性,资产使用部门根据需要提出技改方案,与财务部门一起进行预算可行性分析,并且经过管理部门的审核批准。

(2) 管理部门需对技改方案实施过程适时监控、加强管理,有条件企业建立技改专项资金并定期或不定期审计。

(五)固定资产清查

企业应建立固定资产清查制度,至少每年全面清查,保证固定资产账实相符,及时掌握资产盈利能力和市场价值。固定资产清查中发现的问题,应当查明原因,追究责任,妥善处理。

该环节的风险主要是：固定资产丢失、毁损等造成账实不符或资产贬值严重。

该环节的主要管控措施有以下几点。

（1）财务部门组织固定资产使用部门和管理部门定期进行清查，明确资产权属，确保实物与卡、财务账表相符，在清查作业实施之前编制清查方案，经过管理部门审核后进行相关的清查作业。

（2）在清查结束后，清查人员需要编制清查报告，管理部门需就清查报告进行审核，确保真实性、可靠性。

（3）清查过程中发现的盘盈（盘亏），应分析原因，追究责任，妥善处理，报告审核通过后及时调整固定资产账面价值，确保账实相符，并上报备案。

（六）固定资产抵押质押

该环节的主要管控措施有以下两点。

（1）加强固定资产抵押质押的管理，明晰固定资产抵押质押流程，规定固定资产抵押质押的程序和审批权限等，确保资产抵押质押经过授权审批及适当程序。同时，应做好相应记录，保障企业资产安全。

（2）财务部门办理资产抵押时，如需要委托专业中介机构鉴定评估固定资产的实际价值，应当会同金融机构有关人员、固定资产管理部门、固定资产使用部门现场勘验抵押品，对抵押资产的价值进行评估。对于抵押资产，应编制专门的抵押资产目录。

（七）固定资产处置

固定资产处置环节的主要风险是：固定资产处置方式不合理，可能造成企业经济损失。主要管控措施是：企业应当建立健全固定资产处置的相关制度，区分固定资产不同的处置方式，采取相应控制措施，确定固定资产处置的范围、标准、程序和审批权限，保证固定资产处置的科学性，使企业的资源得到有效的运用。

（1）对使用期满、正常报废的固定资产，应由固定资产使用部门或管理部门填制固定资产报废单，经企业授权部门或人员批准后对该固定资产进行报废清理。

（2）对使用期限未满、非正常报废的固定资产，应由固定资产使用部门提出报废申请，注明报废理由、估计清理费用和可回收残值、预计处置价格等。企业应组织有关部门进行技术鉴定，按规定程序审批后进行报废清理。

（3）对拟出售或投资转让及非货币交换的固定资产，应由有关部门或人员提出处置申请，对固定资产价值进行评估，并出具资产评估报告。报经企业授权部门或人员批准后予以出售或转让。企业应特别关注固定资产处置中的关联交易和处置定价，固定资产的处置应由独立于固定资产管理部门和使用部门的相关授权人员办理，固定资产处置价格应报经企业授权部门或人员审批后确定。对于重大固定资产处置，应当考虑聘请具有资质的中介机构进行资产评估，采取集体审议或联签制度。涉及产权变更的，应及时办理产权变更手续。

（4）对出租的固定资产由相关管理部门提出出租或出借的申请，写明申请的理由和原因，并由相关授权人员和部门就申请进行审核。审核通过后应签订出租或出借合同，包括合同双方的具体情况，出租的原因和期限等内容。

三、无形资产管理的关键控制点及管控措施

无形资产是企业拥有或控制的没有实物形态的可辨认非货币性资产，通常包括专利权、非专利技术权、商标权、著作权、特许权、土地使用权等。企业应当加强对无形资产的管理，建立健全无形资产分类管理制度，保护无形资产的安全，提高无形资产的使用效率，充分发挥无形资产对提升企业创新能力和核心竞争力的作用。

企业应当在对无形资产取得、验收、使用、保全、技术升级、更新换代、处置等环节进行全面梳理的基础上，明确无形资产业务流程中的主要风险，并采用适当的控制措施实施无形资产内部控制。

（1）无形资产的取得与验收。企业应当建立严格的无形资产交付使用验收制度，明确无形资产的权属关系，及时办理产权登记手续。企业外购无形资产，必须仔细审核有关合同协议等法律文件，及时取得无形资产所有权的有效证明文件，同时特别关注外购无形资产的技术先进性；企业自行开发的无形资产，应由研发部门、无形资产管理部门、使用部门共同填制无形资产移交使用验收单，移交使用部门使用；企业购入或者以支付土地出让金方式取得的土地使用权，必须取得土地使用权的有效证明文件。当无形资产权属关系发生变动时，应当按照规定及时办理权证转移手续。

（2）无形资产的使用与保全。如前文所述本环节存在的主要风险，本环节应采取的主要管控措施是：企业应当强化无形资产使用过程的风险管控，充分发挥无形资产对提升企业产品质量和市场影响力的重要作用；建立健全无形资产核心技术保密制度，严格限制未经授权人员直接接触技术资料，对技术资料等无形资产的保管及接触应保有记录，实行责任追究，保证无形资产的安全与完整；对侵害本企业无形资产的，要积极取证并形成书面调查记录，提出维权对策，按规定程序审核并上报，等等。

（3）无形资产的技术升级与更新换代。如前文所述本环节存在的主要风险，本环节应采取的主要管控措施是：企业应当定期对专利、专有技术等无形资产的先进性进行评估。发现某项无形资产给企业带来经济利益的能力受到重大不利影响时，应当考虑淘汰落后技术，同时加大研发投入，不断推动企业自主创新与技术升级，确保企业在市场经济竞争中始终处于优势地位。

（4）无形资产的处置。如前文所述本环节存在的主要风险，本环节应采取的主要管控措施是：企业应当建立无形资产处置的相关管理制度，明确无形资产处置的范围、标准、程序和审批权限等要求。无形资产的处置应由独立于无形资产管理部门和使用部门的其他部门或人员按照规定的权限与程序办理；应当选择合理的方式确定处置价格，并报经企业授权部门或人员审批；重大的无形资产处置，应当委托具有资质的中介机构进行资产评估。

第三节 资产管理案例分析

案例一

ABC 公司的存货控制

ABC 公司是一家股份制新技术企业，成立于 20 世纪 90 年代，融小家电开发、生产、销售为一体，主打产品为电饭锅、电磁炉等，其销量曾为行业前两名，在全国诸多省市设有分公司和办事处，销售网络和售后服务网点遍布全国。进入 21 世纪，国内外小家电厂家剧增，市场竞争异常激烈，加之内部管理的薄弱，企业经营步履维艰。

在 ABC 公司流动资产中，存货占用着企业大部分流动资金，存货的增加可以增强企业组织生产、销售活动的机动性，但是任何事情都有一个度的问题。如果存货比例过高，那么，过多的存货必将占用大额资金，降低企业资金的周转率；也会增加与存货有关的各项开支，如采购成本、仓储成本、管理成本等；此外，存货过多也会因积压而贬值，消耗企业的资源，从而导致成本上升、利润受损，因此，科学的存货管理目标就是在充分发挥存货作用的同时降低存货成本，使存货效益和存货成本达到最佳结合，使存货量在满足生产经营需要的同时，追求最低存量。ABC 公司的资产总额约为 1 亿元，但存货却达到 5000 万元，由此可见，加强对存货的管理已成为了关系企业生死存亡的大事。从最初的经营扩张到后来的经营收缩，ABC 公司的存货始终保持逐年增加的态势。最终销售不畅，占用了公司大量资金，反过来导致原材料采购与供应不及时、生产出现中断的情况时有发生。

【案例分析】

在 ABC 公司，生产部门只是管生产，其目标就是完成计划中的产量，如果完成了就没有自己的责任。采购部门按照生产部门的要求进行采购，只要保证原料供给正常，也就完成了自己的使命。而营销中心的职责是制订销售目标，因此，营销中心的预测是否准确具有决定性的意义，一旦销售预测失误，就会导致生产和存货的大幅度振荡。如果营销中心过高地预测销售的需求，存货的膨胀就难以避免，因为制造过程至少需要半个月的提前期，所以营销中心发出的计划生产量是一个预测量，到生产部门完成产量后，由于营销中心相对独立，如果市场行情发生变化，产品出库量将下降，这是存货增加的首要原因。其次，营销中心人员素质过低，在公司效益下滑过程中，人员流失严重，导致销售力量不足，即使在减少了提货量的情况下，仍然不能完成销售任务。最后，财务控制体系不够完善，不按照流程办事的状况时有存在，ABC 公司的市场一直处于收缩之中，存货数量却急剧上升，存货占用了公司的大量资金，导致公司现金流不足，生产无法顺利进行，不得不占用供应商和部分经销商的资金；反过来，原材料供应不及时、销售不顺畅，形成了恶性循环，公司效益日益下滑。

通过分析 ABC 公司的存货问题，我们认为其要改革存货管理应从以下几个方面着手。

首先，对当前企业的存货进行彻底清理，按积压的时限和可变性能力，划分为基本不值钱部分、贬值部分和市场行情好的情况下仍能保值的部分，对部分存货进行核销和变现，短期内可以改善公司的财务报表，切实提高资产的质量。

其次，通过信息技术在企业中的运用［如 ERP（企业资源计划）等］，使企业的生产计划与市场销售的信息充分共享，计划、采购、生产和销售等各部门之间也可以更好地协同。通过互联网技术使生产预测较以前更准确可靠，因此，解决的办法是切实推行ERP系统，加强财务控制，真正控制好库存。

最后，可以尝试供应链管理。供应链管理在制造业管理中得到普遍应用，成为一种新的管理模式。供应链管理是对供应链中的信息流、物流和资金流进行设计、规划与控制，从而增强竞争实力，提高供应链中各成员的效率和效益。它是在 ERP 的基础上发展起来的，它把公司的制造过程、库存系统和供应商产生的数据合并在一起，从一个统一的视角展示产品制造过程中的各种影响因素，把企业活动与合作伙伴整合在一起，成为一个严密的有机体。ABC 公司对供应链管理的应用，将会降低企业整体的经营费用，保证销售量，扩大销售额，提高企业的存货周转率。这正是存货管理内部控制的目标，以实现最佳存货状态，从而更加有效地管理好企业的物流和资金流。

案例二

XYZ 企业的固定资产控制

XYZ 股份有限公司是国内能源类大型央企的控股子公司，主要生产化纤类产品。XYZ 公司在固定资产的内部控制方面，实行管理信念与管理措施的同步推进。管理信念是XYZ公司的重要先进思想。20×7 年XYZ公司进行了较大规模的财务纪律整改，逐步改善内控机制。在管理层眼中，经济活动离不开内部审计，他们认同国际审计大师劳伦斯·索耶的经典论断：内部审计是内部咨询师，是家中的宾客而不是街上的警察。

在固定资产投资与管理的全过程中，XYZ 公司将固定资产管理视为核心竞争力之一，从决策开始瞄准的就是国际市场，希望尽早加入国际主流竞争。企业在追逐效益的时候，始终注重防范固定资产领域的舞弊及管理的漏洞，避免侵蚀企业的利润，力争减少决策环节的无效投资，使用环节的侵吞、转移和挪用，设计环节的差错，招标环节的违规操作，合同环节上违法违规，采购环节的"舍近求远、舍廉求贵、舍优求次"，施工环节的粗制滥造，工程审价环节的内外勾结。这些由控制制度不健全而导致的问题，会使得企业资产悄然流失。企业通过开展固定资产投资内部控制，大幅度地降低固定资产投资领域发生舞弊的可能性，及时管理工作中出现的漏洞，真正为企业起到"增值服务"的作用。因此，固定资产投资领域的内部控制工作得到继续重视和加强。

管控措施是 XYZ 公司长期以来科学探索的重要目标。在固定资产控制方面，通过明确整个企业固定资产内部控制的业务目标、控制点及业务流程，进一步全面强化了该企业关于固定资产的有效控制，主要有以下特点。

其一，围绕经营目标、财务目标、合规目标开展控制工作。内部控制的目标是指导XYZ公司设计和实施内部控制的根本指南。内部控制必须围绕所要实现的目标，才能找到企业管理、经营活动中与最终控制结果相关的因素，企业的控制活动是否有效，主要的衡量标准就是控制活动能否与控制目标保持一致。

企业内部控制的目标主要如下：管理政策有效贯彻和实施，以及提高管理效率和效果，业务活动的合法性和会计信息的真实可靠性。企业要想使控制活动能够与控制目标保持一致，内部控制设计就要关注上述问题。因此，XYZ 公司在阐述关于固定资产管理的经营目标、财务目标及合规目标的基础上，提出固定资产管理过程中可能出现的经营风险、财务风险及合规风险，围绕业务目标设计了有关固定资产业务流程步骤与控制点，以保证关于固定资产会计信息的可靠性、企业财产的安全性和合法性。

其二，组织架构严密，岗位责任明确，强调授权审批控制。XYZ 公司经营活动的开展具有很强的层次，权力的归属呈现出"金字塔"的特征。由于管理者精力有限，上级管理者必须进行分权管理，这就产生了授权的问题，与企业固定资产相关的业务活动也应该按照一定的审批程序进行。内部控制必须确定授权审批的程序，保证权力的分配与责任界定相配合，既要设计出合理的授权审批控制措施，又要保证授权活动的贯彻实施。

按照授权审批对象的发生频率和范围可以把授权审批活动划分为一般授权和特殊授权。

一般授权针对的是企业日常经营活动中经常发生、涉及范围较广的业务，其主要内容包括不同数额业务审批权的归属、授权审批责任的确定及交易活动的具体审批程序，在实际工作中一般授权还会发生在同级别管理者之间。例如，设备管理部门和固定资产使用部门依据有关单据对新增固定资产共同进行验收；固定资产使用部门根据固定资产性能及使用现状提出维护修理计划，由设备管理部门审核，报企业分管副总经理审批后实施；关于固定资产的清查由设备部和资产财务部共同定期组织实施。

特殊授权针对的是企业中发生频率较低、较为重要的非常规活动，如重大的项目投资决策、债券和股票的发行等，主要规定了这些活动的决策程序、制衡机制和权责分布。例如，该企业关于固定资产报废的处置，单台原值在 5 万元以上 50 万元以下的固定资产由使用企业提出初步鉴定意见，企业鉴定组鉴定，报董事长审批；关于固定资产减值数额需经资产财务部会同设备部审核，报总经理班子、董事会审批，资产财务部根据审批结果及时计提入账。

其三，突出闲置固定资产的处置。企业闲置的固定资产是指连续停用 1 年以上或新购设备因计划变更不用及技改等更换下线，仍具有使用价值的固定资产。闲置固定资产不仅占用了企业大量的资金，而且对闲置资产不合理的处置将会造成资产流失，给企业带来较大的损失。因此，在此案例中，该公司对闲置固定资产的处置从审批同意到妥善保管、到正确核算再到充分有效利用都做了相应的规定，并在此过程中注意各部门的有效制衡。

【案例分析】

XYZ 公司之所以能在国内同类企业中较为成功，这要归因于它关于固定资产的内部控制制度重视流程管理、重视 IT 技术、重视授权审批和强调记录控制等内部控制的关键环节，其中特别值得借鉴和注意的有以下三点。

其一，关于固定资产取得的控制。固定资产投资本身所具有的投入资金多、影响持续时间长、回收慢、风险种类多的特点，决定了固定资产投资决策直接影响着企业未来的长期效益与发展。因此，企业在进行固定资产投资决策前，应开展投资项目的可行性研究。可行性研究包括宏观与微观两方面的研究，在考虑投资项目满足社会需要程度的前提下，重点研究投资项目的必要性、技术上的可行性及经济上的合理性等，在经过充分的技术经济论证和方案比较，并经审查认定后选择最佳可行方案作为编制计划任务书的依据。

在这方面，XYZ 公司对固定资产的预算，以及以各种取得方式取得的固定资产的验收、入库、保险控制较少涉及，很有可能造成盲目购建、投资失误及预算的失控。

其二，关于固定资产使用成本与费用的控制。固定资产使用过程中的成本和费用主要有固定资产修理成本、固定资产转移成本、固定资产管理成本和无形损耗成本。会计系统对成本和费用的关键控制点就体现在上述成本费用的控制中。正确确认和计量固定资产修理费用，会计和出纳人员要监督修理资金的收付、结余情况，进行预算控制；融资或经营租入固定资产的运输费用的核算，计入管理成本或固定资产成本；对在企业中转移大型的设备需要雇用车辆和人员的劳动报酬，进行控制；等等。因此，在此过程中，主要是正确划分资本性支出和收益性支出的界限，否则就会带来资本化利息计算不正确、资本性支出挤占生产成本或费用等问题。关于这方面的问题，在调研过程中发现，XYZ 公司是严格按照会计制度进行处理的。

其三，良好的企业文化和员工素质是内部控制有效实施的保证。XYZ 公司的内部会计控制系统是建立在水平较高的信息管理平台上的，特别是该企业的 ERP 系统成功运行以来，给内部会计控制系统的设计带来了进一步的提升，ERP 系统为固定资产的内部控制提供了坚实的技术基础。

案例三

A 商场的无形资产管理

20 世纪 90 年代在中国享有盛名的 A 商场于 1989 年开业，之后仅用 7 个月时间就实现销售额 80 万元，1990 年全年销售额达 1.5 亿元，实现税利 1200 万元，仅用一年时间就跨入全国 50 家大型商场行列。到 1995 年，其销售额一直呈增长趋势，1995 年销售额接近 5 亿元。A 商场以其在经营和管理上的创新创造了近乎奇迹的业绩。然而，1998 年 8 月，A 商场悄然关门，对于这样突如其来的变故，人们众说纷纭。商场倒闭的原因是多方面的，而其内部控制的极端薄弱是倒闭的主要原因之一。下面仅就其无形资产内部控制方面进行分析。

该商场的冠名权属于无形资产，其转让权由总经理一个人控制，只要总经理签字同意，就可以授权他人建一个 A 商场。在经营管理上，A 商场有派驻人员，但由于派驻人员没有实际管理权限，所起的作用不大。这种冠名权的转让，能迅速促进商场规模的扩张，但给 A 商场的管理控制带来了风险。在这些企业的管理上，A 商场缺乏严格的规范，导致某些授权加盟的企业在管理、服务质量或产品质量等诸多方面给客户留下了不好的印象，在社会上造成了不良影响，对 A 商场的品牌起了负面作用，给企业带来经济上的损失，企业产品销量下降，经济效益下滑。

【案例分析】

A 商场没有进行职责分工，权限范围和审批程序不明确规范，机构设置和人员配备不科学、不合理。关于无形资产的转让，应该经董事会讨论通过，但实际上是总经理一个人决定的，这样不可避免地会导致舞弊的现象发生。

曾经有专家建议 A 商场：应该针对无形资产管理设立专门的部门，由无形资产管理人员统一对商场无形资产进行全面、系统的管理。无形资产管理部门的主要职能如下：对企业所有无形资产的开发、引进、投资进行总的控制；监督无形资产在企业生产经营中的实施是否合规；协调企业内部其他各有关职能部门的关系；协调企业与国家有关专业管理机构的关系；协调企业与其他企业的关系；维护企业无形资产资源安全完整；考核无形资产的投入产出状况和经济效益情况。

企业应当建立无形资产业务的岗位责任制，明确相关部门和岗位的职责、权限，确保办理无形资产业务的不相容岗位相互分离、制约和监督。同一部门或个人不得办理无形资产业务的全过程。有效的内部控制制度应该保证对同一项业务的审批、执行、记录和复核人员的职务分离，以减少因一人多权而导致的舞弊现象发生。

在授权审批方面要明确授权批准的范围。通常无形资产研究与开发、购置和转让计划都应纳入授权审批的范围。授权批准的层次，应该以无形资产的重要性和金额大小为基准，从而保证各管理层有权亦有责。明确被授权者在行使权力时应对哪些方面负责，应避免责任不清的情况发生，应规定每一类无形资产业务的审批程序，以便按程序办理审批，以避免越级审批、违规审批的情况发生。单位内部的各级管理层必须在授权范围内行使相应职权，经办人员也必须在授权范围内办理经济业务。审批人应当根据无形资产业务授权批准制度的规定，在授权范围内进行审批，不得超越审批权限。经办人在职责范围内，按照审批人的批准意见办理无形资产业务，对于审批人超越授权范围审批的无形资产业务，经办人员有权拒绝办理，并及时向上级部门报告。对于重大的无形资产投资转让等项目，应当考虑聘请独立第三方机构或专业人士进行可行性研究与估价，并由企业实行集体决策和审批，防止出现决策失误而造成严重损失。

本 章 小 结

资产作为企业重要的经济资源，是企业从事生产经营活动并实现发展战略的物质基础。本章首先分三部分分别介绍了资产的定义，以及存货、固定资产和无形资产管理的基本含义，在此基础上阐述了存货控制、固定资产控制和无形资产控制的基本流程与关键控制点风险；其次，从存货、固定资产和无形资产三个部门详细论述了控制关键点和控制手段；最后，以案例分析阐述了资产管理在内部控制中的应用。

复习思考题

一、简答题

1. 资产管理内部控制的总体要求是什么？

2. 存货管理的主要风险和关键控制点有哪些？
3. 固定资产管理内部控制的总体目标是什么？
4. 固定资产管理业务流程和固定资产管理的主要风险是什么？
5. 无形资产包括哪些内容？
6. 无形资产管理的关键控制点有哪些？

二、案例分析

甲公司是一家外资企业，从2012年到2015年每年的出口创汇位居全市第三，年销售额达4300万元左右。2015年以后该企业的业绩逐渐下滑，亏损严重，2017年破产倒闭。这样一家中型企业，从鼎盛走向衰败，不排除市场同类产品的价格下降、原材料价格上涨等客观的原因。但内部管理的混乱，是其根本的原因，税务部门检查发现：该企业产品的成本、费用核算不准确，浪费的现象严重，存货的采购、验收入库、领用、保管不规范，归根到底，缺乏一个良好的内部控制制度。这里我们主要介绍存货的管理问题。

（1）董事长常年在国外，材料的采购是由董事长个人掌握，材料到达入库后，仓库的保管员按实际收到的材料的数量和品种入库，实际的采购数量和品种保管员无法掌握，也没有合同等相关的资料。财务的入账不及时，会计自己估价入账，发票几个月以后，甚至有的长达一年以上才拿回来，发票的数量和实际入库的数量不一致，也不进行核对，造成材料的成本不准确，忽高忽低。

（2）期末仓库的保管员自己盘点，盘点的结果与财务核对不一致的，不去查找原因，也不进行处理，使盘点流于形式。

（3）材料的领用没有建立规范的领用制度，车间在生产中随用随领，没有计划，多领不办理退库的手续。生产中的残次料随处可见，随用随拿，浪费现象严重。

要求：

分析该企业存货控制存在的问题。

第十一章

销售业务指引

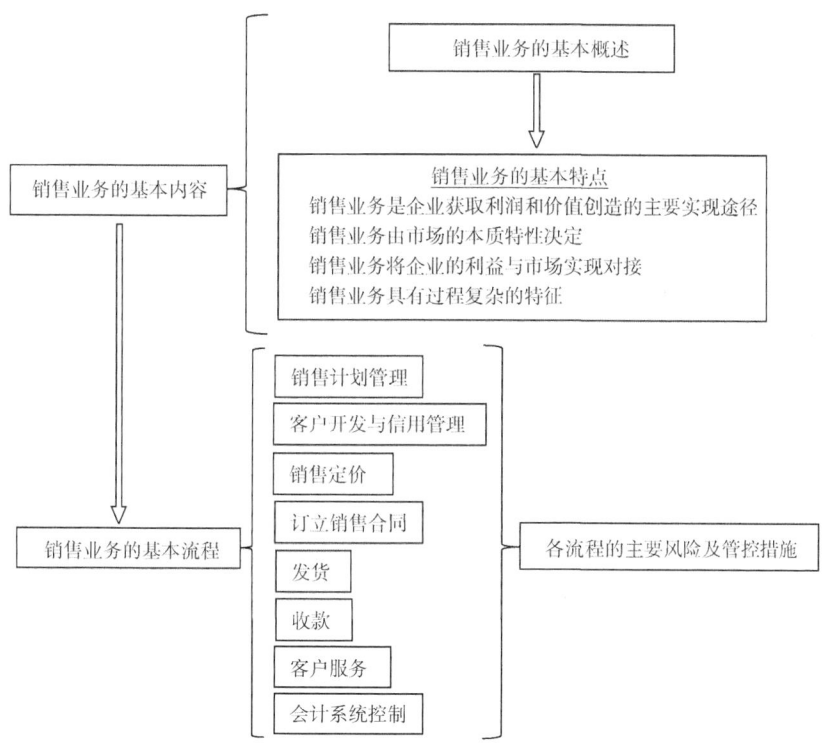

销售业务是指企业出售商品（或提供劳务）及收取款项等相关活动。企业生存、发展、壮大的过程，在相当程度上就是不断加大销售力度、拓宽销售渠道、扩大市场份额的过程。企业若不能实现产品销售（或劳务提供）的持续稳定增长，应收回的货款如不能足额收回或不能及时收回，必将导致企业经营难以为继。因此，加强企业销售业务的内部控制，对于实现内部控制目标、企业经营目标和发展战略具有十分重要的意义。

《企业内部控制应用指引第 9 号——销售业务》着力解决企业销售过程中的内部控制，以促进企业销售稳定增长、扩大市场份额为出发点，提出了销售业务应当关注的主要风险及相应的管控措施。

【重要概念】销售业务　销售业务风险点　销售业务控制关键点

第一节 销售业务的基本内容

一、销售业务的基本概述

销售业务是指企业出售商品（或提供劳务）及收取款项等相关活动。企业在生存、发展与壮大的整个过程中，在很大程度上依赖于不断拓宽销售渠道、加大销售力度、扩大市场份额。企业如不能实现产品或商品销售（或劳务提供）的持续稳定增长，售出的货款如不能足额收回或不能及时收回，必将导致企业经营受阻、企业生存难以为继。销售涉及可供销售的商品和劳务的所有权转让的各项业务与过程，它由客户提出订货要求开始，将商品或劳务转化为应收账款，并以最终收回现金结束。销售业务通常可以区分为现销和赊销两种基本方式，在现代企业经营中，商业信用的广泛使用使得赊销成为各企业较为普遍采用的销售方式。在赊销方式下，销售业务流程主要有处理客户订单、批准赊销信用、发送货物、开具销售发票、记录销售与收款业务、定期对账和催收账款、审批销售退回与折让等。

销售业务的基本特点表现在以下几个方面。

（1）销售业务是企业获取利润和价值创造的主要实现途径。企业的价值增值最终是依靠销售方式将产品和服务与外部市场进行交换而取得的。在企业的价值链上研发、采购、生产、销售和售后服务等主要环节相互联系，而销售业务居于价值链上相对主导的地位。销售环节一旦出现问题就是与企业利益紧密联系的大问题。

（2）销售业务由市场的本质特性决定。销售活动离开了市场，产品真实的销售业务就无法发生。同时，市场没有销售活动也就没有其存在的基本元素。所以，销售活动与市场是相互依存的，市场天然具有的灵活性与变化性特征也成为销售业务的鲜明特征。

（3）销售业务将企业的利益与市场实现对接。从价值创造角度看，企业利益与外部关联最紧密的活动就是销售业务。销售业务与外部市场高度相关性决定了内部控制要全面考虑所涉及企业外部的环节。

（4）销售业务具有过程复杂的特征。销售业务是一项卖出商品并收回货款的活动，具有步骤多、过程复杂、系统性的特点。由于业务链条长、环节多，销售业务的内部控制环节也相应十分复杂，风险发生概率也大大提升。

二、销售业务的基本流程

针对销售业务的管理，企业应当对现行销售业务流程进行全面梳理，一旦发现漏洞，便及时采取适当措施弥补；此外，企业还应当健全完善相关管理规章制度，确定以风险为导向、成本效益为原则的销售管控措施。通过落实责任制，有效防范和化解经营风险，实现与生产、资产、资金等方面管理的衔接。图 11-1 所示为综合不同类型企业形成的销售业务流程图，具有普适性。企业在实际操作中，应当充分结合自身业务特点和管理要求，构建和优化销售业务流程。

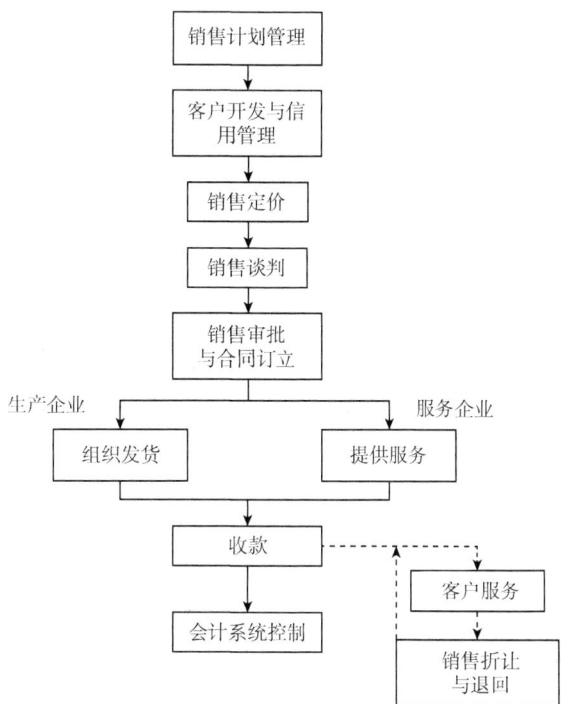

图 11-1 销售业务流程图

三、销售与收款业务主要活动涉及部门

销售与收款业务主要活动涉及部门如表 11-1 所示。

表 11-1 销售与收款业务主要活动涉及部门

主要业务活动	涉及凭证及记录	主要部门
1.处理客户订单	客户订单、销售单	销售部门
2.核准销货（含赊销审批）	销售单	信用部门
3.发货	出库单	仓储部门
4.运货	发运凭证	装运部门
5.开票	销售发票	会计部门
6.记账	相关凭证及账簿	会计部门
7.收款	汇款通知书、支票、银行进账单	会计部门

第二节 销售业务各流程的主要风险及管控措施

企业销售业务流程，主要包括销售计划管理、客户开发与信用管理、销售定价、订立销售合同、发货、收款、客户服务和会计系统控制等环节。

一、销售计划管理

销售计划是指在进行销售预测的基础上,结合企业生产能力,设定总体目标额及不同产品的销售目标额,进而为实现该目标设定具体营销方案和实施计划,以支持未来一定期间内销售额的实现。

该环节的主要风险是:销售计划缺乏或不合理,或未经授权审批,导致产品结构和生产安排不合理,难以实现企业生产经营的良性循环。

该环节的主要管控措施是:①企业应当根据发展战略和年度生产经营计划,结合企业实际情况,制订年度销售计划。在此基础上,结合客户订单情况,制订月度销售计划,并按规定的权限和程序审批后下达执行。②定期对各产品(商品)的区域销售额、进销差价、销售计划与实际销售情况等进行分析,结合生产现状,及时调整销售计划,调整后的销售计划需履行相应的审批程序。

二、客户开发与信用管理

企业应当积极开拓市场份额,加强现有客户维护,开发潜在目标客户,对有销售意向的客户进行资信评估,根据企业自身风险接受程度确定具体的信用等级。

该环节的主要风险是:现有客户管理不足、潜在市场需求开发不够,可能导致客户丢失或市场拓展不利;客户档案不健全,缺乏合理的资信评估,可能导致客户选择不当,销售款项不能收回或遭受欺诈,从而影响企业的资金流转和正常经营。

该环节的主要管控措施是:①企业应当在进行充分市场调查的基础上,合理细分市场并确定目标市场,根据不同目标群体的具体需求,确定定价机制和信用方式,灵活运用销售折扣、销售折让、信用销售、代销和广告宣传等多种策略和营销方式,促进销售目标实现,不断提高市场占有率。②建立和不断更新维护客户信用动态档案,由与销售部门相对独立的信用管理部门对客户付款情况进行持续跟踪和监控,提出划分、调整客户信用等级的方案。根据客户信用等级和企业信用政策,拟定客户赊销限额和时限,经销售、财会等部门具有相关权限的人员审批。对于境外客户和新开发客户,应当建立严格的信用保证制度。

三、销售定价

销售定价是指商品价格的确定、调整及相应审批。

该环节的主要风险是:定价或调价不符合价格政策,未能结合市场供需状况、盈利测算等进行适时调整,造成价格过高或过低、销售受损;商品销售价格未经恰当审批,或存在舞弊,可能导致损害企业经济利益或者企业形象。

该环节的主要管控措施是:①应根据有关价格政策,综合考虑企业财务目标、营销目标、产品成本、市场状况及竞争对手情况等多方面因素,确定产品基准定价。定期评价产品基准价格的合理性,定价或调价需经具有相应权限人员的审核批准。②在执行基准定价的基础上,针对某些商品可以授予销售部门一定限度的价格浮动权,销售部门可结合产品市场特点,将价格浮动权向下实行逐级递减分配,同时明确权限执行人。价格浮动权限执行人必须严格遵守规定的价格浮动范围，不得擅自突破。③销售折扣、销售折让等政策的制定应由具有相应权限人员审核批准。销售折扣、销售折让授予的实际金额、数量、原因及对象应予以记录，并归档备查。

四、订立销售合同

企业与客户订立销售合同，明确双方权利和义务，以此作为开展销售活动的基本依据。

该环节的主要风险是：合同内容存在重大疏漏和欺诈，未经授权对外订立销售合同，可能导致企业合法权益受到侵害；销售价格、收款期限等违背企业销售政策，可能导致企业经济利益受损。

该环节的主要管控措施是：①订立销售合同前，企业应当指定专门人员与客户进行业务洽谈、磋商或谈判，关注客户信用状况，明确销售定价、结算方式、权利与义务条款等相关内容。重大的销售业务谈判还应当吸收财会、法律等专业人员参加，并形成完整的书面记录。②企业应当建立健全销售合同订立及审批管理制度，明确必须签订合同的范围，规范合同订立程序，确定具体的审核、审批程序和所涉及的部门人员及相应权责。审核、审批应当重点关注销售合同草案中提出的销售价格、信用政策、发货及收款方式等。重要的销售合同，应当征询法律专业人员的意见。③销售合同草案经审批同意后，企业应授权有关人员与客户签订正式销售合同。

五、发货

发货是根据销售合同的约定向客户提供商品的环节。

该环节的主要风险是：未经授权发货或发货不符合合同约定，可能导致货物损失或客户与企业的销售争议、销售款项不能收回。

该环节的主要管控措施是：①销售部门应当按照经审核后的销售合同开具相关的销售通知交仓储部门和财会部门。②仓储部门应当落实出库、计量、运输等环节的岗位责任，对销售通知进行审核，严格按照所列的发货品种和规格、发货数量、发货时间、发货方式、接货地点等，按规定时间组织发货，形成相应的发货单据，并应连续编号。③应当以运输合同或条款等形式明确运输方式、商品短缺、毁损或变质的责任、到货验收方式、运输费用承担、保险等内容，货物交接环节应做好装卸和检验工作，确保货物的安全发运，由客户验收确认。④应当做好发货各环节的记录，填制相应的凭证，设置销售台账，实现全过程的销售登记制度。

六、收款

收款指企业经授权发货后与客户结算的环节。按照发货时是否收到货款，可分为现销和赊销。

该环节的主要风险是：企业信用管理不到位，结算方式选择不当，票据管理不善，账款回收不力，导致销售款项不能收回或遭受欺诈；收款过程中存在舞弊，使企业经济利益受损。

该环节的主要管控措施是：①结合公司销售政策，选择恰当的结算方式，加快款项回收，提高资金的使用效率。对于商业票据，结合销售政策和信用政策，明确应收票据的受理范围和管理措施。②建立票据管理制度，特别是加强商业汇票的管理：一是对票据的取得、贴现、背书、保管等活动予以明确规定；二是严格审查票据的真实性和合法性，防止票据欺诈；三是由专人保管应收票据，对即将到期的应收票据，及时办理托收，定期核对盘点；四是票据贴现、背书应经恰当审批。③加强赊销管理。一是需要赊销的商品，应由信用管理部门按照客户信用等级审核，并经具有相应权限的人员审批。二是赊销商品一般应取得客户的书面确认，必要时，要求客户办理资产抵押、担保等收款保证手续。三是应完善应收款项管理制度，落实责任、严格考核、实行奖惩。销售部门负责应收款项的催收，催收记录（包括往来函电）应妥善保存。四是加强代销业务款项的管理，及时与代销商结算款项。④收取的现金、银行本票、汇票等应及时缴存银行并登记入账。防止由销售人员直接收取款项，如必须由销售人员收取的，应由财会部门加强监控。

七、客户服务

客户服务是在企业与客户之间建立信息沟通机制，对客户提出的问题，企业应予以及时解答或反馈、处理，不断改进商品质量和服务水平，以提升客户满意度和忠诚度。客户服务包括产品维修、销售退回和维护升级等。

该环节的主要风险是：客户服务水平低，消费者满意度不足，影响公司品牌形象，造成客户流失。

该环节的主要管控措施是：①结合竞争对手客户服务水平，建立和完善客户服务制度，包括客户服务内容、标准、方式等。②设专人或部门进行客户服务和跟踪。有条件的企业可以按产品线或地理区域建立客户服务中心。加强售前、售中和售后技术服务，实行客户服务人员的薪酬与客户满意度挂钩。③建立产品质量管理制度，加强销售、生产、研发、质量检验等相关部门之间的沟通协调。④做好客户回访工作，定期或不定期开展客户满意度调查；建立客户投诉制度，记录所有的客户投诉，并分析产生原因及解决措施。⑤加强销售退回控制。销售退回需经具有相应权限的人员审批后方可执行；销售退回的商品应当参照物资采购入库管理。

八、会计系统控制

会计系统控制是指利用记账、核对、岗位职责落实和相互分离、档案管理、工作交接程序等会计控制方法，确保企业会计信息真实、准确、完整。会计系统控制包括销售收入的确认、应收款项的管理、坏账准备的计提和冲销、销售退回的处理等内容。

该环节的主要风险是：缺乏有效的销售业务会计系统控制，可能导致企业账实不符、账证不符、账账不符或者账表不符，影响销售收入、销售成本、应收款项等会计核算的真实性和可靠性。

该环节的主要管控措施是：①企业应当加强对销售、发货、收款业务的会计系统控制，详细记录销售客户、销售合同、销售通知、发运凭证、商业票据、款项收回等情况，确保会计记录、销售记录与仓储记录核对一致。具体为：财会部门开具发票时，应当依据相关单据（计量单、出库单、货款结算单、销售通知单等）并经相关岗位审核。销售发票应遵循有关发票管理规定，严禁开具虚假发票。财会部门对销售报表等原始凭证审核销售价格、数量等，并根据国家统一的会计准则制度确认销售收入，登记入账。财会部门与相关部门月末应核对当月销售数量，保证各部门销售数量的一致性。②建立应收账款清收核查制度，销售部门应定期与客户对账，并取得书面对账凭证，财会部门负责办理资金结算并监督款项回收。③及时收集应收账款相关凭证资料并妥善保管；及时要求客户提供担保；对未按时还款的客户，采取申请支付令、申请诉前保全和起诉等方式及时清收欠款。对收回的非货币性资产应经评估和恰当审批。④企业对于可能成为坏账的应收账款，应当按照国家统一的会计准则规定计提坏账准备，并按照权限范围和审批程序进行审批。对确定发生的各项坏账，应当查明原因，明确责任，并在履行规定的审批程序后做出会计处理。企业核销的坏账应当进行备查登记，做到账销案存。已核销的坏账又收回时应当及时入账，防止形成账外资金。

第三节 销售业务案例分析

甲公司销售与收款业务的内部控制全流程

甲公司销售与收款业务涉及的部门分别是销售部、商务部、运营管理部、财务部、综合部。商务部和运营管理部由一名副总经理分管，财务部和综合部由总经理直接管理，销售部由另一名副总经理分管。销售部下设销售一处和销售二处，商务部下设信用管理处、合同管理处、采购处、物资处、综合处，财务部下设会计处、财务管理处，综合部下设办公室、运输处、物业处。公司销售与收款业务的主要流程和内容如下。

（1）销售部由销售一处专门人员负责了解客户的基本情况后，确定交易的初步意向，填写客户资料表，并将填好的客户资料表交给商务部的信用管理处。

（2）商务部信用管理处负责对销售部提交的客户进行经营能力、资信状况等评核，出具授信建议并由商务部负责人审批后，返回给销售部。

（3）销售部负责人依据商务部授信文件，核准与客户的交易方式及给予客户的信用额度后，由销售二处负责谈判并签订销售合同。同时，销售部的业务助理将客户资料输入计算机系统存档。

（4）区别不同的销售方式，对客户订单的处理略有不同。如果采用现金销售方式，当收到客户订货单及缴款时，由销售二处依据客户之缴款填写缴款单并送交财务部会计处出纳员，出纳员在收款后，将缴款单的一联交财务部会计处负责收款的会计人员进行计算机系统缴款确认。如果采用赊销方式，由销售部销售一处先将已获核准的授信单送交财务部负责应收账款的会计进行计算机系统的授信额度确认。

（5）完成合同的系统确认以后，财务部将客户订货单的一联及相应的销售合同一份还给销售部，由其转交商务部合同管理处，由该处业务人员将计算机系统中制作的销货通知单送交物资处（合同管理处和物资处同属商务部负责人领导）。

（6）物资处收到销货通知单后，依据销货通知单标明的品种、数量进行备货和向综合部运输处交接装运货物，并生成一式四联的送货单送交财务部会计处。

（7）财务部会计处专门岗位负责核对价格、收款金额，无误后签字，并在计算机系统确认生成销货清单，据此填制销货发票并予以记账。然后，将销货发票及三联送货单送交商务部物资处。

（8）商务部物资处留存一联，其余两联送货单及销货发票连同货物由运输处送交客户。

（9）客户签收后将送货单留存一联，另一联送货单由商务部物资处返回财务部作为记录销售收入或应收账款的依据。

【案例分析】

1. 甲公司内部控制的有效性

从案例内容来分析，甲公司销售与收款业务内部控制具有可借鉴之处。采用了多个部门相互牵制和监督的内部控制措施，可在一定程度上防止贪污舞弊行为的发生，可减少销售与收款业务中可能出现的低效率和侵吞企业利益的行为。优点归纳为以下几个方面。

较好地运用了不相容职务分离的内部控制。将销售与收款业务中对客户挑选、客户信用调查、接受客户订单、核准付款条件、填制销货通知单、发出商品、开具发票及会计记录等不相容岗位所涉及的相关职务实施了分离设置。

公司建立了信用管理机制。建立信用管理机制是对应收账款的事前控制，对有效保护销售成果具有积极作用，从源头上减少了形成坏账损失的风险。

采用了计算机系统授信额度确认的权限控制。计算机系统授信额度的确认，提高了销售与收款业务的工作效率，保证了营业收入的真实性、合理性、完整有效性，同时也提高了信息的及时性、准确性、查阅的方便性。

2. 甲公司内部控制出现的问题

通过剖析甲公司销售与收款业务流程控制活动的关键控制点，我们发现存在以下若干问题。

（1）商务部是信用管理部门，却仅有信用额度的建议权，而由负责签订合同的销售部确定信用额度。首先，没有切实达到信用管理的作用，应该由独立的信用管理部门负责信用额度的确认。其次，信用额度的给予应该由公司主管领导审批授权。

（2）销售前期活动中的谈判活动和签订合同，甲公司将此两项职责放在销售二处，应该由两个不同的岗位分别执行。

（3）实施销售的业务人员与现金收款由销售二处独自完成，存在利用现金收款业务舞弊的风险。

（4）合同管理处和物资处同属商务部负责人领导，且在本案例中由合同管理处负责开出销售通知单，发货由物资处组织实施。这两项流程均由同一个部门负责人审批，与不相容职务分离原则相违背，不按销售通知单发货的风险很大。

（5）合同管理处负责制作销售通知单，实际与销售合同事项相分离，职责分配混乱，应该由销售部负责。

（6）销售清单应该由货物发运部门即本案例中的物资处负责制作，交财务部复核并据以开具销售发票和记录相关会计核算内容。本例中，由财务部开具销售清单，脱离了实际的发货业务。

（7）应收账款的管理上，还应加强事后管理，建立询证制度及时准确与客户对账，以免给个别业务人员提供可乘之机，保证应收账款的真实、准确和可收回性。

本案例通过分析甲公司在销售与收款业务中所设计执行的内部控制流程，描绘了从客户调查开始到完成发货并确认应收账款的业务操作流程。在此基础上，分析其销售与收款业务内部控制的有效之处和缺陷，从两个维度去审视销售与收款业务的内部控制，有一定现实的操作意义。

从本案例中所表现的内部控制存在的问题来看，企业设计内部控制流程，不能仅从形式上追求其完整性和连贯性，更要认真分析各关键控制点的适配性。如果找准了关键控制点，但是没有将它设置在合适的节点上也无法有效发挥功效，往往增加了控制风险，甚至反而给舞弊提供了机会。例如，本案例中，甲公司建立了信用管理部门，对赊销实施审批制度，但是由于职责分工上没有真正实现不相容职务的分离，授信额度的确定仍由销售部门最终确定，信用管理部门只有建议权。

本 章 小 结

销售业务是指企业出售商品（或提供劳务）及收取款项等相关活动。销售业务在企业中具有举足轻重的地位。本章首先介绍了销售业务的基本业务流程，然后针对每一业务流程分析了其主要风险点和提出了相应的管控措施，最后运用案例分析阐述了销售内部控制的具体应用。

复 习 思 考 题

一、简答题

1. 如何理解企业的销售业务，企业销售业务流程具体包括哪些部分？

2. 如何理解企业销售业务控制的关键点；假如你是企业负责内部控制的工作人员，你将如何设计销售业务流程图？

3. 如何理解销售业务流程中的风险点，你认为哪些是重要的销售业务流程风险点，它们的对应控制手段有哪些？

二、案例分析

某公司在销售与收款循环中控制活动有以下几项。

（1）销售部门收取客户寄来的订单后，由销售经理 A 对品种、规格、数量、价格、付款条件、结算方式等详细审核后签章，由销售部门为每张客户订单打印一式二联的销售单，一份送到信用部门批准，一份与客户订单一起存档，销售单未连续编号。

（2）信用审核部门检查经授权的相关客户剩余赊销信用额度，并在销售部门编制的销售单上签字。在剩余销售信用额度内的销售，由信用审核部门职员 B 审批；超过剩余赊销信用额度的销售，在职员 B 审批后，还需获得经授权的信用审核部门经理 C 的批准。

（3）储运部门收到经批准的销售单，编制一式多联的预先编号的装运单。仓库部门根据装运单发货，偶尔会出现客户订单上的商品数量和类型与销售单或装运单上的记录不一致现象。

（4）会计部门收到销售单后，根据单中所列资料，开具统一的销售发票，将客户联寄送客户，将销售发票交应收账款专管员 F，作为记账和收款的凭证。

（5）应收账款专管员 F 收到发票后，将发票与销货单核对，如无错误，据以登记应收账款明细账和总账，并将发票和销货单按顾客顺序归档保存。

（6）为了提高办事效率，某公司的子公司允许销售人员直接收款，销售人员收款后，部分销售人员直接将款项存入个人账户，延迟交款到公司财务部门。

（7）某公司对销售人员采用按销售额实施奖励的激励政策，出现了很多"年末销售，下年初退货"的现象，销售退回货物由销售人员验收，每季度统一把相关凭证提交会计部门进行会计处理。

（8）某公司 3 年以上的应收账款金额大，且经询问，许多都是很早以前遗留的应收账款，当事人已经不在，债务方也很难找到，由于无人负责，只好挂账。

要求：

分析某公司销售活动中内部控制存在哪些缺陷。

第十二章

研究与开发指引

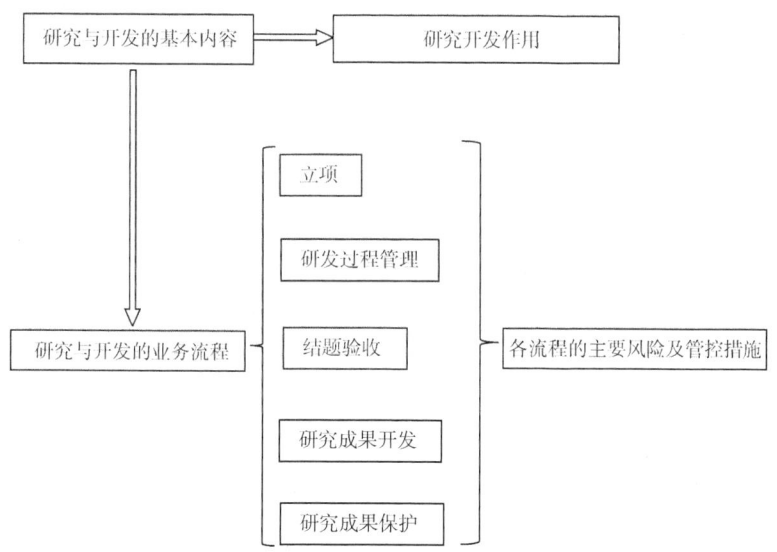

研究与开发是企业核心竞争力的本源，是促进企业自主创新的重要因素，是企业加快转变经济发展方式的强大推动力。钱学森曾经说过，科技创新就是自主研发拥有曾经"买不到、买不起、买回来已落后"的核心技术；即使买到产品，也买不到产权；买到产权，买不到知识；买到知识，买不到人才。由此说明，创新、产权、知识、人才是核心资源，自主创新是第一要务。在经济全球化背景下，特别是为了抢抓后金融危机时期重要发展机遇，企业应坚定不移地走自主创新之路，重视和加强研究与开发，并将相关成果转化为生产力，在竞争中赢得主动权，夺得先机。《企业内部控制应用指引第10号——研究与开发》旨在有效控制研发风险，提升企业自主创新能力，充分发挥科技的支撑引领作用，促进实现企业发展战略。

【**重要概念**】研究与开发业务流程　研究开发控制的关键点　研究开发控制的管控措施

第一节 研究与开发的基本内容

企业应当着力梳理研究与开发业务流程，针对主要风险点和关键环节，制订切实有效的控制措施，不断提升研发活动全过程的风险管控效能。

图 12-1 列出了一般生产企业研究与开发活动的业务流程图。

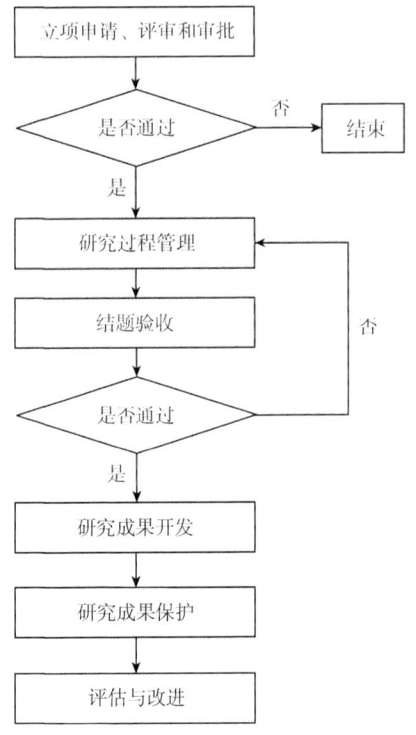

图 12-1 一般生产企业研究与开发活动的业务流程图

第二节 研究与开发业务各流程的主要风险及管控措施

如图 12-1 所示，研究与开发的基本流程，主要涉及立项、研发过程管理、结题验收、研究成果开发和研究成果保护等。

一、立项

立项主要包括立项申请、评审和审批。该环节的主要风险是：研发计划与国家（或企业）科技发展战略不匹配，研发承办单位或专题负责人不具有相应资质，研究项目未经科学论证或论证不充分，评审和审批环节把关不严，可能导致创新不足或资源浪费。

该环节主要的管控措施有以下几点。

（1）建立完善的立项、审批制度，确定研究开发计划制订原则和审批人，审查承办单位或专题负责人的资质条件和评估、审批流程等。

（2）结合企业发展战略、市场及技术现状，制订研究项目开发计划。

（3）企业应当根据实际需要，结合研发计划，提出研究项目立项申请，开展可行性研究，编制可行性研究报告。企业可以组织独立于申请及立项审批之外的专业机构和人员进行评估论证，出具评估意见。

（4）研究项目应当按照规定的权限和程序进行审批，重大研究项目应当报经董事会或类似权力机构集体审议决策。审批过程中，应当重点关注研究项目促进企业发展的必要性、技术的先进性以及成果转化的可行性。

（5）制订开题计划和报告，开题计划经科研管理部门负责人审批，开题报告应对市场需求与效益、国内外在该方向的研究现状、主要技术路线、研究开发目标与进度、已有条件与基础、经费等进行充分论证、分析，保证项目符合企业需求。

二、研发过程管理

研发过程是研发的核心环节。实务中，研发通常分为自主研发、委托（合作）研发。

1. 自主研发

自主研发是指企业依靠自身的科研力量，独立完成项目，包括原始创新、集成创新和在引进消化基础上的再创新三种类型。其主要风险包括以下几点。

（1）研究人员配备不合理，导致研发成本过高、舞弊或研发失败。

（2）研发过程管理不善，费用失控或科技收入形成账外资产，影响研发效率，增加研发成本甚至造成资产流失。

（3）多个项目同时进行时，相互争夺资源，出现资源的短期局部缺乏，可能造成研发效率下降。

（4）研究过程中未能及时发现错误，导致修正成本增加。

（5）科研合同管理不善，导致权属不清，知识产权存在争议。

自主研发主要的管控措施有以下几点。

（1）建立研发项目管理制度和技术标准，建立信息反馈制度和研发项目重大事项报告制度；严格落实岗位责任制。

（2）合理设计项目实施进度计划和组织结构，跟踪项目进展，建立良好的工作机制，保证项目顺利实施。

（3）精确预计工作量和所需资源，提高资源使用效率。

（4）建立科技开发费用报销制度，明确费用支付标准及审批权限，遵循不相容岗位牵制原则，完善科技经费入账管理程序，按项目正确划分资本性支出和费用性支出，准确开展会计核算，建立科技收入管理制度。

（5）开展项目中期评审，及时纠偏调整；优化研发项目管理的任务分配方式。

2. 委托（合作）研发

委托研发是指企业委托具有资质的外部承办单位进行研究和开发。合作研发是指合作双方基于研发协议，就共同的科研项目，以某种合作形式进行研究或开发。

委托（合作）研发的主要风险是：委托（合作）单位选择不当，知识产权界定不清。合作研发还存在与合作单位沟通障碍、合作方案设计不合理、权责利不能合理分配、资源整合不当等风险。

委托（合作）研发主要的管控措施有以下几点。

（1）加强委托（合作）研发单位资信、专业能力等方面管理。

（2）委托研发应采用招标、议标等方式确定受托单位，制定规范详尽的委托研发合同，明确产权归属、研究进度和质量标准等相关内容。合作研发应对合作单位进行尽职调查，签订书面合作研究合同，明确双方投资、分工、权利义务、研究成果产权归属等。

（3）加强项目的管理监督，严格控制项目费用，防止挪用、侵占等。

（4）根据项目进展情况、国内外技术最新发展趋势和市场需求变化情况，对项目的目标、内容、进度、资金进行适当调整。

三、结题验收

结题验收是对研究过程形成的交付物进行质量验收。结题验收分检测鉴定、专家评审、专题会议三种方式。其主要风险包括：由于验收人员的技术、能力、独立性等不足造成验收成果与事实不符；测试与鉴定投入不足，导致测试与鉴定的不充分，不能有效地降低技术失败。

结题验收主要的管控措施有以下几点。

（1）建立健全技术验收制度，严格执行测试程序。

（2）对验收过程中发现的异常情况应重新进行验收申请或补充进行研发，直至研发项目达到研发标准。

（3）落实技术主管部门验收责任，由独立的、具备专业胜任能力的测试人员进行鉴定试验，并按计划进行正式的、系统的、严格的评审。

（4）加大企业在测试和鉴定阶段的投入，对重要的研究项目可以组织外部专家参加鉴定。

四、研究成果开发

研究成果开发是指企业将研究成果经过开发过程转换为企业的产品。其主要风险包括：研究成果转化应用不足，导致资源闲置；新产品未经充分测试，导致大批量生产不成熟或成本过高；营销策略与市场需求不符，导致营销失败。

研究成果开发主要的管控措施有以下几点。

（1）建立健全研究成果开发制度，促进成果及时有效转化。

（2）科学鉴定大批量生产的技术成熟度，力求降低产品成本。

（3）坚持开展以市场为导向的新产品开发消费者测试。

（4）建立研发项目档案，推进有关信息资源的共享和应用。

五、研究成果保护

研究成果保护是企业研发管理工作的有机组成部分。有效的研发成果保护，可保护研发企业的合法权益。

研究成果保护的主要风险是：未能有效识别和保护知识产权，权属未能得到明确规范，开发出的新技术或产品被限制使用；核心研究人员缺乏管理激励制度，导致形成新的竞争对手或技术秘密外泄。

研究成果保护主要的管控措施有以下几点。

（1）进行知识产权评审，及时取得权属。

（2）研发完成后确定采取专利或技术秘密等不同保护方式。

（3）利用专利文献选择较好的工艺路线。

（4）建立研究成果保护制度，加强对专利权、非专利技术、商业秘密及研发过程中形成的各类涉密图纸、程序、资料的管理，严格按照制度规定借阅和使用。禁止无关人员接触研究成果。

（5）建立严格的核心研究人员管理制度，明确界定核心研究人员范围和名册清单并与之签署保密协议。

（6）企业与核心研究人员签订劳动合同时，应当特别约定研究成果归属、离职条件、离职移交程序、离职后保密义务、离职后竞业限制年限及违约责任等内容。

（7）实施合理有效的研发绩效管理，制定科学的核心研发人员激励体系，注重长效激励。

研发活动后评估是研究与开发内部控制建设的重要环节。企业应当建立研发活动评估制度，加强对立项与研究、开发与保护等过程的全面评估，认真总结研发管理经验，分析存在的薄弱环节，完善相关制度和办法，不断提升研发活动的管理水平。

总之，研究与开发是企业持久发展的不竭动力，始终坚持把研究与开发作为企业发展的重要战略，紧密跟踪科技发展趋势，是切实提升核心竞争力、增强企业国际竞争力的重要保证。

第三节　研究与开发案例分析[①]

S公司研究与开发内部控制案例阐述

S公司一直从事小型办公自动化软件系统的开发，其研发的OA（office automation，办公自动化）软件凭借专业化的研发技术和完善的售后服务，已经成为小型企业办公自动化的首选软件。随着公司规模的扩大，公司股东计划向其他领域扩展。由于公司创始人原先从事过金融行业，认为开发该行业领域的软件前景好、利润高，随后便与某金融企业签订了系统开发合同。

---

① 袁帅.2013.S公司研究与开发内部控制案例分析.中国海运报

于是，S公司将原先的研发人员一分为二，一部分继续从事原有业务，另一部分则成立项目组，专门针对银行和证券公司研发大型办公自动化软件。由于客户企业对项目完成的时间要求紧，项目组立刻进行分头开发。随着开发进程的不断深入，出现的问题也越积越多，S公司的研发人员专业水平不够、项目经费超支、技术难题解决缓慢，加上同类软件已在市场上出现，导致整个项目面临失败的风险。

【案例分析】

针对上述案例，我们发现存在以下问题。

（1）公司决策者仅凭借自己曾在金融行业的工作经验，就决定进行大型金融软件的开发合作，既没有进行市场调研分析，也未邀请相关外部专家进行评审。

（2）公司在未对整个研发计划的背景、技术方案、预计经费、完成时间、预期目标等方面做出筹划的情况下，研发团队就急于启动项目开发工作，导致研发费用超支，陷入困境。

（3）公司对于自身不熟悉的领域面临的技术风险估计不足，导致在开发的过程中面临诸多技术难题，项目完成时间一拖再拖，导致整个项目面临失败的风险。

根据企业内部控制指引的要求，提出以下几点控制措施。

（1）结合企业发展战略、市场及技术现状，制订研究项目开发计划。

（2）企业应当根据实际需要，结合研发计划，提出研究项目立项申请，开展可行性研究，编制可行性研究报告。企业可以组织独立于申请及立项审批之外的专业机构和人员进行评估论证，出具评估意见。

（3）研究项目应当按照规定的权限和程序进行审批，重大研究项目应当报经董事会或类似权力机构集体审议决策。在审批过程中，应当重点关注研究项目促进企业发展的必要性、技术的先进性以及成果转化的可行性。

（4）制订开题计划和报告，开题计划经科研管理部门负责人审批，开题报告应对市场需求与效益、国内外在该方向研究现状、主要技术路线、研究开发目标与进度、已有条件与基础、经费等进行论证、分析，保证项目符合企业需求。

（5）企业应当加强对研究和开发过程的管理，合理配备专业人员，严格落实岗位责任制，确保研究和开发过程高效、可控。企业应当跟踪检查研究和开发项目进展情况，评估各阶段研究开发成果，提供足够的经费支持，确保项目按期、保质完成，有效规避项目失败的风险。

本 章 小 结

研究与开发是企业核心竞争力的本源，是促进企业自主创新的重要体现，是企业加快转变经济发展方式的强大推动力。然而研究与开发需要大量的人力、物力的投入，不仅会对企业短期财务报告结果产生影响，还会影响公司长远的发展，因此要加强研究与开发的内部控制，从研究与开发的立项选择、研发过程、结题验收到研究成果的开发和保护都需要加强相应的控制,将研发成果最大限度地服务于企业长远发展和收益可持续性方面,减少损失浪费。

复习思考题

一、简答题

1. 如何理解企业的研究与开发?研究与开发有哪些流程?
2. 如何理解企业研究与开发控制的关键点?假如你是企业负责内部控制的工作人员,你将如何设计出主要管控措施?

二、案例分析

某公司研发内部案例

1. 某公司目前的研发状况

某公司的研发工作主要体现在产品开发和核心技术研发两个方面。产品开发侧重于商业和设计行为,有成果导向的特征,具有外在的表现;核心技术研发更多具有过程的特征,具有内在的表现。从某公司多年来研发所取得的成绩来看,研发现状不尽如人意,制约了公司的核心竞争力,严重影响公司进一步实施领先行业和"走出去"战略。某公司是铁道部大型养路机械生产基地、国家火炬计划重点高新技术企业,是中国乃至亚洲最大的铁路养护机械研发、制造和销售企业。曾主持、参与制订大型养路机械铁道行业标准和规范30余项,获国家专利69项,其中发明专利2项,外观设计专利11项,实用新型专利56项。

从近些年某公司与合作企业技术交流看,某公司在技术知识产权的保护上,没有做好过程控制。如与联合体企业之间的技术合作上,每年除了采购各分工协作企业的零配件、部件、总成之外,还要支付数千万的分工协作费用作为最初技术开发费用,但那些核心部件的技术某公司并不掌握,专利某公司也并不拥有,导致公司的产品在生产上仍然受到很大制约。

2. 现状分析

公司近些年对研发机构的组建和研发人员的培养日益重视,公司共有科技人员136人,其中,专业研发人员达到70人,硕士以上学历25人。研发人员总数基本占到员工总数的8%,具有中级以上职称人员130人,大专以上学历人数占总人数的99%;公司近些年对科研经费的投入也在不断加大,每年通过企业自筹和银行贷款等方式,逐年加大科研经费投入,这是科研经费支出的保障。"十五"期间,累计投入科研经费2.2亿元,"十一五"期间,累计投入研发经费3.1亿元,开展了44项新产品、新工艺等研发工作。各年研发经费达到全年产品销售收入的3%以上。同时,通过对外项目申报机制,向国家部委、云南省、市、区政府、股份公司科技立项24项,累计申请研发扶持经费2135万元,有力地保障了研发活动的有序开展。

公司在研发方面投入的人力和财力都在逐渐加大,但公司的研发能力并没有得到显著提升,通过深入分析,我们发现:公司对整个研发的内部控制管理不到位,缺乏相应的研发战略及战略落地方案，没有紧密结合市场的开拓情况，没有科学地制订研发计划，没有相关制度规范研发行为，没有有效推进研发人员的激励考核机制促进研发成果转化和有效利用。

3. 加强公司研究与开发控制，提升核心竞争力

1）分析研发活动过程中的主要风险

研发过程中通常具有较大风险：①研究项目未经科学论证或者论证不充分，可能导致创新不足或资源浪费；②研发人员配备不合理或研发过程管理不善，可能导致研发成本过高或研发失败，应当集合研发人员及市场营销人员对相关产品进行总体的研发（目前研发现状是懂市场的对技术不是很了解，懂技术的没有贴近市场需求）；③研究成果转化应用不足、保护措施不力，可能导致公司利益受损（每年支付各分工协作企业研发费用）。

2）把握公司立项与研发中的重要环节

①应当根据每年度的研发计划，提出研究项目立项申请，开展可行性研究，编制可行性研究报告；②应当按照规定的权限和程序对研发项目进行审批，重大研究项目应当根据董事会决议审批；③应当加强对研发过程的管理，跟踪和检查研发项目的进展情况，评价各阶段研究成果，及时提供足够经费支持，确保项目按期、保质地完成；④研究开发项目确定委托外单位生产的，应当采用招标、议标等适当方式确定受托单位，签订外包合同，约定研究成果的产权归属、研究进度、质量标准等相关内容，与其他单位进行合作研究的，应当对合作单位进行尽职调查，签订书面研究开发合同，确定双方投资、分工、权利义务、研究开发成果产权归属等问题；⑤应当制定和完善研发成果的验收制度，组织专业人士对研究成果进行独立评审和验收，并实际办理相关专利申请事宜；⑥应该建立严格的核心研究人员管理制度，明确界定核心研究人员范围和名单，签署符合国家规定的有关保密协议。

要求：

1. 针对某公司研发过程中的主要风险，说明控制措施。
2. 评价总结某公司研发与立项中内控的重要环节，提出补充建议。

第十三章

工程项目指引

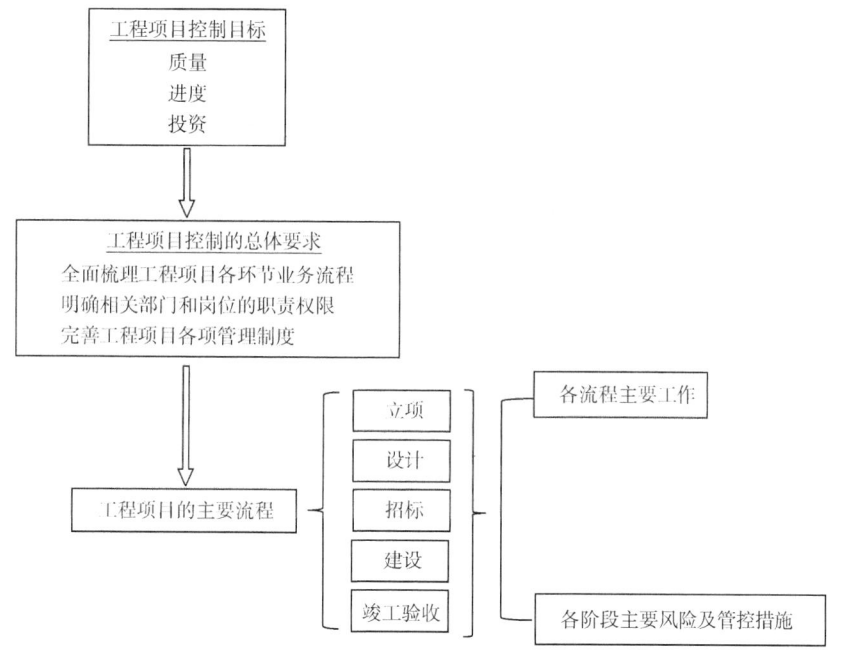

　　工程项目是企业自行或者委托其他单位进行的建造、安装活动。重大工程项目往往体现企业发展战略和中长期发展规划，对于提高企业再生产能力和支撑保障能力、促进企业可持续发展具有关键作用。国有及国有控股大型企业的重大工程项目，在调整经济结构、转变经济发展方式、促进产业升级和技术进步中更是举足轻重。同时应当看到，工程项目投入资源多、占用资金大、建设工期长、涉及环节多、多种利益关系错综复杂，是构成经济犯罪和腐败问题的"高危区"。

　　现实中，工程资金高估冒算，招投标环节的暗箱操作，曝光的"豆腐渣"工程以及相关经济犯罪和腐败案例时有发生，引发社会各界对工程领域的批评和关注。针对工程项目的特点和存在的问题，《企业内部控制应用指引第11号——工程项目》全面梳理了立项、设计、招标、建设和竣工验收等主要流程，找出了各流程环节的主要风险，并提出了相应的管控措施。

　　【重要概念】工程项目　工程项目业务流程　工程项目控制的关键点

第一节 工程项目的基本内容

一、工程项目的一般流程

工程项目是指企业自行或委托其他单位所进行的建造、安装活动,主要包括以扩大生产能力或新增工程效益为主要目的的新建、扩建项目和以改进技术、增加产品品种、提高质量和安全、治理"三废"、节约能源为目的的更新建造项目。自行建造是指企业参与工程项目建造的全过程或绝大部分,并在该过程中发挥主导作用。委托他人代建是指企业将工程项目的主要部分或全部以出包方式交由其他单位从事,企业主要负责筹集工程项目所需资金、按期与承包方结算、参与竣工验收等。

工程项目的流程主要包括工程立项、设计、招标、建设和竣工验收五个阶段。立项阶段的主要工作有:根据国民经济和社会发展长远规划,结合行业、地区、企业发展规划的要求,提出项目建议书;在调查研究和详细技术经济论证的基础上编制可行性研究报告;国家审批部门或企业组织相关专家对可行性研究报告进行论证和评审;做出决策。设计阶段的主要工作有:根据批准的可行性研究报告,进行初步设计;根据批准的初步设计,进行施工图设计。招标阶段的主要工作有:招标、投标、开标、评标和中标。建设阶段的主要工作有:根据批准的施工设计文件,进行施工前的各种准备工作;组织工程施工和设备安装。竣工验收阶段的主要工作有:进行竣工验收;竣工验收合格后,进行结算、决算,办理移交手续。

二、工程项目控制目标

质量、进度和投资这三个控制目标贯穿于工程项目的全过程,是相互制约、有机统一的。提高工程质量,可能需要延长建设周期,增加投资;加快工程进度,可能节约投资,但也可能降低工程质量。三个目标都包括事前、事中和事后的控制。依次可从总目标到具体标准,再到实现情况的评价,层层分解,前者制约后者,后者补充前者。工程项目控制就是要在工程项目的全过程中,适度把握这三个目标的比例关系,以实现三大目标的集成优化。

三、工程项目控制的总体要求

工程项目控制的总体要求有以下几点。

(一)全面梳理工程项目各环节业务流程

加强工程项目控制,首先要全面梳理工程项目中各个环节业务流程,针对各风险领域查找、界定关键控制点。在对工程项目的流程进行梳理时,应当遵照两个原则:一是要确保法规的遵循性,二是要保证基本流程的完整性。

(二)明确相关部门和岗位的职责权限

工程项目业务复杂,涉及的内设职能部门和工作岗位众多,企业应在全面梳理工程项目业务流程的基础上，健全项目管理组织体系，明确相关部门和岗位的职责权限，确保办理工程项目业务中的不相容职务分离。工程建设具有专业性和复杂性的特点，建设过程中涉及的利益主体较多，工程项目的控制范围不仅局限于企业内部，还包括大量与企业外相关主体之间的权责划分、沟通协调。

（三）完善工程项目各项管理制度

梳理业务流程、明确职责权限，是为了根据权责分配和岗位职责，结合业务运行中的关键部位和薄弱环节更好地履行管控职能，还应将业务流程、职责权限和管理要求等有机结合，形成具有科学性、规范性和约束力的工程项目管理制度，实现以制度管人，按制度办事，促进工程项目规范、廉洁、高效运行。

第二节 工程项目控制关键点

一、工程立项

工程立项是项目的决策过程，是对拟建项目的必要性和可行性进行技术经济论证，对不同建设方案进行技术经济比较并做出判断和决定的过程。立项是工程项目控制的关键环节，因为决策不仅关系到项目能否成功，而且关系到项目最终的经济效益。

（一）工程立项业务流程

工程立项阶段的业务流程主要涉及项目建议书的编制、可行性研究、项目评估和决策四个环节，其主要任务是通过充实的可行性分析和科学的项目评审、决策，决定是否开展某一具体项目以及该项目质量、投资和进度安排的总体计划。

（二）工程立项阶段的主要风险及管控措施

1. 编制项目建议书

项目建议书是建设单位根据工程投资意向，综合考虑产业政策、发展战略、经营计划等提出的建设某一工程项目的建议文件，是对拟建项目提出的框架性总体设想。项目建议书的内容一般包括：项目的必要性和依据；产品方案、拟建规模和建设地点的初步设想；投资估算、资金筹措方案设想；项目的进度安排；经济效果和社会效益的初步估计；环境影响的初步评价等。其主要风险包括以下几点。

（1）投资意向与国家产业政策和企业发展战略脱节。
（2）项目建议书内容不合规、不完整。
（3）项目性质、用途模糊，拟建规模、标准不明确，项目投资估算和进度安排不协调。

编制项目建议书主要管控措施有以下几点。
（1）企业应当明确投资分析、编制和评审项目建议书的职责分工。
（2）企业应当全面了解所处行业和地区的相关政策规定，以法律法规和政策规定为依据，结合实际建设条件和经济环境变化趋势，客观分析投资机会，确定工程投资意向。

（3）企业应当根据国家和行业有关要求，结合本企业实际，规定项目建议书的主要内容和格式，明确编制要求；在编制过程中，要对工程质量标准、投资规模和进度计划等进行分析论证，做到协调平衡。

（4）对于专业性较强和较为复杂的工程项目，可以委托专业机构进行工程投资分析，编制项目建议书。

（5）企业决策机构应当对项目建议书进行集体审议，必要时，可以成立专家组或委托专业机构进行评审；承担评审任务的专业机构不得参与项目建议书的编制。

（6）根据国家规定，应当报批的项目建议书必须及时报批并取得有效批文。

2. 可行性研究

建设单位应根据经批准的项目建议书开展可行性研究、编制可行性研究报告。可行性研究是对建设项目在技术、工程、财务、经济、组织、外部协作条件上是否合理和可行，进行全面分析、论证，做多方案比较，为立项决策提供依据。可行性研究报告的主要内容：项目概况；项目建设的必要性和市场预测；项目建设选址及建设条件论证；建设规模和建设内容；项目外部配套建设；环境保护、劳动保护与卫生防疫，消防、节能、节水；总体投资及资金来源；经济、社会效益；项目建设周期及进度安排；招投标法规定的相关内容等。

项目建议书和可行性研究报告中的投资估算是项目立项的重要依据，也是研究、分析项目投资经济效果的重要条件。可行性研究报告一经批准，投资估算就是具体项目投资的最高限额，即建设项目控制造价的依据，其误差一般应控制在10%以内。其主要风险有以下两点。

（1）缺乏可行性研究，或可行性研究流于形式，导致决策不当，难以实现预期效益，甚至可能导致项目失败。

（2）可行性研究的深度达不到质量标准和实际要求，无法为项目决策提供充分、可靠的依据。

可行性研究主要管控措施有以下几点。

（1）企业应当根据国家和行业有关规定以及本企业实际，确定可行性研究报告的内容和格式，明确编制要求。

（2）委托专业机构进行可行性研究的，应当制定专业机构的选择标准，确保可行性研究科学、准确、公正。在选择专业机构时，应当重点关注其专业资质、业绩、声誉、专业人员素质、相关业务经验等。

（3）切实做到投资、质量和进度控制的有机统一，即技术先进性和经济可行性要有机结合。建设标准要符合企业实际情况和财力、物力的承受能力，技术要先进适用，对于拟采用的工艺，既要考虑其对产品质量的提升作用，又要考虑企业营销状况和走势，避免盲目追求技术先进而造成投资损失浪费。

3. 项目评审与决策主要风险

项目评审与决策主要风险包括以下两点。

（1）项目评审流于形式，误导项目决策。

（2）权限配置不合理，或决策程序不规范，导致决策失误，给企业带来巨大经济损失。

项目评审与决策主要管控措施包括以下几点。

（1）企业应当组建项目评审组或委托具有资质的专业机构对可行性研究报告进行评审。项目评审组成员不得参与可行性研究，委托专业机构进行评审的，该专业机构不得参与项目可行性研究；评审组成员应当熟悉工程业务，并具有较广泛的代表性；评审组的决策机制不能简单采用"少数服从多数"原则，而要充分兼顾项目投资、质量、进度各方面的不同意见；项目评审应实行问责制，评审组成员要对其出具的评审意见承担责任。

（2）在项目评审中，要重点关注项目投资方案、投资规模、资金筹措、生产规模、布局选址、技术、安全、环境保护等方面情况，核实相关资料的来源和取得途径是否真实、可靠，特别要对经济技术可行性进行深入分析和全面论证。

（3）企业应当按照规定的权限和程序对工程项目进行决策，决策过程必须有完整的书面记录，并实行决策责任追究制度。重大工程项目，应当报经董事会或者类似决策机构集体审议批准，任何个人不得单独决策或者擅自改变集体决策意见，防止出现"一言堂""一支笔"的现象。

工程项目立项后、工程项目决策正式施工前，建设单位（为同后文中出现的设计单位、监理单位、施工单位等区分，下文中将一律以"建设单位"替代"企业"）还应当依法取得建设用地、城市规划、环境保护、安全、施工等方面的许可。例如，通过"招标、拍卖、挂牌"等方式获得土地使用权，向人防主管部门报批人防规划设计，向园林主管部门报批绿化规划方案，在开工前向建设行政主管部门申请办理施工许可证等。

二、工程设计

工程设计包括业务流程和主要风险及管控措施两方面。

（一）工程设计业务流程

根据国家规定，一般工程项目设计可按初步设计和施工图设计两个阶段进行，对复杂的、有难度的工程，可按初步设计、技术设计和施工图设计三个阶段进行。对于大型建设项目，还应进行总体规划设计或总体设计；小型工程项目，也可简化为施工图设计一个阶段。

（二）工程设计阶段的主要风险

工程设计阶段的主要风险包括初步设计阶段主要风险和施工图设计阶段主要风险。

1. *初步设计阶段主要风险及管控措施*

建设单位可以自行完成初步设计阶段主要风险或委托其他单位进行初步设计。初步设计是整个设计构思的基本形成阶段。通过初步设计可以明确拟建工程在指定地点和规定期限内建设的技术可行性与经济合理性，同时确定主要技术方案、工程总造价和主要技术经济指标。工程设计阶段的主要风险有以下几点。

（1）设计的单位不符合项目资质要求。

（2）初步设计未进行多方案比选。

（3）设计人员对相关资料的研究不透彻，初步设计出现较大疏漏。

（4）设计深度不足，造成施工组织不周密、工程质量存在隐患、投资失控及投产后运行成本过高等。

初步设计阶段主要管控措施有以下几点。

（1）建设单位应当引入竞争机制，尽量采用招标方式确定设计单位，根据项目特点选择具有相应资质和经验的设计单位。

（2）在工程设计合同中，要细化设计单位的权利和义务，特别是一个项目由几个单位共同设计时，要指定一个设计单位为主体设计单位，主体设计单位对建设项目设计的合理性和整体性负责。

（3）建设单位应当向设计单位提供开展设计所需的详细的基础资料，并进行有效的技术经济交流，避免由资料不完整造成设计保守、投资失控等问题。

（4）建立严格的初步设计审查和批准制度，通过严格的复核、专家评议等制度，层层把关，确保评审工作质量。在初步设计审查中，技术方案是审查的核心和重点，重大技术方案必须进行技术经济分析比较、多方案比选。此外，还应关注初步设计规模是否与可行性研究报告、设计任务书一致，有无夹带项目、超规模、超面积和超标准的问题。

2. 施工图设计阶段主要风险

施工图设计主要是通过图纸，把设计者的意图和全部设计结果表达出来，作为施工建造的依据。施工图设计阶段的主要风险有以下两点。

（1）概预算严重脱离实际，导致项目投资失控。

（2）工程设计与后续施工未有效衔接或过早衔接，导致技术方案未得到有效落实，影响工程质量，造成工程变更，发生重大经济损失。

施工图设计阶段主要管控措施有以下几种。

（1）建立严格的概预算编制与审核制度。概预算的编制要严格执行国家、行业和地方政府有关建设与造价管理的各项规定和标准，完整、准确地反映设计内容和当时当地的价格水平。建设单位应当组织工程、技术、财会等部门的相关专业人员或委托具有相应资质的中介机构对编制的概算进行审核，重点审查编制依据、项目内容、工程量的计算、定额套用等是否真实、完整和准确。如发现施工图预算超过初步设计批复的投资概算规模，应对项目概算进行修正，并经审批。

（2）建立严格的施工图设计管理制度和交底制度。在对施工图设计进行审查时，应重点关注施工图设计深度能否满足全面施工及各类设备安装要求，施工图设计质量是否符合国家和行业规定，各专业工种之间是否做到了有效配合，等等。施工图设计基本完成后，应召开施工图会审会议，由建设单位、设计单位、施工单位、监理单位等共同审阅施工图文件，设计单位应进行技术交底，介绍设计意图和技术要求，及时沟通问题，修改不符合实际和有错误的图纸，会议应形成书面纪要。

（3）制定严格的设计变更管理制度。设计单位应当提供全面、及时的现场服务，避免设计与施工相脱节的现象发生，减少设计变更的发生。对确需进行的变更，应尽量控制在设计阶段，采用层层审批等方法，以使投资得到有效控制。由设计单位的过失造成设计变更的，应由设计单位承担相应责任。

（4）建设单位应当严格按照国家法律法规和本单位管理要求执行各项设计报批要求，上一环节尚未批准的，不得进入下一环节，杜绝出现边勘察、边设计、边施工的"三边"现象。

（5）可以引入设计监理，提高设计质量。

三、工程招标

工程招标是指招标人在发包项目之前，依照法定程序，以公开招标或邀请招标方式，鼓励潜在的投标人依据招标文件参与竞争，通过评定，从中择优选定中标人的一种经济活动。

（一）工程招标业务流程

工程招标业务流程包括招标、投标、开标、评标和定标五个主要环节。常见的招标流程主要有招标前期准备、资格预审公告和招标公告的编制与发布、资格审查、发售招标文件、现场考察、投标预备会、投标文件编制与递交、开标、评标、定标、发中标通知书、签订合同。

（二）工程招标阶段的主要风险及管控措施

1. 招标

招标工作主要包括招标前期准备，招标公告、资格预审公告的编制与发布。

（1）主要风险：招标人肢解建设项目，致使招标项目不完整，或逃避公开招标；投标资格条件因人而设，未做到公平、合理，可能导致中标人并非最优选择；相关人员违法违纪泄露标底，存在舞弊行为。

（2）主要管控措施：第一，建设单位应按相关法规，结合本单位实际情况，本着公开、公正、平等竞争的原则，建立健全本单位的招投标管理制度，明确应当进行招标的工程项目范围、招标方式、招标程序，以及投标、开标、评标、定标等各环节的管理制度。第二，工程立项后，对是否决定采用招标，以及招标方式、标段划分等，应当先由建设单位工程管理部门牵头提出建议计划，报经建设单位招标决策机构集体审议通过后执行。第三，建设单位确需划分标段组织招标的，应进行科学分析和评估，提出专业意见；划分标段时，应当考虑项目的专业要求、管理要求、对工程投资的影响以及各项工作的衔接，不得违背工程施工组织设计和招标设计方案，将应由一个施工单位完成的工程项目肢解为若干部分发包给几个施工单位。第四，招标公告的编制要公开、透明，严格根据项目特点确定投标人的资格要求，不得根据"意向中标人"的实际情况确定投标人资格要求。建设单位不具备自行招标能力的，应委托具有相应资质的招标机构代理招标。第五，建设单位应当根据项目特点决定是否编制标底；需要编制标底的，标底编制过程和标底应当严格保密。第六，建设单位不编制标底，而采用工程量清单模式编制招标控制价的，招标控制价应当公布。

2. 投标

投标阶段主要包括现场考察、投标预备会、投标文件的编制和递交。现场考察通常安排在投标预备会的前 1~2 天。投标预备会上，招标人主要是解答投标人对工程项目提出的具体疑问。投标人按照招标文件的要求编制投标文件，投标文件必须对招标文件提出的实质性要求和条件做出响应。投标人应在招标文件要求提交投标文件的截止时间前，将投标文件送达投标地点。投标人少于 3 个的，招标人应依法重新招标。

（1）主要风险：招标人与投标人串通投标，存在舞弊行为；投标人的资质条件不符合要求或挂靠、冒用他人名义投标，可能导致工程质量难以达到规定标准等。

（2）主要管控措施：①对投标人的信息采取严格的保密措施，防止投标人之间的串通舞弊；②科学编制招标公告，合理确定投标人资格要求，尽量扩大潜在投标人的范围，增强市场竞争性；③严格按照招标公告或资格预审公告中确定的投标人资格条件对投标人进行实质审查，确定投标人的实际资格；④建设单位应履行完备的标书签收、登记和保管手续；⑤招标工作结束后，开展必要的后续工作，包括对落选者的回访，请他们就招标过程提出建议、反映问题。

3. 开标、评标和定标

开标时间和地点应当在招标文件中预先确定。评标由招标人依法组建的评标委员会负责。建设单位应按照规定的权限和程序从中标候选人中确定中标人，向中标人发出中标通知书。

（1）主要风险：开标不公开、不透明，损害投标人利益；评标委员会成员缺乏专业水平，或建设单位向评标委员会施加影响，致使评标流于形式；评标委员会成员与投标人串通作弊，损害招标人利益。

（2）主要管控措施：①开标过程应邀请所有投标人或其代表出席，并委托公证机构进行检查和公证。②依法组建评标委员会，确保其成员具有较高的职业道德水平，并具备招标项目专业知识和丰富经验。③建设单位应当为保证评标委员会独立、客观地进行评标公证创造良好条件，不得向评标委员会成员施加影响，干扰其客观评判。④评标委员会应在评标报告中详细说明每位成员的评价意见以及集体评审结果，对于中标候选人和落标人要分别陈述具体理由。⑤中标候选人是一个以上时，招标人应当按规定的程序和权限，由决策机构审议决定中标人。

4. 签订合同

中标人确定后，建设单位应在规定期限内同中标人订立书面合同，双方不得另行订立背离招标文件实质性内容的其他协议。

（1）建设单位应制定严格的工程合同管理制度，明确各部门在工程合同管理和履行中的职责，严格按照合同行使权利和履行义务。

（2）建设工程施工合同、各类分包合同、工程项目施工内部承包合同等应按照国家或本建设单位制定的示范文本的内容填写，清楚列明质量、进度、资金、安全等各项具体标准，有施工图纸的，施工图纸是合同的重要附件，与合同具有同等法律效力。

（3）建设单位应建立合同履行情况台账，记录合同的实际履约情况，并随时督促对方当事人及时履行其义务，建设单位的履约情况也应及时做好记录并经对方确认。

四、工程建设

（一）工程建设业务流程

工程建设阶段的主要工作有工程监理、工程物资采购、施工及施工组织、资金管理和工程价款结算等。工程监理是指具有相关资质的监理单位受建设单位的委托，依据国家批准的工程项目建设文件、有关工程建设的法律法规和工程建设监理合同及其他工程建设合同，代替单位对承建单位的工程建设实施监控的一种专业化的服务活动。

（二）工程建设阶段的主要风险及管控措施

1. 施工质量、进度和安全

（1）主要风险：盲目赶进度，牺牲质量、费用目标，导致质量低劣，费用超支；质量、安全监管不到位，存在质量隐患。

（2）主要管控措施：工程进度管控、工程质量管控和安全建设管控。

①工程进度管控：第一，监理单位应建立监理进度控制体系，明确相关程序、要求和责任；第二，施工单位应按合同规定的工程进度编制详细的分阶段或分项进度计划，报送监理机构审批后，严格按照进度计划开展工作；第三，施工单位至少应按月对完成投资情况进行统计、分析和对比，工程的实际进度与批准的合同进度计划不符时，施工单位应提交修订合同进度计划的申请报告，并附原因分析和相关措施，报建立机构审批。

②工程质量管控：第一，施工单位对建设工程的施工质量负责；第二，施工单位在施工前应列出重要的质量控制点，报经监理机构同意后，在此基础上实施质量预控；第三，施工单位应按合同约定对材料、工程设备及工程的所有部位及其施工工艺进行全过程的质量检查和检验，定期编制工程质量报表，报送监理机构审查；第四，监理机构有权对工程的所有部位及其施工工艺进行检查验收，发现工程质量不符合要求的，应当要求施工单位立即返工修改，直至符合验收标准为止。

③安全建设管控：第一，建设单位应加强对施工单位的安全检查，并授权监理机构按合同约定的安全工作内容监督、检查施工单位的安全工作的实施；第二，工程监理单位和监理工程师应按法律法规和工程建设强制性标准实施监理，并对建设工程安全生产承担监理责任；第三，施工单位应设立安全生产管理机构，配备专职安全生产管理人员，依法监理安全生产、文明施工管理制度，细化各项安全防范措施和操作办法。

2. 工程物资采购

按照重要性程度，建筑材料一般分为主要材料、特殊材料和地方材料三大类。地方材料一般都由施工单位负责购买，主要材料和特殊材料可由施工单位购买或建设单位购买。设备的采购主要由建设单位负责。材料和设备采购一般占到工程总造价的60%以上。

（1）主要风险：工程物资采购过程控制不力，材料和设备质次价高，不符合设计标准和合同要求，影响工程质量和进度。

（2）主要管控措施：①重大设备和大宗材料的采购应当采用招标方式。②对于由施工单位购买的工程物资，建设单位应当采取必要措施，确保工程物资符合设计标准和合同要求。首先，在施工合同中，建设单位应具体说明建筑材料和工程设备应达到的质量标准，明确责任追究方式。其次，对于施工单位提供的重要材料和工程设备，应由监理机构进行检验，查验材料合格证明和产品合格证书，一般材料要进行抽检。最后，运入施工现场的材料、工程设备，必须专用于合同工程，未经监理人员同意，施工单位不得运出施工现场或挪作他用。

3. 工程价款结算

工程价款结算，是指对建设工程的发包承包合同价款进行约定和依据合同约定进行工程预付款、工程进度款、工程竣工价款结算的活动。

（1）主要风险：建设资金使用管理混乱，项目资金不落实，导致工程进度延迟或中断。

（2）主要管控措施：①建设单位应建立完善的工程价款结算制度，明确工作流程和职责权限划分，并切实遵照执行。②资金筹集和使用应与工程进度协调一致，建设单位应根据项目组成结合时间进度编制资金使用计划，作为资产管控和工程价款结算的重要依据。③建设单位财会部门应加强与施工单位和监理机构的沟通，准确掌握工程进度，确保财务报表能够准确、全面地反映资产价值，并根据施工合同约定，按照规定的审批权限和程序办理工程价款结算。④施工过程中，若工程的实际成本突破了工程项目预算，建设单位应及时分析原因，按规定的程序予以处理。

4. 工程变更

工程变更包括工程质量变更、项目内容变更、进度计划变更、施工条件变更等，但最终往往表现为设计变更。

（1）主要风险：现场控制不当，工程变更频繁，导致费用超支、工期延误。

（2）主要管控措施：①建设单位要建立严格的工程变更审批制度，严格控制工程变更，确需变更的，要按照规定程序尽快办理变更手续，以减少经济损失。②工程变更获得批准后，应尽快落实变更设计和施工，施工单位应在规定期限内全面落实变更指令。③如因人为原因引发工程变更，应追究当事单位和人员的责任。④发生单项工程报废的，必须经有关部门鉴定，并经批准，才能转销。⑤对工程变更价款的支付实施更为严格的审批制度，变更文件必须齐备，变更工程量的计算必须经过监理机构复核并签字确认，防止施工单位虚列工程费用。

五、工程竣工验收

（一）工程竣工验收业务流程

工程竣工验收指工程项目竣工后由建设单位会同设计、施工、监理单位以及工程质量监督部门等，对该项目是否符合规划设计要求以及建筑施工和设备安装质量进行全面检验的过程。一般分为单项工程竣工验收和全部工程竣工验收两个阶段。

(二）竣工验收阶段的主要风险和管控措施

1. 竣工结算和竣工决算

工程竣工结算是指施工单位按照合同约定的内容全部完成所承包的工程，经验收质量合格并符合合同要求后，与建设单位进行的最终工程价款结算。竣工结算由施工单位编制，建设单位可直接进行审查，也可以委托具有相应资质的工程造价咨询机构进行审查。工程竣工决算是以实物数量和货币指标为计量单位，综合反映竣工项目从筹建开始到项目竣工交付使用为止的全部建设费用、财务情况及投资效果的总结性文件。建设单位应在收到工程竣工验收报告后，及时编制竣工结算。

2. 主要风险

竣工验收阶段主要风险有：竣工验收不规范，质量检验把关不严，可能导致工程存在重大质量隐患；虚报项目投资完成额、虚列建设成本或隐匿结余资金，竣工决算失真；固定资产达到预定可使用状态后，未及时进行估价、结转。

3. 主要管控措施

竣工验收阶段主要管控措施包括以下几点。

（1）建设单位应健全竣工验收各项管理制度，明确竣工验收的条件、标准、程序、组织管理和责任追究等，未通过竣工验收的，不得投入使用。

（2）竣工验收必须履行规定的程序，至少应经过施工单位初检、监理机构审核和正式竣工验收三个程序。

（3）初检后，确定固定资产达到预定可使用状态的，施工单位应及时通知建设单位，建设单位会同监理单位初检后应及时对项目价值进行暂估，转入固定资产核算。

（4）建设单位应加强对工程竣工决算的审核，应先自行审核，再委托具有相应资质的中介机构实施审计；未经审计的，不得办理竣工验收手续。

（5）建设单位要加强对完工后剩余物资的管理。

（6）验收中发现在资金使用中有违纪违规行为，或由于设计失误、论证不足或设备、施工问题影响工程质量的，要追究有关单位和人员的责任。

（7）建设单位应按国家有关档案管理的规定，及时收集、整理工程建设各环节的文件资料，建立工程项目档案的，应及时备案。

（三）工程项目后评估

工程项目后评估是指在建设项目已经完成并运行一段时间后，对项目的目的、执行过程、效益、作用和影响进行系统的、客观的分析与总结的一种技术经济活动。项目后评估通常安排在工程项目竣工验收 6 个月或 1 年后，多为效益后评价和过程后评价。

第三节 工程项目案例分析

某科技公司工程项目内部控制

工程项目内部控制在某科技公司实施现状如下。

(1) 某科技公司编制的二次资源商业计划书及项目可行性分析表明,以高新技术为先导的二次矿产资源综合利用项目可综合回收多种有价元素,实施过程免除了采掘、破碎、磨矿的费用,成本低、技术成熟、回报率高,并因此获得风险投资。

(2) 山东项目实施前投资、收益概算。包括建筑工程、设备、安装工程、其他等总投资概算价值在 2300 万元,按当前市场条件并参照类似矿业公司生产实际情况,以年处理氰化尾渣 40 万吨,年产含硫 47.5% 硫精矿 18.59 万吨为基础来测算,年经济效益 4900 万元,编制了以山东项目建设及试运营资金需求为依据的整个公司的资金需求表,对项目建设及试运营资金进行细化。到了具体的项目,就投资概算外的资金,即试产运营资金的筹集方式也进行了明确,本着利于项目、优化成本原则组建项目团队,制定团队成员工作要求,并以定期项目进度例会及时推进项目进行。

(3) 山东项目实施中,工程建设和设备招标、定标、成立"招标领导小组",结合招标工作要求、当地实际资源、现有资源配置,确定了工程建设、设备采购的供应商、合同签订、预付款等内容;定标后,进入合同修订及签订环节,付款、送货、安装调试期限等各项条款在双方多次协商下分别达成一致、公司如期支付预付款,各项工作拉开帷幕。人事调整:在合同陆续签订阶段,因多种原因会发生人事调整。对项目团队成员的稳定性和积极性,各块工作衔接会产生一定影响,如前期合同签订是否在投资概算内、概算是否需要调整,项目进度及各块工作是否齐头并进。

赶工期与加速付款。项目实际操作中经常遇到没有预料或者预料却无法如期解决的问题而延误了工期,为确保如期试产,项目不分昼夜加紧建设,这样也需要加速付款进程,设备到位、安装、土建工程完工。随着付款加速,设备到位、安装,土建工程陆续完工,形成了一定规模的厂房、设备。

(4) 山东项目实施后,试产、调试及投产运营,工程项目仍处于收尾阶段,现场管理较混乱,但水、电、设备、试车等试产工作分别进行,相继出现了很多的问题,也逐一改进完善,直到月底跑通了整个试车,取得了阶段性的胜利。

投资总概算盘点。根据付款、完工进度及估算实际情况,对比投资概算,预计将超支 1000 万元,主要体现在土建及安装两部分的超支,融资、盘算资金缺口 2000 万元,必须先解决资金问题。否则,很难保证试产、生产管理及正常运营。工程结算及验收、竣工决算、工程项目基本完工,在工程结算及竣工决算中,出现了一系列问题:工程项目资料的归档、工程量的认定、验收扯皮问题,现场管理不规范影响付款授权的规范性、工程量和变更手续的完整性、工程及资产总价值最终认定的一致性等。

【案例分析】

1. 存在问题

结合该工程项目实际情况,内部控制存在的问题如下。

(1) 内部控制制度不健全。工程项目的建设过程中,没有将工程项目的内部控制制度建设纳入日程，没有意识到内部控制制度能促进工程项目顺利推进，内部控制意识不强。

（2）内部控制与全面预算管理脱节。工程项目建设往往都有相对好的概预算，但实际执行过程中，没有将投资概算的预算、执行、资金监管、付款授权等方面进行落实及跟进，预算与执行脱节，没有相应的内部控制制度来约束预算执行的整个过程，导致投资资金控制失控。

（3）项目风险评价机制不完善，防范机制不健全。工程项目建设中对困难、不可预料事项估计不足，导致工期延期、资金失控、试产延期。

（4）工程项目内部控制活动各环节薄弱。工程项目建设中，工程造价超概算，工程建设进度未确保、工程验收环节的结算及竣工决算受到一定制约。

2. 工程项目内部控制应注意的关键点

工程项目内部控制应注意的关键点如下。

（1）明确职责分工，建立授权审批控制。企业应根据工程项目的特点，配备合格的人员办理工程项目业务，配备专门的会计人员办理工程项目会计核算业务；应建立工程项目授权制度和审核制度，并按照规定的权限和程序办理工程项目业务；应制定工程项目业务流程，明确工程立项、工程招标、工程造价、工程建设、工程竣工验收等环节的控制要求，并设置相应的记录或凭证，如实记载工程项目各环节业务的开展情况，确保工程项目整个过程得到有效控制。

（2）论证项目可行性和立项合理性。企业应编制项目建议书和可行性研究报告，可行性研究报告要结合实际，不要流于形式，盲目适从，需要严格项目建议书、可行性研究报告的审批制度，确保可行性研究报告的质量和有足够的深度；应组织规划、工程、技术、财会、法律等部门的专家对项目建议书和可行性研究报告进行充分论证与评审，出具评审意见，作为项目决策的重要依据；应在工程项目立项后、正式施工前，依法取得建设用地、城市规划、环境保护、安全施工等方面的许可。

（3）公开招标，择优定标。选择承包单位和监理单位，一般应采用公开招标的方式，择优选择；应依照《中华人民共和国招标投标法》的规定，遵循公开、公正、平等竞争的原则，发布招标公告，企业可以根据项目特点决定是否编制标底，需要编制标底的，标底编制过程和标底应当严格保密；应依法组织工程招标的开标、评标和定标，并接受有关部门的监督；应依法组建评标委员会，评标委员会由企业的代表和有关技术、经济方面的专家组成。

（4）严控工程造价，确保工程预算。企业应加强工程造价管理，明确初步设计概算和施工图预算编制方法，按照规定的权限和程序进行审核审批，应建立工程项目概预算环节的控制制度，对概预算的编制、审核等做出明确规定；应组织工程、技术、财会等部门的相关专业人员或委托具有相应资质的中介机构对编制的概预算进行审核，重点审查编制依据、项目内容、工程量的计算、定额套用等是否真实、完整和正确，并出具书面审核意见，签章确认；工程项目概预算按照规定权限和程序审核批准以后执行。

（5）加快工程建设，确保工程进度。企业应加强对工程建设过程的监控，实行严格的概预算管理，重大设备和大宗材料的采购应当根据有关招标采购的规定执行；应实行严格的工程监理制度,委托经过招标确定的监理单位进行监理,未经工程监理人员签字,工程物资不得在工程上使用或者安装,不得进行下一道工序施工,不得拨付工程价款,不得进行竣工验收。财务部应根据合同约定或工程项目进度,按照规定的审批权限和程序办理工程价款结算;应严格控制工程变更,确需变更的,应按规定权限和程序进行审批。

(6)完善工程验收,确保工程质量。企业收到承包单位的工程竣工报告后,应及时编制竣工决算,开展竣工决算审计,组织设计、施工、监理等有关单位进行竣工验收;应组织审核竣工决算,重点审查决算依据是否完备、相关文件资料是否齐全、竣工清理是否完成、决算编制是否正确,应加强竣工决算审计,未实施竣工决算审计的工程项目,不得办理竣工验收手续;应及时组织工程项目竣工验收及收集、整理工程建设各环节的文件资料,建立完整的工程项目档案;应建立完工项目后评估制度,重点评价工程项目预期目标的实现情况和项目投资效益等。

本 章 小 结

工程项目具有投入资源多、占用资金大、建设工期长、涉及环节多、多种利益关系错综复杂等特点,存在工程资金高估冒算、招投标环节的暗箱操作等多种问题,因此在加强企业工程项目内部控制的过程中要从工程立项、工程设计、工程招标、工程建设、工程竣工验收等方面进行内部控制,同时还要从制度设计与执行、资金使用和工程质量等方面进行内部控制,因而相关内部控制的设计与执行、评价需要多专业领域的人员参与。

复 习 思 考 题

一、简答题

1. 如何理解企业的工程项目?工程项目有哪些流程?
2. 如何理解企业工程项目控制的关键点?假如你是企业负责内部控制的工作人员,你将如何设计主要管控措施?

二、案例分析

某书店与某建筑公司签订了工程承包合同。2016年初,该书店计划修建一座规模较大的图书城,工程总造价423万元,其中装饰工程100万元。同年6月,该书店与建筑公司签订了关于修建图书城的基建工程合同,合同及其附件写明只将土建部分分包给建筑公司,装饰工程剥离出来另行发包。在例行审计中,审计人员发现该合同中工程造价未将装饰工程部分的100万元剥离出来,仍然按423万元的总额包给建筑公司,这样工程总造价就高达523万元。意味着建筑公司未干装饰工程的活儿却可以拿到装饰工程100万元的造价款,该书店白白送给了建筑公司100万元。

要求:

结合案例,从适当的职责分离角度分析该公司内部控制存在哪些缺陷,从预算制度角度分析该公司内部控制存在哪些风险。

第十四章 担保业务指引

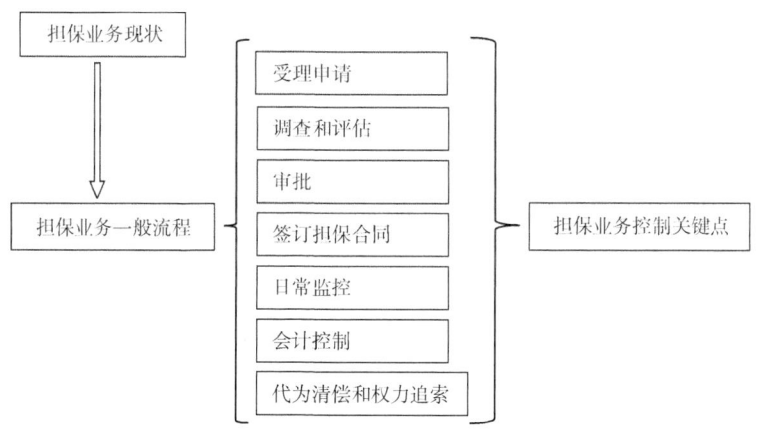

担保,是指企业作为担保人按照公平、自愿、互利的原则与债权人约定,当债务人不履行债务时,依照法律规定和合同协议承担相应法律责任的行为。担保制度起源于商品交易活动,但早期的简单商品交易,往往是以物易物,或者是钱货两清的即时交易,交易主体间失信问题不突出,也就没有担保的必要。随着商品交换形式不断发展,非即时交易大量出现,商品和货币的交付有了时间差,债权债务产生,随之而来的问题就是,在对债务人没有百分之百信赖的情形下,债权人需要通过某种方式确保债权的实现,而担保制度正好满足了这种需要。在现代市场经济中,担保制度一方面有利于银行等债权人降低贷款风险,另一方面使债权人与债务人形成了稳定可靠的资金供需关系。

【重要概念】担保 担保业务流程 担保业务控制的关键点 担保业务控制的管控措施

第一节 担保业务的基本内容

一、担保业务现状

通过对上市公司披露的相关信息和相关的资料进行统计分析,可以总结出目前我国上市公司的担保行为具有以下特点。

具有担保行为的上市公司数目逐年递增。根据上市公司 2011~2015 年年度报告进行统计，可以发现 2011 年 2342 家上市公司中，涉及担保的上市公司家数为 921 家，占比 39.33%，到 2013 年对外担保的上市公司占比就已经超过 50%，此后一直到 2015 年，在 2827 家上市公司中，涉及对外担保业务的就有 1602 家，占比 56.67%。由此可见，随着上市公司数量的增多，涉及担保业务的上市公司数量也逐渐增多，涉及担保业务的上市公司数量占上市公司总数的比重也逐渐递增，可见担保业务发展迅猛。根据对上市公司 2011~2015 年年度报告进行统计，2011 年对外担保额度占净资产比重超过 100%的上市公司就已经有 37 家。此后这个数字一直攀升，到 2015 年已有 95 家上市公司出现了对外担保的总额度超过上市公司的净资产的情形，严重超过了上市公司净资产的承受范围，一旦相关债权人出现还款违约，上市公司作为担保方，因履行担保责任将导致极大的财务风险，甚至"资不抵债"。

二、担保业务一般流程

企业办理担保业务，一般包括受理申请、调查和评估、审批、签订担保合同、进行日常监控等流程。

（1）担保申请人提出担保申请。

（2）担保人对担保项目和被担保人资信状况进行调查，对担保业务进行风险评估。

（3）担保人根据调查评估结果，结合本企业担保政策和授权审批制度，对担保业务进行审批，重大担保业务应提交董事会或类似权力机构批准。

（4）担保人依据既定权限和程序，与被担保人签订担保合同。

（5）担保人切实加强对担保合同的日常管理，对被担保人经营情况、财务状况和担保项目执行情况等进行跟踪监控。

（6）如果被担保人不能如期偿债，担保人应履行代为清偿义务并向被担保人追偿债务；同时，应当按照本企业担保业务责任追究制度，严格追究有关人员的责任。具体流程如表 14-1 所示，该图列示的担保流程适用于各类企业的一般担保业务，具有通用性。企业在开展担保业务时，可以参照此流程并结合自身情况予以扩充和细化。

表 14-1 担保业务流程

财务总监	财务部负责人	担保业务经办人	申请担保对象

担保对象资格审查及风险评估流程：

申请担保对象：开始 → 提出担保业务申请 → 提供资产、财产等资信材料

担保业务经办人：受理担保业务申请 → （若不符合政策）退回担保申请资料；（综合评估后未通过）退回担保申请资料

财务部负责人：审查担保业务内容 → 是否符合政策（否则退回）→ 审查申请人的资信情况 → 是否提供反担保 → （是）评估反担保资产状况 → 综合评估担保业务风险 → 形成担保风险评估报告

财务总监：审定担保风险评估报告 →（通过）提交公司董事会审议 → 结束

续表

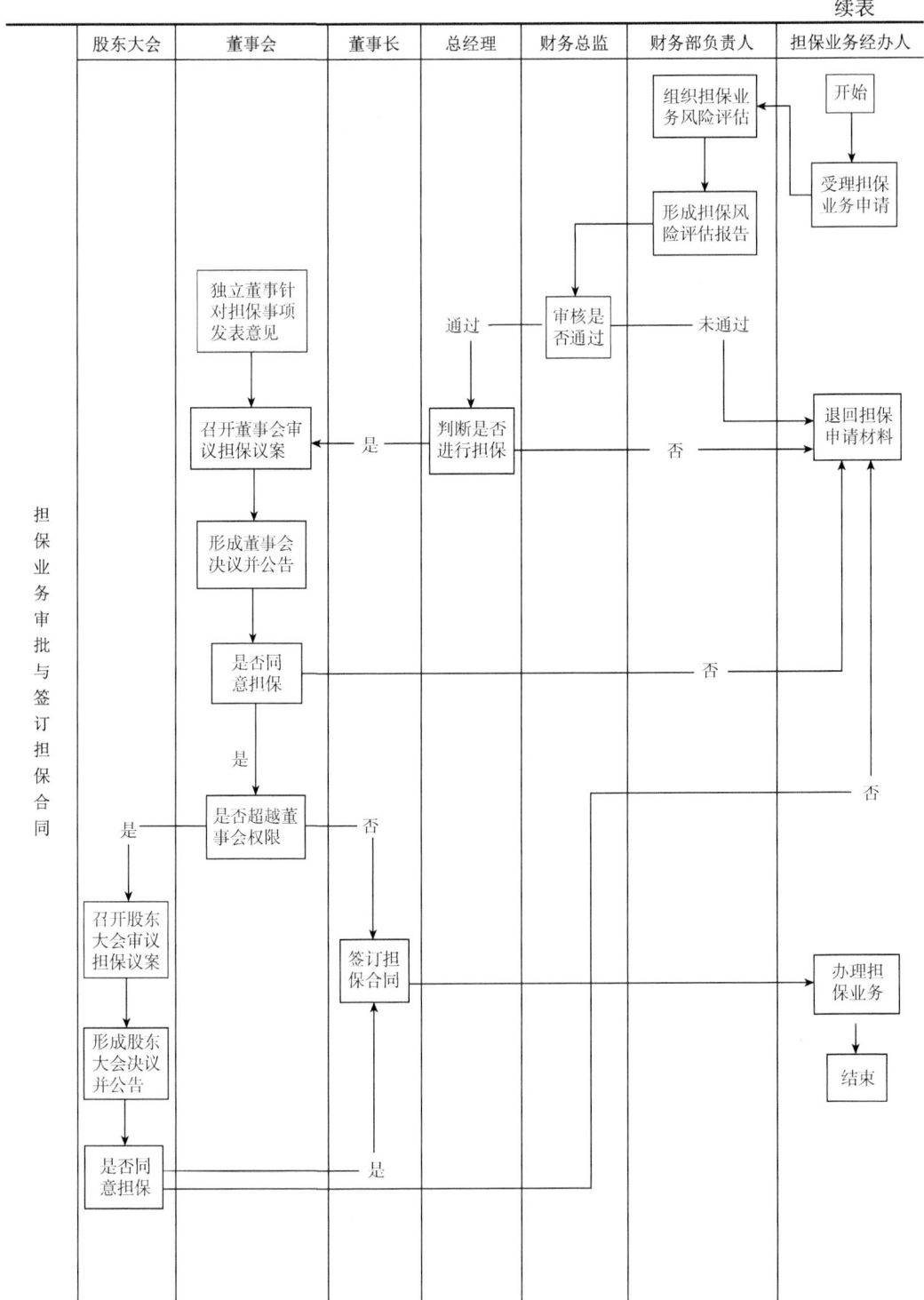

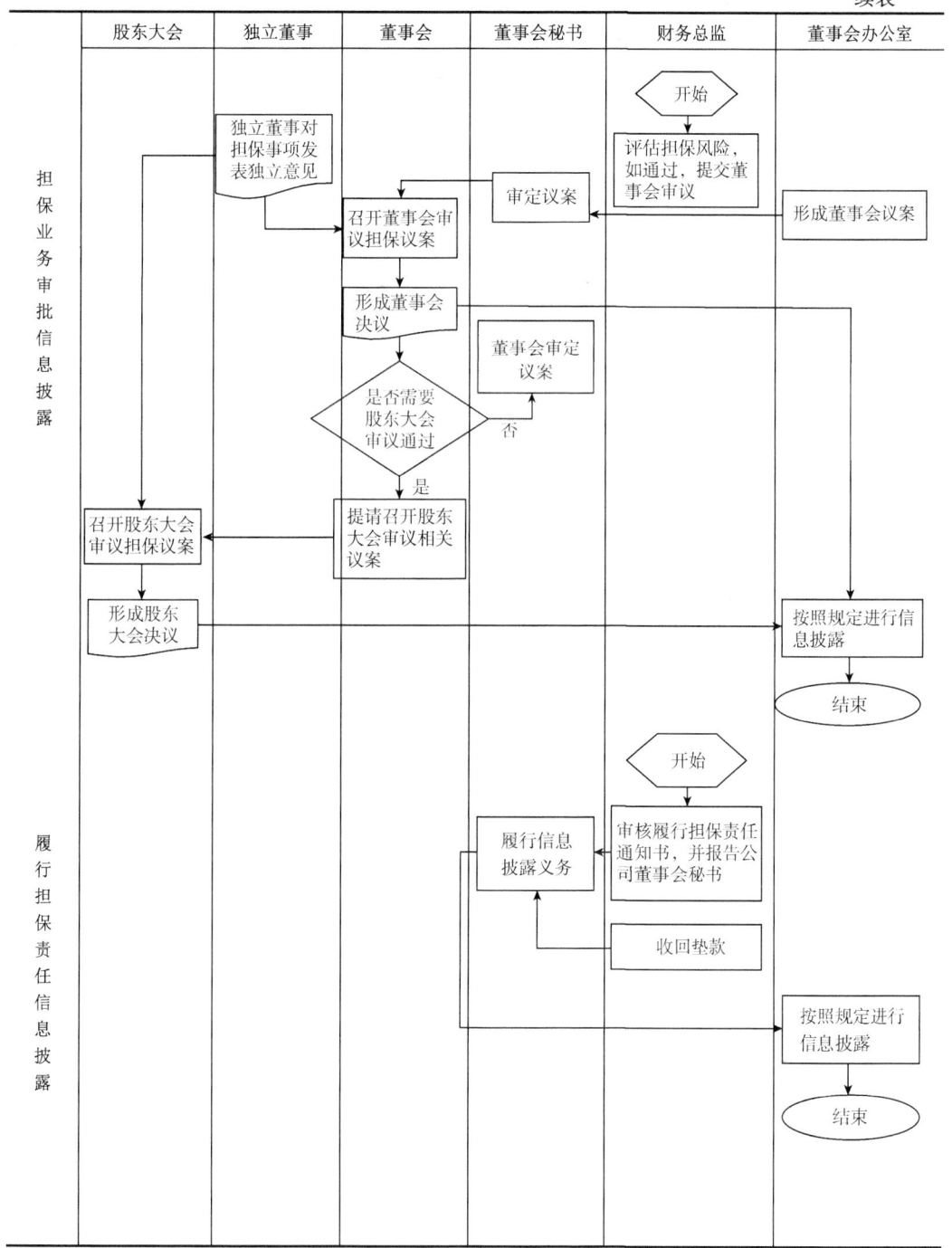

续表

董事长	财务总监	财务部负责人	担保业务经办人	被担保人

担保业务风险管理

流程：
- 开始 → 拟定担保合同并由法律顾问审核（财务部负责人）
- 审核担保合同（财务总监）
- 签订担保合同（董事长）
- 建立担保事项台账 → 记录担保业务进展情况跟踪（担保业务经办人）
- 定期检查担保项目财务等状况（财务部负责人）
- 记录担保业务进展情况（担保业务经办人）
- 担保协议到期综合评估被担保人的偿债能力（财务部负责人）
- 判断有无偿债能力
  - 有 → 提供资产、财务等相关资料 → 履行还款义务 → 解除担保合同（被担保人）→ 按档案管理规定存档 → 结束
  - 无 → 履行协议约定的担保责任

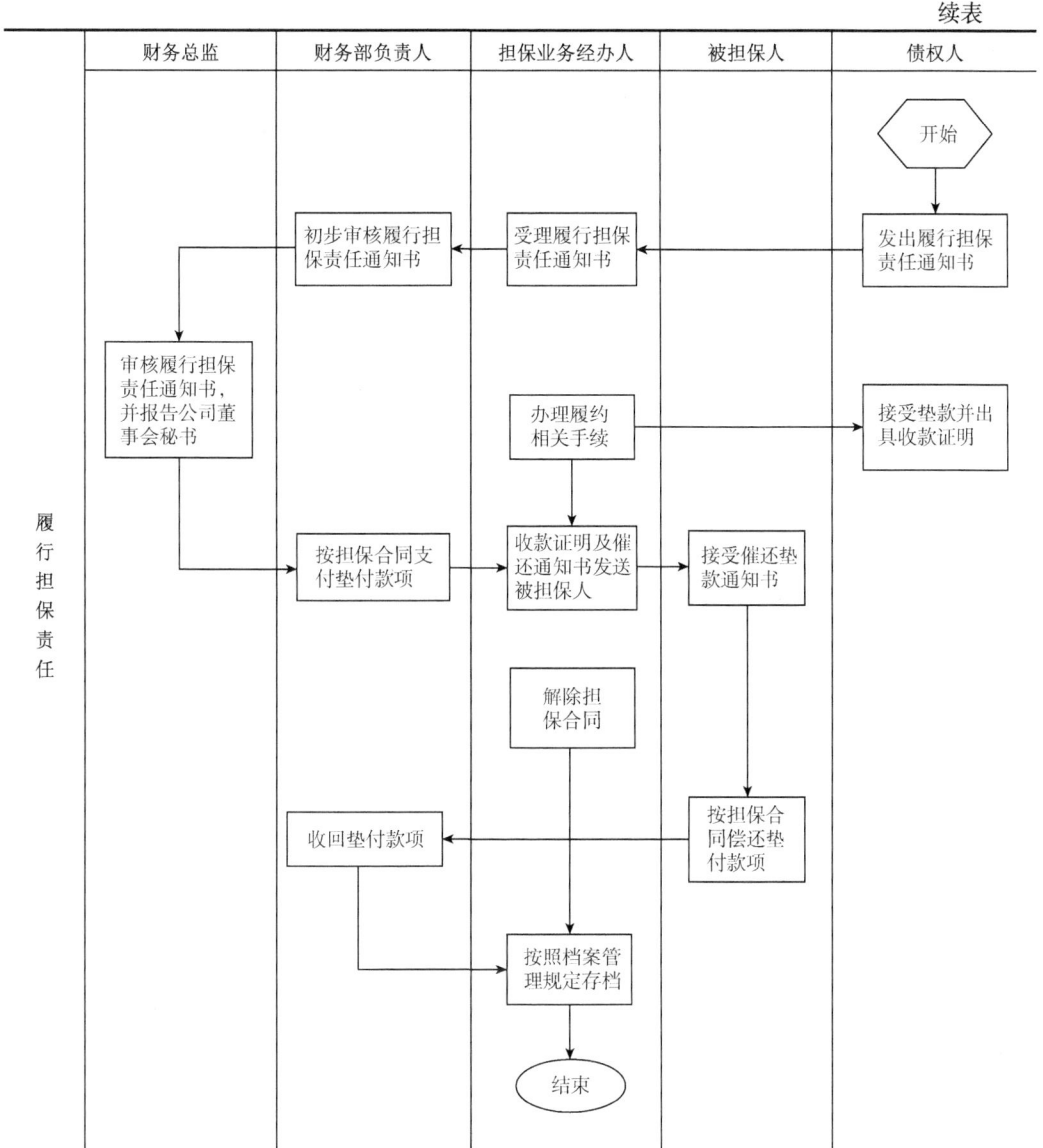

第二节 担保业务控制关键点

一、受理申请

受理申请是企业办理担保业务的第一道关口，其主要风险是：企业担保政策和相关管理制度不健全，导致难以对担保申请人提出的担保申请进行初步评价和审核；或者虽然制定了担保政策和相关管理制度，但对担保申请人提出的担保申请审查把关不严，导致申请受理流于形式。

这一业务环节的主要控制措施有：第一，依法制定和完善本企业的担保政策与相关管理制度，明确担保的对象、范围、方式、条件、程序、担保限额和禁止担保的事项。第二，严格按照担保政策和相关管理制度对担保申请人提出的担保申请进行审核。例如，担保申请人是否属于可以提供担保的对象。一般而言，对于与本企业存在密切业务关系从而需要互保的企业、与本企业有潜在重要业务关系的企业、本企业的子公司及具有控制关系的其他企业等，可以考虑提供担保；反之，则必须十分慎重。又如，对担保申请人整体实力、经营状况、信用水平的了解情况。如果担保申请人实力较强、经营良好、恪守信用，可以考虑接受申请，反之则不应受理。再如，担保申请人申请资料的完备情况，如果资料完备、情况翔实，可予受理，反之则不予受理。

二、调查和评估

企业在受理担保申请后对担保申请人进行资信调查和风险评估，是办理担保业务中不可或缺的重要环节，在相当程度上影响甚至决定担保业务的未来走向。这一环节的主要风险是：对担保申请人的资信调查不深入、不透彻，对担保项目的风险评估不全面、不科学，导致企业担保决策失误或遭受欺诈，为担保业务埋下巨大隐患。

调查和评估环节主要控制措施有以下几点。

（一）委派具备胜任能力的专业人员开展调查和评估

调查和评估人员与担保业务审批人员应当分离。担保申请人为企业关联方的，与关联方存在经济利益或近亲属关系的有关人员不得参与调查和评估。企业可以自行对担保申请人进行资信调查和风险评估，也可以委托中介机构承担这一工作，同时应加强对中介机构工作情况的监控。

（二）对担保申请人资信状况和有关情况进行全面、客观的调查和评估

在调查和评估中，应当重点关注以下事项。

（1）担保业务是否符合国家法律法规和本企业担保政策的要求，凡与国家法律法规和本企业担保政策相抵触的业务，一律不得提供担保。

（2）担保申请人的资信状况，包括基本情况、资产质量、财务状况、经营情况、信用程度、行业前景等。

（3）担保申请人用于担保和第三方担保的资产状况及其权利归属。

（4）企业要求担保申请人提供反担保的，还应对与反担保有关的资产状况进行评估。

企业应当综合运用各种行之有效的方式方法，对担保申请人的资信状况进行调查了解，务求真实准确。例如，在对担保申请人的财务状况进行调查时，要深入分析其短期偿债能力、长期偿债能力、盈利能力、资产管理能力和可持续发展能力等核心指标，从而做到胸有成竹、防患于未然。涉及对境外企业提供担保的，还应特别关注担保申请人所在国家和地区的政治、经济、法律等因素，并评估外汇政策、汇率变动等可能对担保业务造成的影响。

（三）对担保项目经营前景和盈利能力进行合理预测

企业整体的资信状况和担保项目的预期运营情况，构成判断担保申请人偿债能力的两大重要方面，应当予以重视。

（四）划定不予担保的"红线"，并结合调查和评估情况做出判断

《企业内部控制应用指引第 12 号——担保业务》明确规定了以下五类不予担保的情形。

（1）担保项目不符合国家法律法规和本企业担保政策的。

（2）担保申请人已进入重组、托管、兼并或破产清算程序的。

（3）担保申请人财务状况恶化、资不抵债、管理混乱、经营风险较大的。

（4）担保申请人与其他企业存在较大经济纠纷，面临法律诉讼且可能承担较大赔偿责任的。

（5）担保申请人与本企业已经发生过担保纠纷且仍未妥善解决的，或不能及时足额交纳担保费用的。

各企业应当将上述五类情形作为办理担保业务的"红线"，严格遵守、不得突破；同时，可以结合企业自身的实际情况，进一步充实、完善有关管理要求，切实防范为"带病"企业提供担保。

（五）形成书面评估报告，全面反映调查和评估情况，为担保决策提供第一手资料

企业应当规范评估报告的形式和内容，妥善保管评估报告，并作为日后追究有关人员担保责任的重要依据。

三、审批

审批环节在担保业务中具有承上启下的作用，它既是对调查评估结果的判断和认定，也是担保业务能否进入实际执行阶段的必经之路。这一环节的主要风险是：授权审批制度不健全，导致对担保业务的审批不规范；审批不严格或者越权审批，导致担保决策出现重大疏漏，可能引发严重后果；审批过程存在舞弊行为，可能导致经办审批等相关人员涉案或企业利益受损。

审批主要控制措施有：第一，建立和完善担保授权审批制度，明确授权批准的方式、权限、程序、责任和相关控制措施，规定各层级人员应当在授权范围内进行审批，不得超越权限审批。企业内设机构不得以企业名义对外提供担保。企业应当加大对分公司对外提供担保的管控力度，严格限制分公司的担保行为，避免分公司违规担保为本企业带来不利后果。第二，建立和完善重大担保业务的集体决策审批制度。企业应当根据《中华人民共和国公司法》等国家法律法规，结合企业章程和有关管理制度，明确重大担保业务的判断标准、审批权限和程序。上市公司的重大对外担保，应取得董事会全体成员 2/3 以上签署同意或者经股东大会批准，未经董事会或者类似权力机构批准，不得对外提供重大担保。第三，认真审查对担保申请人的调查评估报告，在充分了解掌握有关情

况的基础上，权衡比较本企业净资产状况、担保限额与担保申请人提出的担保金额，确保将担保金额控制在企业设定的担保限额之内。第四，从严办理担保变更审批。被担保人要求变更担保事项的，企业应当重新履行调查评估程序，根据新的调查评估报告重新履行审批手续。

四、签订担保合同

担保合同是审批机构同意办理担保业务的直接体现，也是约定担保双方权利义务的基础载体。签订担保合同环节的主要风险是：未经授权对外订立担保合同，或者担保合同内容存在重大疏漏和欺诈，可能导致企业诉讼失败、权利追索被动、经济利益和形象信誉受损。

签订担保合同主要控制措施有：第一，严格按照经审核批准的担保业务订立担保合同。合同订立经办人员应当在职责范围内，按照审批人员的批准意见拟定合同条款。第二，认真审核合同条款，确保担保合同条款内容完整、表述严谨准确、相关手续齐备。在担保合同中应明确被担保人的权利、义务、违约责任等相关内容，并要求被担保人定期提供财务报告和有关资料，及时通报担保事项的实施情况。如果担保申请人同时向多方申请担保，企业应当在担保合同中明确约定本企业的担保份额和相应的责任。第三，实行担保合同会审联签。除担保业务经办部门之外，还应鼓励和倡导企业法律部门、财会部门、内审部门等参与担保合同会审联签，增强担保合同的合法性、规范性、完备性，有效避免权利义务约定、合同文本表述等方面的疏漏。第四，加强对有关身份证明和印章的管理。例如，在担保合同签订过程中，依照法律规定和企业内部管理制度，往往需要提供、使用企业法定代表人的身份证明、个人印章和担保合同专用章等。从近年暴露出来的一些担保典型案例看，一些企业在有关人员身份证明、印章管理中存在薄弱环节，导致身份证明和印章被盗用，造成了难以挽回的严重后果。因此，必须加强对身份证明和印章的管理，保证担保合同用章用印符合当事人真实意愿。第五，规范担保合同记录、传递和保管，确保担保合同运转轨迹清晰完整、有案可查。

五、日常监控

担保合同的签订，标志着企业的担保权利和担保责任进入法律意义上的实际履行阶段。切实加强对担保合同执行情况的日常监控，通过及时、准确、全面地掌握被担保人的经营状况、财务状况和担保项目运行情况，最大限度地实现企业担保权益，最大限度地降低企业担保责任，是一项艰巨而重要的任务。这一环节的主要风险是：重合同签订，轻后续管理，对担保合同履行情况疏于监控或监控不当，导致企业不能及时发现和妥善应对被担保人的异常情况，可能延误处置时机，加剧担保风险，加重经济损失。

日常监控主要控制措施有：第一，指定专人定期监测被担保人的经营情况和财务状况，对被担保人进行跟踪和监督，了解担保项目的执行、资金的使用、贷款的归还、财务运行及风险等情况，促进担保合同有效履行。企业财会部门要及时，最好是按月或者按季收集、分析被担保人担保期内的财务报告等相关资料，持续关注被担保人的财务状况、经营成果、现金流量以及担保合同的履行情况，积极配合担保经办部门防范担保业务风险。第二，及时报告被担保人异常情况和重要信息。企业有关部门和人员在实施日常监控过程中一旦发现被担保人存在经营困难、债务沉重，或者违反担保合同的其他情况，应当按照《企业内部控制应用指引第 17 号——内部信息传递》的要求，在第一时间向企业有关管理人员做出报告，以便于及时采取有针对性的应对措施。

六、会计控制

担保业务直接涉及担保财产、费用收取、财务分析、债务承担、会计处理和相关信息披露等，决定了会计控制在担保业务经办中具有举足轻重的作用。这一环节的主要风险是：会计系统控制不力，可能导致担保业务记录残缺不全，日常监控难以奏效，或者担保会计处理和信息披露不符合有关监管要求，可能引发行政处罚。

会议控制主要控制措施有：第一，健全担保业务经办部门与财会部门的信息沟通机制，促进担保信息及时有效沟通。第二，建立担保事项台账，详细记录担保对象、金额、期限、用于抵押和质押的物品或权利以及其他有关事项；同时，及时足额收取担保费用，维护企业担保权益。第三，严格按照国家统一的会计准则制度进行担保会计处理，发现被担保人出现财务状况恶化、资不抵债、破产清算等情形的，应当合理确认预计负债和损失。属于上市公司的，还应当区别不同情况依法予以公告。第四，切实加强对反担保财产的管理，妥善保管被担保人用于反担保的权利凭证，定期核实财产的存续状况和价值，发现问题及时处理，确保反担保财产安全完整。第五，夯实担保合同基础管理，妥善保管担保合同、与担保合同相关的主合同、反担保函或反担保合同，以及抵押、质押的权利凭证和有关原始资料，做到担保业务档案完整无缺。当担保合同到期时，企业要全面清查用于担保的财产、权利凭证，按照合同约定及时终止担保关系。

七、代为清偿和权力追索

被担保人在担保期间如果顺利履行了对银行等债权人的偿债义务，且向担保企业及时、足额地支付了担保费用，担保合同一般应予终止，担保双方可以解除担保权利责任。但在实践中，由于各方面因素的影响，部分被担保人无法偿还到期债务，"连累"担保企业不得不按照担保合同约定承担清偿债务的责任。因此，在代为清偿后依法主张对被担保人的追索权，成为担保企业降低担保损失的最后一道屏障。这一环节的主要风险是：违背担保合同约定不履行代为清偿义务，可能被银行等债权人诉诸法律成为连带被告，影响企业形象和声誉；承担代为清偿义务后向被担保人追索权利不力，可能造成较大经济损失。

代为清偿和权力追索主要控制措施有：①强化法制意识和责任观念，在被担保人确实无力偿付债务或履行相关合同义务时，自觉按照担保合同承担代偿义务，维护企业诚实守信的市场形象；②运用法律武器向被担保人追索赔偿权利，在此过程中，企业担保业务经办部门、财会部门、法律部门等应当通力合作，做到在司法程序中举证有力，同时，依法处置被担保人的反担保财产，尽力减少企业经济损失；③启动担保业务后评估工作，严格落实担保业务责任追究制度，对在担保中出现重大决策失误、未履行集体审批程序或不按规定管理担保业务的部门及人员，严格追究其行政责任和经济责任，并深入开展总结分析，举一反三，不断完善担保业务内控制度，严控担保风险，促进企业健康稳健发展。

第三节 担保业务案例分析[①]

2011年4月，上海某银行支行与某住宅开发公司（A公司，债务人）签订了人民币8000万元的借款合同，借款期限至同年11月。该支行还与某房产上市公司（B公司，担保人）签订了保证合同，约定由B公司承担借款债务的连带保证责任。2011年11月，该笔借款到期，A公司和B公司均未履行还款义务。经催讨不成，原告上海某银行支行将两公司诉至法院。

法院经审理认为：本案的借款合同合法有效，A公司理应承担清偿债务的民事责任。经查，B公司是一家上市公司，A公司是B公司的大股东之一。依据我国《公司法》和《最高人民法院关于适用〈中华人民共和国担保法〉若干问题的解释》，董事、经理以公司资产为本公司股东的债务提供担保属于禁止性法律规定，并且国家证券监管部门通过发布有关规范性文件明确上市公司不能为其股东提供担保。故本案中的担保行为违反了法律的禁止性规定，应当确认无效。同时，因B公司是上市公司，其股东信息已经有效地向社会公开，故该支行在审核担保人资格时理应知道A公司的股东地位。该支行与B公司对保证合同的无效均有过错，B公司依法应承担民事责任的部分不应超过A公司不能清偿部分的1/2。据此，判决A公司向上海某银行支行支付借款本金人民币8000万元及相应利息；B公司对上述付款不能清偿部分承担50%的赔偿责任。

【案例分析】

作为担保公司，在为其他主体提供担保时应注意以下几点。

（1）担保公司应明确担保的对象、范围、条件、担保限额和禁止担保等事项。案例中，B公司在知道A公司是自己的大股东的情况下，还为其提供担保业务，是知法犯法的行为，这种行为最终致使公司遭受了财产损失。

（2）担保公司应慎重选择担保对象，对被担保单位的资信和财务经营情况进行调查了解，以免企业担保决策失误或遭受欺诈。

（3）在担保期间，担保公司应对已提供的担保进行即时监控，企业担保风险的发生，往往与对担保对象重大经营财务情况了解滞后有关。若企业能及时准确掌握这些情况的变化，就能避免担保风险或将担保损失降到最低。

（4）在款项支付后，担保公司应及时向被担保公司发送垫付通知书，向反担保单位发送履行担保责任通知书，并及时审查、收回垫付款项。

[①] 袁帅.2013.B公司担保业务案例分析.中国海运报

(5) 如果被担保公司未按期偿还债务、债权人以诉讼方式追讨债务人以及担保人的连带清偿责任时，担保公司应以积极的态度应对诉讼，与债权人充分沟通，以债务人资产为追偿目标，坚决制止债务人逃废债务的企图，积极配合债权人实现债权的权益。

本章小结

担保是指企业作为担保人按照公平、自愿、互利的原则与债权人约定，当债务人不履行债务时，依照法律规定和合同协议承担相应法律责任的行为。担保业务具有"双刃剑"特征，一些企业包括上市公司陷入担保怪圈和旷日持久的诉讼拉锯战，导致发生重大经济损失的案件时有发生，《企业内部控制应用指引第12号——担保业务》对严控担保风险提出了一系列有针对性的管控措施。企业应加强担保的内部控制，从受理申请、调查评估、审批、担保合同签订到日常监管等方面加强担保内部控制。

复习思考题

一、简答题

1. 如何理解企业的担保业务？担保业务有哪些流程？
2. 如何理解企业担保业务控制的关键点？假如你是企业负责内部控制的工作人员，你将如何设计主要管控措施？

二、案例分析

B公司为上市公司，其对外担保内部控制制度部分内容摘录如下：①公司日常营业活动中担保业务比重较大，因此专设担保业务部，负责担保业务的全过程。②C公司要求B公司提供500万元的担保，公司总经理认为C公司风险较小，因此上报董事会批准。③B公司董事会要求C公司以房地产和土地使用权作为反担保，C公司同意了B公司的要求。④双方达成担保意向后，由担保业务部负责拟定和审核担保合同。⑤公司在担保合同中明确要求被担保人定期提供财务报告等有关资料，并及时报告担保事项的实施情况。⑥公司指定内审部门定期监测被担保人的经营情况和财务状况，对被担保人进行跟踪和监督。⑦内审部门发现C公司用于抵押的房地产在抵押前已用于出租，C公司未将反担保事项告知出租人。⑧由于房地产市场低迷，作为抵押物担保的房地产的价格下跌了50%，而且C公司经营状况恶化，资金周转困难，但B公司并未进行任何的监控和管理。

要求：

根据材料分析上面八项措施中存在哪些内部控制缺陷，应采取何种应对措施。

第十五章

业务外包指引

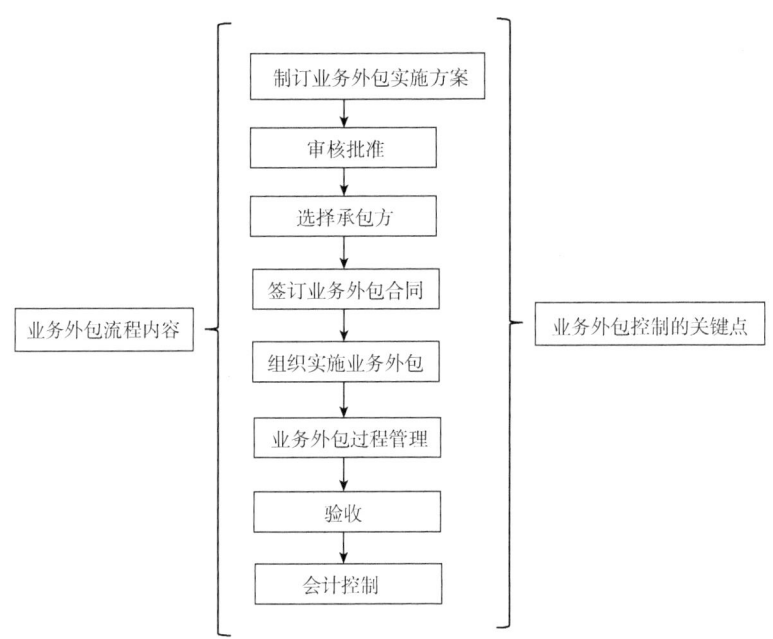

《企业内部控制应用指引第 13 号——业务外包》所称的业务外包,是指企业利用专业化分工优势,将日常经营中的部分业务委托给本企业以外的专业服务机构或经济组织(以下简称"承包方")完成的经营行为,通常包括研发、资信调查、可行性研究、委托加工、物业管理、客户服务、IT 服务等。随着社会主义市场经济发展及国际产业分工呈细化趋势,我国业务外包市场必将有较大发展。为适应这种发展趋势,财政部等研究制定了《企业内部控制应用指引第 13 号——业务外包》,对于规范业务外包行为、防范业务外包风险具有重要的意义。

【重要概念】业务外包　业务外包流程　业务外包控制的关键点　业务外包控制的管控措施

第一节　业务外包的流程

业务外包流程主要包括制订业务外包实施方案、审核批准、选择承包方、签订业务外包合同、组织实施业务外包、业务外包过程管理、验收、会计控制等环节，如图15-1所示。该图列示的业务外包流程适用于各类企业的一般业务外包，具有通用性。企业在实际开展业务外包时，可以参照此流程，并结合自身情况予以扩充和具体化。

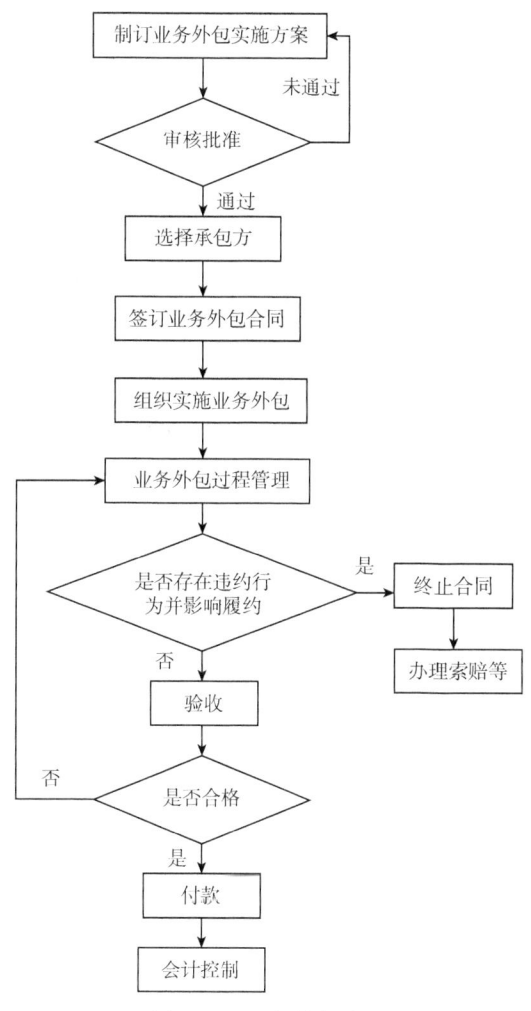

图 15-1　业务外包流程

第二节　业务外包控制关键点

一、制订业务外包实施方案

制订业务外包实施方案是指企业根据年度生产经营计划和业务外包管理制度，结合确定的业务外包范围，拟订实施方案。其主要风险有：企业缺乏业务外包管理制度，导致制订业务外包实施方案无据可依；业务外包管理制度未明确业务外包范围，可能导致有关部门在制订业务外包方案时，将不宜外包的核心业务进行外包；实施方案不合理，不符合企业生产经营特点或内容不完整，可能导致业务外包失败。

制订业务外包实施方案的主要管控措施有：①建立和完善业务外包管理制度；②严格按照业务外包管理制度规定的业务外包范围、方式、条件、程序和实施等内容制订实施方案，避免将核心业务外包，同时确保方案的完整性；③根据企业年度预算以及生产经营计划，对实施方案的重要方面进行深入评估和复核，确保方案的可行性；④认真听取外部专业人员对业务外包的意见，并根据其合理化建议完善实施方案。

二、审核批准

审核批准是指企业应当按照规定的权限和程序审核批准业务外包实施方案。其主要风险有：审批制度不健全，导致对业务外包的审批不规范；审批不严格或越权审批，导致业务外包决策出现重大疏漏，可能引发严重后果；未能对业务外包实施方案是否符合成本效益原则进行合理审核，以及做出恰当判断，导致业务外包不经济。

审核批准的主要管控措施有：①建立和完善业务外包的审核批准制度；②在对业务外包实施方案进行审查和评价时，应当着重对比分析该业务项目在自营与外包情况下的风险和收益，确定外包的合理性和可行性；③总会计师或企业分管会计工作的负责人应当参与重大业务外包的决策，对业务外包的经济效益做出合理评价；④重大业务外包方案应当提交董事会或类似权力机构审批。

三、选择承包方

选择承包方是指企业应按照批准的业务外包实施方案选择承包方。其主要风险：承包方不是合法设立的法人主体，缺乏应有的专业资质，从业人员也不具备应有的专业技术资格，缺乏从事相关项目的经验，导致企业遭受损失甚至陷入法律纠纷；外包价格不合理，业务外包成本过高导致难以发挥业务外包的优势；存在接受商业贿赂的舞弊行为，导致相关人员涉案。

选择承包方主要管控措施有：①调查候选承包方的合法性，即是否为依法成立、合法经营的专业服务机构或经济组织，具有相应的经营范围和固定的办公场所；②调查候选承包方的技术专业背景和实力及其从业人员的履历和专业技能；③考察候选承包方从事类似项目的成功案例、业界评价和口碑；④综合考虑企业内外部因素，对业务外包的相关指标进行测算分析，合理确定外包价格，严格控制业务外包成本；⑤引入承包方竞争机制，按照有关法律法规，遵循公开、公平、公正的原则，采用招标等方式，择优选择承包方；⑥按照规定的程序和权限从候选承包方中做出选择，并建立严格的回避制度和监督处罚制度，避免相关人员在选择承包方过程中出现受贿和舞弊行为。

四、签订业务外包合同

签订业务外包合同的主要风险有：合同条款未能针对业务外包风险做出明确的界定，对承办方的违约责任界定不够清晰，导致企业陷入合同纠纷和诉讼；合同约定的业务外包价格不合理或成本费用过高，导致企业遭受损失。

签订业务外包合同的主要管控措施有：①在订立外包合同前，充分考虑业务外包方案中识别出的重要风险因素，并通过合同条款予以有效规避或降低；②在合同的内容和范围方面，订明承包方提供的服务类型、数量、成本，以及明确界定服务的环节、作业方式、作业时间、服务费用等细节；③在合同的权利和义务方面，明确企业有权督促承包方改进服务流程和方法，承包方有责任按照合同协议规定的方式和频率，将外包实施的进度和现状告知企业，并对存在的问题进行有效沟通；④在合同的服务和质量标准方面，应规定承包方最低的服务水平要求及如未能满足标准实施的补救措施；⑤在合同的保密事项方面，具体约定对于涉及本企业机密的业务和事项，承包方有责任履行保密义务；⑥在费用结算标准方面，综合考虑内外部因素，合理确定外包价格，严格控制业务成本；⑦在违约责任方面，制定既具原则性又体现一定灵活性的合同条款，以适应环境、技术和企业自身业务的变化。

五、组织实施业务外包

组织实施业务外包的主要风险有：组织实施业务外包的工作不充分或未落实到位，影响下一环节业务外包过程管理的有效实施，导致难以实现业务外包的目标。

组织实施业务外包的主要管控措施有：①按照业务外包制度、工作流程和相关要求，落实业务外包实施全过程的管控措施；②做好与承包方的对接工作，通过培训等方式确保承包方充分了解企业的工作流程和质量要求，从价值链的起点开始控制业务质量；③建立并保持畅通的沟通协调机制，以便及时发现并有效解决业务外包过程存在的问题；④梳理有关工作流程，提出每个环节的岗位职责分工、运营模式、管理机制、质量水平等方面的要求，并建立对应的即时监控机制，及时检查、收集和反馈业务外包实施过程的相关信息。

六、业务外包过程管理

业务外包过程管理的主要风险有：承包方在合同期内因市场变化等原因不能保持履约能力，无法继续按照合同约定履行义务，导致业务外包失败和本企业生产经营活动中断；承包方出现未按照业务外包合同约定的质量要求持续提供合格的产品和服务等违约行为，导致企业难以发挥业务外包优势，甚至遭受损失；管控不力，导致商业秘密泄露。

业务外包过程管理的主要管控措施有：①在承包方提供服务或制造产品的过程中，密切关注重大业务外包承包方的履约能力，采取承包方动态管理方式，对承包方开展日常绩效评价和定期考核；②对承包方的履约能力进行持续评估；③建立即时监控机制，一旦发现异常情况，应及时要求承包方调整改进；④对重大业务外包的各种意外情况做出充分预计，建立相应的应急机制，制订临时替代方案，避免业务外包失败造成企业生产经营活动中断；⑤有确凿证据表明承包方存在重大违约行为，并导致业务外包合同无法履行的，应及时终止合同，并指定有关部门按照法律程序向承包方索赔；⑥切实加强对业务外包过程中形成的商业信息资料的管理。

七、验收

验收的主要风险有：验收方式与业务外包成果交付方式不匹配，验收标准不明确，验收程序不规范，使验收工作流于形式，不能及时发现业务外包质量低劣等情况，可能导致企业遭受损失。

验收的主要管控措施有：①根据承包方业务外包成果交付方式的特点，制定不同的验收方式；②根据业务外包合同的约定，结合在日常绩效评价基础上对外业务外包质量是否达到预期目标的总体评价，确定验收标准；③组织有关职能部门、财会部门、质量管理部门等以及相关人员，严格按照验收标准对承包方交付的产品或服务进行审查，并进行全面测试，确保产品或服务符合需求，并出具验收证明；④验收过程中发现异常情况的，应当立即报告，查明原因，视问题的严重性与承包方协商采取恰当的措施，并依法索赔；⑤根据验收结果对业务外包是否达到预期目标做出总体评价，据此对业务外包管理制度和流程进行改进与优化。

八、会计控制

会计控制是指企业应当根据国家统一的会计准则制度，加强对外包业务的核算与监督，并做好外包费用结算工作。其主要风险有：缺乏有效的业务外包会计系统控制，未能全面真实地记录和反映企业业务外包各环节的资金流与实物流情况，可能导致企业资产流失或贬损；业务外包相关会计处理不当，可能导致财务报告信息失真；结算审核不严格、方式不恰当、金额控制不严，可能导致企业资金损失或信用受损。

会计控制主要管控措施有：①企业财会部门应根据国家统一的会计准则制度，对业务外包过程中交由承包方使用的资产、涉及资产负债变动的事项及外包合同诉讼等加强核算与监督；②根据企业会计准则制度的规定，结合外包业务特点和企业管理机制建立完善外包承包的会计核算方法，并在财务报告中进行必要、充分的披露；③在向承包方结算费用时，应严格按照合同约定的费用结算条件、标准和验收证明进行支付。

第三节 业务外包控制案例分析[①]

Y公司为制造业企业，拟将其生产经营中必需的某些机械设施和系统开发外包给专业公司生产及开发，以提高自身核心竞争力。如何保证业务外包有效实施，该公司认为，加强对外包费用结算管理也是有效途径之一，相关情况如下。

（1）该公司财务部负责组织实施外包费用的结算工作，项目部（业务外包归口管理

---

① 袁帅. 2013. Y公司业务外包案例分析. 中国海运报

部门）负责协调承包方办理付款申请、进度确定、质量审核等工作。

（2）该公司财务部对外包项目的结算管理模式是：按外包产品型号分别管理，按合同节点进行控制。

（3）该公司财务部采取了阶段结算和完工结算两种方式。阶段结算是指根据外包业务进展情况分阶段分次进行结算，完工结算是指项目全部完成验收合格后1个月内进行结算。

（4）结算程序：①承包方提出结算申请报告；②项目部负责牵头组织相关业务部门对申请报告中的研制进度、技术质量情况进行核实；③财务部负责对申请报告中的经费情况进行核实；④财务部将经有关部门核实后的结算申请报告报总经理批准；⑤经批准，财务部可通知承包方开具相关票据，并在收到相关票据后3个月内完成费用支付。

（5）该财务部在支付外包费用时，一般采取以下票据开具办法：①直接进行结算时，承包方必须开具发票或行政事业型收费票据；②先预付后结算时，经审批可预付款项的，承包方必须开具资金往来专用发票，具有结算条件进行结算时，再开具发票或行政事业性收费票据。

【案例分析】

根据《企业内部控制应用指引第13号——业务外包》规定，企业应当根据国家统一的会计准则制度，加强对外包业务的核算与监督，做好外包费用结算工作。

在上述案例中，Y公司在结算时采取的阶段结算和完工结算两种方式有机结合，并制定了层层核实审批的结算程序，保证了业务外包的质量和进度，符合会计准则制度的相关规定，可有效避免企业遭受损失。

本 章 小 结

随着现代社会分工的细化和深入，企业专注于某些领域的生产与服务，而将一些专业化的业务委托给本企业以外的专业服务机构或经济组织完成经营。外包的业务包括研发、资信调查、可行性研究、委托加工、物业管理、客户服务、IT服务等。外包确实可以让企业以较低的成本获得专业的服务，但是也具有业务不能完全与企业具体实际相契合，人员与服务的稳定性难以有效控制等风险。因而，为了保证外包业务的顺利实施，需要加强对业务外包的内部控制，在制订外包业务实施方案、审核批准、选择承包方、签订业务外包合同、业务外包过程管理、业务验收和会计控制等关键环节制订相应的控制措施，加强内部控制，防范业务外包风险。

复习思考题

一、简答题

1. 如何理解企业的业务外包？业务外包有哪些流程？
2. 如何理解企业业务外包控制的关键点？假如你是企业负责内部控制的工作人员，

你将如何设计主要管控措施?

二、案例分析

随着耐克在全球知名度的提高,有一句话也变得非常有名:"耐克公司从来不生产一双耐克鞋。"也有一则家喻户晓的耐克神话:在美国俄勒冈州的比弗顿市,四层楼高的耐克总部里看不见一双鞋。那么全球畅销的耐克鞋是怎样生产出来的呢?答案就在生产外包。从20世纪70年代开始,耐克便把制造环节外包给很多亚洲国家。外包使耐克获得了廉价的劳动力,并从供应商那里拿到了大量的折扣。此外,外包能够使顾客更快地从市场获得最新的产品,减少资本投入的风险;在销售上,这种"期货"下单计划允许和零售商提前5~6个月确定运输保证书,保证90%的订货会以确定的价格在确定的时间运到。耐克公司虽然没有工人、没有厂房,但是为公司制造产品的工人和厂房却遍及全球。不仅所有的产品都外包给其他生产厂家制造,甚至连公司设计的样品都是由台湾地区试制的。耐克的经理人经常在全球物色优秀的承包方,往往是一个合作协议刚刚签订,其经理人员又夹着皮包赶往另一个国家或城市寻找成本更低、质量更可靠、交货更及时的承包方。在过去的10多年里,耐克至少中断了与20多个厂商的合作关系,新开辟了30多家合作伙伴,目前全世界约有45家各国厂商定点生产耐克产品。针对承包方的不同情况,耐克公司采取不同的态度:①对于一些高档的发达的企业,耐克公司让其生产最新的和最贵的"代言产品";②对大规模的承包方来说,一般只生产某一种类型的鞋,并且是纵向联合的;③对于发展中国家的承包方,专门承接耐克公司的发包业务,耐克公司用一个个有效的指导计划把它们发展成更高级的供应商。耐克以客户为中心设计自己的外包运营模式,从而获取超出传统经营模式的高额利润。

要求:

结合案例思考,耐克公司的生产外包存在哪些风险?耐克公司对业务外包实施了哪些管理工作?

第十六章 财务报告指引

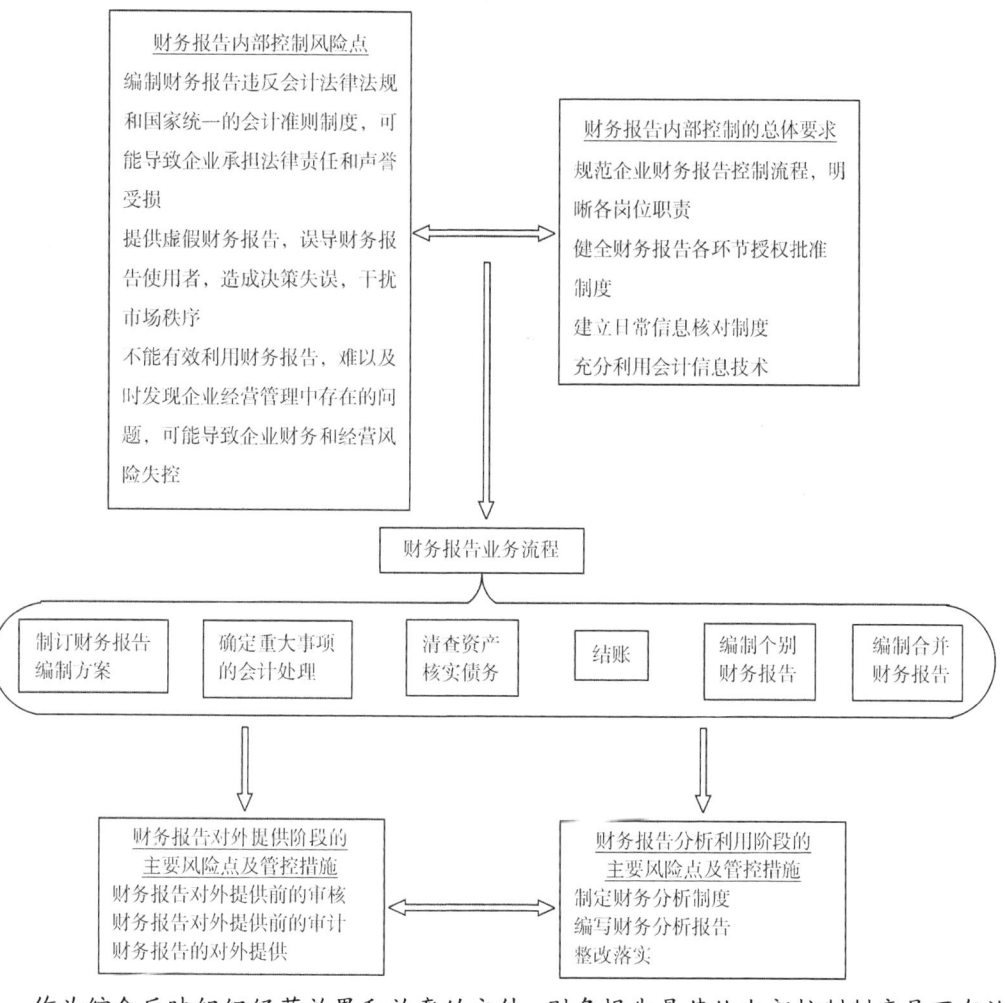

作为综合反映组织经营效果和效率的文件，财务报告是其他内部控制制度是否有效运行的综合体现，财务报告的编制和披露内部控制制度是会计信息准确、有用、及时、完整的重要保证。同时也是组织风险控制的重要依据，财务报告的不真实、不完整往往是组织的重要风险之源。研究制定《企业内部控制应用指引第14号——财务报告》，就是为了引导和规范企业加强财务报告内部控制，防范财务报告风险。

【重要概念】财务报告　财务报告编制　财务报告对外提供　财务报告分析利用

第一节　财务报告内部控制概述

一、财务报告内部控制风险点

企业编制、对外提供和分析利用财务报告，至少应当关注下列风险。

（1）编制财务报告违反会计法律法规和国家统一的会计准则制度，可能导致企业承担法律责任和声誉受损。

（2）提供虚假财务报告，误导财务报告使用者，造成决策失误，干扰市场秩序。

（3）不能有效利用财务报告，难以及时发现企业经营管理中存在的问题，可能导致企业财务和经营风险失控。

企业应当严格执行会计法律法规和国家统一的会计准则制度，加强对财务报告编制、对外提供和分析利用全过程的管理，明确相关工作流程和要求，落实责任制，确保财务报告合法合规、真实完整和有效利用。总会计师或分管会计工作的负责人负责组织领导财务报告的编制、对外提供和分析利用等相关工作。企业负责人对财务报告的真实性、完整性负责。

二、财务报告内部控制的总体要求

（一）规范企业财务报告控制流程，明晰各岗位职责

企业应当制定明确的财务报告编制、对外提供及分析利用等相关流程，职责分工、权限范围和审批程序应当明确规范，机构设置和人员配备应当科学合理，并确保全过程中财务报告的编制、披露和审核等不相容岗位相互分离。企业总会计师或分管会计工作的负责人负责组织领导财务报告编制和分析利用工作，企业负责人对财务报告的真实性和完整性承担责任，企业财会部门负责财务报告编制和分析报告编写工作，企业内部参与财务报告编制的各部门应当及时向财会部门提供编制财务报告所需的信息，参与财务分析会议的部门应当积极提出意见和建议，以促进财务报告的有效利用，企业法律事务部门或外聘律师应当对财务报告对外提供的合法合规性进行审核。

（二）健全财务报告各环节授权批准制度

企业应当健全财务报告编制、对外提供和分析利用各环节的授权批准制度，具体包括编制方案的审批、会计政策与会计估计的审批、重大交易和事项会计处理的审批、对财务报告内容的审核审批等。为此，企业应做好以下几项工作：①根据经济业务性质、组织机构设置和管理层级安排，建立分级管理制度；②规范审核审批的手续和流程，确保报送和进行审核审批的级别符合所授的管理权限、申报材料翔实完整，签字盖章齐全、用印用章符合要求，切实履行检查审核义务而非流于形式等；③健全相关政策，限制对现有财务报告流程进行越权操作。任何越权操作行为，必须另行授权审批后方能进行，

且授权审批文件应妥善归档。

（三）建立日常信息核对制度

企业应当从会计记录的源头做起，建立起日常信息定期核对制度，以保证财务报告的真实、完整，防范出于主观故意的编造虚假交易，虚构收入、费用的风险，以及由会计人员业务能力不足导致的会计记录与实际业务发生的金额、内容不符的风险。企业在日常会计处理中应及时进行对账，将会计账簿记录与实物资产、会计凭证、往来单位或者个人等进行相互核对，发现差异及时查明原因予以解决，并记录在适当的会计期间，以保证账证相符、账账相符、账实相符，确保会计记录的数字真实、内容完整、计算准确、依据充分、期间适当。

（四）充分利用会计信息技术

企业应当充分利用会计信息技术，提高工作效率和工作质量，减少或避免编制差错和人为调整因素。同时，企业也应当注意防范信息技术所带来的特有风险，做好以下几项工作：①定期更新和维护会计信息系统，确保取数、计算公式以及数据钩稽关系准确无误；②建立访问安全制度，操作权限、信息使用、信息管理应当有明确规定，确保财务报告数据安全保密，防止对数据的非法修改和删除；③对正在使用的会计核算软件进行修改、对通用会计软件进行升级和对计算机硬件设备进行更换时，企业应有规范的审批流程，并采取替代性措施确保财务报告数据的连续性；④做好数据源的管理，保证原始数据录入环节的真实、准确、完整，满足财务分析的需要；⑤制定业务操作规范，保证系统各项技术和业务配置维护符合会计准则要求与内部管理规定，月结和年结流程规范、及时；⑥指定专人负责信息化会计档案的管理，定期备份，做好防消磁、防火、防潮和防尘等工作；⑦对于存储介质保存的会计档案，应当定期检查，防止由介质损坏而使会计档案丢失。

三、财务报告业务流程

财务报告流程由财务报告的编制、财务报告的对外提供和财务报告的分析利用三个阶段组成。其通用流程如图 16-1 所示。企业在实际操作中，应当充分结合自身业务特点和管理要求，构建和优化财务报告内部控制流程。

（一）财务报告的编制

企业编制财务报告，应当重点关注会计政策和会计估计，对财务报告产生重大影响的交易和事项的处理应当按照规定的权限与程序进行审批。企业在编制年度财务报告前，应当进行必要的资产清查、减值测试和债权债务核实。企业应当按照国家统一的会计准则制度规定，根据登记完整、核对无误的会计账簿记录和其他有关资料编制财务报告，做到内容完整、数据真实、计算准确，不得漏报或者随意进行取舍。

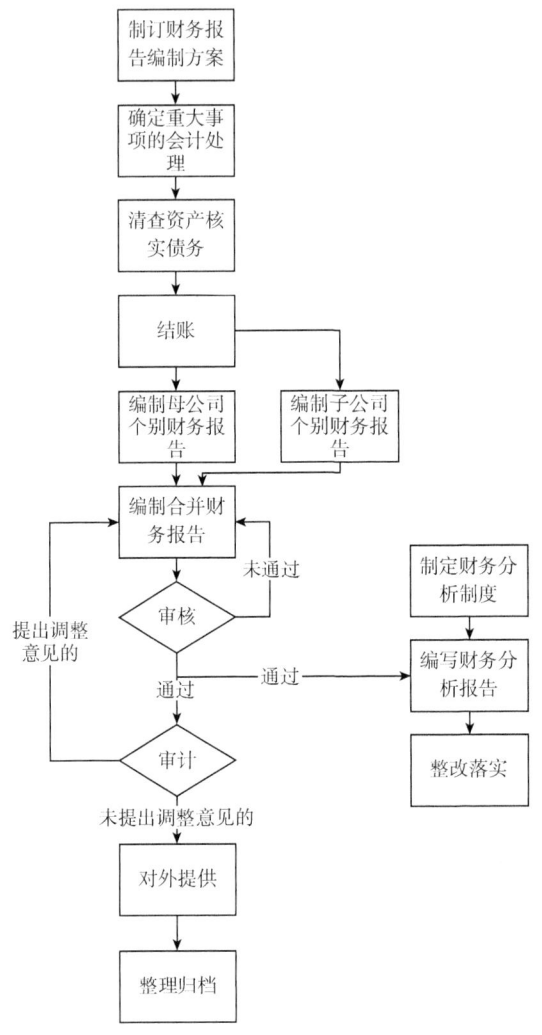

图 16-1 财务报告通用流程

财务报告是根据会计账簿记录和有关资料，按照规定的报表格式，总括反映一定期间的经济活动和财务收支情况及其结果的一种报告文件。主要包括资产负债表、利润表、现金流量表、所有者权益变动表和附注。资产负债表应当按照资产、负债和所有者权益三大类别分类列报，并且资产和负债应当按照流动性列示。利润表应当对费用按照功能分类进行列报，同时在附注中披露费用按照性质分类的利润表补充资料；利润表中其他综合收益项目应当根据其他相关会计准则的规定分为"以后会计期间不能重分类进损益的其他综合收益项目"和"以后会计期间在满足规定条件时将重分类进损益的其他综合收益项目"两类列报。现金流量表的格式根据一般企业、商业银行、保险公司、证券公司等企业类型不同而不同。企业应当根据其经营活动的性质，确定本企业适用的现金流量表格式。所有者权益变动表应当反映构成所有者权益的各组成部分当期的增减变动情况，综合收益和与所有者（或股东）的资本交易导致的所有者权益变动应当分别列示。

附注是财务报告的重要组成部分，对反映企业财务状况、经营成果、现金流量的报表中需要说明的事项，做出真实、完整、清晰的说明。企业应当按照国家统一的会计准则制度编制附注。

企业集团应当编制合并财务报表，明确合并财务报表的合并范围和合并方法，如实反映企业集团的财务状况、经营成果和现金流量。企业编制财务报告，应当充分利用信息技术，提高工作效率和工作质量，减少或避免编制差错和人为调整因素。

（二）财务报告的对外提供

企业应当依照法律法规和国家统一的会计准则制度的规定，及时对外提供财务报告。企业财务报告编制完成后，应当装订成册，加盖公章，由企业负责人、总会计师或分管会计工作的负责人、财会部门负责人签名并盖章。财务报告须经注册会计师审计的，注册会计师及其所在的事务所出具的审计报告，应当随同财务报告一并提供。企业对外提供的财务报告应当及时整理归档，并按有关规定妥善保存。

（三）财务报告的分析利用

企业应当重视财务报告分析工作，定期召开财务分析会议，充分利用财务报告反映的综合信息，全面分析企业的经营管理状况和存在的问题，不断提高经营管理水平。企业财务分析会议应吸收有关部门负责人参加。总会计师或分管会计工作的负责人应当在财务分析和利用工作中发挥主导作用。

企业定期的财务分析应当形成分析报告，构成内部报告的组成部分。财务分析报告是企业依据会计报表、财务分析表及经营活动和财务活动所提供的丰富、重要的信息及其内在联系，运用一定的科学分析方法，对企业的经营特征，利润实现及其分配情况，资金增减变动和周转利用情况，税金缴纳情况，存货、固定资产等主要财产物资的盘盈、盘亏、毁损等变动情况及对本期或下期财务状况将发生重大影响的事项做出客观、全面、系统的分析和评价，并进行必要的科学预测而形成的书面报告。财务分析报告结果应当及时传递给企业内部有关管理层级，充分发挥财务报告在企业生产经营管理中的重要作用。

第二节 财务报告内部控制关键点

一、财务报告编制阶段的主要风险点及管控措施

（一）制订财务报告编制方案

企业财会部门应在编制财务报告前制订财务报告编制方案，并由财会部门负责人审核。财务报告编制方案应明确财务报告编制方法（包括会计政策和会计估计、合并方法、范围与原则等）、财务报告编制程序、职责分工（包括牵头部门与相关配合部门的分工与责任等）、编报时间安排等相关内容。

该环节的主要风险有：①会计政策未能有效更新，不符合有关法律法规；②重要会计政策、会计估计变更未经审批，导致会计政策使用不当；③会计政策未能有效贯彻、执行；④各部门职责、分工不清，导致数据传递出现差错、遗漏、格式不一致等；⑤各步骤时间安排不明确，导致整体编制进度延后，违反相关报送要求。

该环节的主要管控措施有以下几点。

（1）会计政策应符合国家有关会计法规和最新监管要求的规定。企业应按照国家最新会计准则制度规定，结合自身情况，制定企业统一的会计政策。企业应有专人关注与会计相关法律法规、规章制度的变化及监管机构的最新规定等，并及时对企业的内部会计规章制度和财务报告流程等做出相应更改。

（2）会计政策和会计估计的调整。无论是强制还是自愿，均需按照规定的权限和程序进行审批。

（3）企业的内部会计规章制度至少要经财会部门负责人审批后生效，财务报告流程、年报编制方案应当经公司分管财务会计工作的负责人核准后签发。

（4）企业应建立完备的信息沟通渠道，将内部会计规章制度和财务流程、会计科目表和相关文件及时有效地传达至相关人员，使其了解相关职责要求，掌握适当的会计知识、会计政策并加以执行。企业还应通过内部审计等方式，定期进行测试，保证会计政策有效执行，且在不同业务部门、不同期间内保持一致性。

（5）应明确各部门的职责分工，总会计师或分管会计工作的负责人负责组织领导；财会部门负责财务报告编制工作；各部门应当及时向财会部门提供编制财务报告所需的信息，并对所提供信息的真实性和完整性负责。

（6）应根据财务报告的报送要求，倒排工时，为各步骤设置关键时间点，并由财会部门负责督促和考核各部门的工作进度，及时进行提醒，对未能及时完成的进行相关处罚。

（二）确定重大事项的会计处理

在编制财务报告前，企业应当确认对当期有重大影响的主要事项，并确定重大事项的会计处理。该环节的主要风险是：重大事项，如债务重组、非货币性交易、公允价值的计量、收购兼并、资产减值等的会计处理不合理，会导致会计信息扭曲，无法如实反映企业实际情况。

该环节的主要管控措施有以下两点。

（1）企业应对重大事项予以关注，通常包括以前年度审计调整以及相关事项对当期的影响、会计准则制度的变化及对财务报告的影响、新增业务和其他新发生的事项及对财务报告的影响、年度内合并（汇总）报告范围的变化及对财务报告的影响等。企业应建立重大事项的处理流程，报适当管理层审批后，予以执行。

（2）及时沟通需要专业判断的重大会计事项并确定相应会计处理。企业应规定下属各部门、各单位人员及时将重大事项信息报告至同级财会部门。财会部门应定期研究、分析并与相关部门组织沟通重大事项的会计处理，逐级报请总会计师或分管会计工作的负责人审批后下达各相关单位执行。特别是资产减值损失、公允价值计量等涉及重大判断和估计时，财会部门应定期与资产管理部门进行沟通。

（三）清查资产核实债务

企业应在编制财务报告前，组织财务和相关部门进行资产清查、减值测试和债权债务核实工作。该环节的主要风险是：资产、负债账实不符，虚增或虚减资产、负债；资产计价方法随意变更；提前、推迟甚至不确认资产、负债，等等。

该环节的主要管控措施有以下几点。

（1）确定具体可行的资产清查、负债核实计划，安排合理的时间和工作进度，配备足够的人员，确定实物资产盘点的具体方法和过程，同时做好业务准备工作。

（2）做好各项资产、负债的清查、核实工作，包括：与银行核对对账单、盘点库存现金、核对票据；核查结算款项，包括应收款项、应付款项、应交税金等是否存在，与债务、债权单位的相应债务、债权金额是否一致；核查原材料、在产品、自制半成品、库存商品等各项存货的实存数量与账面数量是否一致，是否有报废损失和积压物资等；核查账面投资是否存在，投资收益是否按照国家统一的会计准则制度规定进行确认和计量；核查房屋建筑物、机器设备、运输工具等各项固定资产的实存数量与账面数量是否一致，清查土地、房屋的权属证明，确定资产归属；核查在建工程的实际发生额与账面记录是否一致等。

（3）对清查过程中发现的差异，应当分析原因，提出处理意见，取得合法证据和按照规定权限经审批，将清查、核实的结果及其处理办法向企业的董事会或者相应机构报告，并根据国家统一的会计准则制度的规定进行相应的会计处理。

（四）结账

企业在编制年度财务报告前，应在日常定期核对信息的基础上完成对账、调账、差错更正等业务，然后实施关账操作。该环节的主要风险是：账务处理存在错误，导致账证、账账不符；虚列或隐瞒收入，推迟或提前确认收入；随意改变费用、成本的确认标准或计量方法，虚列、多列、不列或者少列费用、成本；结账的时间、程序不符合相关规定；关账后又随意打开已关闭的会计期间，等等。

该环节的主要管控措施有以下几点。

（1）核对各会计账簿记录与会计凭证的内容、金额等是否一致，记账方向是否相符。

（2）检查相关账务处理是否符合国家统一的会计准则制度和企业制定的核算方法。

（3）调整有关账项，合理确定本期应计的收入和应计的费用。例如，计提固定资产折旧、计提坏账准备等；各项待摊费用按规定摊配并分别计入本期有关科目；属于本期的应计收益应确认计入本期收入等。

（4）检查是否存在因会计差错、会计政策变更等原因需要调整前期或者本期相关项目。对于调整项目，需取得和保留审批文件，以保证调整有据可依。

（5）不得为了赶编财务报告而提前结账，或把本期发生的经济业务事项延至下期登账，也不得先编财务报告后结账，应在当期所有交易或事项处理完毕并经财会部门负责人审核签字确认后,实施关账和结账操作。

(6) 如果在关账之后需要重新打开已关闭的会计期间,须填写相应的申请表,经总会计师或分管会计工作的负责人审批后进行。

(五) 编制个别财务报告

企业的财务报告格式和内容应当按照国家统一的会计准则制度规定,根据登记完整、核对无误的会计账簿记录和其他有关资料编制财务报告,做到内容完整、数字真实、计算准确,不得漏报或者任意进行取舍。该环节的主要风险是:提供虚假财务报告,误导财务报告使用者,造成决策失误,干扰市场秩序;报表数据不完整、不准确;报表种类不完整;附注内容不完整等。

该环节的主要管控措施有以下几点。

(1) 企业财务报告列示的资产、负债、所有者权益金额应当真实可靠。①各项资产计价方法不得随意变更,如有减值,应当合理计提减值准备,严禁虚增或虚减资产。②各项负债应当反映企业的现时义务,不得提前、推迟或不确认负债,严禁虚增或虚减负债。③所有者权益应当反映企业资产扣除负债后由所有者享有的剩余权益,由实收资本、资本公积、留存收益等构成。企业应当做好所有者权益保值增值工作,严禁虚假出资、抽逃出资、资本不实。

(2) 企业财务报告应当如实列示当期收入、费用和利润。①各项收入的确认应当遵循规定的标准,不得虚列或者隐瞒收入,推迟或提前确认收入。②各项费用、成本的确认应当符合规定,不得随意改变费用、成本的确认标准或计量方法,虚列、多列、不列或者少列费用、成本。③利润由收入减去费用后的净额、直接计入当期利润的利得和损失等构成。不得随意调整利润的计算、分配方法,编造虚假利润。

(3) 企业财务报告列示的各种现金流量由经营活动、投资活动和筹资活动的现金流量构成,应当按照规定划清各类交易和事项的现金流量的界限。

(4) 按照岗位分工和规定的程序编制财务报告。①财会部门制定本单位财务报告编制分工表,并由财会部门负责人审核,确保报告编制范围完整。②财会部门报告编制岗位按照登记完整、核对无误的会计账簿记录和其他有关资料对相关信息进行汇总编制,确保财务报告项目与相关账户对应关系正确,计算公式无误。③进行校验审核工作,包括期初数核对、财务报告内有关项目的对应关系审核、报表前后钩稽关系审核、期末数与试算平衡表和工作底稿核对、财务报告主表与附表之间的平衡及钩稽关系校验等。

(5) 按照国家统一的会计准则制度编制附注。附注是财务报告的重要组成部分,企业对反映企业财务状况、经营成果、现金流量的报表中需要说明的事项,做出真实、完整、清晰的说明。检查担保、诉讼、未决事项、资产重组等重大或有事项是否在附注中得到反映和披露。

(6) 财会部门负责人审核报表内容和种类的真实、完整性,通过后予以上报。

(六) 编制合并财务报告

企业集团应当编制合并财务报告,分级收集合并范围内分公司及内部核算单位的财务报告并审核，进而合并全资及控股公司财务报告，如实反映企业集团的财务状况、经营成果和现金流量。该环节的主要风险是：合并范围不完整；合并内部交易和事项不完整；合并抵销分录不准确。

该环节的主要管控措施有以下几点。

（1）编报单位财会部门应依据经同级法律事务部门确认的产权（股权）结构图，并考虑所有相关情况以确定合并范围符合国家统一的会计准则制度的规定，由财会部门负责人审核、确认合并范围是否完整。

（2）财会部门收集、审核下级单位财务报告，并汇总出本级次的财务报告，经汇总单位财会部门负责人审核。

（3）财会部门制定内部交易和事项核对表及填制要求，报财会部门负责人审批后下发纳入合并范围内各单位。财会部门核对本单位及纳入合并范围内各单位之间内部交易的事项和金额，如有差异，应及时查明原因并进行调整。编制内部交易表及内部往来表交财会部门负责人审核。

（4）合并抵销分录应有相应的标准文件和证据进行支持，由财会部门负责人审核。

（5）对合并抵销分录实行交叉复核制度，具体编制人完成调整分录后即提交相应复核人进行审核，审核通过后才可录入试算平衡表。通过交叉复核，保证合并抵销分录的真实性、完整性。

二、财务报告对外提供阶段的主要风险点及管控措施

（一）财务报告对外提供前的审核

财务报告对外提供前需按规定程序进行审核，主要包括财会部门负责人审核财务报告的准确性并签名盖章；总会计师或分管会计工作的负责人审核财务报告的真实性、完整性、合法合规性，并签名盖章；企业负责人审核财务报告整体合法合规性，并签名盖章。该环节的主要风险是：在财务报告对外提供前未按规定程序进行审核，对内容的真实性、完整性以及格式的合规性等审核不充分。

该环节的主要管控措施有以下几点。

（1）企业应严格按照规定的财务报告编制中的审批程序，由各级负责人逐级把关，对财务报告内容的真实性、完整性，格式的合规性等予以审核。

（2）企业应保留审核记录，建立责任追究制度。

（3）财务报告在对外提供前应当装订成册，加盖公章，并由企业负责人、总会计师或分管会计工作的负责人、财会部门负责人签名并盖章。

（二）财务报告对外提供前的审计

《中华人民共和国公司法》等法律法规规定了公司应编制的年度财务报告需依法经会计师事务所审计，审计报告应随同财务报告一并对外提供。《关于会计师事务所从事证券、期货相关业务有关问题的通知》等还对为特定公司进行审计的会计师事务所的资格进行了规定。因此，相关企业需按规定在财务报告对外提供前，选择具有相关业务资

格的会计师事务所进行审计。该环节的主要风险是：财务报告对外提供前未经审计，审计机构不符合相关法律法规的规定，审计机构与企业串通舞弊。

该环节的主要管控措施有以下几点。

（1）企业应根据相关法律法规的规定，选择符合资质的会计师事务所对财务报告进行审计。

（2）企业不得干扰审计人员的正常工作，并对审计意见予以落实。

（3）注册会计师及其所在的事务所出具的审计报告，应随财务报告一并提供。

（三）财务报告的对外提供

一般企业的财务报告经完整审核并签名盖章后即可对外提供。上市公司需经董事会和监事会审批通过后方能对外提供，财务报告应与审计报告一同向投资者、债权人、政府监管部门等报送。该环节的主要风险是：对外提供未遵循相关法律法规的规定，导致承担相应的法律责任；对外提供的财务报告的编制基础、编制依据、编制原则和方法不一致，影响各方对企业情况的判断和经济决策的做出；未能及时对外报送财务报告，导致财务报告信息的使用价值降低，同时也违反有关法律法规；财务报告在对外提供前提前泄露或使不应知晓的对象获悉，导致发生内幕交易等，使投资者或企业本身蒙受损失。

该环节的主要管控措施有以下几点。

（1）企业应根据相关法律法规的要求，在企业相关制度中明确负责财务报告对外提供的对象，并由企业负责人监督。例如，国有企业应当依法定期向监事会提供财务报告，至少每年一次向本企业的职工代表大会公布财务报告。上市公司的财务报告需经董事会、监事会审核通过后向全社会提供。

（2）企业应严格按照规定的财务报告编制中的审批程序，由财会部门负责人、总会计师或分管会计工作的负责人、企业负责人逐级把关，对财务报告内容的真实性、完整性，格式的合规性等予以审核，确保提供给投资者、债权人、政府监管部门、社会公众等各方面的财务报告的编制基础、编制依据、编制原则和方法完全一致。

（3）企业应严格遵守相关法律法规和国家统一的会计准则制度对报送时间的要求，在财务报告的编制、审核、报送流程中的每一步骤设置时间点，对未能按时完成的相关人员进行处罚。

（4）企业应设置严格的保密程序，对能够接触财务报告信息的人员进行权限设置，保证财务报告信息在对外提供前控制在适当的范围。并对财务报告信息的访问情况予以记录，以便了解情况，及时发现可能的泄密行为，在泄密后也易于找到相应的责任人。

（5）企业对外提供的财务报告应当及时整理归档，并按有关规定妥善保存。

三、财务报告分析利用阶段的主要风险点及管控措施

（一）制定财务分析制度

企业财会部门应在对企业基本情况进行分析研究的基础上，提出财务报告分析制度

草案，并经财会部门负责人、总会计师或分管会计工作的负责人、企业负责人检查、修改、审批。该环节的主要风险是：制定的财务分析制度不符合企业实际情况，财务分析制度未充分利用企业现有资源，财务分析的流程、要求不明确，财务分析制度未经审批，等等。

该环节的主要管控措施有以下几点。

（1）企业在对基本情况分析时，应当重点了解企业的发展背景，包括企业的发展史、企业组织机构、产品销售及财务资产变动情况等，熟悉企业业务流程，分析研究企业的资产及财务管理活动。

（2）企业在制定财务报告分析制度时，应重点关注：财务报告分析的时间、组织形式、参加的部门和人员，财务报告分析的内容、分析的步骤、分析方法和指标体系，财务报告分析报告的编写要求，等等。

（3）财务报告分析制度草案经由财会部门负责人、总会计师或分管会计工作的负责人、企业负责人检查、修改、审批之后，根据制度设计的要求进行试行，发现问题及时总结上报。

（4）财会部门根据试行情况进行修正，确定最终的财务报告分析制度文稿，并由财会部门负责人、总会计师或分管会计工作的负责人、企业负责人进行最终的审批。

（二）编写财务分析报告

财会部门应按照财务分析制度定期编写财务分析报告，并通过定期召开财务分析会议等形式对分析报告的内容予以完善，以充分利用财务报告反映的综合信息，全面分析企业的经营管理状况和存在的问题，不断提高经营管理水平。该环节的主要风险是：财务分析报告的目的不正确或者不明确，财务分析方法不正确；财务分析报告的内容不完整，未对本期生产经营活动中发生的重大事项做专门分析；财务分析局限于财会部门，未充分利用相关部门的资源，影响质量和可用性；财务分析报告未经审核，等等。

该环节的主要管控措施有以下几点。

（1）编写时要明确分析的目的，运用正确的财务分析方法，并能充分、灵活地运用各项资料。分析内容包括：①企业的资产分布、负债水平和所有者权益结构，通过资产负债率、流动比率、资产周转率等指标分析企业的偿债能力和营运能力；分析企业净资产的增减变化，了解和掌握企业规模与净资产的不断变化过程。②分析各项收入、费用的构成及其增减变动情况，通过净资产收益率、每股收益等指标，分析企业的盈利能力和发展能力，了解和掌握当期利润增减变化的原因与未来发展趋势。③分析经营活动、投资活动、筹资活动现金流量的运转情况，重点关注现金流量能否保证生产经营过程的正常运行，防止现金短缺或闲置。

（2）总会计师或分管会计工作的负责人应当在财务分析和利用工作中发挥主导作用，负责组织领导。财会部门负责人审核财务分析报告的准确性，判断是否需要对特殊事项进行补充说明，并对财务分析报告进行补充说明。对生产经营活动中的重要资料、重大事项以及与上年同期数据相比有较大差异的情况要做重点说明。

（3）企业财务分析会议应吸收有关部门负责人参加，对各部门提出的意见，财会部门应充分沟通、分析，进而修改完善财务分析报告。

（4）修订后的分析报告应及时报送企业负责人，企业负责人负责审批分析报告，并据此进行决策，对于存在的问题及时采取措施。

（三）整改落实

财会部门应将经过企业负责人审批的报告及时报送各部门负责人，各部门负责人根据分析结果进行决策和整改落实。该环节的主要风险是：财务分析报告的内容传递不畅，未能及时使有关各部门获悉；各部门对财务分析报告不够重视，未对其中的意见进行整改落实。

该环节的主要管控措施有以下两点。

（1）定期的财务分析报告应构成内部报告的组成部分，并充分利用信息技术和现有内部报告体系在各个层级进行沟通。

（2）根据分析报告的意见，明确各部门职责。责任部门按要求落实改正，财会部门负责监督、跟踪责任部门的落实情况，并及时向有关负责人反馈落实情况。

第三节　财务报告内部控制案例分析

中国石油独立编制财务报告体系建设

中国石油天然气股份有限公司（以下简称"中国石油"）于1999年11月由中国石油天然气集团公司作为独家发起人注册成立，2000年4月在纽约证券交易所、香港联交所挂牌上市，2007年11月在上海证券交易所挂牌上市。作为上下游一体化的综合性石油公司，中国石油是中国油气行业最大的油气生产商和销售商，也是全球最大的一体化油气公司之一。目前经营分为勘探与生产、炼油与化工、销售、天然气与管道四大业务板块，生产运营遍布合同各地及十几个国家和地区，直接合并报表单位100多家。中国石油在编制财务报告体系建设中主要采取以下做法。

一、建立组织保障体系

中国石油提出了"实现财务报告独立编制"的工作目标，将其界定为一项战略性基础工程。明确独立编制财务报告体系建设符合"财务工作服从和服务于生产经营和资本市场"的战略定位，符合中国石油"一流的财务管理体制和运行机制，一流的财务管理队伍"两个"一流"的财务管理战略目标。

独立编制财务报告体系建设是一项复杂的系统工程，涉及总部及分、子公司财务系统和几千名财务人员、业务人员，需要调动企业外部律师、审计师以及内部四个业务板块、海内外各方面的力量，由财务部和内控部、信息部等多个部门共同完成。

为了有效开展工作，中国石油建立自上而下、自下而上的独立编制财务报告组织保障体系，由公司领导主抓，财务系统内会计专家及信息技术专家全过程参与，并在全公司范围内设置财务报告编制岗位、配备财务报告编制人员。

二、融合不同会计准则

建立科学、统一、规范的独立编制财务报告体系,需要协同不同的准则和制度,充分考虑各个上市地的监管要求和石油行业的特殊性及特殊披露规定。为此,中国石油编制了统一的财务报告手册,建立编制财务报告的规则体系。通过对中国企业会计准则及国际财务报告准则进行深入系统的分析与研究,摘录了两个准则共 80 余项具体与中国石油会计业务处理相关的准则要点。

就每个准则的适用范围及披露要点进行具体归纳,重点分析了中国企业会计准则与国际财务报告准则在具体规定上的差异以及对中国石油的影响,形成适用于中国石油财务报告编制的准则基础。在此基础上,结合企业会计业务实际和行业特点,秉承"简洁实用、可操作、兼顾发展"的原则,编写《中国石油财务报告手册》,全方位界定中国石油独立编制财务报告应遵循的规则。

三、协同不同披露需求

由于中国石油在上海、香港、纽约三地上市,财务报告披露信息需要遵循不同会计准则、多个上市地的监管规则。在会计准则方面,需要满足中国企业会计准则、国际财务报告准则及美国公认会计准则的信息披露要求;在监管规则方面,需要满足上海证券交易所、香港联交所和纽约证券交易所的各项上市规则、披露制度及管理条例等。

为此,中国石油对会计准则、监管规则及信息披露要求进行了全面梳理,以客观反映、充分披露为原则,建立并固化完整的财务报告体系。该报告体系突破了单一会计报表的概念,超越了单一财务数据的范围,涵盖了中国石油财务管理的重要方面,包括中国准则财务报告、国际准则财务报告和美国准则财务报告三个子体系。

四、优化独立编制流程

为保证独立编制财务报告工作的科学组织运行,中国石油重塑和优化全公司财务报告编制流程,设计适用于上、中、下游业务,满足总部及所有分、子公司的标准数据字典,设计统一的数据析取模式,建立起独立编制财务报告流程体系,并对财务报告流程设计了关键控制点,提高数据收集、处理和分析能力。

自主开发信息系统,信息系统是财务报告标准化体系的载体,也是实施独立编制财务报告的必要保证。中国石油一直非常重视财务管理信息系统的建设与应用。

为有效整合内外部资源,中国石油设计开发了财务报告信息系统。该系统坚持"自主开发"的理念,依托中国石油会计一级集中核算,在充分利用内部已有信息的基础上,设计同时满足内外部报告的流程方案,以建设国际一流的财务管理体系为根本宗旨,满足中国石油总部及全部分、子公司财务报告数据的自动归集、报表的自动析取、报告的自动生成,全面解决不同准则间的会计差异处理问题。信息系统的设计、网络、硬件、数据库软件、应用软件等,坚持先进适用、科学高效的原则。

五、建立控制体系

为保持独立编制后的财务报告客观公正,中国石油建立了严格的财务报告控制体系。

(1)依托会计一级集中核算账务系统,实现财务报告基础数据自动生成,杜绝人为调节现象的发生。同时,按照业务类型,设计严密的析取公式、计算公式和校验公式,确保财务报告基础信息准确完整。

（2）在企业内部控制系统内，新设了针对财务报告客观性、公允性的内控测试流程，详细描述财务报告内部控制程序，设计内部控制标准，设置独立编制的关键控制点，明确测试频率，并就测试结果与内控审计师定期沟通，以有效的风险控制手段确保财务报告客观公正。

（3）建立配合外部审计师进行定期报告审计的工作机制，形成上下结合的外部审计配合团体。

中国石油于2008年全面实现了独立编制财务报告的目标。从2008年季度、半年度、年度以及2009年季度、半年度财务报告编制情况看，财务报告独立编制实际运行情况良好，达到了预期目标。中国石油独立编制财务报告体系建设获得了资本市场的高度肯定。在2009年度《投资者关系杂志》评选中，中国石油的2008年年报获得了中国区域"最佳年报/正式披露奖"提名。

【案例分析】

财务报告是资本市场了解上市公司的最重要窗口，也是投资者进行投资决策的最重要依据，特别是随着经济全球化，财务报告信息已经成为资本在资本市场上流动的风向标。同时，高质量的财务报告有助于上市公司规避披露风险，树立良好形象，提升品牌价值。近年来，国际大型上市公司都非常注重向资本市场提供高质量的财务报告，并致力于独立开展财务报告编制工作。所谓独立编制财务报告，是指为防止财务欺诈、明确上市公司管理层与外部审计师各自应承担的责任，按照美国国会2002年颁布的《萨班斯—奥克斯利法案》要求，由上市公司根据会计准则及监管规定独立编制，并提交外部审计师审计的对外披露财务报告。上市公司负责编制财务报告，并对财务报告的真实性、准确性、完整性负责，外部审计师的责任是对财务报告发表审计意见。

然而，实现独立编制财务报告并非易事，这是因为编制财务报告需要准确把握和及时跟进国内外繁杂的会计准则与监管机构的详细规定，需要协同不同会计准则和监管制度之间的差异，需要对所在行业具备很高的职业判断水平和丰富的会计处理经验，需要收集审核大量的基础数据。目前，国内大型跨国上市公司尚未能全面实现独立编制财务报告。中国石油基于国际大型石油公司财务管理发展趋势和提升管理水平、推进国际化发展等多方面的考虑，强化独立编制财务报告体系建设，并作为战略性基础工程，为我们总结了一套可供借鉴的经验并提供了一个成功的范例。

本 章 小 结

财务报告流程包括财务报告编制、财务报告对外提供、财务报告分析利用三个阶段。其中财务报告编制阶段的主要风险点有制订财务报告编制方案、确定重大事项的会计处理、清查资产核实债务、结账、编制个别财务报告、编制合并财务报告；财务报告对外提供阶段的主要风险点有财务报告对外提供前的审核、财务报告对外提供前的审计、财务报告的对外提供；财务报告分析利用阶段的主要风险点有制定财务分析制度、编写财务分析报告、整改落实。

复习思考题

一、简答题

1. 简述财务报告业务流程。
2. 简述财务报告编制阶段的主要风险点及管控措施。
3. 简述财务报告对外提供阶段的主要风险点及管控措施。
4. 简述财务报告分析利用阶段的主要风险点及管控措施。

二、案例分析

2016年,为掌握上市公司执行会计准则、内部控制和财务信息披露规范的情况,证监会会计部抽查审阅了563家上市公司2015年年度报告和内部控制报告,抽查结果发现:总体而言,上市公司能够较好地理解并执行企业会计准则、内部控制规范和相关信息披露规范,但仍有部分公司存在会计确认与计量不正确、财务及内部控制信息披露不规范的问题。年报分析发现,上市公司执行企业会计准则、内部控制和财务信息披露规范存在的主要问题有以下几个。

一是部分公司对外投资性质的认定与分类不正确,对信托计划、资产管理计划等结构化主体投资、委托受托经营、处于清算中的子公司等是否纳入合并报表范围的判断不合理;少数公司对企业合并及股权处置的会计处理不符合准则规定。

二是在卖方提供信贷支持销售产品、土地一级开发、网络游戏等新型销售模式和特殊行业,收入确认时点不一致的现象较为普遍。关于收入确认的会计政策披露不规范问题也较为突出。部分公司对收入确认会计政策的披露较为简单,未结合公司生产经营特点进行描述,对借壳上市等导致公司主营业务发生根本变化的,收入确认政策披露未做相应调整。

三是对修订后职工薪酬准则执行不到位,部分公司对辞退福利和离职后福利的分类不正确,相关信息披露不符合规范要求。

四是金融负债的确认不充分,针对认购有限期限劣后级信托计划、附回购条款的增资或签发卖出期权等新型金融工具或交易,部分公司未就清偿或回购义务确认金融负债。一些对应收账款进行保理的公司,未充分考虑仍保留的风险,仅凭与金融机构签订的形式上无追索权的保理协议就提前终止确认应收账款。

五是部分公司递延所得税资产或负债的确认不正确,本期会计利润与所得税费用的调整过程信息披露不充分、不到位。

六是部分公司对资产减值的计提不充分,也有部分亏损公司大幅提高减值计提标准,存在"洗大澡"的嫌疑。

七是部分公司对股份支付准则的理解和执行不到位,对负有回购义务的限制性股票,未在授予日就回购义务确认负债;对于非控股股东授予职工公司股份的股份支付,少数公司认为非控股股东不属于企业集团范畴,未将其作为集团内股份支付处理。

要求:

结合案例资料分析,内部控制对财务报告质量有哪些影响?为防范公司披露财务报告出现重大错报,需要对哪些关键环节加强内部控制?

第十七章

全面预算指引

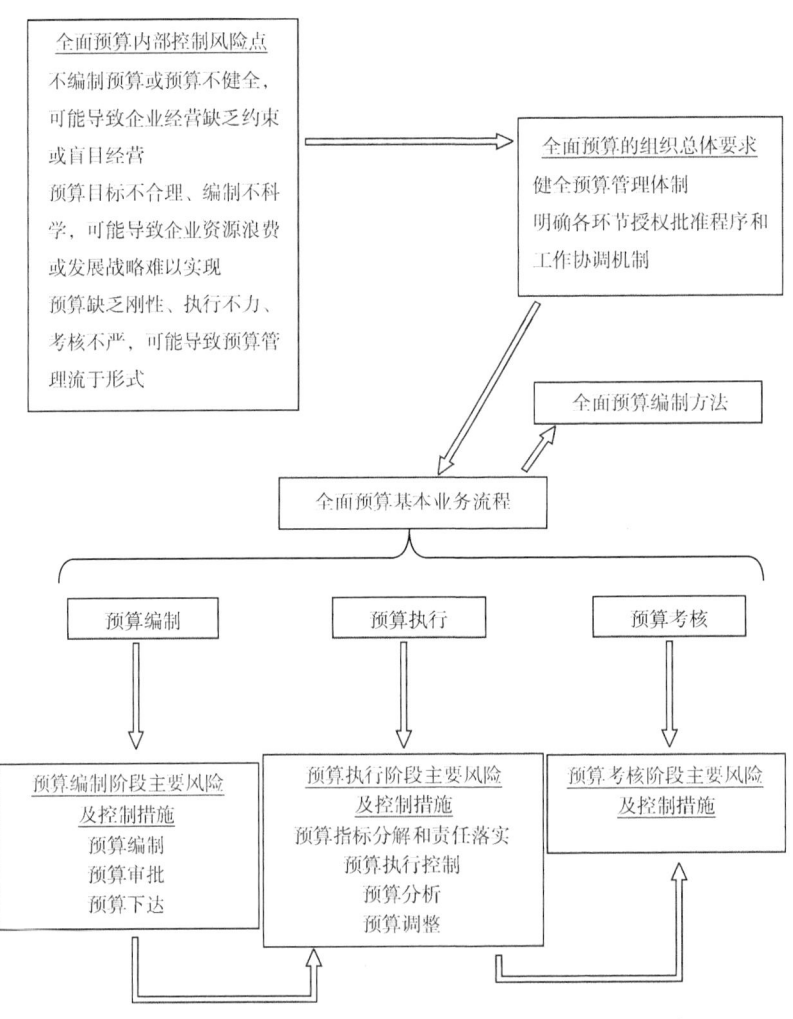

全面预算作为一种全方位、全过程、全员参与编制和实施的预算管理模式,凭借其计划、协调、控制、激励、评价等综合管理功能,整合和优化配置企业资源,提升企业运行效率,成为促进实现企业发展战略的重要抓手。制定和实施《企业内部控制应用指引第15号——全面预算》(以下简称"全面预算指引"),旨在促进企业实现发展战略,

发挥全面预算管理作用。

【重要概念】全面预算　预算编制　预算执行　预算考核

第一节　全面预算内部控制概述

一、全面预算内部控制风险点

企业实行全面预算管理，至少应当关注下列风险。

（1）不编制预算或预算不健全，可能导致企业经营缺乏约束或盲目经营。

（2）预算目标不合理、编制不科学，可能导致企业资源浪费或发展战略难以实现。

（3）预算缺乏刚性、执行不力、考核不严，可能导致预算管理流于形式。

二、全面预算的含义

全面预算是指企业对一定期间经营活动、投资活动、财务活动等做出的预算安排。正确认识和理解全面预算的内涵、本质及作用，应当把握以下几个方面。

（一）全方位、全过程、全员参与编制和实施的预算管理模式

全面预算的"全方位"，体现在企业的一切经济活动，包括经营、投资、财务等各项活动，以及企业的人、财、物各个方面，供、产、销各个环节，都必须纳入预算管理。因此，全面预算是由经营预算（也称"业务预算"）、投资预算、筹资预算、财务预算等一系列预算组成的相互衔接和钩稽的综合预算体系。全面预算的"全过程"，体现在企业组织各项经济活动的事前、事中和事后都必须纳入预算管理，即全面预算不仅限于预算编制、分解和下达，而是由预算编制、执行、分析、调整、考核、奖惩等一系列环节所组成的管理活动。全面预算的"全员"参与，指企业内部各部门、各单位、各岗位，上自最高负责人，下至各部门负责人、各岗位员工都必须参与预算编制与实施。

（二）企业实施内部控制、防范风险的重要手段和措施

全面预算的本质是企业内部管理控制的一项工具，即预算本身不是最终目标，而是为实现企业目标所采用的管理与控制手段，从而有效控制企业风险。全面预算的制定和实施过程，就是企业不断用量化的工具，使自身所处的经营环境与拥有的资源和企业的发展目标保持动态平衡的过程，也是企业在此过程中所面临的各种风险的识别、预测、评估与控制的过程。因此，《企业内部控制基本规范》将预算控制列为重要的控制活动和风险控制措施。

（三）企业实现发展战略和年度经营目标的有效方法与工具

"三分战略、七分执行"，企业战略制定得再好，如果得不到有效实施，就不能将美好蓝图和愿景转变为现实，甚至可能因实际运营背离战略目标而导致经营失败。通过实施全面预算，将根据发展战略制定的年度经营目标进行分解、落实，可以使企业的长期战略

规划和年度具体行动方案紧密结合，从而实现"化战略为行动"，确保企业发展目标的实现。《企业内部控制应用指引第 2 号——发展战略》中明确规定企业应当编制全面预算。

（四）有利于企业优化资源配置、提高经济效益

全面预算是为数不多的能够将企业的资金流、实物流、业务流、信息流、人力流等相整合的管理控制方法之一。全面预算以经营目标为起点，以提高投入产出比为目的，其编制和执行过程就是将企业有限的资源加以整合，协调分配到能够提高企业经营效率效果的业务、活动、环节中去，从而实现企业资源的优化配置，增强资源的价值创造能力，提高企业经济效益。

（五）有利于实现制约和激励

全面预算可以将企业各层级之间、各部门之间、各责任单位之间等内部权、责、利关系予以规范化、明细化、具体化、可度量化，从而实现出资者对经营者的有效制约，以及经营者对企业经营活动、企业员工的有效计划、控制和管理。通过全面预算的编制，企业可以规范内部各个利益主体对企业具体的约定投入、约定效果及相应的约定利益；通过全面预算执行及监控，可以真实反馈内部各个利益主体的实际投入及其对企业的影响并加以制约；通过全面预算执行结果的考核，可以检查契约的履行情况并实施相应的奖惩，从而调动和激励员工的积极性，最终实现企业目标。

三、全面预算的组织总体要求

全面预算组织领导与运行体制健全，是防止预算管理松散、随意，预算编制、执行、考核等各环节流于形式，预算管理的作用得不到有效发挥的关键。为此，全面预算指引提出了明确的控制要求，即企业应当加强全面预算工作的组织领导，明确预算管理体制以及各预算执行单位的职责权限、授权批准程序和工作协调机制。企业应当设立预算管理委员会履行全面预算管理职责，其成员由企业负责人及内部相关部门负责人组成。预算管理委员会主要负责拟订预算目标和预算政策，制订预算管理的具体措施和办法，组织编制、平衡预算草案，下达经批准的预算，协调解决预算编制和执行中的问题，考核预算执行情况，督促完成预算目标。预算管理委员会下设预算管理工作机构，由其履行日常管理职责。预算管理工作机构一般设在财会部门。

（一）健全预算管理体制

企业设置全面预算管理体制，应遵循合法科学、高效有力、经济适度、全面系统、权责明确等基本原则，一般具备全面预算管理决策机构、全面预算管理工作机构和全面预算执行单位三个层次的基本架构。

1. 全面预算管理决策机构

企业应当设立预算管理委员会，作为专门履行全面预算管理职责的决策机构。预算管理委员会成员由企业负责人及内部相关部门负责人组成，总会计师或分管会计工作的

负责人应当协助企业负责人负责企业全面预算管理工作的组织领导。具体而言，预算管理委员会一般由企业负责人（董事长或总经理）任主任，总会计师（或财务总监、分管财会工作的副总经理）任副主任，其成员一般还包括各副总经理、主要职能部门（财务、战略发展、生产、销售、投资、人力资源等部门）、分（子）公司负责人等。

预算管理委员会的主要职责一般是：①制定颁布企业全面预算管理制度，包括预算管理的政策、措施、办法、要求等；②根据企业战略规划和年度经营目标，拟订预算目标，并确定预算目标分解方案、预算编制方法和程序；③组织编制、综合平衡预算草案；④下达经批准的正式年度预算；⑤协调解决预算编制和执行中的重大问题；⑥审议预算调整方案，依据授权进行审批；⑦审议预算考核和奖惩方案；⑧对企业全面预算总的执行情况进行考核；⑨其他全面预算管理事宜。

2. 全面预算管理工作机构

由于预算管理委员会一般为非常设机构，企业应当在该委员会下设立预算管理工作机构，由其履行预算管理委员会的日常管理职责。全面预算管理工作机构一般设在财会部门，其主任一般由总会计师（或财务总监、分管财会工作的副总经理）兼任，工作人员除了财务部门人员外，还应有计划、人力资源、生产、销售、研发等业务部门人员参加。

全面预算管理工作机构的主要职责一般是：①拟定企业各项全面预算管理制度，并负责检查落实预算管理制度的执行；②拟订年度预算总目标分解方案及有关预算编制程序、方法的草案，报预算管理委员会审定；③组织和指导各级预算单位开展预算编制工作；④预审各预算单位的预算初稿，进行综合平衡，并提出修改意见和建议；⑤汇总编制企业全面预算草案，提交预算管理委员会审查；⑥跟踪、监控企业预算执行情况；⑦定期汇总、分析各预算单位预算执行情况，并向预算管理委员会提交预算执行分析报告，为委员会进一步采取行动拟订建议方案；⑧接受各预算单位的预算调整申请，根据企业预算管理制度进行审查，集中制订年度预算调整方案，报预算管理委员会审议；⑨协调解决企业预算编制和执行中的有关问题；⑩提出预算考核和奖惩方案，报预算管理委员会审议；⑪组织开展对企业二级预算执行单位［企业内部各职能部门、所属分（子）企业等，下同］预算执行情况的考核，提出考核结果和奖惩建议，报预算管理委员会审议；⑫预算管理委员会授权的其他工作。

3. 全面预算执行单位

全面预算执行单位是指根据其在企业预算总目标实现过程中的作用和职责划分的，承担一定经济责任，并享有相应权利的企业内部单位，包括企业内部各职能部门、所属分（子）企业等。企业内部预算责任单位的划分应当遵循分级分层、权责利相结合、责任可控、目标一致的原则，并与企业的组织机构设置相适应。根据权责范围，企业内部预算责任单位可以分为投资中心、利润中心、成本中心、费用中心和收入中心。预算执行单位在预算管理部门（指预算管理委员会及其工作机构，下同）的指导下，组织开展本部门或本企业全面预算的编制工作，严格执行批准下达的预算。

各预算执行单位的主要职责一般是：①提供编制预算的各项基础资料；②负责本单位全面预算的编制和上报工作；③将本单位预算指标层层分解，落实到各部门、各环节和各岗位；④严格执行经批准的预算，监督检查本单位预算执行情况；⑤及时分析、报告本单位的预算执行情况，解决预算执行中的问题；⑥根据内外部环境变化及企业预算管理制度，提出预算调整申请；⑦组织实施本单位内部的预算考核和奖惩工作；⑧配合预算管理部门做好企业总预算的综合平衡、执行监控、考核奖惩等工作；⑨执行预算管理部门下达的其他预算管理任务。

各预算执行单位负责人应当对本单位预算的执行结果负责。

企业全面预算管理组织体系的基本架构如图17-1所示。

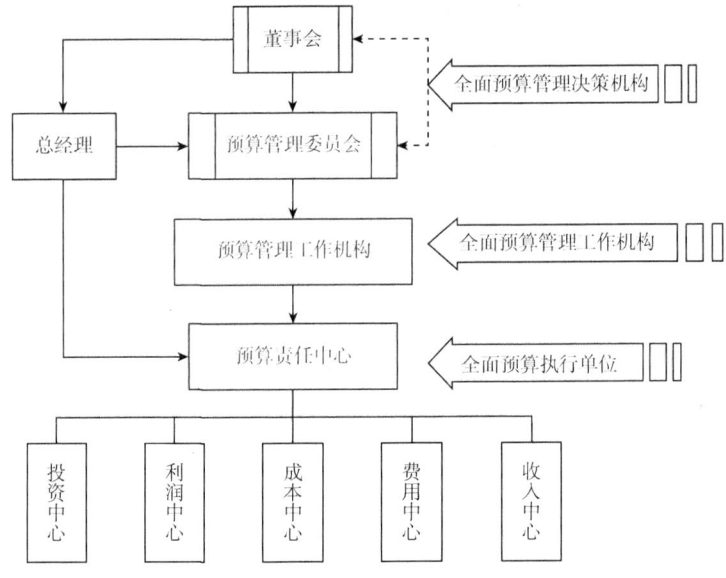

图17-1 企业全面预算管理组织体系的基本架构

（二）明确各环节授权批准程序和工作协调机制

在建立健全全面预算管理体制的基础上，企业应当进一步梳理、制定预算管理工作流程，按照不相容职务相互分离的原则细化各部门、各岗位在预算管理体系中的职责、分工与权限，明确预算编制、执行、分析、调整、考核各环节的授权批准制度与程序。预算管理工作各环节的不相容岗位一般包括预算编制与预算审批、预算审批与预算执行、预算执行与预算考核。

在全面预算管理各个环节中，预算管理部门主要起决策、组织、领导、协调、平衡的作用。企业可以根据自身的组织结构、业务特点和管理需要，责成内部生产、市场、投资、技术、人力资源等各预算归口管理部门负责所归口管理预算的编制、执行、监控、分析等工作，并配合预算管理部门做好企业总预算综合平衡、执行、监控、分析、考核等工作。

四、全面预算基本业务流程

全面预算基本业务流程包括预算编制、预算执行和预算考核。

（一）预算编制

企业应当建立和完善预算编制工作制度，明确编制依据、编制程序、编制方法等内容，确保预算编制依据合理、程序适当、方法科学，避免预算指标过高或过低。企业应当在预算年度开始前完成全面预算草案的编制工作。企业应当根据发展战略和年度生产经营计划，综合考虑预算期内经济政策、市场环境等因素，按照上下结合、分级编制、逐级汇总的程序，编制年度全面预算。企业可以选择或综合运用固定预算、弹性预算和滚动预算等方法编制预算。

企业预算管理委员会应当对预算管理工作机构在综合平衡基础上提交的预算方案进行研究论证，从企业发展全局角度提出建议，形成全面预算草案，并提交董事会。董事会审核全面预算草案，应当重点关注预算科学性和可行性，确保全面预算与企业发展战略、年度生产经营计划相协调。企业全面预算应当按照相关法律法规及企业章程的规定报经审议批准。批准后，应当以文件形式下达执行。

（二）预算执行

企业应当加强对预算执行的管理，明确预算指标分解方式、预算执行审批权限和要求、预算执行情况报告等，落实预算执行责任制，确保预算刚性，严格预算执行。企业全面预算一经批准下达，各预算执行单位应当认真组织实施，将预算指标层层分解，从横向和纵向落实到内部各部门、各环节和各岗位，形成全方位的预算执行责任体系。企业应当以年度预算作为组织、协调各项生产经营活动的基本依据，将年度预算细分为季度预算、月度预算，通过实施分期预算控制，实现年度预算目标。

企业应当根据全面预算管理要求，组织各项生产经营活动和投融资活动，严格预算执行和控制。企业应当加强资金收付业务的预算控制，及时组织资金收入，严格控制资金支付，调节资金收付平衡，防范支付风险。对于超预算或预算外的资金支付，应当实行严格的审批制度。企业办理采购与付款、销售与收款、成本费用、工程项目、对外投融资、研究与开发、信息系统、人力资源、安全环保、资产购置与维护等业务和事项，均应符合预算要求。涉及生产过程和成本费用的，还应执行相关计划、定额、定率标准。对于工程项目、对外投融资等重大预算项目，企业应当密切跟踪其实施进度和完成情况，实行严格监控。

企业预算管理工作机构应当加强与各预算执行单位的沟通，运用财务信息和其他相关资料监控预算执行情况，采用恰当方式及时向决策机构和各预算执行单位报告、反馈预算执行进度、执行差异及其对预算目标的影响，促进企业全面预算目标的实现。企业预算管理工作机构和各预算执行单位应当建立预算执行情况分析制度，定期召开预算执行分析会议，通报预算执行情况，研究、解决预算执行中存在的问题，提出改进措施。企业分析预算执行情况，应当充分收集有关财务、业务、市场、技术、政策、法律等方面的信息资料，根据不同情况分别采用比率分析、比较分析、因素分析等方法，从定量与定性两个层面充分反映预算执行单位的现状、发展趋势及其存在的潜力。企业批准下达的预算应当保持稳定，不得随意调整。由市场环境、国家政策或不可抗力等客观因素，导致预算执行发生重大差异确需调整预算的，应当履行严格的审批程序。

（三）预算考核

预算考核制度应当明确预算考核执行机构、考核原则、考核标准和依据以及考核程序等。

（1）预算考核执行机构。预算考核通常由预算管理委员会定期组织，将各预算执行单位负责人签字上报的预算执行报告和已掌握的动态监控信息进行核对，确认各执行单位预算完成情况。

（2）预算考核的原则。预算执行情况考核工作，应当坚持公开、公平、公正的原则，并对考核结果进行完整的记录。

（3）预算考核的标准和依据。预算执行情况考核应以企业正式下达的预算方案为标准，以经过注册会计师或上级部门审定的年度财务报告信息为依据。实行中期考核的企业，应以企业中期预算为标准，以中期财务报告为依据。

（4）预算考核的程序。预算执行情况考核，依照预算执行单位上报预算执行报告，预算管理委员会审查核实、企业决策机构批准的程序进行。企业内部预算执行单位上报的预算执行报告，需经本部门负责人签章确认，方能有效。

如前所述，全面预算是企业加强内部控制、实现发展战略的重要工具和手段，但同时也是企业内部控制的对象。企业应当参照图 17-2 的基本流程，结合自身情况及管理要求，制定具体的全面预算业务流程。

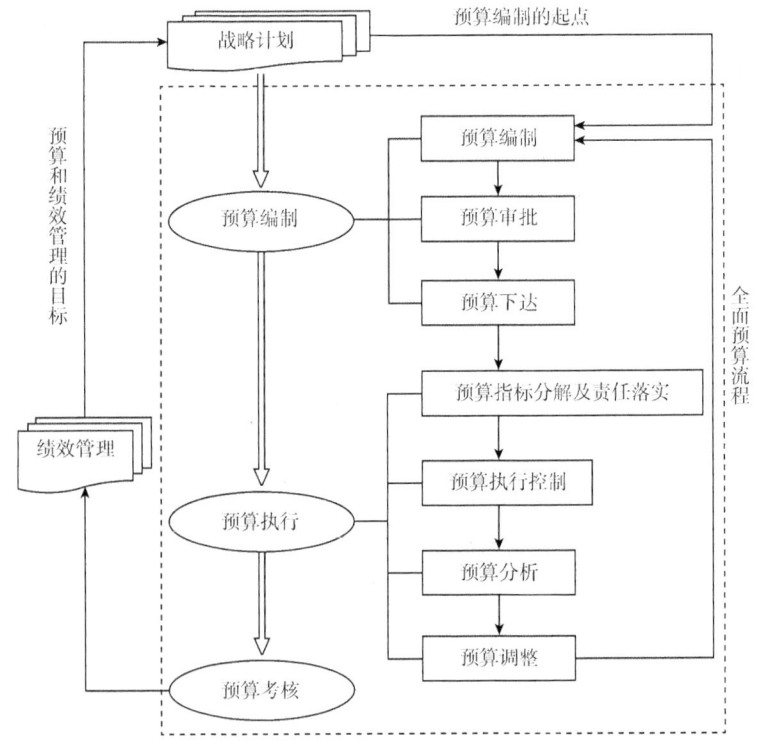

图 17-2　全面预算基本业务流程

五、全面预算的编制方法

企业可以根据自身经济业务特点和经济活动规律，区别不同预算项目的性质，选择或综合运用固定预算、弹性预算、定期预算、滚动预算、增量预算及零基预算等方法编制预算。

1. 固定预算

固定预算又称为静态预算，指按固定业务量编制的预算，一般按预算期的可实现水平编制。这种方法的基本特征在于：不考虑预算期内业务活动水平可能发生的变动，只按照预算期内计划预定的某一共同的业务活动水平为基础确定相应的数据；将实际执行结果与预算期内计划预定的某一共同的活动水平所确定的预算数进行比较分析，并据以进行业绩评价和考核。然而，如果企业的实际执行结果与预期业务活动水平相距甚远，固定预算就难以为控制服务。因此，固定预算的方法适用于那些业务量水平较为稳定的企业或非营利性组织，或固定费用及数额比较稳定的预算项目。

2. 弹性预算

弹性预算又称为变动预算，指一种具有伸缩性的、能够适用于一系列业务量变化的预算，为克服固定预算方法的缺点而设计。这种方法的优点在于：比固定预算运用范围广泛，使预算与实际具有可比基础，预算控制和差异分析更具意义和说服力，编制完成后，只要各项消耗标准和价格等依据不发生变化，可连续使用，从而大大减少预算编制的工作量。

3. 定期预算

定期预算指在编制预算时以不变的会计期间（如日历年度）作为预算期的一种编制方法。这种方法的优点在于能够使预算期间与会计年度相配合，便于考核和评价预算执行业绩。其缺点在于：①盲目性。由于定期预算往往是在年初甚至提前两三个月编制的，对于整个预算年度的生产经营活动很难做出准确的预计，尤其是对预算后期的预算只能是笼统的估算，数据含糊，缺乏远期指导性，给预算的执行带来很多困难，不利于对生产经营与业务活动进行客观的考核和评价。②滞后性。由于定期预算不能随情况的变化及时调整，当预算中所规划的各种生产经营与业务活动在预算期内发生重大变化时（如预算期内临时调整业务活动），就会导致预算滞后过时，成为一纸空文。③间断性。由于受预算影响，管理当局的决策视野局限于本期规划的生产经营与业务活动之中，通常不考虑下期。

4. 滚动预算

滚动预算又称为连续预算或永续预算，是预算随着时间推移而自动递补，使其始终保持一定期限（通常为1年）的一种预算编制方法。滚动预算又分为逐月滚动预算和逐季滚动预算，前者以月份为单位进行滚动编制，后者以季度为单位进行滚动编制。具体做法是：每过1个月（或季度）进行修订，并增加1个月（或季度）的预算。这种方法的优点在于：①透明度高。滚动预算不再是预算年度开始之前几个月的事情，而是实现了与日常经营管理的紧密衔接,使管理人员始终能够从动态的角度把握企业近期的规划目标和远期的战略布局,使预算具有较高的透明度。②及时性强。滚动预算能根据前期预算的执行情况,结合各种因素的变化影响,及时调整和修订近期预算,从而使预算更加切合实际,充分发挥指导和控制作用。③连续性、完整性和稳定性强。滚动预算在时间上不再受日历年度的限制,能够连续不断地规划未来的生产经营与业务活动,不会造成预算的人为间断,同时可以使企业管理人员了解未来 12 个月内企业的总体规划与近期预算目标,确保企业管理工作的完整性与稳定性。这种预算编制方法唯一的缺点是预算工作量大。

5. 增量预算

增量预算指以基期各项指标的实际水平为基础,结合预算期业务量水平及有关增产节约措施,通过调整有关原有指标水平而编制预算的一种方法。这种方法以过去的经验为基础,实际上是承认过去所发生的一切都是合理的,主张不需在预算内容上做较大改进,而是因循沿袭以往的预算项目。其缺点在于:①受原有指标项目的限制,可能导致落后;②滋长预算中的"平均主义"和"简单化"倾向;③不利于单位的未来发展。

6. 零基预算

零基预算指为克服增量预算方法的不足而设计的,对于任何一个预算期或预算项目,都不以现有的预算数为基数,而是从零开始,完全按照有关部门的职责范围和经营需要来安排有关项目的预算数额的方法。这种方法的基本特点是完全排除前期有关因素对编制本期预算的影响,只从现实考虑业务量、费用开支及收益的必要性和规模,对企业每一项独立的生产经营与业务活动进行客观描述。其优点在于:①不仅能压缩费用的开支,而且能够切实做到将有限的费用用在最需要的地方;②成本费用核定不受过去老框框的制约,能够充分发挥各级管理人员的积极性和创造性,促进各预算执行单位精打细算、量力而行、量入为出,合理使资金、费用,提高经济效益。

第二节 全面预算内部控制关键点

一、预算编制阶段主要风险及控制措施

(一)预算编制

预算编制是企业实施全面预算管理的起点。预算编制环节的主要风险有:①预算编制以财务部门为主,业务部门参与度较低,可能导致预算编制不合理,预算管理责、权、利不匹配;预算编制范围和项目不全面,各个预算之间缺乏整合,可能导致全面预算难以形成。②预算编制所依据的相关信息不足,可能导致预算目标与战略规划、经营计划、市场环境、企业实际等相脱离;预算编制基础数据不足,可能导致预算编制准确率降低。③预算编制程序不规范,横向、纵向信息沟通不畅,可能导致预算目标缺乏准确性、合理性和可行性。④预算编制方法选择不当,或强调采用单一的方法,可能导致预算目标

缺乏科学性和可行性。⑤预算目标及指标体系设计不完整、不合理、不科学，可能导致预算管理在实现发展战略和经营目标、促进绩效考评等方面的功能难以有效发挥。⑥预算编制的时间太早或太晚，可能导致预算准确性不高，或影响预算的执行。

预算编制环节的主要控制措施有以下几点。

（1）全面性控制。①明确企业各个部门、单位的预算编制责任，使企业各个部门、单位的业务活动全部纳入预算管理；②将企业经营、投资、财务等各项经济活动的各个方面、各个环节都纳入预算编制范围，形成由经营预算、投资预算、筹资预算、财务预算等一系列预算组成的相互衔接和钩稽的综合预算体系。

（2）编制依据和基础控制。①制订明确的战略规划，并依据战略规划制订年度经营目标和计划，作为制订预算目标的首要依据，确保预算编制真正成为战略规划和年度经营计划的具体行动方案；②深入开展企业外部环境的调研和预测，包括对企业预算期内客户需求、同行业发展等市场环境的调研，以及宏观经济政策等社会环境的调研，确保预算编制以市场预测为依据，与市场、社会环境相适应；③深入分析企业上一期间的预算执行情况，充分预计预算期内企业资源状况、生产能力、技术水平等自身环境的变化，确保预算编制符合企业生产经营活动的客观实际；④重视和加强预算编制基础管理工作，包括历史资料记录、定额制定与管理、标准化工作、会计核算等，确保预算编制以可靠、翔实、完整的基础数据为依据。

（3）编制程序控制。企业应当按照上下结合、分级编制、逐级汇总的程序，编制年度全面预算。其基本步骤及其控制为：①建立系统的指标分解体系，并在与各预算责任中心进行充分沟通的基础上分解下达初步预算目标；②各预算责任中心按照下达的预算目标和预算政策，结合自身特点以及预测的执行条件，认真测算并提出本责任中心的预算草案，逐级汇总上报预算管理工作机构；③预算管理工作机构进行充分协调、沟通，审查平衡预算草案；④预算管理委员会应当对预算管理工作机构在综合平衡基础上提交的预算方案进行研究论证，从企业发展全局角度提出进一步调整、修改的建议，形成企业年度全面预算草案，提交董事会；⑤董事会审核全面预算草案，确保全面预算与企业发展战略、年度生产经营计划相协调。

（4）编制方法控制。企业应当本着遵循经济活动规律，充分考虑符合企业自身经济业务特点、基础数据管理水平、生产经营周期和管理需要的原则，选择或综合运用固定预算、弹性预算、滚动预算等方法编制预算。

（5）预算目标及指标体系设计控制。①按照"财务指标为主体、非财务指标为补充"的原则设计预算指标体系；②将企业的战略规划、经营目标体现在预算指标体系中；③将企业产、供、销、投融资等各项活动的各个环节、各个方面的内容都纳入预算指标体系；④将预算指标体系与绩效评价指标协调一致；⑤按照各责任中心在工作性质、权责范围、业务活动特点等方面的不同，设计不同或各有侧重的预算指标体系。

（6）预算编制时间控制。企业可以根据自身规模大小、组织结构和产品结构的复杂性、预算编制工具和熟练程度、全面预算开展的深度和广度等因素，确定合适的全面预算编制时间,并应当在预算年度开始前完成全面预算草案的编制工作。

(二) 预算审批

预算审批环节的主要风险有:全面预算未经适当审批或超越授权审批,可能导致预算权威性不够、执行不力,或可能因重大差错、舞弊而导致损失。

预算审批环节的主要控制措施有:企业全面预算应当按照《中华人民共和国公司法》等相关法律法规及企业章程的规定报经审议批准。

(三) 预算下达

预算下达环节的主要风险有:全面预算下达不力,可能导致预算执行或考核无据可查。

预算下达环节的主要控制措施有:企业全面预算经审议批准后应及时以文件形式下达执行。

二、预算执行阶段主要风险及控制措施

(一) 预算指标分解和责任落实

预算指标分解和责任落实环节的主要风险有:预算指标分解不够详细、具体,可能导致企业的某些岗位和环节缺乏预算执行与控制依据;预算指标分解与业绩考核体系不匹配,可能导致预算执行不力;预算责任体系缺失或不健全,可能导致预算责任无法落实,预算缺乏强制性与严肃性;预算责任与执行单位或个人的控制能力不匹配,可能导致预算目标难以实现。

预算指标分解和责任落实环节的主要控制措施有以下几点。

(1) 企业全面预算一经批准下达,各预算执行单位则应当认真组织实施,将预算指标层层分解,横向将预算指标分解为若干相互关联的因素,寻找影响预算目标的关键因素并加以控制;纵向将预算指标层层分解落实到最终的岗位和个人,明确责任部门和最终责任人;时间上将年度预算指标分解细化为季度预算、月度预算,通过实施分期预算控制,实现年度预算目标。

(2) 建立预算执行责任制度,对照已确定的责任指标,定期或不定期地对相关部门及人员责任指标完成情况进行检查,实施考评。可以通过签订预算目标责任书等形式明确各预算执行部门的预算责任。

(3) 分解预算指标和建立预算执行责任制应当遵循定量化、全局性、可控性原则。即预算指标的分解要明确、具体,便于执行和考核;预算指标的分解要有利于企业经营总目标的实现;赋予责任部门和责任人的预算指标应当是通过该责任部门或责任人的努力可以达到的,责任部门或责任人以其责权范围为限,对预算指标负责。

(二) 预算执行控制

预算执行控制环节的主要风险有:缺乏严格的预算执行授权审批制度,可能导致预

算执行随意；预算审批权限及程序混乱，可能导致越权审批、重复审批，降低预算执行效率和严肃性；预算执行过程中缺乏有效监控，可能导致预算执行不力，预算目标难以实现；缺乏健全有效的预算反馈和报告体系，可能导致预算执行情况不能及时反馈和沟通，预算差异得不到及时分析，预算监控难以发挥作用。

预算执行控制环节的主要控制措施有以下几点。

（1）加强资金收付业务的预算控制，及时组织资金收入，严格控制资金支付，调节资金收付平衡，防范支付风险。

（2）严格资金支付业务的审批控制，及时制止不符合预算目标的经济行为，确保各项业务和活动都在授权的范围内运行。企业应当就涉及资金支付的预算内事项、超预算事项、预算外事项建立规范的授权批准制度和程序，避免越权审批、违规审批、重复审批现象的发生。对于预算内非常规或金额重大事项，应经过较高的授权批准层（如总经理）审批；对于超预算或预算外事项，应当实行严格、特殊的审批程序，一般须报经总经理办公会或类似权力机构审批；金额重大的，还应报经预算管理委员会或董事会审批；预算执行单位提出超预算或预算外资金支付申请，应当提供有关发生超预算或预算外支付的原因、依据、金额测算等资料。

（3）建立预算执行实时监控制度，及时发现和纠正预算执行中的偏差。确保企业办理采购与付款、销售与收款、成本费用、工程项目、对外投融资、研究与开发、信息系统、人力资源、安全环保、资产购置与维护等各项业务和事项，均符合预算要求；对于涉及生产过程和成本费用的，还应严格执行相关计划、定额、定率标准。

（4）建立重大预算项目特别关注制度。对于工程项目、对外投融资等重大预算项目，企业应当密切跟踪其实施进度和完成情况，实行严格监控。对于重大的关键性预算指标，也要密切跟踪、检查。

（5）建立预算执行情况预警机制，科学选择预警指标，合理确定预警范围，及时发出预警信号，积极采取应对措施。有条件的企业，应当推进和实施预算管理的信息化，通过现代电子信息技术手段控制和监控预算执行，提高预警与应对水平。

（6）建立健全预算执行情况内部反馈和报告制度，确保预算执行信息传输及时、畅通、有效。预算管理工作机构应当加强与各预算执行单位的沟通，运用财务信息和其他相关资料监控预算执行情况，采用恰当方式及时向预算管理委员会和各预算执行单位报告、反馈预算执行进度、执行差异及其对预算目标的影响，促进企业全面预算目标的实现。

（三）预算分析

预算分析环节的主要风险有：预算分析不正确、不科学、不及时，可能削弱预算执行控制的效果，或导致预算考评不客观、不公平；对预算差异原因的解决措施不得力，可能导致预算分析形同虚设。

预算分析环节的主要控制措施有以下几点。

（1）企业预算管理工作机构和各预算执行单位应当建立预算执行情况分析制度，定期召开预算执行分析会议，通报预算执行情况，研究、解决预算执行中存在的问题，认真分析原因，提出改进措施。

（2）企业应当加强对预算分析流程和方法的控制，确保预算分析结果准确、合理。预算分析流程一般包括确定分析对象、收集资料、确定差异及分析原因、提出措施及反馈报告等环节。企业分析预算执行情况，应当充分收集有关财务、业务、市场、技术、政策、法律等方面的信息资料，根据不同情况分别采用比率分析、比较分析、因素分析等方法，从定量与定性两个层面充分反映预算执行单位的现状、发展趋势及其存在的潜力。

（3）企业应当采取恰当措施处理预算执行偏差。企业应针对造成预算差异的不同原因采取不同的处理措施：因内部执行导致的预算差异，应分清责任归属，与预算考评和奖惩挂钩，并将责任单位或责任人的改进措施的实际执行效果纳入业绩考核；因外部环境变化导致的预算差异，应分析该变化是否长期影响企业发展战略的实施，并作为下期预算编制的影响因素。

（四）预算调整

预算调整环节的主要风险有：预算调整依据不充分、方案不合理、审批程序不严格，可能导致预算调整随意、频繁，预算失去严肃性和"硬约束"。

预算调整环节的主要控制措施有以下几点。

（1）明确预算调整条件。由于市场环境、国家政策或不可抗力等客观因素，导致预算执行发生重大差异确需调整预算的，应当履行严格的审批程序。企业应当在有关预算管理制度中明确规定预算调整的条件。

（2）强化预算调整原则。①预算调整应当符合企业发展战略、年度经营目标和现实状况，重点放在预算执行中出现的重要的、非正常的、不符合常规的关键性差异方面；②预算调整方案应当客观、合理、可行，在经济上能够实现最优化；③预算调整应当谨慎，调整频率应予以严格控制，年度调整次数应尽量少。

（3）规范预算调整程序，严格审批。预算调整一般由预算执行单位逐级向预算管理委员会提出书面申请，详细说明预算调整理由、调整建议方案、调整前后预算指标的比较、调整后预算指标可能对企业预算总目标的影响等内容。预算管理工作机构应当对预算执行单位提交的预算调整报告进行审核分析，集中编制企业年度预算调整方案，提交预算管理委员会。预算管理委员会应当对年度预算调整方案进行审议，根据预算调整事项性质或预算调整金额的不同，根据授权进行审批，或提交原预算审批机构审议批准，然后下达执行。企业预算管理委员会或董事会审批预算调整方案时，应当依据预算调整条件，并考虑预算调整原则严格把关，对于不符合预算调整条件的，坚决予以否决；对于预算调整方案欠妥的，应当协调有关部门和单位研究改进方案，并责成预算管理工作机构予以修改后再履行审批程序。

三、预算考核阶段主要风险及控制措施

预算考核环节的主要风险有：预算考核不严格、不合理、不到位，可能导致预算目

标难以实现、预算管理流于形式。其中，预算考核是否合理受到考核主体和对象的界定是否合理、考核指标是否科学、考核过程是否公开透明、考核结果是否客观公正、奖惩措施是否公平合理且能够落实等因素的影响。

预算考核环节的主要控制措施有以下几点。

（1）建立健全预算执行考核制度。①建立严格的预算执行考核制度，对各预算执行单位和个人进行考核，将预算目标执行情况纳入考核和奖惩范围，切实做到有奖惩、奖惩分明。②制定有关预算执行考核的制度或办法，并认真、严格地组织实施。③定期组织实施预算考核，预算考核的周期一般应当与年度预算细分周期相一致，即一般按照月度、季度实施考评，预算年度结束后再进行年度总考核。

（2）合理界定预算考核主体和预算考核对象。预算考核主体分为两个层次：预算管理委员会和内部各级预算责任单位。预算考核对象为企业内部各级预算责任单位和相关个人。界定预算考核主体和预算考核对象主要遵循以下原则：①上级考核下级原则，即由上级预算责任单位对下级预算责任单位实施考核；②逐级考核原则，即由预算执行单位的直接上级对其进行考核，间接上级不能隔级考核间接下级；③预算执行与预算考核相互分离原则，即预算执行单位的预算考核应由其直接上级部门来进行，而绝不能自己考核自己。

（3）科学设计预算考核指标体系。应主要把握以下原则：预算考核指标要以各责任单位承担的预算指标为主，同时本着相关性原则，增加一些全局性的预算指标和与其关系密切的相关责任单位的预算指标；考核指标应以定量指标为主，同时根据实际情况辅之以适当的定性指标；考核指标应当具有可控性、可达到性和明晰性。

（4）按照公开、公平、公正原则实施预算考核。①考核程序、标准、结果要公开。企业应当将全面预算考核程序、考核标准、奖惩办法、考核结果等及时公开。②考核结果要客观、公正。预算考核应当以客观事实作为依据。预算执行单位上报的预算执行报告是预算考核的基本依据，应当经本单位负责人签章确认。企业预算管理委员会及其工作机构定期组织预算执行情况考核时，应当将各预算执行单位负责人签字上报的预算执行报告和已掌握的动态监控信息进行核对，确认各执行单位预算完成情况。必要时，实行预算执行情况内部审计制度。③奖惩措施要公平合理并得以及时落实。预算考核的结果应当与各执行单位以及员工的薪酬、职位等进行挂钩，以实施预算奖惩。企业设计预算奖惩方案时，应当以实现全面预算目标为首要原则，同时还应遵循公平合理、奖罚并存的原则。奖惩方案要注意各部门利益分配的合理性，要根据各部门承担的工作难易程度和技术含量合理确定奖励差距。要奖罚并举，不能只奖不罚，并防止奖惩实施中的人情添加因素。

第三节 全面预算内部控制案例分析

大亚湾核电站作为国家的第一座大型商用核电站，从开工建设以来就一直非常重视预算管理的运用。基建期设立投资预算管理机构进行专门预算管理，大亚湾核电站进入商业运营期以后在电站推行预算管理，在全公司推行全面预算管理，至今已建立起一整套行之有效的以成本为中心的全面预算管理体制。推行预算管理在电站的管理工作中取得了巨大的经济效益。

一、核电站采用的预算管理方法

针对核电站运行管理的特点，大亚湾核电站采用了"零基预算"的管理方法。这样做的优点是成本中心每年在预算申报时都需对以往的工作进行进一步的检查、讨论，同时亦可有效消除、减少"今年存在或开支的费用支出在下一年度就一定存在"的成本费用开支习惯性心理，所有项目均需重新审视其开支的合理性。采用零基预算管理方法的难点是所有项目均需重新审视，工作量极大，而且效率低、时效性差、投入成本巨大。为了避免上述问题，充分发挥公司预算计划的作用，在设计公司预算运作模式的时候，采取"折中"模式，即对新的项目、重要的项目（5万美元以上）全部采用零基预算管理，对其他项目采用滚动预算进行管理，同时采取年度预算编制、年中预算调整、预算变更等具体的工作方式来使预算与实际工作相匹配，真正起到通过工作计划来编制预算，又通过预算来衡量指导工作计划的作用。

二、预算管理的组织建设

预算管理功能通过设立各级成本中心组织来实现。成本中心责任管理体系是按照统一领导、分级管理的原则，并根据技术上的特点和管理上的要求而设置的。目前，在公司机构划分为决策、管理和执行三个层次的基础上，又将执行层划分为三级成本中心，即部级成本中心、处级成本中心和科级成本中心。各级成本中心负责人分别是部长、处长和科长，对各自成本中心的预算、成本及其他资源进行规划、申报、执行、控制和考核。成本中心基本单位一般以处为单位进行划分，但业务较多的处可以以科为单位设置；对于临时性的较大项目或跨处的工程项目，可设置单独的、临时的成本中心，项目经理为该成本中心的负责人。每个成本中心应指定一个专人为兼职预算员，协助成本中心负责人的日常预算管理或其他经济管理工作。预算管理的决策层是董事会、执委会，管理层是总经理部，执行层是各级职能部门。总经理部委托财务部实施公司预算归口管理。

三、预算管理的制度建设

按照预算管理的要求，公司制定了各种程序、制度，从各方面对预算管理做出了明确规定。按照经济业务不同，分别制定了《生产预算编制与执行程序》《资本性预算编制与执行程序》《材料采购预算编制与执行程序》等专门规定来执行具体的预算管理，同时还颁布了《成本中心运作管理规定》来规范成本中心的职责、权力。

四、预算管理循环

核电站的预算管理遵循"工作计划—预算编制—立项—承诺—支付—反馈—工作计划"的管理循环。

1. 工作计划

这是一切预算形成的基础，离开工作计划编制出来的预算不是真正的预算，是无法执行的预算。

2. 预算编制

每年 8 月，财务部向公司各级成本中心负责人下达下年度《预算编制计划大纲》并开展相关的在岗业务培训，各级成本中心负责人及预算协调员在接受在岗业务培训和阅读理解该大纲的基础上，开展年度预算的编制与申报工作；整个公司年度预算的编制工作是以各级预算成本中心为单位开展实施的，科级成本中心负责向处级成本中心申报，处级成本中心负责向部级成本中心或预算归口管理部门申报；各部级成本中心负责对所属下级成本中心所报预算进行综合审议后正式报送财务部；凡有归口管理部门的项目，应首先报送归口管理部门所在的科或处级预算成本中心，然后由归口管理部门所在的部级预算成本中心统一向财务部申报；预算编制过程中，财务部成本处及各部预算归口单位预算人员将按预算大纲中的协调计划进行预算编制协调工作，而各级成本中心在预算编制过程中也可与财务部成本处随时保持联络与沟通，以便财务部成本处能够掌握充足的信息，随时进行必要的协助。

3. 立项

所有项目实施前均应按《合同采购手册》等公司章程中的规定进行立项申请。在这一过程中各级成本中心的工作内容是：各级成本中心在填制立项申请单前首先应经过本成本中心预算协调员运用财务系统中的预算管理系统对其预算与立项情况进行检查，在保证确有预算后，对立项单进行编码并签字认可，然后送有关授权成本中心负责人批准。有归口管理的项目还需经归口管理部门审批，无归口管理成本中心的批准任何部门不得动用属于归口管理资源的预算。对于无预算的项目，各级成本中心预算协调员应先进行"预算变更申请单"的填制报批工作。各级成本中心预算协调员应对有关立项予以记录，并定期与预算管理计算机系统数据或与财务部成本处核对分析。

4. 承诺

在立项申请获得批准之后，公司商务部门将组织对外询价、签订合同的活动。商务部门申请的合同推荐除按程序逐步审批外，还须经过原申请立项的各部预算归口管理单位在"签订合同/订单推荐书"的预算控制栏签字认可。各部预算归口管理单位应对有关合同推荐予以记录，并定期与预算管理计算机系统数据或与财务部成本处核对分析。

5. 支付

商务部门申请的合同支付除按程序逐步审批外，还须经过原申请立项的各部预算归口管理单位在"支付申请单"的预算控制栏签字认可。各部预算归口管理单位应对有关合同支付资料予以记录，并定期与预算管理计算机系统数据或与财务部成本处核对分析。

6. 反馈

预算反馈包括对预算执行情况实行定期分析、报告与考核。财务部成本处每月汇总编制《预算执行情况及成本分析月报》，分析预算及成本的执行情况，揭示发展趋势及重大异常现象，汇总公司生产经营、财务状况的重要信息及各成本中心的运作状况，报财务部经理、总经理部审核批示。每年年终财务部成本处根据预算年度成本执行状况编制《年度预算执行情况分析表》和《预算年度成本与往年同期成本费用对比分析表》，对年度内预算管理工作进行考核，揭示成本控制工作的成绩与不足，并编制《年度预算控制回顾》报告，报财务部经理、总经理部审核批示。财务部成本处每月按成本中心提供预算监控报告，发送各级成本中心，以便各级成本中心掌握预算开支情况；了解各申请项目的具体执行情况，促使各项目按原计划日期及时完成并办理支付。

本 章 小 结

全面预算是指企业对一定期间经营活动、投资活动、财务活动等做出的预算安排。企业全面预算业务的基本流程一般包括预算编制、预算执行和预算考核三个阶段。其中，预算编制阶段包括预算编制、预算审批、预算下达等具体环节；预算执行阶段包括预算指标分解和责任落实、预算执行控制、预算分析、预算调整等具体环节。这些业务环节相互关联、相互作用、相互衔接，周而复始地循环，从而实现对企业全面经济活动的控制。

复 习 思 考 题

一、简答题
1. 简述全面预算基本业务流程。
2. 简述全面预算编制方法。
3. 简述预算编制阶段主要风险及控制措施。
4. 简述预算执行阶段主要风险及控制措施。
5. 简述预算考核阶段主要风险及控制措施。

二、案例分析

苏州新苏纶纺织有限公司（以下简称"新苏纶"）是一个传统的纺织企业，市场相对稳定，整个企业处于稳步发展阶段。为与企业的发展阶段相适应，新苏纶在进行预算管理时，采用以成本费用为中心的预算管理模式，对企业的成本费用进行事前、事中和事后管理。为实现以成本费用为中心的预算管理模式，新苏纶设计了预算管理框架流程，如图17-3所示。

（1）预算的编制方法。新苏纶采用零基预算，每月由各部门对其资金收支情况进行预算，总会计师和总经理确认预算合理以后，财务部门将全企业的预算进行汇总，形成全企业的月份资金使用总预算。预算是建立在对企业业务情况的一定假设基础上的，而企业的实际业务情况不一定能在假设范围内，因此各部门有时需要根据业务发展态势调整本月预算。出现这种情况时，要求追加用款的部门填写"月度用款追加计划申请表"，说明申请追加用款的理由及金额，经总经理审批通过后，方可加入预算范围内。

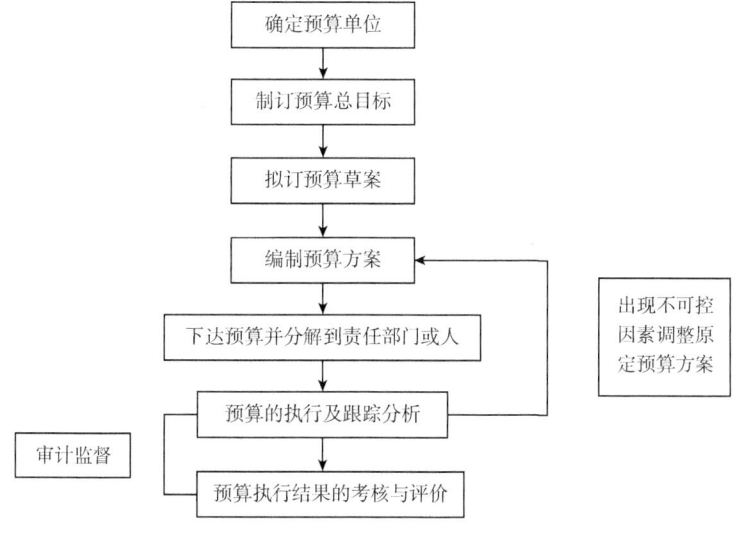

图 17-3　新苏纶预算管理框架流程

（2）预算的执行和控制。该公司对预算的执行情况采用双轨制进行记录，即每一笔支出，需要财务人员填制凭证，在总账子系统中自动登记总账和明细账；同时，经手人必须填写"申请领用支票及申请付款工作联系单"，并在"限额费用使用手册"上进行登记，控制成本费用的发生。限额费用使用手册类似于为预算管理所设计的责任会计账。为了进行预算控制，需要对各部门差旅费、业务招待费等项目设置预算并进行实时控制，并根据预算数和实际数计算出差异，同时把各种控制项目用相应的科目和部门进行反映与控制。

（3）预算的考评。月末对限额费用使用手册进行汇总，得到"资金费用使用汇总表"，随后将汇总表和预算进行比较，找出二者的差异，并进一步分析差异形成的原因。新苏纶对各部门的费用支出在预算的基础上进行了有效的控制，对整个企业的成本费用确实起到了非常好的监控作用。而且事后的差异分析为各部门的业绩考核提供了依据，企业的奖惩制度有了实行的基础。

结合案例分析：

1. 新苏纶编制预算管理的意义。
2. 预算编制的方法主要有几种？新苏纶采用了哪种方法？该方法的优点是什么？
3. 新苏纶的预算管理程序怎样？是否合理？

第十八章 合同管理指引

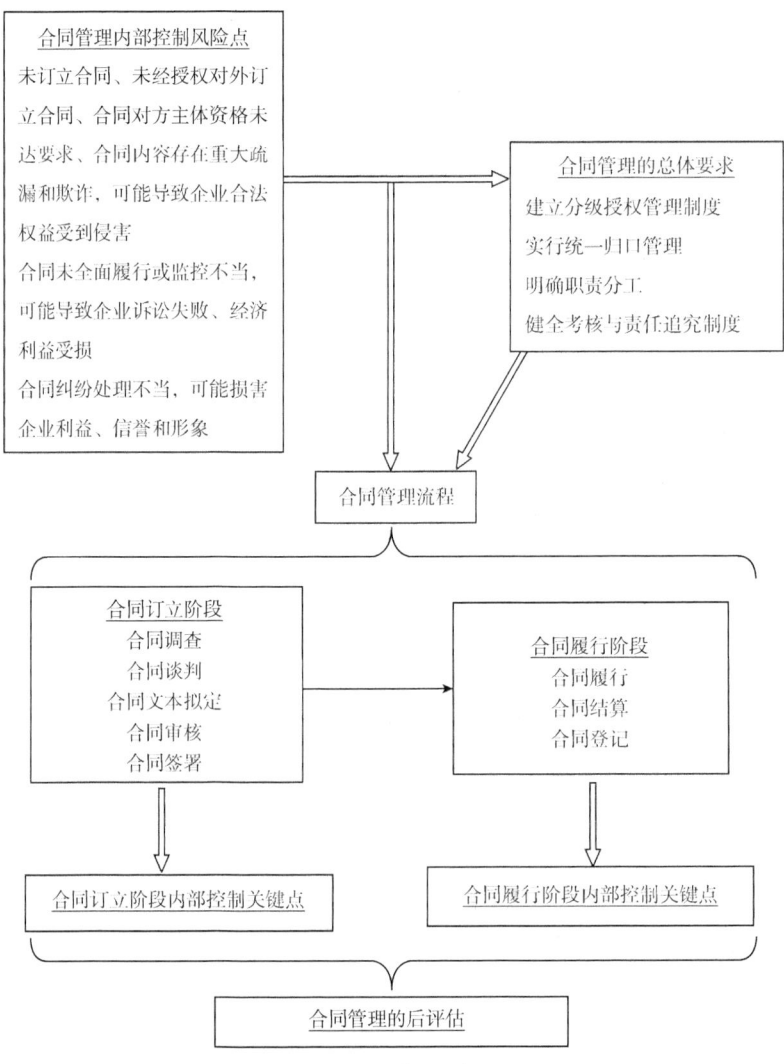

合同是企业与自然人、法人及其他组织等平等主体之间设立、变更、终止民事权利义务关系的协议。加强合同管理,有利于规范、约束市场主体交易行为,优化资源配置,

维护市场秩序。制定和实施《企业内部控制应用指引第 16 号——合同管理》（以下简称"合同管理应用指引"）旨在帮助企业规范当事人双方经营行为，维护自身合法权益、防控法律风险，促进实现内部控制目标。

【重要概念】合同　合同管理　合同订立　合同履行

第一节　合同管理内部控制概述

一、合同管理内部控制风险点

企业合同管理至少应当关注下列风险。

（1）未订立合同、未经授权对外订立合同、合同对方主体资格未达要求、合同内容存在重大疏漏和欺诈，可能导致企业合法权益受到侵害。

（2）合同未全面履行或监控不当，可能导致企业诉讼失败、经济利益受损。

（3）合同纠纷处理不当，可能损害企业利益、信誉和形象。

二、合同管理的总体要求

企业需要建立一系列制度体系和机制保障，促进合同管理的作用得到有效发挥。

（一）建立分级授权管理制度

企业应当根据经济业务性质、组织机构设置和管理层级安排，建立合同分级管理制度。属于上级管理权限的合同，下级单位不得签署。对于重大投资类、融资类、担保类、知识产权类、不动产类合同上级部门应加强管理。下级单位认为确有需要签署涉及上级管理权限的合同，应当提出申请，并经上级合同管理机构批准后办理。上级单位应当加强对下级单位合同订立、履行情况的监督检查。

（二）实行统一归口管理

企业可以根据实际情况指定法律部门等作为合同归口管理部门，对合同实施统一规范管理，具体负责制定合同管理制度，审核合同条款的权利义务对等性，管理合同标准文本，管理合同专用章，定期检查和评价合同管理中的薄弱环节，采取相应控制措施，促进合同的有效履行等。

（三）明确职责分工

公司各业务部门作为合同的承办部门，负责在职责范围内承办相关合同，并履行合同调查、谈判、订立、履行和终结责任。公司财会部门侧重于履行对合同的财务监督职责。

(四) 健全考核与责任追究制度

企业应当健全合同管理考核与责任追究制度,开展合同后评估,对合同订立、履行过程中出现的违法违规行为,应当追究有关机构或人员的责任。

三、合同管理流程

合同管理流程从大的方面可以划分为合同订立阶段和合同履行阶段。

(一) 合同订立阶段

合同订立阶段包括合同调查、合同谈判、合同文本拟定、合同审核与合同签署等环节。

1. 合同调查

在合同订立前,企业应当对合同订立方有比较充分的了解,对于对方的企业性质、资信情况、经营范围和状况等基本方面有详尽的调查,以便企业与合同订立方签订合约时做到知己知彼,使信息不对称造成的对企业的不利影响降到最低程度。

2. 合同谈判

重大合同协议或法律关系复杂的合同协议,应当指定法律、技术、财会、审计等专业人员参加谈判,必要时可以聘请外部专家参与。对于谈判过程中的重要事项应当予以记录。

3. 合同文本拟定

企业应当根据协商、谈判等的结果,拟订合同文本,按照自愿、公平原则,明确双方的权利义务和违约责任,做到条款内容完整、表述严谨准确、相关手续齐备,避免出现重大疏漏。企业应当指定专人负责拟定合同协议文本。合同协议文本原则上由承办部门起草,重大合同协议或特殊合同协议应当由企业的法律部门参与起草,必要时可以聘请外部专家参与起草。由对方起草合同协议,应当进行认真审查,确保合同协议内容准确反映企业诉求。

4. 合同审核

企业应当对合同文本进行严格审核,重点关注合同的主体、内容和形式是否合法,合同内容是否符合企业的经济利益,对方当事人是否具有履约能力,合同权利和义务、违约责任和争议解决条款是否明确等。企业对影响重大或法律关系复杂的合同文本,应当组织内部相关部门进行审核。相关部门提出不同意见的,应当认真分析研究,慎重对待,并准确无误地加以记录;必要时应对合同条款做出修改。内部相关部门应当认真履行职责。

5. 合同签署

经审核同意签订的合同协议,应当由印章管理部门统一进行分类连续编号。企业应当建立合同专用章专人保管和收回制度。印章管理部门(或岗位)不得对未经编号或缺少合同协议审核、报签文件以及代签而缺少授权委托书的合同协议用印。合同协议用印后，应当及时收回合同协议专用章并妥善保管。企业对于重要合同协议，原则上应当与合同协议对方当事人当面签订。对于确需企业先行签字并盖章，然后寄送对方签字并盖章的，应当采用在合同协议各页码之间加盖骑缝章、使用防伪印记等方法对合同协议文书加以控制。

（二）合同履行阶段

合同履行阶段包括合同履行、合同结算与合同登记等环节。

1. 合同履行

合同履行是合同管理的执行阶段，是衡量相关经济利益能否顺利流入企业、相关经济责任和义务是否妥善履行、和合同订立方合作关系能否持续开展的关键阶段。此阶段，企业面临合同违约风险，应当及时识别和有效处理。在合同履行过程中，如对方可能发生违约、不能履约、延迟履约等行为的，或企业自身可能无法履行或延迟履行合同的，应当及时采取应对措施，并向企业有关负责人汇报。合同到期时，应及时与对方办理相关清结手续，了结权利义务关系。

对合同已订立，但发现有显失公平、条款有误或对方有欺诈行为等情形，已经或可能导致企业利益严重受损，合同归口管理部门应当及时向企业有关负责人报告，并采取合法有效措施，制止危害行为的发生或扩大。必要时可以请求仲裁机构或法院对原合同协议予以变更或解除。

2. 合同结算

合同结算一般由企业财会部门进行办理，如果企业未按照合同条款履约，或者未按规定签订书面合同，财会部门有权拒绝进行合同结算，并应当将实际情况及时向企业有关负责人进行报告。

3. 合同登记

合同协议订立后，合同协议副本及相关审核资料应交由档案管理部门归档，合同协议正本由合同协议归口管理部门负责保管和履行。国家有关法律、行政法规规定应当办理批准、登记等手续生效的合同协议，企业应当及时按规定办理批准、登记等手续。

图 18-1 所示的合同管理流程具有一定通用性。

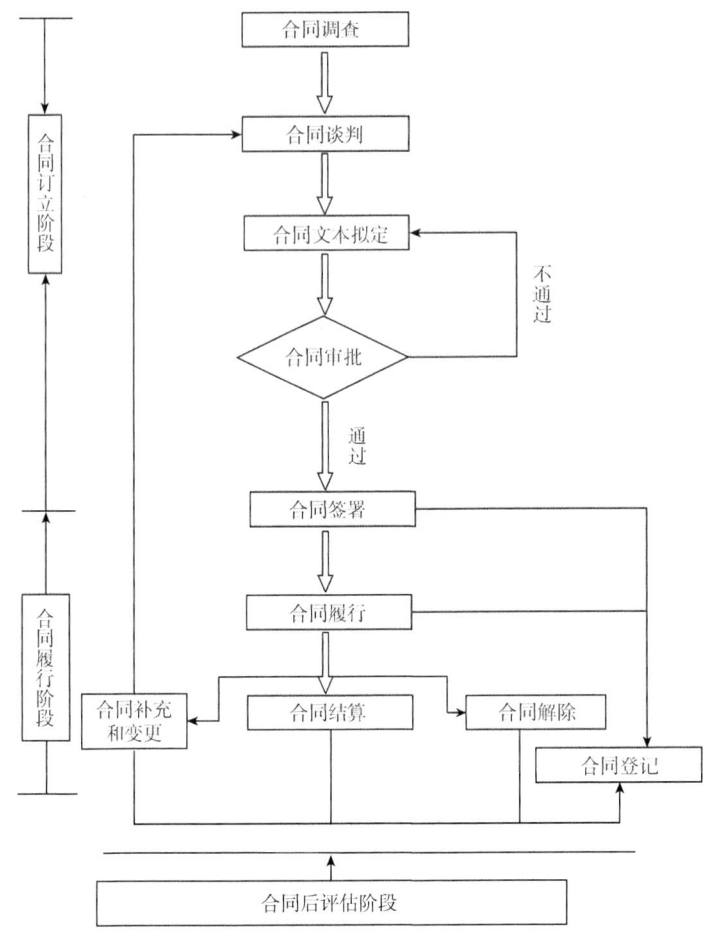

图 18-1　合同管理流程

第二节　合同管理内部控制关键点

一、合同订立阶段

合同订立阶段包括合同调查、合同谈判、合同文本拟定、合同审批和合同签署环节。

（一）合同调查

合同订立前，企业应当进行合同调查，充分了解合同对方的主体资格、信用状况等有关情况，确保对方当事人具备履约能力。该环节的主要风险有：①忽视被调查对象的主体资格审查，准合同对象不具有相应民事权利能力和民事行为能力或不具备特定资质，与不具备代理权或越权代理的主体签订合同，导致合同无效，或引发潜在风险；②在合同签订前错误判断被调查对象的信用状况，或在合同履行过程中没有持续关注对方的资信变化，致使企业蒙受损失；③对被调查对象的履约能力给出不当评价，将不具备履约能力的对象确定为准合同对象，或将具有履约能力的对象排除在准合同对象之外。

该环节的主要管控措施有以下几点。

（1）审查被调查对象的身份证件、法人登记证书、资质证明、授权委托书等证明原件，必要时，可通过发证机关查询证书的真实性和合法性，关注授权代理人的行为是否在其被授权范围内，在充分收集相关证据的基础上评价主体资格是否恰当。

（2）获取调查对象经审计的财务报告、以往交易记录等财务和非财务信息，分析其获利能力、偿债能力和营运能力，评估其财务风险和信用状况，并在合同履行过程中持续关注其资信变化，建立和及时更新合同对方的商业信用档案。

（3）对被调查对象进行现场调查，实地了解和全面评估其生产能力、技术水平、产品类别和质量等生产经营情况，分析其合同履约能力。

（4）与被调查对象的主要供应商、客户、开户银行、主管税务机关和工商管理部门等沟通，侧面了解其生产经营、商业信誉、履约能力等情况。

（二）合同谈判

初步确定准合同对象后，企业内部的合同承办部门将在授权范围内与对方进行合同谈判，按照自愿、公平原则，磋商合同内容和条款，明确双方的权利义务和违约责任。该环节的主要风险有：忽略合同重大问题或在重大问题上做出不当让步；谈判经验不足，缺乏技术、法律和财务知识的支撑，导致企业利益损失；泄露本企业谈判策略，导致企业在谈判中处于不利地位。

该环节的主要管控措施有以下几点。

（1）收集谈判对手资料，充分熟悉谈判对手情况，做到知己知彼；研究国家相关法律法规、行业监管、产业政策、同类产品或服务价格等与谈判内容相关的信息，正确制定本企业谈判策略。

（2）关注合同核心内容、条款和关键细节，具体包括合同标的的数量、质量或技术标准，合同价格的确定方式与支付方式，履约期限和方式，违约责任和争议的解决方法，合同变更或解除条件等。

（3）对于影响重大、涉及较高专业技术或法律关系复杂的合同，组织法律、技术、财会等专业人员参与谈判，充分发挥团队智慧，及时总结谈判过程中的得失，研究确定下一步谈判策略。

（4）必要时可聘请外部专家参与相关工作，并充分了解外部专家的专业资质、胜任能力和职业道德情况。

（5）加强保密工作，严格责任追究制度。

（6）对谈判过程中的重要事项和参与谈判人员的主要意见，予以记录并妥善保存，作为避免合同舞弊的重要手段和责任追究的依据。

（三）合同文本拟定

企业在合同谈判后，根据协商谈判结果，拟定合同文本。该环节的主要风险有：选择不恰当的合同形式；合同与国家法律法规、行业产业政策、企业总体战略目标或特定业务经营目标发生冲突；合同内容和条款不完整、表述不严谨准确，或存在重大疏漏和欺诈，导致企业合法利益受损；有意拆分合同规避合同管理规定；对于合同文本须报经国家有关主管部门审查或备案的，未履行相应程序；等等。

该环节的主要管控措施有以下几点。

（1）企业对外发生经济行为，除即时结清方式外，应当订立书面合同。

（2）严格审核合同需求与国家法律法规、产业政策、企业整体战略目标的关系，保证其协调一致；考察合同是否以生产经营计划、项目立项书等为依据，确保完成具体业务经营目标。

（3）合同文本一般由业务承办部门起草，法律部门审核；重大合同或法律关系复杂的特殊合同应当由法律部门参与起草。国家或行业有合同示范文本的，可以优先选用，但对涉及权利义务关系的条款应当进行认真审查，并根据实际情况进行适当修改。各部门应当各司其职，保证合同内容和条款的完整准确。

（4）通过统一归口管理和授权审批制度，严格合同管理，防止通过化整为零等方式故意规避招标的做法和越权行为。

（5）由签约对方起草的合同，企业应当认真审查，确保合同内容准确反映企业诉求和谈判达成的一致意见，特别留意"其他约定事项"等需要补充填写的栏目，如不存在其他约定事项时注明"此处空白"或"无其他约定"，防止合同后续被篡改。

（6）合同文本须报经国家有关主管部门审查或备案的，应当履行相应程序。

（四）合同审批

合同文本拟定完成后，企业应进行严格的审核。该环节的主要风险有：合同审核人员因专业素质或工作态度原因未能发现合同文本中的不当内容和条款；合同审核人员虽然通过审核发现问题但未提出恰当的修订意见；合同起草人员没有根据合同审核人员的改进意见修改合同，导致合同中的不当内容和条款未被纠正。

该环节的主要管控措施有以下几点。

（1）合同审核人员应当对合同文本的合法性、经济性、可行性和严密性进行重点审核，关注合同的主体、内容和形式是否合法，合同内容是否符合企业的经济利益，对方当事人是否具有履约能力，合同权利和义务、违约责任和争议解决条款是否明确等。

（2）建立会审制度，对影响重大或法律关系复杂的合同文本，组织财会部门、内部审计部、法律部、业务关联的相关部门进行审核，内部相关部门应当认真履行职责。

（3）慎重对待审核意见，认真分析研究，对审核意见准确无误地加以记录，必要时对合同条款做出修改并再次提交审核。

（五）合同签署

企业经审核同意签订的合同，应当与对方当事人正式签署并加盖企业合同专用章。该环节的主要风险有：超越权限签订合同，合同印章管理不当，签署后的合同被篡改，因手续不全导致合同无效，等等。

该环节的主要管控措施有以下几点。

（1）按照规定的权限和程序与对方当事人签署合同。对外正式订立的合同应当由企业法定代表人或由其授权的代理人签名或加盖有关印章。授权签署合同的，应当签署授权委托书。

（2）严格合同专用章保管制度，合同经编号、审批及企业法定代表人或由其授权的代理人签署后，方可加盖合同专用章。用印后保管人应当立即收回，并按要求妥善保管，以防止他人滥用。保管人应当记录合同专用章使用情况以备查，如果发生合同专用章遗失或被盗现象，应当立即报告公司负责人并采取妥善措施，如向公安机关报案、登报声明作废等，以最大限度消除可能带来的负面影响。

（3）采取恰当措施，防止已签署的合同被篡改，如在合同各页码之间加盖骑缝章、使用防伪印记、使用不可编辑的电子文档格式等。

（4）按照国家有关法律、行政法规规定，需办理批准、登记等手续之后方可生效的合同，企业应当及时按规定办理相关手续。

二、合同履行阶段

合同履行阶段分为合同履行、合同结算和合同登记环节。

（一）合同履行

合同订立后，企业应当与合同对方当事人一起遵循诚实信用原则，根据合同的性质、目的和交易习惯履行通知、协助、保密等义务。该环节的主要风险有：本企业或合同对方当事人没有恰当地履行合同中约定的义务；合同生效后，对合同条款未明确约定的事项没有及时协议补充，导致合同无法正常履行；在合同履行过程中，未能及时发现已经或可能导致企业利益受损的情况，或未能采取有效措施；合同纠纷处理不当，导致企业遭受外部处罚、诉讼失败，损害企业利益、信誉和形象；等等。

该环节的主要管控措施有以下几点。

（1）强化对合同履行情况及效果的检查、分析和验收，全面适当执行本企业义务，敦促对方积极执行合同，确保合同全面有效履行。

（2）对合同对方的合同履行情况实施有效监控，一旦发现有违约可能或违约行为，应当及时提示风险，并立即采取相应措施将合同损失降到最低。

（3）根据需要及时补充、变更甚至解除合同。①对于合同没有约定或约定不明确的内容，通过双方协商一致对原有合同进行补充；无法达成补充协议的，按照国家相关法律法规、合同有关条款或者交易习惯确定。②对于显失公平、条款有误或存在欺诈行为的合同，以及因政策调整、市场变化等客观因素已经或可能导致企业利益受损的合同，按规定程序及时报告，并经双方协商一致，按照规定权限和程序办理合同变更或解除事宜。③对方当事人提出中止、转让、解除合同的，造成企业经济损失的，应向对方当事人书面提出索赔。④加强合同纠纷管理，在履行合同过程中发生纠纷的，应当依据国家相关法律法规，在规定时效内与对方当事人协商并按规定权限和程序及时报告。合同纠纷经协商一致的,双方应当签订书面协议;合同纠纷经协商无法解决的,根据合同约定选择仲裁或诉讼方式解决。企业内部授权处理合同纠纷,应当签署授权委托书。纠纷处理过程中,未经授权批准,相关经办人员不得向对方当事人做出实质性答复或承诺。

(二)合同结算

合同结算是合同执行的重要环节,既是对合同签订的审查,也是对合同执行的监督,一般由财会部门负责办理。该环节的主要风险有:违反合同条款,未按合同规定期限、金额或方式付款;疏于管理,未能及时催收到期合同款项;在没有合同依据的情况下盲目付款;等等。

该环节的主要管控措施有以下两点。

(1)财会部门应当在审核合同条款后办理结算业务,按照合同规定付款,及时催收到期欠款。

(2)未按合同条款履约或应签订书面合同而未签订的,财会部门有权拒绝付款,并及时向企业有关负责人报告。

(三)合同登记

合同登记管理制度体现合同的全过程封闭管理,合同的签署、履行、结算、补充或变更、解除等都需要进行合同登记。该环节的主要风险有合同档案不全、合同泄密、合同滥用等。

该环节的主要管控措施有以下几点。

(1)合同管理部门应当加强合同登记管理,充分利用信息化手段,定期对合同进行统计、分类和归档,详细登记合同的订立、履行和变更、终结等情况,合同终结应及时办理销号和归档手续,以实行合同的全过程封闭管理。

(2)建立合同文本统一分类和连续编号制度,以防止或及早发现合同文本的遗失。

(3)加强合同信息安全保密工作,未经批准,任何人不得以任何形式泄露合同订立与履行过程中涉及的国家或商业秘密。

(4)规范合同管理人员职责,明确合同流转、借阅和归还的职责权限与审批程序等有关要求。

三、合同管理的后评估

合同作为企业承担独立民事责任、履行权利义务的重要依据,是企业管理活动的重要痕迹,也是企业风险管理的主要载体。为此,合同管理应用指引强调企业应当建立合同管理的后评估制度。企业应当建立合同履行情况评估制度,至少于每年末对合同履行的总体情况和重大合同履行的具体情况进行分析评估,对分析评估时发现合同履行中存在的不足,应当及时加以改进。企业应当健全合同管理考核与责任追究制度。对合同订立、履行过程中出现的违法违规行为,应当追究有关机构或人员的责任,即要求对合同管理进行考核。考核应该考虑的是由谁考核、如何考核。

(1)明确由谁考核,也就是考核的部门。企业应当实行合同归口管理制度。企业可以根据合同管理需要和部门职责范围，指定合同归口管理部门，对合同实施统一规范管理。明确合同管理的考核部门，具体考核办法的制定、实施就有了着落。

（2）如何考核。考核不单单要进行定性分析，还要能够量化到具体的数值上。合同管理部门在进行考核时，可以以本年度内执行完毕的合同数量为考核的基本依据（包括以前年度签署、本年度执行完毕的合同），根据合同执行的质量情况确定合同管理是否妥当完善。要细分分类标准，通过打分的方式加总确定合同管理的优劣。顺利完成的合同得分最高；所谓顺利，是指圆满完成了合同的各项内容，达到了企业预期所要实现的目标。对于在合同订立和履行过程中发生摩擦与纠纷的，首先应分清摩擦和纠纷是否由己方引致，若确定是由于己方原因所致，则应该视其严重程度酌情打分。对于一些十分重要的合同，则应当加大它们的权重，采用加权的方式确定分数。根据得分确定当年合同管理的优劣，同时参考打分情况，提出合同管理的改进意见。最后应当明确的是，这一最后的打分结果应该上报公司管理层，管理层对其进行评估，确定合同归口管理部门在其中的表现。

第三节　合同管理内部控制案例分析

许多国际知名的品牌企业在进入中国市场时，都习惯于采用特许经营或特约经销商模式。两者大致都包括商标、标识的使用许可、统一店堂布置、统一销售价格、统一服务标准和统一原辅材料供应等内容。很多情况下，供应商和经销商是良好的商业合作伙伴。对供应商来说，减少了人力资源成本和流动资金占用；对经销商来说，借知名品牌之力开拓了市场，在进货价格、产品广告、技术支持和客户服务等方面可获得供应商的支持。但是，有时两者也会产生矛盾纠纷，而导致纠纷的原因则五花八门。

BP石油（上海）贸易有限公司（以下简称"BP石油"）与洛阳润源贸易有限公司（以下简称"洛阳润源贸易"）因为BP石油单方面援引合同条款终止经销商合同而引发诉讼，洛阳润源贸易先后在陕西西安市、河南三门峡市和洛阳市与BP石油及其关联企业嘉实多贸易公司（以下简称"嘉实多"）打了近10起官司。

双方最主要的争议焦点是，在双方签署的多份经销商合同中都有一个允许单方面解除合同的"自愿终止条款"。根据这一条款，任何一方都可以在提前30天做出书面通知的情况下无条件地、单方面终止合同。作为经销商的洛阳润源贸易认为经销商合同的自愿终止条款无效，BP石油和嘉实多单方面终止合同的行为构成违约并需做巨额赔偿，而BP石油和嘉实多则认为该条款对等地赋予双方解除合同的权利，符合公平原则。

围绕这一问题，双方除在洛阳发生诉讼外，官司还打到了河南三门峡、陕西西安等地，面对同样的合同条款，有的法院支持经销商的诉求，也有的法院支持BP石油和嘉实多，而有的诉讼至今还没有完结。

【案例分析】

从上述案例可知，BP石油没有对经销商合同的风险进行控制，导致纠纷的产生。纠纷可以通过诉讼或仲裁解决，通过诉讼解决纠纷时，可能会存在不同省份或地域法院对同一问题判决不尽一致的情况，可以通过仲裁解决纠纷，但 BP 石油原有的经销商合同中就没有订立仲裁条款，自然也会影响纠纷的解决。在与洛阳润源贸易进行了多年诉讼后，BP 石油和嘉实多的新版经销商合同都订明了仲裁条款。

本 章 小 结

合同管理全过程就是由洽谈、草拟、签订、生效开始，直到合同失效为止。对于合同管理，不仅要重视签订前的管理，更要重视签订后的管理。要注意把握合同管理中的系统性和动态性。所谓系统性就是指凡涉及合同条款内容的各部门都要一起来管理；动态性则要求注重履约全过程的情况变化，特别要掌握对自己不利的变化，及时对合同进行修改、变更、补充或中止和终止。

合同管理从大的方面可以划分为合同订立阶段和合同履行阶段。合同订立阶段包括合同调查、合同谈判、合同文本拟定、合同审批、合同签署等环节；合同履行阶段包括合同履行、合同补充和变更、合同结算、合同登记等环节。合同管理中的合同订立和合同履行是相辅相成的，二者不可偏废。合同订立是合同履行的前提和基础，而合同履行则是合同订立之后发挥功效的保障。

复 习 思 考 题

一、简答题

1. 如何理解合同管理的含义？
2. 合同管理有哪些环节？主要风险点及管控措施是什么？

二、案例分析

某化学工业公司（以下简称"某公司"）是一家在新加坡上市的外商独资企业，公司的治理结构和内部控制在近几年的发展中不断完善，有一整套的内部控制流程和操作规范。某公司采购时按照填制请购单、评审订购单合同、填制验收单、取得卖方发票、填制付款凭单、编制付款凭证及向卖方发出对账单等内部控制流程进行。

1. 从某公司抽查出的一份采购合同的请购单→询比价→选择供应商→合同评审→合同的签订过程中发现如下问题。

（1）当初在询比价的过程中，A 采购员要求各供应商报价的产品规格、型号不一致，从而使得公司询比价的作用不能发挥，由该采购员最终确定的供应商甲的产品价格最高；同时通过电话和网上询价，A 采购员所选供应商甲所报价格比同类厂家价格高出近 10 万元。

（2）A 采购员在合同报告中没有说明该供应商提供增值税票的具体要求，从而使得该供应商以偷逃税款的方式降低报价，没有全面真实反映实际情况，却告知领导是最低价采购，造成主管审核、批准失误。

（3）签订合同时原合同报告中的供应商甲名称变成了没有法人资质的二级代理商，该二级代理商不具有一般纳税人资格，为某公司以后对卖方发票的抵扣不足留下了隐患。

（4）抽查A采购员与该供应商所签其他合同，均没有要求供应方提供17%的增值税发票（某公司是外企，对购买国内设备享有退税政策）。

2. 生产部门的使用情况和反馈意见显示，A采购员所购8台该供应商的设备经常出现跑、冒、滴、漏现象，其中5台已返还该供应商检修，有2台在仓库，现在使用的只有1台。

3. 在编制付款凭证和取得卖方发票的过程中经过查看验收单、卖方发票、付款凭单、付款凭证及卖方对账单发现如下问题。

（1）在采购入库的过程中A采购员违反公司物品验收管理制度的规定，没有通过仓库保管员验收，就分3次在3个星期日把原材料直接送到生产使用部门。

（2）由于某公司与供应商对账工作一直未开展，同时卖方的付款由采购处负责，使得A采购员一直未将2017年客户乙开具的增值税发票到公司财务部入账，而公司财务部也未及时发现，导致近1万元的进项税额超过税法规定的90天抵扣时效未抵扣，又造成公司1万元损失。

要求：

试分析某公司合同管理内部控制存在的问题。

第十九章 内部信息传递指引

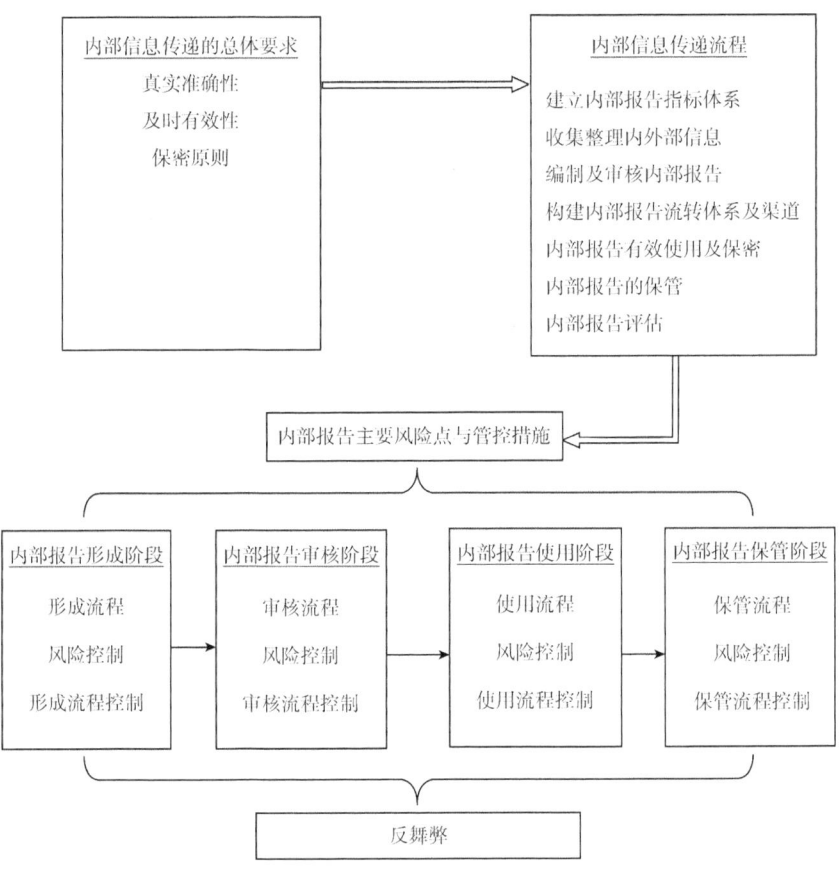

　　信息资源是一个企业赖以生存的重要因素之一，企业在制定决策和日常运作中需要各种形式的信息。《企业内部控制基本规范》十分重视信息与沟通这一控制要素。为了促进企业生产经营管理信息在内部各管理层级之间的有效沟通和充分利用，财政部等五部委专门制定了《企业内部控制应用指引第17号——内部信息传递》（以下简称"内部信息传递应用指引"），突出强调了内部报告的形成、使用和评估，提出了内部信息传递应当关注的主要风险以及相应的管控措施。

　　【重要概念】内部信息传递　内部报告　反舞弊

第一节　内部信息传递概述

一、内部信息传递的含义

内部信息传递是企业内部各管理层级之间通过内部报告形式传递生产经营管理信息的过程。企业的内部控制活动离不开信息的沟通和传递。信息在企业内部进行有目的的传递，对贯彻落实企业发展战略、执行企业全面预算、识别企业生产经营活动中的内外部风险具有重要作用。

二、内部信息传递的总体要求

为服务于企业生产经营管理决策，做好各项内部报告工作，企业管理人员需要从各种渠道获取相应的信息。企业内部信息有来自业务第一线人员根据市场或业务工作整理的信息，也有来自管理人员根据相关内部信息对所负责部门形成的指示或情况通报。尽管有关信息的来源、内容、提供者、传递方式和渠道等各不相同，但收集和传递相关信息一般都应遵循以下原则。

（一）真实准确性

虚假或不准确的信息将严重误导信息使用者，甚至导致决策失误，造成巨大的经济损失。内部报告的信息应当与所要表达的现象和状况保持一致，若不能真实反映所计量的经济事项，就不具有可靠性。

（二）及时有效性

如果信息未能及时提供，或者及时提供的信息不具有相关性，或者提供的相关信息未被有效利用，都可能导致企业决策延误，经营风险增加，甚至可能使企业较高层次的管理陷入困境，不利于对实际情况进行及时有效的控制和矫正，同时也将大大降低内部报告的决策相关性。只有那些切合具体任务和实际工作，并且能够符合信息使用单位需求的信息才是具有使用价值的。

（三）保密原则

企业内部的运营情况、技术水平、财务状况以及有关重大事项等通常涉及商业秘密，内幕信息知情者（包括董事会成员、监事、高级管理人员及其他涉及信息披露有关部门的涉密人员）都负有保密义务。这些内部信息一旦泄露，就极有可能导致企业的商业秘密被竞争对手获知，使企业处于被动境地，甚至造成重大损失。

【例19-1】　第一次信息传递案例

据说历史上某部队一次命令传递的过程是这样的：

少校对值班军官：今晚8点左右，哈雷彗星将可能在这个地区看见，这种彗星每隔76年才能看见一次。命令所有士兵穿野战服在操场上集合，我将向他们解释这一罕见的现象。如果下雨，就在礼堂集合，我会为他们放一部关于彗星的影片。

值班军官对上尉：根据少校的命令，今晚8点，76年出现一次的哈雷彗星将在操场上空出现。如果下雨,就让士兵穿着野战服列队前往礼堂,这一罕见现象将在那里出现。

上尉对中尉:根据少校的命令,今晚8点,非凡的哈雷彗星将身穿野战服在礼堂出现。如果操场上下雨,少校将下达另一个命令,这种命令每隔76年才出现一次。

中尉对上士:今晚8点,少校将带着哈雷彗星在礼堂出现,这是每隔76年才有的事。如果下雨,少校将命令彗星穿上野战服到操场上去。

上士对士兵:在今晚8点下雨的时候,著名的76岁的哈雷将军将在少校的陪同下,身着野战服,开着他那"彗星"牌汽车,经过操场前往礼堂。

经过5次传递,少校的命令已经变得面目全非,信息失真率达到90%以上。

三、内部信息传递流程

企业内部信息传递,具体形式就是内部报告。企业应当加强内部报告管理,全面梳理内部信息传递过程中的薄弱环节,建立科学的内部信息传递机制,明确内部信息传递具体要求,关注内部报告的有效性、及时性和安全性,促进内部报告的有效利用,充分发挥内部报告的作用。

图19-1所示的内部信息传递流程具有普适性。企业在实际操作中,应当充分结合自身业务特点和管理要求,构建和优化内部信息传递流程。

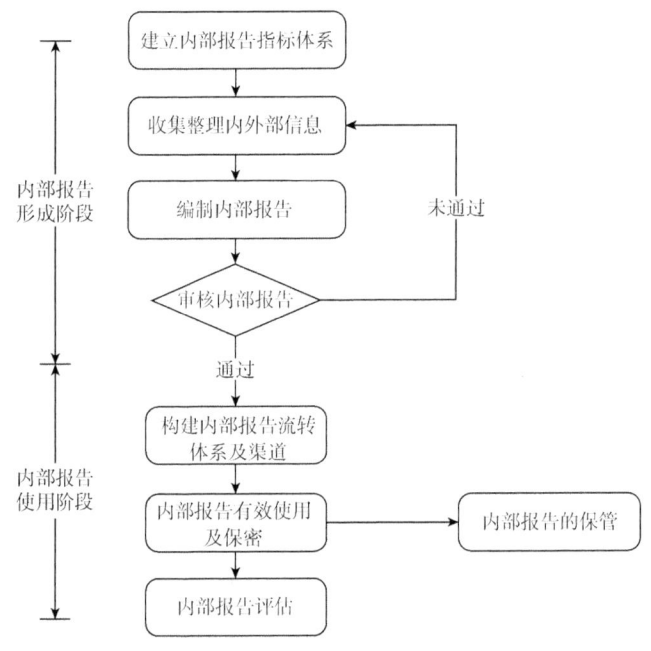

图19-1 内部信息传递流程

1. 建立内部报告指标体系

内部报告指标体系是否科学直接关系到内部报告反映的信息是否完整和有用,这就要求企业应当根据自身的发展战略、风险控制和业绩考核特点,系统、科学地规范不同级次内部报告的指标体系,合理设置关键信息指标和辅助信息指标,并与全面预算管理等相结合，同时应随着环境和业务的变化不断进行修订与完善。在设计内部报告指标体系时，企业应当根据内部各"信息用户"的需求选择信息指标，以满足其经营决策、业绩考核、企业价值与风险评估的需要。

2. 收集整理内外部信息

为了随时掌握有关市场状况、竞争情况、政策和环境的变化，保证企业发展战略和经营目标的实现，企业应当完善内外部重要相关信息的收集机制和传递机制，使重要信息能够及时获得并向上级呈报。企业可以通过行业协会组织、社会中介机构、业务往来单位、市场调查、来信来访、网络媒体以及有关监管部门等渠道，获取外部信息；通过财务会计资料、经营管理资料、调研报告、专项信息、内部刊物、办公网络等渠道，获取内部信息。企业应当广泛收集、分析、整理内外部信息，并通过内部报告传递到企业内部相关管理层级，以便及时采取应对策略。

【例 19-2】 沃尔玛超市：啤酒+尿布的故事

一般太太让先生买尿布的时候，先生们会为自己买点儿啤酒。

这是一个现代商场智能化信息分析系统发现的秘密。

数据挖掘进入商战。

沃尔玛超市能够跨越多个渠道收集最详细的客户信息，信息系统的特点是投入大、功能全、速度快、职能化和全球联网，目前中国公司通过卫星与美国总部联系和传递数据。

3. 编制及审核内部报告

企业各职能部门应将收集的有关资料进行筛选、抽取，然后根据各管理层级对内部报告的信息需求和先前制定的内部报告指标，建立各种分析模型，提取有效数据并进行反馈汇总。在此基础上，对分析模型进一步改造，进行资料分析，起草内部报告，形成总结性结论，并提出相应的建议，从而对发展趋势、策略规划、前景预测等提供重要的分析指导，为企业的效益分析、业务拓展提供有力的保障。企业内部报告因报告类型不同、反映的信息特点不同，内部报告的格式不尽一致。一般情况下，企业内部报告应当包括报告名、文件号、执行范围、内容、起草或制定部门、报送和抄送部门及时效要求等。

4. 构建内部报告流转体系及渠道

企业应当制定严密的内部报告传递流程，充分利用信息技术，强化内部报告信息集成和共享，将内部报告纳入企业统一信息平台，构建科学的内部报告网络体系。企业内部各管理层级均应当指定专人负责内部报告工作。正常而言，内部报告应当按照职责分工和权限指引中规定的报告关系传递信息。但为保证信息传递的及时性，重要信息应当及时传递给董事会、监事会和经理层。企业应当拓宽内部报告渠道，通过落实奖励措施等多种有效方式，广泛收集合理化建议。内部报告传递通常可采用以下方式。

（1）书面报告。书面报告因为成本低，易于复制、携带，成为常见的形式，但其只适用于单方向传递信息，缺乏制作者与使用者之间的沟通。

（2）口头介绍。口头介绍是书面报告的补充形式，通常只在紧急情况时使用，或者作为碰面后的简化形式。

（3）视频会议。视频会议需要贵重的设备和价格不菲的使用费，所以在大型企业、重要工作中使用。特点是极其方便，没有空间限制。

（4）音像制品。音像制品只能单向传递信息，一般适用于提供一般信息，如培训、指导、操作规范等。

（5）计算机多媒体及信息中心。该方法具有强大的数据处理功能和便捷的服务能力。由于微机普及，现在普遍使用。

企业选用何种方式进行内部报告，应根据经济实力和具体情况，本着及时有效、节约、方便的原则进行。

内部报告的格式设计，也就是以什么形式出现在管理者面前，一般有文本格式、图表格式、数字表格和综合形式等。

（1）文本格式。文本格式以文字叙述的方式传递信息，常用来说明不能量化的信息、不能用数据表示的相互关系等。

（2）图表格式。图表格式以图或者表格表示，通过书面或者电子计算机联网传递信息，视觉效果好，制作难度大。

（3）数字表格。数字表格以数字的形式，描述一些能量化的信息。它反映的信息多、生成容易，又被大多数人接受，所以常被企业里生产统计、销售快报等快速报告采用。

（4）综合形式。综合形式即以上几种形式的综合运用。

格式设计可以考虑信息接收者的具体情况，区别字体、颜色等，以突出重要性。主要考虑方便信息使用者的理解和相关的成本费用。

企业内部报告一般分为定期与不定期两种。

内部报告必须规定最迟上交时间。

有些需要汇总的内部报告，应指定专人负责，明确报告时点。

公司董事会是重大事项信息管理机构，内部报告管理由董事会秘书负责；经董事会授权董事会秘书负责公司重大信息管理以及对外披露协调工作，包括公司的定期报告和重要事项临时报告。

内部管理信息传递由总经理办公室负责组织协调，重要风险信息可以直接报告最高层管理者。

企业应拓宽内部报告渠道，鼓励员工提合理化建议，鼓励举报舞弊行为，应设立高层管理者信箱，方便报告。

【例 19-3】 阿里巴巴集团由中国互联网先锋马云于 1999 年创立，他希望将互联网发展成为普及使用、安全可靠的工具，以让大众受惠。阿里巴巴集团由私人持股，现服务来自超过 240 个国家和地区的互联网用户，在中国、日本、韩国、英国及美国超过 50 个城市中，有员工 17 000 人。

在评估了 Microsoft Exchange Server 2010 后，阿里巴巴集团 IT 部门逐步为整个集团超过 7000 个邮件用户部署全新的信息传递与沟通平台。Microsoft Exchange Server 2010 使其 IT 环境更加自动化，更易维护和管理，并具有极高的可用性。同时，通过与业务系统、客户端工具和终端设备的集成，阿里巴巴集团员工可随时随地通过多种方式访问业务信息，极大地提高了沟通效率。

5. 内部报告有效使用及保密

企业各级管理人员应当充分利用内部报告进行有效决策，管理和指导企业的日常生产经营活动，及时反映全面预算执行情况，协调企业内部相关部门和各单位的运营进度，严格绩效考核和责任追究，确保企业实现发展战略和经营目标。

企业应当有效利用内部报告进行风险评估，准确识别和系统分析企业生产经营活动中的内外部风险，确定风险应对策略，实现对风险的有效控制。企业对于内部报告反映出的问题应当及时解决。企业应当制定严格的内部报告保密制度，明确保密内容、保密措施、密级程度和传递范围，防止泄露商业秘密。

6. 内部报告的保管

在企业的经营管理活动中，会产生大量的数据信息，管理好这些数据信息，对于分析和解决企业管理中的问题至关重要。但是，有些企业对这些管理中产生的大量数据记录采取粗放经营的态度，甚至使一些重要数据丢失，造成不可挽回的损失。

7. 内部报告评估

由于内部报告传递对企业具有重要影响，内部信息传递应用指引强调企业应当建立内部报告评价制度。企业应当对内部报告是否全面、完整，内部信息传递是否及时、有效，对内部报告的利用是否符合预期数做到心中有数，这就要求企业建立内部报告评估制度，通过对一段时间内内部报告的编制和利用情况进行全面的回顾与评价，掌握内部信息的真实状况。企业对内部报告的评估应当定期进行，具体由企业根据自身管理要求做出规定，至少每年度对内部报告进行一次评估。企业应当重点关注内部报告的及时性，内部信息传递的有效性和安全性。经过评估发现内部报告存在缺陷的，企业应当及时进行修订和完善，确保内部报告提供的信息及时、有效。

第二节　内部报告的主要风险点及管控措施

一、内部报告形成流程与风险控制

1. 内部报告形成流程与风险控制（表19-1）

表 19-1　内部报告形成流程与风险控制

业务风险	不相容责任部门/责任人的职责分工与审批权限划分				阶段
	运营总监	信息管理部经理	信息管理部	相关部门	
如果内部报告指标体系级别混乱，就有可能影响生产经验、管理信息在企业内部各管理层级之间的有效流通和充分利用	审批	审核	开始 → ① 建立内部报告指标体系 → ② 细化分解内部报告控制目标 → 制定《内部报告编制规范》	积极参与	D1
如果收集到的信息准确性差，容易误导企业的经营活动			③ 收集整理内外部信息 → ④ 汇总分析内外部信息		D2
如果内部报告未能根据各内部使用单位的需求进行编制，内容不完整，编制不及时，就有可能影响企业生产经营活动的有序进行	审批	审核	⑤ 起草内部报告 → ⑥ 将内部报告纳入企业信息平台 → ⑦ 复核内部报告传递过程 → 结束		D3

2. 内部报告形成流程控制（表19-2）

表19-2　内部报告形成流程控制

控制事项		详细描述及说明
阶段控制	D1	1. 企业应认真研究企业的发展战略、风险控制要求和业绩考核标准，根据各管理层级对信息的不同需求建立一套级次分明的内部报告指标体系 2. 企业内部报告指标确定后，应进行细化，层层分解，使企业各责任中心及各相关职能部门都有自己明确的目标，以利于控制风险并进行业绩考核
	D2	3. 企业可以通过行业协会组织、社会中介机构、业务往来单位、市场调查、来信来访、网络媒体以及有关监管部门等渠道获取外部信息；通过财务会计资料、经营管理资料、调研报告、专项信息、内部刊物、办公网络等渠道获取内部信息 4. 企业信息管理部及各职能部门应将收集的有关资料进行筛选、整理，然后根据各管理层级对内部报告的信息需求和先前制定的内部报告指标建立各种分析模型，提取有效数据进行反馈汇总，在此基础上对分析模型进一步改造，进行资料分析
	D3	5. 企业应合理设计内部报告编制程序，提高编制效率；内部报告内容应全面、简洁明了、通俗易懂；内部报告应形成总结性结论，并提出相应的建议，为企业的效益分析、业务拓展提供有力保障 6. 企业应充分利用信息技术，强化内部报告信息集成和共享，将内部报告纳入企业统一信息平台，构建科学的内部报告网络体系 7. 对于重要信息，企业应当委派专门人员对其传递过程进行复核，确保信息正确传递给使用者
相关规范	应建规范	□《内部报告编制规范》
	参照规范	□《企业内部控制应用指引》 □《企业内部控制基本规范》
文件资料		□内部报告文件
责任部门及责任人		□信息管理部、相关部门 □运营总监、信息管理部经理、相关部门负责人

二、内部报告审核流程与风险控制

1. 内部报告审核流程与风险控制（表 19-3）

表 19-3　内部报告审核流程与风险控制

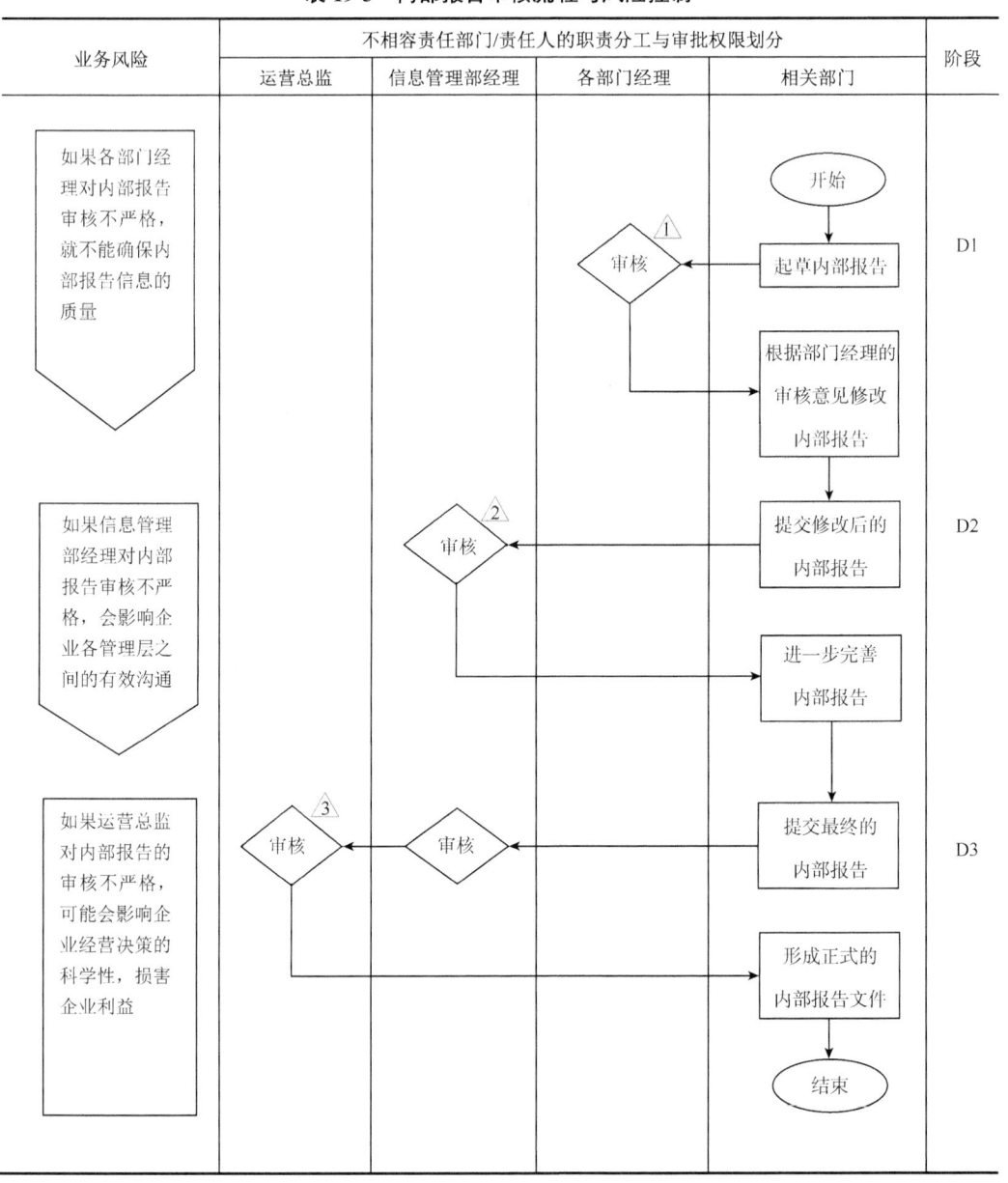

2. 内部报告审核流程控制（表19-4）

表 19-4　内部报告审核流程控制

控制事项		详细描述及说明
阶段控制	D1	1. 各部门起草内部报告文件后，应首先提交部门经理进行审核，并根据部门经理提出的审核意见修改内部报告
	D2	2. 信息管理部经理对各部门提交的内部报告进一步审核，主要从以下三个方面着手：内部报告的内容是否真实、全面、完整；内部报告控制目标是否科学，以满足其经营决策、业绩考核、公司价值与风险评估的需要；内部报告编写格式是否规范，如报告名、文件号、执行范围、报告内容、起草或制定部门、报送和抄送部门以及时效要求等内容是否符合编制要求
	D3	3. 内部报告修改完毕后应提交运营总监进行审核，对于重要信息，还应当委派专门人员对其传递过程进行复核，确保信息正确传递给使用者
相关规范	应建规范	□《内部报告审核制度》
	参照规范	□《企业内部控制应用指引》 □《企业内部控制基本规范》
文件资料		□内部报告文件
责任部门及责任人		□信息管理部、相关部门 □运营总监、信息管理部经理、各部门经理

三、内部报告使用流程与风险控制

1. 内部报告使用流程与风险控制（表 19-5）

表 19-5　内部报告使用流程与风险控制

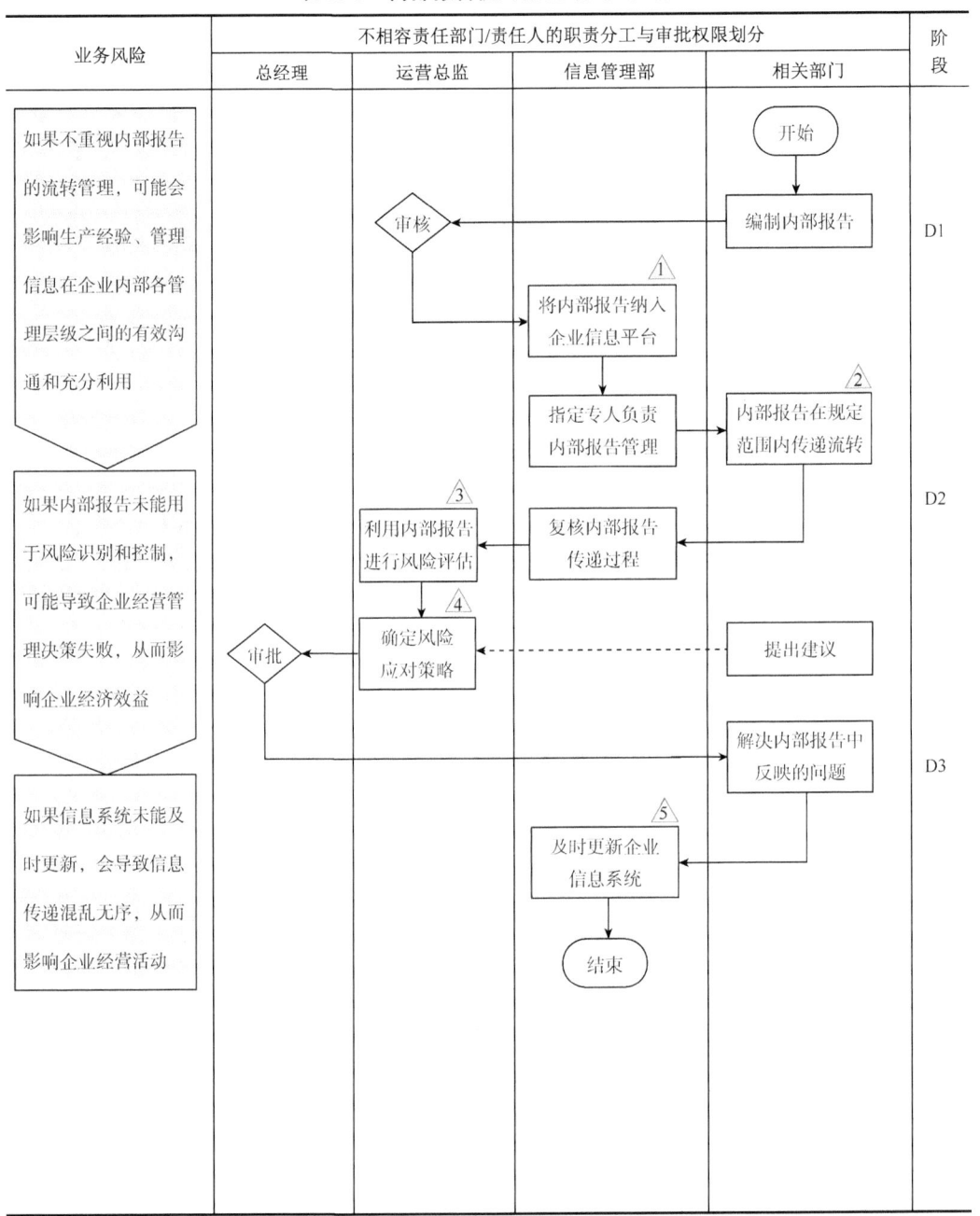

2. 内部报告使用流程控制（表19-6）

表19-6 内部报告使用流程控制

控制事项		详细描述及说明
阶段控制	D1	1. 信息管理部应充分利用信息技术强化内部报告信息集成和共享，将内部报告纳入企业统一信息平台，构建科学的内部报告网络体系 2. 内部报告应当按照职责分工和权限指引中规定的报告关系传递信息，但为保证信息传递的及时性，重要信息应当及时传递给董事会、监事会和经理层；企业各管理层对内部报告的流转应做好记录，对于未按照流转制度进行操作的事件，应当调查原因，并做相应处理
	D2	3. 企业管理层应通过内部报告提供的信息对企业生产经营管理中存在的风险进行评估，准确识别和系统分析企业生产经营活动中的内外部风险，涉及突出问题和重大风险的，应当启动应急预案 4. 企业各级管理人员应当充分利用内部报告进行有效决策，确定风险应对策略，管理和指导企业的日常生产经营活动，及时反映全面预算执行情况，协调企业内部相关部门和各单位的运营进度，严格绩效考核和责任追究，确保企业实现发展战略和经营目标
	D3	5. 信息管理部应及时更新信息系统，确保内部报告有效安全地传递；信息管理部应在实际工作中尝试精简信息系统的处理程序，使信息在企业内部更快地传递；对于重要紧急的信息，可以越级向董事会、监事会或经理层直接报告，便于相关负责人迅速做出决策
相关规范	应建规范	□《内部报告传递制度》
	参照规范	□《企业内部控制应用指引》 □《企业内部控制基本规范》
文件资料		□内部报告文件
责任部门及责任人		□信息管理部、相关部门 □总经理、运营总监、信息管理部经理、各部门经理

四、内部报告保管流程与风险控制

1. 内部报告保管流程与风险控制（表19-7）

表19-7 内部报告保管流程与风险控制

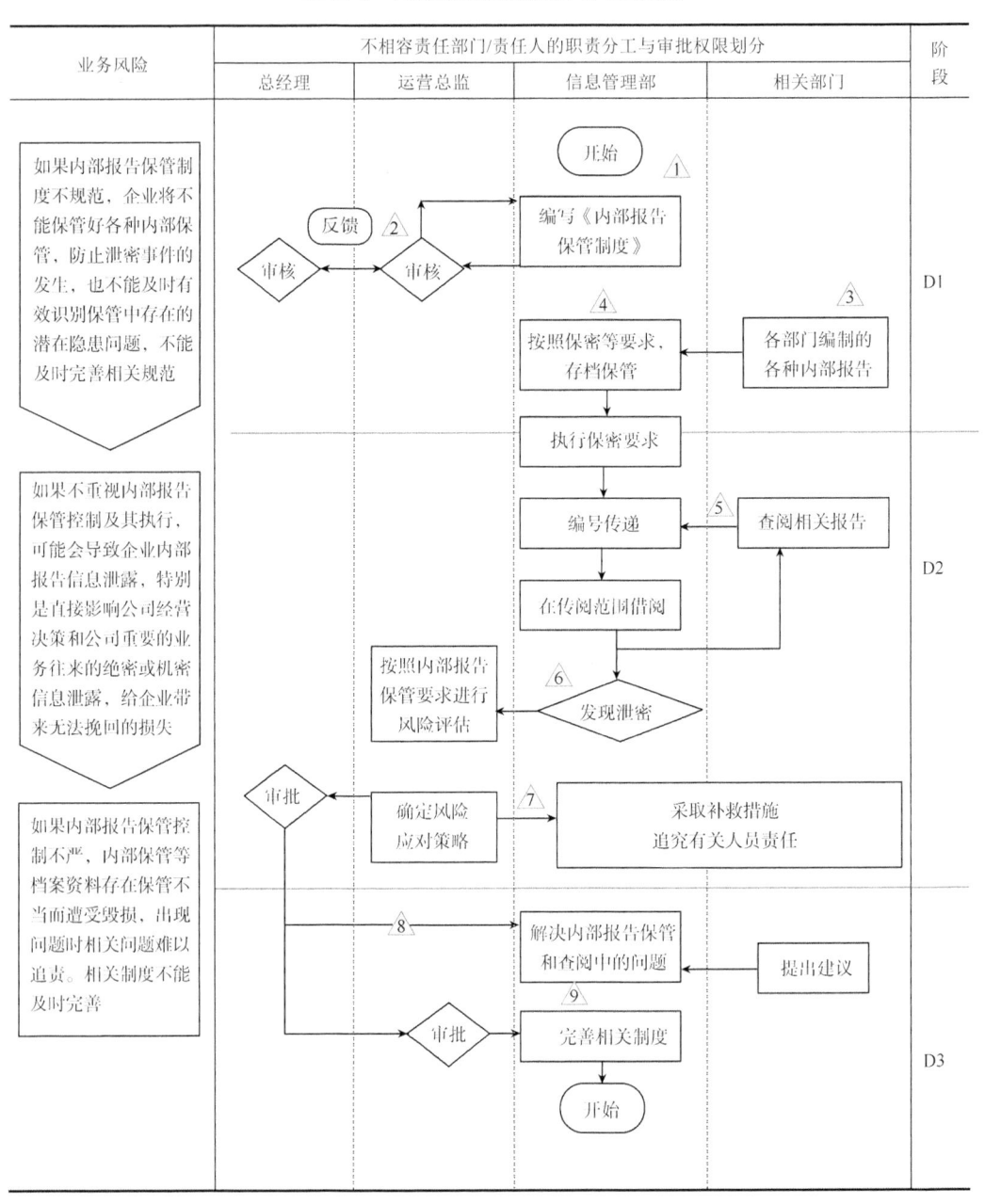

2. 内部报告保管流程控制（表19-8）

表19-8　内部报告保管流程控制

控制事项		详细描述及说明
阶段控制	D1	1. 信息管理部应当制定《内部报告保管制度》，报运营总监审核、总经理审批 2. 为了便于内部报告的查阅、对比分析，改善内部报告的格式，提高内部报告的有效性，信息管理部应按类别保管内部报告，对影响较大、金额较高的内部报告一般要严格保管，如企业重大重组方案、债券发行方案等；对不同类别的报告应按影响程度规定保管年限，只有超过保管年限的内部报告方可予以销毁，对影响重大的内部报告应当永久保管，如公司章程及相应的修改、公司股东登记表等；有条件的企业应当建立电子内部报告保管库，分性质，按照类别、时间、保管年限、影响程序及保密要求等分门别类地储存电子内部报告
	D2	3. 内部报告信息的密级分为绝密、机密、秘密级三级；在公司经营发展中，直接影响公司经营决策的重要内部报告信息为绝密级；公司重要的业务往来内部信息为机密级；公司一般业务往来的内部信息为秘密级 4. 企业应当制定严格的内部报告保密制度，明确保密内容、保密措施、密级程度和传递范围，防止泄露商业秘密；使用内部报告的各职能部门及相关人员必须严格执行保密要求，不论有意或无意外泄重要信息者，都将追究其责任
	D3	5. 一旦发生泄密事件，信息管理部应及时采取相应的补救措施，尽可能将损失降至最低 6. 信息管理部应编写《泄密事件处理报告》，报上级领导
相关规范	应建规范	□《内部报告保管制度》 □《内部报告保密制度》
	参照规范	□《企业内部控制应用指引》 □《企业内部控制基本规范》
文件资料		□内部报告文件 □《泄密事件处理报告》
责任部门及责任人		□信息管理部、相关部门 □总经理、运营总监、信息管理部经理、各部门经理

五、反舞弊

1. 舞弊的含义

舞弊是指以故意的行为获得不公平的或者非法的收益，主要存在以下领域：虚假财务报告、资产的不适当处置、不恰当的收入和支出、故意的不当关联方交易、税务欺诈、贪污以及收受贿赂和回扣等方面。

2. 反舞弊机制

有效的反舞弊机制，是企业防范、发现和处理舞弊行为，优化内部环境的重要制度安排。

有效的信息沟通是反舞弊程序和控制成功的关键。如果信息交流机制不畅通，就会产生信息不对称的问题，舞弊行为产生的机会就会增大。企业应当建立反舞弊机制，坚持惩防并举、重在预防的原则，明确反舞弊工作的重点领域、关键环节和有关机构在反舞弊工作中的职责权限，规范舞弊案件的举报、调查、处理、报告和补救程序。

3. 反舞弊的主要风险

忽视了对员工的道德准则体系的培训，内部审计监察不严，内部人员未经授权或者采取其他不法方式侵占、挪用企业资产，在财务会计报告和信息披露等方面存在虚假记录、误导性陈述或者重大遗漏等；董事、监事、经理及其他高管人员滥用职权，相关机构或人员串通舞弊；企业对举报人的保护力度小，信访事务处理不及时，缺乏相应的舞弊风险评估机制。

4. 反舞弊主要控制措施

反舞弊主要控制措施有以下几点。

（1）企业应当重视和加强反舞弊机制建设，对员工进行道德准则培训，通过设立员工信箱、投诉热线等方式，鼓励员工及企业利益相关方举报和投诉企业内部的违法违规、舞弊和其他有损企业形象的行为。

（2）企业应通过审计委员会对信访、内部审计、监察、接受举报过程中收集的信息进行复查，监督管理层对财务报告施加不当影响的行为、管理层进行的重大不寻常交易，以及企业各管理层级的批准、授权、认证等，防止企业资产侵占、资金挪用、虚假财务报告、滥用职权等现象的发生。

（3）企业应当建立反舞弊情况通报制度。企业应定期召开反舞弊情况通报会，由审计部门通报反舞弊工作情况，分析反舞弊形势，评价现有的反舞弊控制措施和程序。

（4）企业应当建立举报人保护制度，确定举报责任主体，设立举报程序，明确举报投诉处理程序，并做好投诉记录的保存。切实落实举报人保护制度是举报投诉制度有效运行的关键。结合企业的实际情况，企业应明确举报人向谁举报，以何种方式进行举报，举报内容的界定，等等；确定举报责任主体接到投诉报告后进行调查的程序、办理时限、办结要求及将调查结论提交董事会处理的程序等。

本 章 小 结

信息资源是企业赖以生存的重要因素之一，企业在制定决策和日常运作中需要各种形式的信息。本章首先介绍了内部信息传递的含义；其次介绍了内部信息传递的流程，内部信息传递的主要形式——内部报告；再次结合内部报告的形成、审核、使用及保管，介绍了其存在的风险及相应的管控措施；最后介绍了舞弊的含义及反舞弊的措施。

复习思考题

一、简答题

1. 内部信息及内部信息传递的含义是什么？
2. 内部信息传递的流程包括哪几部分？
3. 内部报告的含义是什么？
4. 内部报告形成流程及风险点、管控措施包括哪些？
5. 内部报告审核流程及风险点、管控措施包括哪些？
6. 内部报告使用流程及风险点、管控措施包括哪些？
7. 内部报告保管流程及风险点、管控措施包括哪些？

二、案例分析

张某刚刚从名校管理学硕士毕业，出任某大型企业的制造部门经理。他一上任，就对制造部门进行改造。张某发现生产现场的数据很难及时反馈上来，于是决定从生产报表上开始改造。借鉴跨国公司的生产报表，他设计了一份非常详细的生产报表，从报表中可以看出生产中的任何一个细节。

每天早上，所有的生产数据都会及时地放在张某的桌子上，他很高兴，认为自己拿到了生产的第一手数据。没过几天，出现了一次大的品质事故，但报表上根本没有反映出来，张某这才知道，报表的数据都是随意填写上去的。

为了这件事情，张某多次开会强调认真填写报表的重要性。但每次开会后几天可以起到一定的效果，日子一长又恢复了原来的状态。张某怎么也想不通。

结合案例分析：

1. 内部沟通的形式包括什么？
2. 张某在内部沟通时存在什么问题？

第二十章 信息系统指引

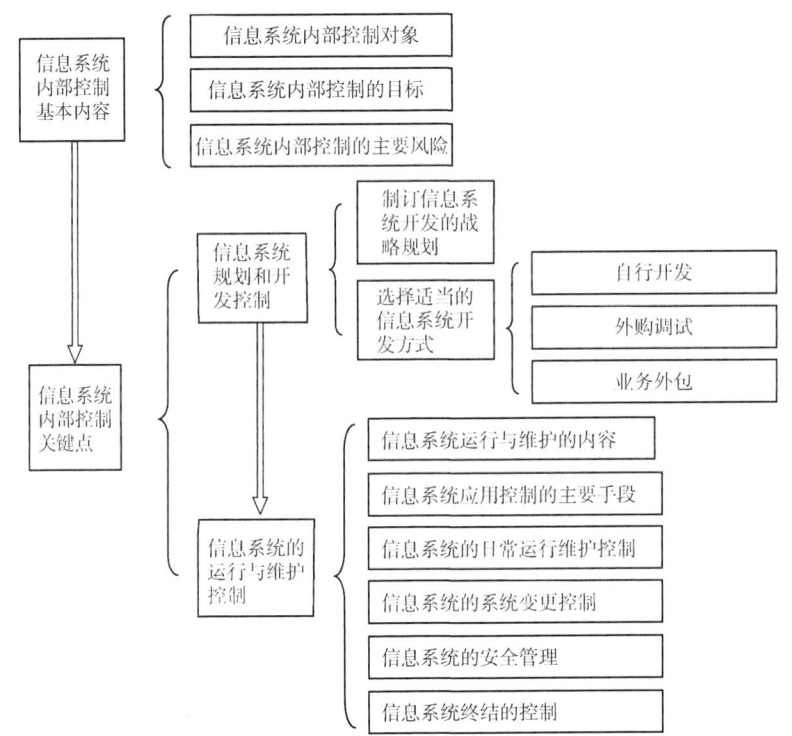

《企业内部控制应用指引第18号——信息系统》指出,信息系统是企业利用计算机和通信技术,对内部控制进行集成、转化和提升所形成的信息化管理平台。信息系统内部控制的目标是促进企业有效实施内部控制,提高企业现代化管理水平,减少人为操纵因素;同时,增强信息系统的安全性、可靠性和合理性以及相关信息的保密性、完整性和可用性,为建立有效的信息与沟通机制提供支持保障。信息系统内部控制的主要对象是信息系统,由计算机硬件、软件、人员、信息流和运行规程等要素组成。它不仅是提高企业现代化管理水平的重要手段,更是增强企业风险防范能力的有效措施,对规范现代企业内部控制活动有着十分重要的影响。

【重要概念】信息系统　信息化管理　信息系统开发　信息系统控制关键点

第一节 信息系统的基本内容

现代企业的运营越来越依赖于信息系统。例如，航空公司的网上订票系统、银行的资金实时结算系统、携程旅行网的客户服务系统等，没有信息系统的支撑，业务开展就举步维艰、难以为继，企业经营就很可能陷入瘫痪状态。还有一些新兴产业和新兴企业，其商业模式完全依赖信息系统，如各种网络公司（新浪、网易、百度）、各种电子商务公司（如阿里巴巴、卓越等），没有信息系统，这些企业可能会失去生存之基。

企业应当重视信息系统在内部控制中的作用，根据内部控制要求，结合组织架构、业务范围、地域分布、技术能力等因素，制订信息系统建设总体规划，加大投入力度，有序组织信息系统开发、运行与维护，优化管理流程，防范经营风险，全面提升企业现代化管理水平。

一、信息系统内部控制对象

《企业内部控制应用指引第 18 号——信息系统》中所指的信息系统，是指企业利用计算机和通信技术，对内部控制进行集成、转化和提升所形成的信息化管理平台。

信息系统内部控制的主要对象是信息系统，由计算机硬件、软件、人员、信息流和运行规程等要素组成。

信息系统建设责任。企业应当指定专门机构对信息系统建设实施归口管理，明确相关单位的职责权限，建立有效工作机制。企业可委托专业机构从事信息系统的开发、运行和维护工作。企业负责人对信息系统建设工作负责。换言之，信息系统建设是"一把手"工程。只有企业负责人站在战略和全局的高度亲自组织领导信息系统建设工作，才能统一思想、提高认识、加强协调配合，从而推动信息系统建设在整合资源的前提下高效、协调推进。

二、信息系统内部控制的目标

信息系统内部控制的目标有以下几个。

1. **促进企业有效实施内部控制，提高企业现代化管理水平，减少人为操纵因素**

企业经营管理活动中，大量的重复性的、常规性的、程序化的内部控制活动都可以通过有效的相互牵制、前后制约的流程化控制实现，大量会计信息系统、库存商品控制系统等实现了这些功能。随着现代信息技术的发展，企业运用信息技术加强内部控制，建立与经营管理相适应的信息系统，促进内部控制流程与信息系统的有机结合，实现对业务和事项的自动控制。基于企业所有部门和全部业务活动的整合管理系统不仅进一步加强了企业常规性内部控制，同时生成的信息还为进一步加强企业管理、提高企业决策效率和效果提供了基础，提高了企业现代化管理水平，减少了人为操纵因素。可见，利用信息技术手段实施内部控制，减少人为因素造成的错弊，提高内部控制的执行力和效率，是内部控制信息化的目标。

2. 增强信息系统的安全性、可靠性和合理性

由于企业信息系统整合了企业的各项生产和管理业务活动数据，在提高企业管理效率的同时，也对信息系统数据信息的安全性、可靠性提出了更高要求。企业信息系统生成的数据信息内容必须经过系统对相关数据的验证，及时通过异常数据的自动警示机制，发现经营管理过程中的异常情况，采取有效措施，保障经营管理的顺利，防范经营风险。只有合理的、可靠的数据才能为企业提供基础。另外，这种信息系统必然与外部存在信息交换的功能，甚至在内部信息传递与沟通过程中，要明确相关信息获取和接触的权限，否则信息系统生成的涵盖企业经营管理大量信息内容的数据一旦泄露，就可能导致企业丧失竞争优势，甚至遭受重大损失。

3. 增强信息的保密性、完整性和可用性

在信息系统的开发和信息管理中，强调信息的保密性、完整性和可用性，可以生成更有利于决策的信息，如生成与原材料相关的信息整合，可以实现材料和商品的零库存或低库存，而很多国际品牌在较好地控制了供应商和销售商的品质与销售信息的情况下，实现了轻资产、降低成本、提高竞争力。而这些竞争优势和战略的实现，也对信息的保密提出更高要求。

4. 为建立有效的信息与沟通机制提供支持保障

良好的信息系统理顺了企业各部门的业务活动，有利于企业经营管理过程中的信息传递和沟通，良好的信息系统能保证信息以最快的速度传递到所需部门和人员，同时，内部控制良好的信息系统还能减少管理的层级，有利于提高经营管理效率。

三、信息系统内部控制的主要风险

企业信息系统内部控制主要风险点有以下几个。

一是信息系统缺乏或规划不合理，可能造成信息孤岛或重复建设，导致企业经营管理效率低下。

二是系统开发不符合内部控制要求，授权管理不当，可能导致无法利用信息技术实施有效控制。

三是系统运行维护和安全措施不到位，可能导致信息泄露或毁损，系统无法正常运行。

企业应指定专门机构对信息系统建设实施归口管理，明确相关单位的职责权限，建立有效的工作机制。企业可以委托专业机构从事信息系统的开发、运行和维护工作。

第二节 信息系统规划和开发控制

企业根据发展战略和业务需要进行信息系统建设，首先要确立系统建设目标，根据建设目标进行系统建设战略规划，再将规划细化为项目建设方案。企业开展信息系统建

设，可以根据实际情况，选择适当的开发方式。

一、制订信息系统开发的战略规划

制订信息系统开发的战略规划是信息化建设的起点，战略规划是以企业发展战略为依据制订的企业信息化建设的全局性、长期性规划。制订信息系统战略规划的主要风险有两项。

（1）缺乏战略规划或规划不合理，可能造成信息孤岛或重复建设，导致企业经营管理效率低下。

（2）没有将信息化与企业业务需求相结合，降低了信息系统的应用价值。信息孤岛现象是不少企业信息系统建设中存在的普遍问题，根源在于这些企业往往忽视战略规划的重要性，缺乏整体观念和整合意识，常常陷于"头痛医头、脚痛医脚"的困境，这就导致有的企业财务管理信息系统、销售管理信息系统、生产管理信息系统、人力资源管理系统、办公自动化系统等出现了各自为政、孤立存在的现象，削弱了信息系统的协同效用，甚至引发系统冲突。

制订信息系统开发的战略规划主要控制措施有以下三项。

（1）企业必须制订信息系统开发的战略规划和中长期发展计划，并在每年制订经营计划的同时，制订年度信息系统建设计划，促进经营管理活动与信息系统的协调统一。

（2）企业在制订信息化战略规划过程中，要充分调动和发挥信息系统归口管理部门与业务部门的积极性，使各部门广泛参与、充分沟通，提高战略规划的科学性、前瞻性和适应性。信息系统归口管理部门应当组织内部各单位提出开发需求和关键控制点，规范开发流程，明确系统设计、编程、安装调试、验收、上线等全过程的管理要求，严格按照建设方案、开发流程和相关要求组织开发工作；应当加强信息系统开发全过程的跟踪管理，增进开发单位与企业内部业务部门的日常沟通和协调，组织独立于开发单位的专业机构对开发完成的信息系统进行检查验收，并组织系统上线运行。

（3）信息系统战略规划要根据内部控制要求，与企业的组织架构、业务范围、地域分布、技术能力等相匹配，制订信息系统建设总体规划，避免相互脱节，加大投入力度，有序组织信息系统开发、运行与维护，优化管理流程，防范经营风险，全面提升企业现代化管理水平。

二、选择适当的信息系统开发方式

信息系统的开发建设是信息系统生命周期中技术难度最大的环节。在开发建设环节，要将企业的业务流程、内部控制措施、权限配置、预警指标、核算方法等固化到信息系统中，因此开发建设的好坏直接影响信息系统的成败。

信息系统开发主要有自行开发、外购调试、业务外包等方式。这些开发方式有各自的优缺点和适用条件，企业应根据自身实际情况合理选择。

（一）自行开发

自行开发是企业依托自身力量完成整个开发过程。其优点是开发人员熟悉企业情况，可以较好地满足本企业的需求，尤其是具有特殊性的业务需求。通过自行开发，还可以培养锻炼自己的开发队伍，便于后期的运行和维护。其缺点是开发周期较长，技术水平和规范程度较难保证，成功率相对较低。因此，自行开发方式的适用条件通常是企业自身技术力量雄厚，而且市场上没有能够满足企业需求的成熟的商品化软件和解决方案，如百度的搜索引擎系统就偏重于自行开发。

选择自行开发信息系统的，信息系统归口管理部门应当组织企业内部相关业务部门进行需求分析，合理配置人员，明确系统设计、编程、安装调试、验收、上线等全过程的管理要求。

（二）外购调试

选择外购调试的，应当采用公开招标等形式择优选择供应商。外购调试的基本做法是企业购买成熟的商品化软件，通过参数配置和二次开发满足企业需求。其优点是：开发建设周期短；成功率较高；成熟的商品化软件质量稳定，可靠性高；专业的软件提供商实施经验丰富。其缺点是：难以满足企业的特殊需求；系统的后期升级进度受制于商品化软件供应商产品更新换代的速度，企业自主权不强，较为被动。

外购调试方式的适用条件通常是企业的特殊需求较少，市场上已有成熟的商品化软件和系统实施方案。例如，大部分企业的财务管理系统、ERP系统、人力资源管理系统等多采用外购调试方式。

（三）业务外包

信息系统的业务外包是指委托其他单位开发信息系统，基本做法是企业将信息系统开发项目外包出去，由专业公司或科研机构负责开发、安装实施，企业直接使用。选择业务外包方式的，应当采用公开招标等形式择优选择开发单位。其优点是：企业可以充分利用专业公司的专业优势，量体裁衣，构建全面、高效满足企业需求的个性化系统；企业不必培养、维持庞大的开发队伍，相应节约了人力资源成本。其缺点是：沟通成本高，系统开发方难以深刻理解企业需求，可能导致开发出的信息系统与企业的期望产生较大偏差；同时，由于外包信息系统与系统开发方的专业技能、职业道德和敬业精神存在密切关系，也要求企业必须加大对外包项目的监督力度。业务外包方式的适用条件通常是市场上没有能够满足企业需求的成熟的商品化软件和解决方案，企业自身技术力量薄弱或出于成本效益原则考虑不愿意维持庞大的开发队伍。

三、自行开发方式的关键控制点和主要控制措施

虽然信息系统的开发方式有自行开发、外购调试、业务外包等多种方式，但基本流程大体相似，通常包含项目计划、需求分析、系统设计、编程和测试、上线等环节。

（一）项目计划环节

战略规划通常将完整的信息系统分成若干子系统，并分阶段建设不同的子系统。例如，制造企业可以将信息系统划分为财务管理系统、人力资源管理系统、MRP（material requirement planning，物资需求计划）系统（销售、采购、库存、生产）、计算机辅助设计和制造系统、客户关系系统、电子商务系统等若干子系统。项目就是指本阶段需要建设的相对独立的一个或多个子系统。

项目计划通常包括项目范围说明、项目进度计划、项目质量计划、项目资源计划、项目沟通计划、风险对策计划、项目采购计划、需求变更控制、配置管理计划等内容。项目计划不是完全静止、一成不变的，在项目启动阶段，可以先制订一个较有原则性的项目计划，确定项目主要内容和重大事项，然后根据项目的大小、性质及项目进展情况进行调整、充实和完善。

1. 项目计划环节的主要风险

项目计划环节的主要风险包括：信息系统建设缺乏项目计划或者计划不当，导致项目进度滞后、费用超支、质量低下。

2. 项目计划环节的主要控制措施

项目计划环节的主要控制措施有以下几点。

（1）企业应当根据信息系统建设整体规划提出分阶段项目的建设方案，明确建设目标、人员配备、职责分工、经费保障和进度安排等相关内容，按照规定的权限和程序审批后实施。

（2）企业可以采用标准的项目管理软件（如 office project）制订项目计划，并加以跟踪，在关键环节进行阶段性评审，以保证过程可控。

（3）项目关键环节编制的文档应参照相关国家标准和行业标准进行，以提高项目计划编制水平。

（二）需求分析环节

需求分析的目的是明确信息系统需要实现哪些功能。该项工作是系统分析人员和用户单位的管理人员、业务人员在深入调查的基础上，详细描述业务活动涉及的各项工作及用户的各种需求，从而建立未来目标系统的逻辑模型。

1. 需求分析环节的主要风险

需求分析环节的主要风险有以下几点。

（1）需求本身不合理，对信息系统提出的功能、性能、安全性等方面的要求不符合业务处理和控制的需要。

（2）技术上不可行、经济上成本效益倒挂，或者与国家有关法规制度存在冲突。

（3）需求文档表述不准确、不完整，未能真实全面地表达企业要求，存在表述缺失、表述不一致甚至表述错误等问题。

2. 需求分析环节的主要控制措施

需求分析环节的主要控制措施有以下几点。

（1）信息系统归口管理部门应当组织企业内部各有关部门提出开发需求，加强系统分析人员和有关部门的管理人员、业务人员的交流，经综合分析提炼后形成合理的需求。

（2）编制表述清晰、表达准确的需求文档。需求文档是业务人员和技术人员共同理解信息系统的桥梁，必须准确表述系统建设的目标、功能和要求。企业应当采用标准建模语言（如 UML），综合运用多种建模工具和表现手段，参照有关标准，提高系统需求说明书的编写质量。

（3）企业应当建立健全需求评审和需求变更控制流程。依据需求文档进行设计（需求变更设计）前，应当评审其可行性，由需求提出人和编制人签字确认，并经业务部门与信息系统归口管理部门负责人审批。

（三）系统设计环节

系统设计是根据系统需求分析阶段所确定的目标系统逻辑模型，设计出一个能在企业特定的计算机和网络环境中实现的方案，即建立信息系统的物理模型。系统设计包括总体设计和详细设计，总体设计的主要任务是：①设计系统的模块结构，合理划分子系统边界和接口；②选择系统实现的技术路线，确定系统的技术架构，明确系统重要组件的内容和行为特征，以及组件之间、组件与环境之间的接口关系；③数据库设计，包括主要的数据库表结构设计、存储设计、数据权限和加密设计等；④设计系统的网络拓扑结构、系统部署方式等。详细设计的主要任务包括程序说明书编制、数据编码规范设计、输入输出界面设计等内容。

1. 系统设计环节的主要风险

系统设计环节的主要风险有以下几点。

（1）设计方案不能完全满足用户需求，不能实现需求文档规定的目标。

（2）设计方案未能有效控制建设开发成本，不能保证建设质量和进度。

（3）设计方案不全面，导致后续变更频繁。

（4）设计方案没有考虑信息系统建成后对企业内部控制的影响，导致系统运行后衍生新的风险。

2. 系统设计环节的主要控制措施

系统设计环节的主要控制措施有以下几点。

（1）系统设计负责部门应当就总体设计方案与业务部门进行沟通和讨论，说明方案对用户需求的覆盖情况；存在备选方案的，应当详细说明各方案在成本、建设时间和用户需求响应上的差异；信息系统归口管理部门和业务部门应当对选定的设计方案予以书面确认。

（2）企业应参照相关国家标准和行业标准，提高系统设计说明书的编写质量。

（3）企业应建立设计评审制度和设计变更控制流程。

（4）在系统设计时应当充分考虑信息系统建成后的控制环境，将生产经营管理业务流程、关键控制点和处理规程嵌入系统程序，实现手工环境下难以实现的控制功能。例如，对于某一财务软件，当输入支出凭证时，可以让计算机自动检查银行存款余额，防止透支。

（5）应充分考虑信息系统环境下新的控制风险，如要通过信息系统中的权限管理功能控制用户的操作权限，避免将不相容职务的处理权限授予同一用户。

（6）应当针对不同的数据输入方式，强化对进入系统数据的检查和校验功能。例如，凭证的自动平衡校对。

（7）系统设计时应当考虑在信息系统中设置操作日志功能，确保操作的可审计性。对异常的或者违背内部控制要求的交易和数据，应当设计系统自动报告并跟踪处理机制。

（8）预留必要的后台操作通道，对于必要的后台操作，应当加强管理，建立规范的操作流程，确保足够的日志记录，保证对后台操作的可监控性。

（四）编程和测试环节

编程阶段是将详细设计方案转换成某种计算机编程语言的过程。编程阶段完成之后，要进行测试。测试环节在系统开发中具有举足轻重的地位。

1. 测试环节的主要目的

测试环节的主要目的有以下几点。

（1）发现软件开发过程中的错误，分析错误的性质，确定错误的位置并予以纠正。

（2）通过某些系统测试，了解系统的响应时间、事务处理吞吐量、载荷能力、失效恢复能力及系统实用性等指标。

（3）对整个系统做出综合评价。

2. 测试环节的主要风险

测试环节的主要风险有以下几点。

（1）编程结果与设计不符。

（2）各程序员编程风格差异大，程序可读性差，导致后期维护困难、维护成本高。

（3）缺乏有效的程序版本控制，导致重复修改或修改不一致等问题。

（4）测试不充分。单个模块正常运行但多个模块集成运行时出错，开发环境下测试正常而生产环境下运行出错，开发人员自测正常而业务部门用户使用时出错，导致系统上线后可能出现严重问题。

3. 测试环节的主要控制措施

测试环节的主要控制措施有以下几点。

（1）项目组应建立并执行严格的代码复查评审制度。

（2）项目组应建立并执行统一的编程规范，在标识符命名、程序注释等方面统一风格。

（3）应使用版本控制软件系统（如 CVS），保证所有开发人员基于相同的组件环境开展项目工作，协调开发人员对程序的修改。

（4）应区分单元测试、组装测试（集成测试）、系统测试、验收测试等不同测试类型，建立严格的测试工作流程，提高最终用户在测试工作中的参与程度，改进测试用例的编写质量，加强测试分析，尽量采用自动测试工具提高测试工作的质量和效率。具备条件的企业，应当组织独立于开发建设项目组的专业机构对开发完成的信息系统进行验收测试，确保在功能、性能、控制要求和安全性等方面符合开发需求。

（五）上线环节

系统上线是将开发出的系统（可执行的程序和关联的数据）部署到实际运行的计算机环境中，使信息系统按照既定的用户需求来运转，切实发挥信息系统的作用。

1. 上线环节的主要风险

上线环节的主要风险有以下几点。
（1）缺乏完整可行的上线计划，导致系统上线混乱无序。
（2）人员培训不足，不能正确使用系统，导致业务处理错误，或者未能充分利用系统功能，导致开发成本浪费。
（3）初始数据准备设置不合格，导致新旧系统数据不一致、业务处理错误。

2. 上线环节的主要控制措施

上线环节的主要控制措施有以下几点。
（1）企业应当制订信息系统上线计划，并经归口管理部门和用户部门审核批准。上线计划一般包括人员培训、数据准备、进度安排、应急预案等内容。
（2）系统上线涉及新旧系统切换的，企业应当在上线计划中明确应急预案，保证新系统失效时能够顺利切换回旧系统。
（3）系统上线涉及数据迁移的，企业应当制订详细的数据迁移计划，并对迁移结果进行测试。用户部门应当参与数据迁移过程，对迁移前后的数据予以书面确认。

四、业务外包方式的关键控制点和主要控制措施

在业务外包、外购调试方式下，企业对系统设计、编程、测试环节的参与程度明显低于自行开发方式，因此可以适当简化相应的风险控制措施，但同时也因开发方式的差异产生一些新的风险，需要采取有针对性的控制措施。

（一）选择外包服务商

1. 选择外包服务商环节的主要风险

由于企业与外包服务商之间本质上是一种"委托—代理"关系，合作双方的信息不对称容易诱发道德风险，外包服务商可能会实施损害企业利益的自利行为，如偷工减料、放松管理、信息泄密等。

2. 选择外包服务商环节的主要控制措施

选择外包服务商环节的主要控制措施有以下几点。
（1）企业在选择外包服务商时要充分考虑服务商的市场信誉、资质条件、财务状况、

服务能力、对本企业业务的熟悉程度、既往承包服务成功案例等因素，对外包服务商进行严格筛选。

（2）企业可以借助外包业界基准来判断外包服务商的综合实力。

（3）企业要严格外包服务审批及管控流程，对信息系统外包业务，原则上应采用公开招标等形式选择外包服务商，并实行集体决策审批。

（二）签订外包合同

1. 签订外包合同环节的主要风险

签订外包合同环节的主要风险是合同条款不准确、不完善，可能导致企业的正当权益无法得到有效保障。

2. 签订外包合同环节的主要控制措施

签订外包合同环节的主要控制措施有以下几点。

（1）企业在与外包服务商签约之前，应针对外包可能出现的各种风险损失，恰当拟定合同条款，对涉及的工作目标、合作范畴、责任划分、所有权归属、付款方式、违约赔偿及合约期限等问题做出详细说明，并由法律部门或法律顾问审查把关。

（2）开发过程中涉及商业秘密、敏感数据的，企业应当与外包服务商签订详细的"保密协定"，以保证数据安全。

（3）在合同中约定付款事宜时，应当选择分期付款方式，尾款应当在系统运行一段时间并经评估验收后再支付。

（4）应在合同条款中明确要求外包服务商保持专业技术服务团队的稳定性。

（三）持续跟踪评价外包服务商

1. 持续跟踪评价外包服务商环节的主要风险

持续跟踪评价外包服务商环节的主要风险是：企业缺乏外包服务跟踪评价机制或跟踪评价不到位，可能导致外包服务质量水平不能满足企业信息系统开发需要。

2. 持续跟踪评价外包服务商环节的主要控制措施

持续跟踪评价外包服务商环节的主要控制措施有以下两点。

（1）企业应当规范外包服务评价工作流程，明确相关部门的职责权限，建立外包服务质量考核评价指标体系，定期对外包服务商进行考评，公布服务周期的评估结果，实现外包服务水平的跟踪评价。

（2）必要时，可以引入监理机制，降低外包服务风险。

五、外购调试方式的关键控制点和主要控制措施

在外购调试方式下，一方面，企业面临与业务外包方式类似的问题，企业要选择软件产品的供应商和服务提供商、签订合约、跟踪服务质量，因此，企业可采用与业务外包方式类似的控制措施；另一方面，外购调试方式也有其特殊之处，企业需要有针对性

地强化某些控制措施。

（一）软件产品选型和软件供应商选择

在外购调试方式下，软件供应商的选择和软件产品的选型是密切相关的。

1. 软件产品选型和软件供应商选择环节的主要风险

软件产品选型和软件供应商选择环节的主要风险有以下两点。

（1）软件产品选型不当，产品在功能、性能、易用性等方面无法满足企业需求。

（2）软件供应商选择不当，产品的支持服务能力不足，产品的后续升级缺乏保障。

2. 软件产品选型和软件供应商选择环节的主要控制措施

软件产品选型和软件供应商选择环节的主要控制措施有以下几点。

（1）企业应明确自身需求，对比分析市场上的成熟软件产品，合理选择软件产品的模块组合和版本。

（2）企业在进行软件产品选型时应广泛听取行业专家的意见。

（3）企业在选择软件产品和软件供应商时，不仅要评价其现有产品的功能、性能，还要考察其服务支持能力和后续产品的升级能力。

（二）服务提供商选择

大型企业管理信息系统（如 ERP 系统）的外购实施，不仅需要合适的软件供应商和软件产品，也需要选择合适的咨询公司等服务提供商，指导企业将通用软件产品与本企业的实际情况有机结合。

1. 服务提供商选择环节的主要风险

服务提供商选择环节的主要风险有：服务提供商选择不当，可能会削弱外购软件产品的功能发挥，导致无法有效满足用户需求。

2. 服务提供商选择环节的主要控制措施

服务提供商选择环节的主要控制措施有：在选择服务提供商时，不仅要考核其对软件产品的熟悉、理解程度，也要考核其是否深刻理解企业所处行业的特点，是否理解企业的个性化需求，是否有过相同或相近的成功案例。

第三节　信息系统的运行与维护控制

企业应当加强信息系统运行与维护的管理，制定信息系统工作程序、信息管理制度以及各模块子系统的具体操作规范，及时跟踪、发现和解决系统运行中存在的问题，确保信息系统按照规定的程序、制度和操作规范持续稳定运行。

一、信息系统运行与维护的内容

信息系统运行与维护的主要内容包括信息系统日常运行维护控制、信息系统的系统变更控制、信息系统的安全管理。这三者的控制目标、主要的控制风险、主要控制措施各不相同。

二、信息系统应用控制的主要手段

信息系统的应用控制主要关注数据的获取和处理的完整性、准确性以及授权的有效性。为了能够达到以上目标，企业应采取以下措施。

（一）职务分离

内部控制的关键就在于不相容职务的分离，而职务分离的基本要求就是业务活动的批准、记录、经办尽可能做到相互独立，这在信息系统的管理中尤为重要。信息系统的不相容职务涉及的人员可以分为三类：系统开发建设人员、系统管理和维护人员、系统操作使用人员。

（二）人工控制

人工控制最重要的一点就是有效授权和职务分离，系统操作使用人员根据控制程序以及各项规章制度判断业务活动的合理性、合法性和有效性，保证录入系统的交易活动或修改数据都经过授权。其次是对系统操作使用人员的培训，使他们能够熟练、准确有效地使用系统。

（三）自动控制

信息系统可以根据对数据类型的校验、重复输入校验、系统匹配等方式对应用系统的输入、处理和输出进行有效控制。

（四）数据保密

在使用信息系统过程中，企业可根据员工所承担的责任，分配其可登录查阅相关信息的权限。

三、信息系统的日常运行维护控制

信息系统的日常运行维护控制有以下几点须掌握。

（一）日常运行维护的目标

日常运行维护的目标是保证系统正常运转，主要工作内容包括系统的日常操作、系统的日常巡检和维修、系统运行状态监控、异常事件的报告和处理等。

（二）日常运行维护的主要风险

日常运行维护的主要风险有以下三项。

(1) 没有建立规范的信息系统日常运行管理规范，计算机软硬件的内在隐患易于爆发，可能导致企业信息系统出错。

(2) 没有执行例行检查，导致一些人为恶意攻击会长期隐藏在系统中，可能造成严重损失。

(3) 企业信息系统数据未能定期备份，可能导致损坏后无法恢复，从而造成重大损失。

（三）日常运行维护的主要控制措施

日常运行维护的主要控制措施有以下四项。

(1) 企业应制定信息系统使用操作程序、信息管理制度及各模块子系统的具体操作规范，及时跟踪、发现和解决系统运行中存在的问题，确保信息系统按照规定的程序、制度和操作规范持续稳定运行。

(2) 切实做好系统运行记录，尤其是对于系统运行不正常或无法运行的情况，应对异常现象发生时间和可能的原因做出详细记录。

(3) 企业要重视系统运行的日常维护，在硬件方面，日常维护主要包括各种设备的保养与安全管理、故障的诊断与排除、易耗品的更换与安装等，这些工作应由专人负责。

(4) 配备专业人员负责处理信息系统运行中的突发事件，必要时应会同系统开发建设人员或软硬件供应商共同解决。

四、信息系统的系统变更控制

企业应当建立信息系统变更管理流程，信息系统变更应当严格遵照管理流程进行操作。信息系统操作使用人员不得擅自进行系统软件的删除、修改等操作；不得擅自升级、改变系统软件版本；不得擅自改变软件系统环境配置。

（一）系统变更的控制目标

系统变更主要包括硬件的升级扩容、软件的修改与升级等。系统变更是为了更好地满足企业需求，但同时应加强对变更申请、变更成本与进度的控制。

（二）系统变更的主要风险

系统变更环节的主要风险有以下两项。

(1) 企业没有建立严格的变更申请、审批、执行、测试流程，导致系统随意变更。

(2) 系统变更后的效果达不到预期目标。

（三）系统变更的主要控制措施

系统变更的主要控制措施有以下四项。

(1) 企业应当建立标准流程来实施和记录系统变更，保证变更过程得到适当的授权与管理层的批准，并对变更进行测试。信息系统变更应当严格遵照管理流程进行操作。信息系统操作使用人员不得擅自进行软件的删除、修改等操作；不得擅自升级、改变软件版本；不得擅自改变软件系统的环境配置。

（2）系统变更程序（如软件升级）需要遵循与新系统开发项目同样的验证和测试程序，必要时还应当进行额外测试。

（3）企业应加强对紧急变更的控制管理。

（4）企业应加强对将变更移植到生产环境中相关控制的管理，包括系统访问授权控制、数据转换控制、用户培训控制等。

五、信息系统的安全管理

（一）安全管理的控制目标

安全管理的控制目标是保障信息系统安全，信息系统安全是指信息系统包含的所有硬件、软件和数据受到保护，不因偶然和恶意的原因而遭到破坏、更改和泄露，信息系统能够连续正常运行。

（二）安全管理的主要风险

安全管理环节的主要风险有以下五项。

（1）硬件设备分布范围广、种类繁多、安全管理难度大，可能导致设备生命周期短。

（2）业务部门信息安全意识薄弱，对系统和信息安全缺乏有效的监管手段。少数员工可能恶意或非恶意滥用系统资源，造成系统运行效率降低。

（3）对系统程序的缺陷或漏洞安全防护不够，导致遭受黑客攻击，造成信息泄露。

（4）对各种计算机病毒防范清理不力，导致系统运行不稳定甚至瘫痪。

（5）缺乏对信息系统操作人员的严密监控，可能导致舞弊和利用计算机犯罪。

（三）安全管理的主要控制措施

安全管理的主要控制措施有以下九项。

（1）建立信息系统相关资产的管理制度，保证电子设备的安全。硬件和网络设备不仅是信息系统运行的基础载体，也是价值昂贵的固定资产。企业应在健全设备管理制度的基础上，建立专门的电子设备管控制度，对于关键信息设备（如银行的核心数据库服务器），未经授权，不得接触。

（2）企业应成立专门的信息系统安全管理机构，由企业主要领导负总责，对企业的信息安全做出总体规划和全方位严格管理，具体实施工作可由企业的信息主管部门负责。企业应强化全体员工的安全保密意识，特别要对重要岗位员工进行信息系统安全保密培训，并签署安全保密协议。企业应当建立信息系统安全保密制度和泄密责任追究制度。

（3）企业应当按照国家相关法律法规及信息安全技术标准，制定信息系统安全实施细则。根据业务性质、重要程度、涉密情况等确定信息系统的安全等级，建立不同等级信息的授权使用制度，采用相应技术手段保证信息系统运行安全有序。对于信息系统的使用者和不同安全等级信息之间的授权关系，应在系统开发建设阶段就形成方案并加以设计，在软件系统中预留这种对应关系的设置功能，以便根据使用者岗位职务的变迁进行调整。

（4）企业应当有效利用IT手段，对硬件配置调整、软件参数修改严加控制。例如，企业可利用操作系统、数据库系统、应用系统提供的安全机制，设置安全参数，保证系统访问安全；对于重要的计算机设备，企业应当利用技术手段防止员工擅自安装、卸载软件或改变软件系统配置，并定期对上述情况进行检查。

（5）企业委托专业机构进行系统运行与维护管理的，应当严格审查其资质条件、市场声誉和信用状况等，并与其签订正式的服务合同和保密协议。

（6）企业应当采取安装安全软件等措施，防范信息系统受到病毒等恶意软件的感染和破坏，企业应当特别注重加强对服务器等关键部位的防护。存在网络应用的企业，应当综合利用防火墙、路由器等网络设备，采用内容过滤、漏洞扫描、入侵检测等软件技术加强网络安全，严密防来自互联网的黑客攻击和非法侵入。对于通过互联网传输的涉密或关键业务数据，企业应当采取必要的技术手段确保信息传递的保密性、准确性、完整性。

（7）企业应当建立系统数据定期备份制度，明确备份范围、频度、方法、责任人、存放地点、有效性检查等内容。系统首次上线运行时应当完全备份，然后根据业务频率和数据重要性程度，定期做好增量备份。数据正本与备份应分别存放于不同地点，防止因火灾、水灾、地震等事故产生不利影响。企业可综合采用光盘等多种备份方式存储介质。

（8）企业应当建立信息系统开发、运行与维护等环节的岗位责任制度和不相容职务分离制度，防范利用计算机舞弊和犯罪。一般而言，信息系统不相容职务涉及的人员可以分为三类：系统开发建设人员，系统管理和维护人员，系统操作使用人员。系统开发建设人员在运行阶段不能操作使用信息系统，否则就可能掌握其中的涉密数据，进行非法利用；系统管理和维护人员承担密码保管、授权、系统变更等关键任务，如果允许其使用信息系统，就可能较为容易地篡改数据，从而达到侵吞财产或滥用计算机信息的目的。此外，系统操作使用人员也需要区分不同岗位，包括业务数据录入、数据检查、业务批准等，他们之间也应有必要的相互牵制。企业应建立用户管理制度，加强对重要业务系统的访问权限管理，避免将不相容职责授予同一用户。企业应当采用密码控制等技术手段进行用户身份识别。对于重要的业务系统，应当采用数字证书、生物识别等可靠性强的技术手段识别用户身份。对于发生岗位变化或离岗的用户，用户部门应当及时通知系统管理人员调整其在系统中的访问权限或关闭账号。企业应当定期对系统中的账号进行审阅，避免存在授权不当或非授权账号。对于超级用户，企业应当严格规定其使用条件和操作程序，并对其在系统中的操作全程进行监控或审计。

（9）企业应积极开展信息系统风险评估工作，定期对信息系统进行安全评估，及时发现系统安全问题并加以整改。

六、信息系统终结的控制

（一）系统终结的原因

系统停止运行的原因通常有企业破产或被兼并、原有信息系统被新的信息系统代替。

（二）系统终结的主要风险

系统终结是信息系统生命周期的最后一个阶段，在该阶段信息系统将停止运行。这一环节的主要风险有以下两项。

（1）因经营条件发生剧变，数据可能泄密。

（2）信息档案的保管期限不够长。

（三）系统终结的主要控制措施

系统终结的主要控制措施有以下两项。

（1）要做好善后工作，不管因何种情况导致系统停止运行，都应将废弃系统中有价值或涉密的信息进行销毁、转移。

（2）严格按照国家有关法规制度和对电子档案的管理规定（如审计准则对审计证据保管年限的要求），妥善保管相关信息档案。

第四节 信息系统案例分析[①]

信息技术的进步、互联网的普及促进了我国经济的发展，改变了人们的生活方式，变革了商业活动的形式，使电子商务有了广阔的发展前景。目前，电子商务销售规模不断增长，2017年"双11"期间，如此规模零售产品的销售，商品线上展示、在线咨询与订单管理需要强大的信息系统支持。同时，电商的核心竞争力之一在于价格优势，价格战的前提保障是需要建立同样庞大的供应商信息平台，及时获得供应商产品信息或者为供应商在商务平台发布产品信息提供及时方便的信息平台。另外，物流能力也是电商企业的核心竞争力，遍布全国的物流网点与商品配送物流信息，同样考验着电商企业的信息系统，决定着电商的生死存亡。亚马逊在全球建立物流中心，力图缩短商品与消费者之间的距离；京东商城在全国范围内建立物流中心、大型仓库、配送站等；阿里巴巴集团宣布投资上千亿元建立智能物流骨干网络，力图使货物24小时内送达客户。

一、A电子商务企业信息系统内部控制主要做法

1. 信息系统控制与企业有效运行

A电子商务企业组织部门包括产品管理、仓库运营、物流中心以及市场营销等部门。其中，产品管理部门主要发挥的是采购职能，各个产品经理分别负责相应的生产线。仓库运营部主要负责产品的运营和存储管理。退货部门负责客户的退货申请，并根据实际情况进行产品退、换工作等。企业各个部门需要负责对应的部门职能，这些部门工作的开展依赖于企业信息管理系统。该企业产品采购、存储以及销售等工作内容必须在信息管理系统中进行处理，并且企业人力资源配置和物资配置等都在系统内进行。因此，可以认为企业内部控制与信息系统之间有紧密联系。只有加强企业信息系统的控制，保证

[①] 魏瑞娟. 电子商务企业内部控制案例分析研究. 现代商业，2018：156-157

信息系统的有效运行,才能保证企业各项工作的顺利开展,同时为消费者提供较为安全的交易环境。

2. 企业主要业务环节内部控制与信息系统设计

A电子商务企业运营的各项业务环节通过信息系统进行衔接运转,因而,有效的信息系统应结合企业实际情况将内部控制的授权与职责分离、牵制与审核批准等内部控制方法嵌入信息系统运行,实现内部控制信息化。A电子商务企业下属分仓较多、涉及领域较广,企业经营风险相对较大。因而,该企业将资产完整、业务流程完善、各地仓库有效管理与经营效率提高等作为内部控制设计的重要目的。如针对存货种类多、产品管理难度大等风险,第一,增强供应商选择信息管理模块,增强供应商询价功能、信誉查询与管理功能,供应商选择审核批准流程与档案管理等职能。第二,增强授权审批系统通过制定采购协议授权机制、供应商信息记录控制等来实现对风险的控制。

3. 加强信息系统本身的安全性与稳定性控制

A电子商务企业主要业务环节主要依靠信息管理系统,信息系统的稳定性与安全性直接影响企业运营的可持续性,在信息管理系统出现故障时,将造成企业较大的经济损失。因此,企业不断完善自身信息系统,加强信息系统安全性的应急处理机制,加强对账户信息的管理,加强网络安全防火墙建设、积极配合信息安全部门采取措施防范网络诈骗行为等。

二、A电子商务企业内部控制存在的不足

A电子商务企业信息系统在内部控制设计中没有关注的方面:①产品促销环节内部控制存在缺陷。企业在进行内部控制设计时,充分考虑了企业运营过程中存在的岗位职能混乱的问题,但是促销环节的利益冲突问题仍然存在,主要体现在市场营销人员在开展促销活动时,可能出现以权谋私的现象,对产品重新定价或内部人操纵获得促销奖品。②缺少对内部控制缺陷认定的相关标准。内部控制体系的缺陷认定标准是内部监督的参考依据,如果企业缺少这种认定标准,将导致企业无法区分各项事务的重要程度,从而不能实现资源的合理配置,造成资源浪费等情况。针对这些问题,需要企业在已经设计完成的内部控制体系上进行完善,实现这些问题的有效解决,并充分发挥内部控制在企业发展中的积极作用。

本 章 小 结

现代企业的运营越来越依赖于信息系统。本章首先介绍了信息系统内部控制的目标,分析了信息系统内部控制存在的主要风险;在此基础上,对信息系统的规划与开发、运行与维护过程中内部控制的关键环节和控制措施分别进行了深入阐述。其次,从多个角度论述了信息系统在控制过程中的主要风险。最后,以案例分析阐述了信息系统内部控制存在的主要风险,加强信息系统内部控制的重要作用。

复习思考题

一、简答题

1. 如何理解信息系统？信息系统对企业有哪些影响？
2. 如何理解企业信息系统控制的关键点？假如你是企业负责内部控制的工作人员，你将如何设计企业信息系统？

二、案例分析

中国联通广东省分公司（以下简称"广东联通"）的信息系统结构包括三大系统域：运营支撑系统域（the office of strategic services，OSS）、业务支撑系统域（business support system，BSS）和管理支撑系统域（management support system，MSS），其中，运营支撑系统域属于生产管理系统，面向服务和资源，为综合运营提供支持，主要包括集成订单管理系统、服务开通管理系统、综合资源管理系统、综合生产调度系统、动力监控系统等；业务支撑系统域属于业务管理系统，为市场营销、客户服务等企业经营活动提供全面支撑，主要包括外部门户系统、CRM（customer relationship management，客户关系管理）系统、合作伙伴管理系统、经营分析系统、综合计费账务系统、综合结算系统和综合采集系统等；管理支撑系统域属于管理支持系统，为企业管理活动提供有力的支撑和保障，主要包括内部门户系统、企业决策支持系统、ERP（企业资源计划）系统、OA（office automation，办公自动化）系统等。ERP系统又包括会计信息系统、采购管理、库存管理、人力资源管理等子系统。

信息系统内部控制是广东联通内部控制的重要组成部分，包括信息系统一般控制和信息系统应用控制。在内部控制建设过程中，广东联通对2200多个风险点（其中信息系统关键控制点349个）进行了详细分析，制订了相应的控制措施。其中，信息系统一般控制是指对信息系统的开发和应用环境进行的控制，主要包括信息系统控制环境管理、系统开发管理、系统变更管理、日常运行维护管理、系统安全管理等内容。广东联通强调信息系统全生命周期管理，明确了信息系统各阶段的风险控制点。为了加强信息系统一般控制，中国联通及广东联通还制定了一系列制度，包括《中国联通广东分公司信息系统项目建设规程》《中国联通信息系统管理规范订立及修改细则》等。系统应用控制，是指利用信息系统对业务处理实施的控制。根据业务处理环节划分，信息系统应用控制包括输入控制、处理控制和输出控制等内容。广东联通信息化程度高，公司生产经营完全依赖信息系统的支持。因此，信息系统应用控制与公司的生产经营业务密不可分。广东联通通过梳理业务流程、强化职责分工、实现不相容职务相互分离等手段加强信息系统应用控制。

因此，广东联通信息系统内部控制具有控制点多，管理不断细化，实现生命周期全过程管理，涵盖信息系统控制环境管理、系统开发管理、系统变更管理、系统安全管理、系统运行维护管理以及与业务密切联系的信息系统应用管理，涵盖系统规划、需求分析、系统设计、系统实施、系统运行维护、系统评价等整个信息系统生命周期，具有现系统控制效率高、风险小的特点。

但是，由于广东联通的信息系统过于庞大，原有信息系统多达二十几个，因新产品的不断推出，需要不断增加新的信息系统，并对旧的信息系统不断进行升级变更。信息系统的故障将直接影响服务的提供，因此，广东联通信息系统内部控制风险较大。

要求：

结合案例分析信息系统内部控制的意义，信息系统内部控制与其他业务活动内部控制的关系和异同，要使信息系统内部控制发挥作用，应做好哪些工作。

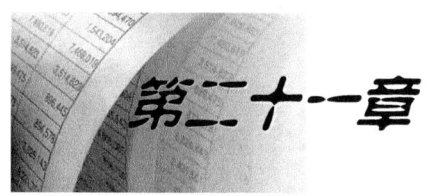

第二十一章 企业内部控制评价

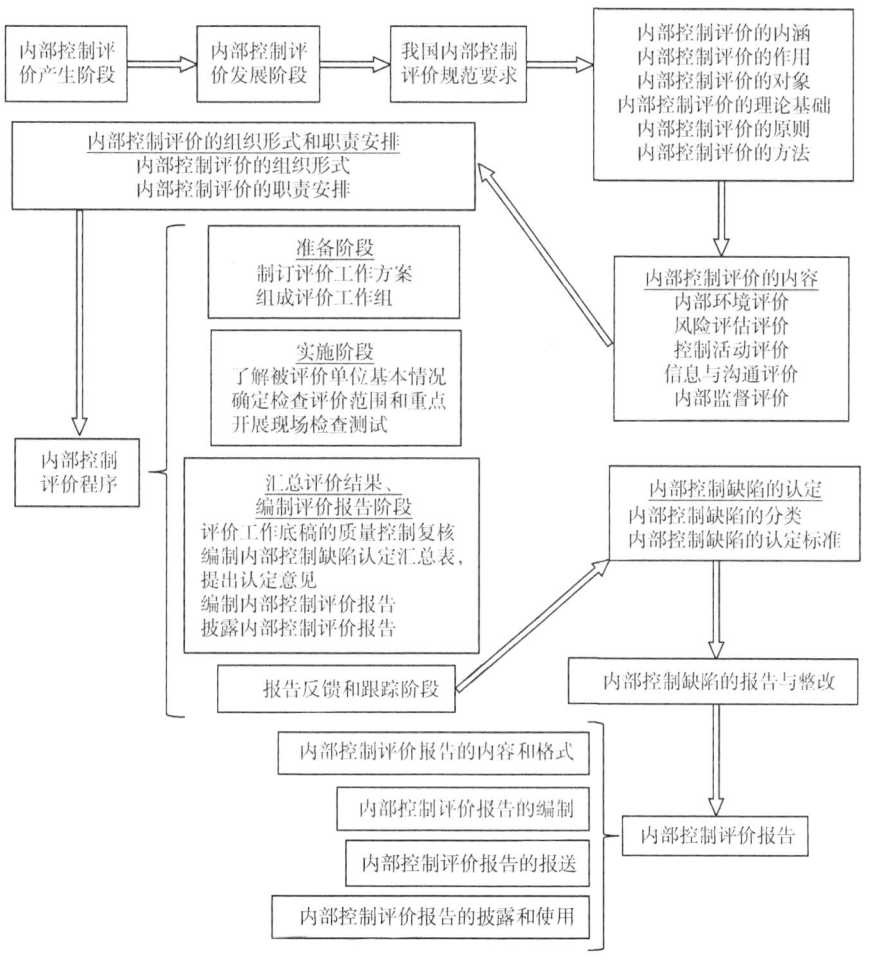

《企业内部控制基本规范》第四十六条要求，企业应当结合内部监督情况，定期对内部控制的有效性进行自我评价，出具内部控制自我评价报告。内部控制评价，是指企业董事会或类似权力机构对内部控制的有效性进行全面评价、形成评价结论、出具评价报告的过程。企业对自身内部控制状况进行评价，有利于发现内部控制存在的问题，及时完善，提高企业的经营效率，更好地实现经营目标。

【重要概念】内部控制　内部控制评价　内部监督　内部控制框架

第一节　内部控制评价概述

一、内部控制评价的发展历程

(一) 内部控制评价产生阶段

1987年，加拿大海湾资源公司接到法庭判决，判决要求该公司报告其内部控制的问题；同时，该公司内部审计人员在依靠传统审计程序进行审计时，发现不能解决油气计量差异的问题。在这样内外双重需要的背景下，该公司最早提出内部控制评价。该公司采用的引导会议法，能及时提供该公司全部活动的可靠信息，及时发现风险，帮助公司高级管理层及时采取措施完善内部控制。20世纪90年代，引导会议法相关理念得到国际内部审计协会（The Institute of Internal Auditors，IIA）等理论界和实务界的赞许与推广，其工作方法成为企业内部控制评价使用较为广泛的方法。该理念获得广泛认可的原因在于以下几点。

1. 适应企业日益加剧的经营风险需要

20世纪末以来，随着全球社会分工的加剧引发的贸易一体化和全球经济、金融一体化格局的发展，企业规模不断扩大，跨国公司大量涌现，企业的组织结构较多采取地区事业部和产品事业部制，决策低层化及竞争多元化的趋势日益明显，企业的经营风险加大。而内部控制评价可以及时发现经营风险，管理者通过采取相应的对策措施，可以将风险影响降低。

2. 弥补内部审计监督作用的局限性

随着企业经营规模扩大和产品多样化发展，受人力资本和工作时间、工作地域的限制，内部审计人员难以完全深入了解企业复杂多变的业务活动，完全依赖内部审计发现企业经营管理存在的问题已经不可能。而内部控制评价通过引导、调动管理者和相关业务部门及生产环节责任人共同进行分析评价，促进全体员工（特别是基层员工）参与内部控制的建设，更好地实现内部监督。

3. 符合现代经营管理理念

内部控制评价通过全员参与，重视员工价值，强调人本管理和能本管理，符合现代经营管理理念。

(二) 内部控制评价发展阶段

2002年，美国《萨班斯-奥克斯利法案》第103条款要求外部审计师在每份审计报告中说明审计师对上市公司内部控制构成及程序的测试范围，并在该审计报告或单独的报告中注明。第302条款要求公司主要执行负责人、首席财务负责人或履行相似职务的人员在向美国证券交易委员会（SEC）呈报的每一份年度或季度报告中书面确认：①对建立和保持内部控制负责；②设计内部控制，并保证其了解报告提供人及其合并报告的下属机构有关的重要信息，尤其是那些在定期报告编制期内的信息；③评价在报告发布前90天内发行人内部控制系统的有效性；④在报告中陈述对发行人内部控制系统有效性的评价结论。要求公司管理层必须向审计师和审计委员会报告公司内部控制在设计与操作中的所有控制弱点，以及这些控制弱点可能对公司记录、处理、总结与报告财务数据能力的负面影响。404条款——管理层对内部控制的评估，要求公司管理层在每份年度报告里应提交一份"内部控制报告"，该报告包含：公司管理层应对内部控制结构和财务报告程序的有效性进行评估；外部审计师对管理层提供的内部控制评价报告进行审核和报告。

同时，许多国家的证券市场也都要求上市公司高级管理层对公司的内控状况做出承诺，并要求会计师事务所对其内部控制开展全面调查。正是在这样的环境下，内部控制评价在全球掀起一股推广的浪潮。

（三）我国内部控制评价规范要求

2006年，上海证券交易所和深圳证券交易所分别制定了《上海证券交易所上市公司内部控制指引》和《深圳证券交易所上市公司内部控制指引》，并要求上市公司披露内部控制自我评价报告及注册会计师核实评价意见。财政部会同证监会、审计署、银监会、保监会于2008年发布《企业内部控制基本规范》和2010年发布《企业内部控制配套指引》，标志着适应我国企业实际情况、融合国际先进经验的中国企业内部控制规范体系基本建成，该体系是我国企业建立和评价内部控制的指引与依据。

《关于2012年主板上市公司分类分批实施企业内部控制规范体系的通知》（财办会〔2012〕30号）要求，境内外同时上市公司及中央和地方国有控股主板上市公司，应在披露2012年公司年报的同时，披露董事会对公司内部控制的自我评价报告以及注册会计师出具的内部控制审计报告。2012年，就有2244家上市公司披露了内部控制评价报告，占沪、深交易所2492家上市公司的比例约为90.05%，共有1532家上市公司披露了内部控制审计报告，其中非标意见共26家，否定意见4家。

二、内部控制评价的内涵

内部控制评价是指董事会或类似权力机构对内部控制的有效性进行全面评价、形成评价结论、出具评价报告的过程。对于这一定义，可从以下三个角度进行理解。

1. 内部控制评价的主体是董事会或类似权力机构

内部控制评价的主体是董事会或类似的权力机构，是指董事会或类似的权力机构是内部控制设计和运行的责任主体。董事会可指定审计委员会来承担对内部控制评价的组织、领导、监督职责，并授权内部审计部门或独立的内部控制评价机构执行内部控制评价的具体工作，但董事会仍对内部控制评价承担最终的责任，对内部控制评价报告的真实性负责。

2. 内部控制评价的对象是内部控制的有效性

所谓内部控制的有效性,是指企业建立与实施内部控制对实现控制目标提供合理保证的程度。从控制过程的角度来看,内部控制的有效性可分为内部控制设计的有效性和内部控制运行的有效性。从控制目标的角度来看,内部控制的有效性可分为合规目标内部控制的有效性、资产目标内部控制的有效性、报告目标内部控制的有效性、经营目标内部控制的有效性和战略目标内部控制的有效性。

需要说明的是,由于受内部控制固有局限(如评价人员的职业判断、成本效益原则)的影响,内部控制评价只能为内部控制目标的实现提供合理保证,而不能提供绝对保证。

3. 内部控制评价是一个过程

内部控制评价是一个过程是指内部控制评价要遵照一定的流程来进行。内部控制评价工作不是一蹴而就的,它是一个涵盖计划、实施、编报等多个阶段,包含多个步骤的动态过程。

三、内部控制评价的作用

内部控制评价的作用包括以下几点。

1. 内部控制评价有助于完善企业内部控制体系

内部控制评价是通过评价、反馈、再评价,报告企业在内部控制建立与实施中存在的问题,并持续地进行自我完善的过程。通过内部控制评价查找、分析内部控制缺陷并有针对性地督促落实整改,可以及时堵塞管理漏洞,防范偏离目标的各种风险,并举一反三,从设计和执行等方面健全优化管控制度,从而促进企业内控体系的不断完善。

2. 内部控制评价有助于树立企业市场形象和提升公众认可度

企业开展内部控制评价,形成评价结论,出具评价报告。通过自我评价报告,将企业的风险管理水平、内部控制状况,以及与此相关的发展战略、竞争优势、可持续发展能力等公布于众,树立诚信、透明、负责任的企业形象,有利于提升投资者、债权人及其他利益相关者的信任度和认可度,为自己创造更为有利的外部环境,促进企业的长远可持续发展。

3. 内部控制评价有助于实现与政府监管的协调互动

政府监管部门有权对企业内部控制建立与实施的有效性进行监督检查。事实上,在有关政府部门,如审计机关开展的国有企业负责人离任经济责任审计中,已将企业内部控制的有效性,以及企业负责人组织领导内部控制体系建立与实施情况纳入审计范围,并日益视之为十分重要的一部分。尽管政府部门实施企业内部控制监督检查有其自身的做法和特点,但监督检查的重点部位是基本一致的,如大多涉及重大经营决策的科学性、合规性及重要业务事项管控的有效性等。实施企业内控自我评价,能够通过自查及早排查风险、发现问题,并积极整改,有利于在配合政府监管中赢得主动,并借助政府监管成果进一步改进企业内部控制实施和评价工作,促进自我评价与政府监管的协调互动。

4. 内部控制评价是提高管理层内部控制水平的压力机制

任何信息，只要被公开就会产生一定的压力，因为信息公开就意味着接受公众的监督，能够在某种程度上敦促被监督者不断改进工作、提高工作成效。这就是所谓的压力传递机制。它在内部控制评价中同样存在。内部控制评价后相关信息被公开披露，包括投资人、债权人、监管机构在内的利益相关者将据此判断企业内部控制是否得到了有效执行，并进一步分析管理层所提供的财务报告在多大程度上可靠、是否能确保企业的资产安全和完整、企业的经营目标能否实现，从而对管理层的绩效进行综合评价。内部控制评价越规范，利益相关者越关注内部控制信息，对管理者监督力度就越大。

5. 内部控制评价是促进内部审计职能发挥的基础

内部控制评价和内部审计相互依赖、相互促进。借助内部控制评价结果，内部审计人员可以了解内部控制系统的薄弱环节和高风险领域，更准确地确定审计的范围、审计的重点和采用的审计方法，从而提高审计效率。健全的内部控制制度还可以保证审计测试的质量。在审计测试中，无论是符合性测试还是实质性测试，都存在抽样误差。如果被审计单位内部控制制度健全，则抽出样本的代表性就强，审计结论风险就小；反之，则抽样测试所得出的审计结论可能会有较大的风险。

四、内部控制评价的对象

内部控制评价是对内部控制有效性发表意见。所谓内部控制有效性，是指企业建立与实施内部控制对实现控制目标提供合理保证的程度，包括以下两点。

1. 内部控制设计的有效性

内部控制设计的有效性，是指为实现控制目标所必需的内部控制要素都存在并且设计恰当。

2. 内部控制运行的有效性

内部控制运行的有效性，是指现有内部控制按照规定程序得到了正确执行。评价内部控制运行的有效性，应当着重考虑：①相关控制在评价期内是如何运行的；②相关控制是否得到了持续一致的运行；③实施控制的人员是否具备必要的权限和能力。

需要强调的是，即使同时满足设计有效性和运行有效性标准的内部控制，受内部控制固有局限影响，也只能为内部控制目标的实现提供合理保证，而不能提供绝对保证。不应不切实际地期望内部控制能够绝对保证内部控制目标的实现，也不应以内部控制目标的最终实现情况和程度为唯一依据直接判断内部控制设计和运行的有效性。

五、内部控制评价的理论基础

控制论、信息论和系统论恰好为内部控制评价的建立提供了理论上的支持。内部控制评价系统作为内部控制的子系统，其建立和发展理所当然地受到上述理论的影响。

（一）控制论与内部控制评价

控制论是研究复杂动态系统控制调节规律的科学。根据控制论的观点，一切控制系统所共有的基本特征是信息的交换和反馈过程。利用这些特征可以达到对系统的认识、分析和控制的目的。在控制论基础上发展起来的经济控制论，以研究系统和经济过程如何发挥其功能、如何控制经济过程为目的，着重探讨由各种元素组成的系统的调节和控制的一般规律。

（二）信息论与内部控制评价

信息论产生于20世纪40年代，由信号传递理论和信息系统论组成。根据信息传递理论，内部控制评价有助于提高信息的可信程度，促进有效的决策。根据信息系统论，形形色色的财务舞弊案件的实质都是企业对外传递低劣和虚假信息。信息系统论认为，内部控制评价是以委托代理理论为基础的，对于受托方提供的信息，通过信息输入、信息加工、信息输出三个阶段，最终达到提供一个客观公正的信息系统的目的。

（三）系统论与内部控制评价

系统是相互关联、相互制约、相互作用的若干要素组成的具有特定功能的有机整体。系统论研究系统、要素、环境三者的相互关系和变动的规律性。系统论认为：应该全面地，而不是局部地看问题；应该动态地、发展地，而不是静止地看问题；应该全方位地，而不是孤立地看问题；应该灵活地，而不是呆板地看问题。内部控制具有四个目标、八大要素和两个层次。根据系统论，它们之间存在一定的逻辑关系：四个目标是努力组织的方向，八大要素是实现这些目标所必需的条件，两个层次则是实现目标的路径。

六、内部控制评价的原则

根据前文对于内部控制基本理论和相关业务活动内部控制的学习，我们知道企业内部控制涵盖企业的控制环境，并基于企业战略细化到企业的各项业务活动中。那么企业在对自身的内部控制情况进行评价并出具内部控制评价报告时，披露哪些内容、如何披露，就不仅是企业自身经营管理的需要，更关系外部利益相关者的决策有效性。因而，内部控制评价要遵循一定的原则。《企业内部控制评价指引》规定，企业内部控制评价应遵循全面性、重要性和客观性原则。

1. 全面性原则

评价工作应当包括内部控制的设计与运行，涵盖企业及其所属单位的各种业务和事项。

2. 重要性原则

评价工作应当在全面评价的基础上，关注重要业务单位、重大业务事项和高风险领域。具体来说，主要体现在制订和实施评价工作方案、分配评价资源的过程之中，它的核心要求主要包括两个方面：一是要坚持风险导向的思路，着重关注那些影响内部控制目标实现的高风险领域和风险点；二是要坚持重点突出的思路，重点关注那些重要的业务事项和关键的控制环节,以及重要的业务单位。

3. 客观性原则

评价工作应当准确地揭示经营管理的风险状况,如实反映内部控制设计与运行的有效性。只有在内部控制评价工作方案制订、实施的全过程中始终坚持客观性,才能保证评价结果的客观性。

七、内部控制评价的方法

内部控制评价工作组对内部控制进行评价时,应当根据企业评价的具体内容,综合运用个别访谈、调查问卷、穿行测试、抽样、实地查验、比较分析、专题讨论和信息系统开发检查等方法,充分收集被评价单位内部控制设计和运行是否有效的证据,如实填写评价工作底稿,分析是否存在内部控制缺陷。内部控制评价方法比较如表21-1所示。

表21-1 内部控制评价方法比较

评价方法	适用范围	应用要求
个别访谈法	用于了解公司内部控制的现状,在企业层面评价和业务层面评价的了解阶段使用	访谈前应根据内部控制评价需求形成访谈提纲,撰写访谈纪要,记录访谈的内容
调查问卷法	用于企业层面评价	1. 应尽量扩大对象范围,包括企业各个层级员工 2. 应注意事先保密性 3. 题目尽量简单易答
穿行测试法	了解控制措施设计的有效性,并识别出关键控制点	在内部控制流程中任意选取一笔交易作为样本,追踪该交易流程从起点到终点被财务报表等反映出来的全过程
抽样法	从抽样总体内部控制有效性推断总体内部控制有效性	抽样法分为随机抽样和其他抽样
实地查验法	主要针对业务层面控制	通过使用统一的测试工作表,与实际的业务、财务单证进行核对的方法进行控制测试,如实地盘点某种存货
比较分析法	通过数据分析,识别评价关注点	可以与历史数据、行业(公司)标准数据或行业最优数据等进行比较
专题讨论法	既是控制评价的手段,也是形成缺陷整改方案的途径	集合有关专业人员就内部控制执行情况或控制问题进行分析
信息系统开发检查法	用于采用自动控制、预防控制的企业	应在方法上注意与人工控制、发现性控制的区别

第二节 内部控制评价的内容、程序

根据《企业内部控制基本规范》,内部控制自我评价的方式、范围、程序和频率,由企业根据经营业务调整、经营环境变化、业务发展状况、实际风险水平等自行确定。

一、内部控制评价的内容

由于内部控制整合框架的五要素应用的广泛性和稳定性,根据《企业内部控制基本规范》、应用指引和评价指引要求,企业应围绕内部环境、风险评估、控制活动、信息与沟通、内部监督五要素,确定内部控制评价的具体内容,对内部控制设计与运行情况进行全面评价。

(一) 内部环境评价

根据《企业内部控制基本规范》，内部环境是企业实施内部控制的基础，一般包括治理结构、机构设置及权责分配、内部审计、人力资源政策、企业文化等。因而，企业组织开展内部环境评价，应当以组织架构、发展战略、人力资源、企业文化、社会责任等应用指引为依据，结合本企业的内部控制制度，对内部环境的设计及实际运行情况进行认定和评价。

内部环境评价的内容通过层层分解、不断细化，可以概括成若干与企业具体经营活动相适应的核心指标，并确定各个核心指标的评价标准，对照相应的标准判断企业的内部环境。如表 21-2 所示。

表 21-2　企业内部控制评价核心指标参考：内部环境

核心指标	评价标准
(一) 组织架构 以机构设置的整体控制力、权责划分、相互牵制、信息流动路径等方面为重点	
董事会、监事会、经理层的相互制衡	1. 董事会及各专门委员会、监事会和经理层的职责权限、任职资格、议事规则和工作程序清晰明确并严格履行 2. "三重一大"事项按照规定的权限和程序实行集体决策
董事会、监事会、经理层效力于内部控制建设和执行	1. 科学设置董事会、监事会、经理层在建立与实施内部控制中的职责分工 2. 董事会采取必要的措施促进和推动企业内部控制工作，按照职责分工提出内部控制评价意见，定期听取内部控制报告、督促内部控制整改、修订内部控制要求
组织架构设置的科学、精简、高效、透明、制衡	1. 组织架构设置与企业业务特点相一致，能够控制各项业务关键控制环节、各司其职、各尽其责，避免职能交叉、缺失或权责过于集中 2. 明确职责。制定组织结构、业务职位说明书和权限指引等，保障权责行使的准确性和透明度
组织架构运行的效率和效果	定期梳理、评价企业治理结构和内部机构设置，全面评价运行效率和效果，发现问题及时采取措施加以优化完善
组织架构对子公司的控制力	通过合法有效的形式履行出资人职责，维护出资人权益，特别关注异地、境外子公司的发展战略、年度财务预决算、重大担保、大额资金使用、主要资产处置、重要人事任免、内部控制体系建设等重要事项
(二) 发展战略 以发展战略的制定合理性、有效实施和适当调整三方面为重点	
发展战略科学合理，既不缺乏也不激进，且实施到位	1. 综合考虑宏观经济政策、国内外市场需求变化、技术发展趋势、行业及竞争对手状况、可利用资源水平和自身优势与劣势等影响因素制定科学合理的发展战略 2. 根据发展目标，制订战略规划，确定不同发展阶段的具体目标、工作任务和实施路径 3. 设立战略委员会或指定相关机构负责发展战略管理工作，明确战略委员会的职责和议事规则，并按规定履行职责 4. 对发展战略进行可行性研究和科学论证，并报董事会和股东（大）会审议批准
发展战略有效实施	1. 制订年度工作计划，编制全面预算，确保发展战略的有效实施 2. 采取有效方式将发展战略及其分解落实情况传递到内部各管理层级和全体员工
发展战略科学调整	及时监控发展战略实施情况，并根据环境变化及风险评估情况对发展战略做出调整
(三) 人力资源政策 以人力资源引进结构合理性、开发机制、激励约束机制等为重点	
人力资源结构合理，能够满足企业需要	1. 结合企业发展战略、人力资源总体规划和能力框架体系，保证企业可持续发展和内部控制的有效执行 2. 根据人力资源总体规划，制订年度人力资源需求计划，完善人力资源引进制度，按照计划、制度和程序组织人力资源引进工作

续表

核心指标	评价标准
人力资源开发机制健全有效	1. 制定并实施关于员工聘用、培训、辞退与辞职、薪酬、考核、健康与安全、晋升与奖惩等方面的合理制度 2. 明确各岗位职责权限、任职条件和工作要求，公开、公平、公正选拔 3. 建立员工培训长效机制，能满足企业持续发展和职工发展的需要
人力资源激励约束机制健全有效	1. 设立科学的业绩考核指标体系，并严格考核评价，以此作为确定员工薪酬和解除劳动合同等的重要依据 2. 是否存在人才流失现象 3. 是否对关键岗位员工有强制休假制度或定期轮岗制度等方面的安排 4. 是否对掌握国家秘密或重要商业秘密的员工离岗有限制性的规定 5. 是否将有效执行内部控制纳入企业绩效考评体系
（四）社会责任 以安全生产、产品质量、环境保护与资源节约、促进就业、员工权益保护等方面为重点	
安全生产体系、机制健全有效	1. 建立严格的安全生产体系、操作规范和应急预案，强化安全生产责任追究，切实做到安全生产 2. 落实安全生产责任，保障对安全生产的投入，包括人力、物力等，建立监督检查机制 3. 发生生产安全事故后，能妥善处理、排除故障、减轻损失、追究责任，不存在迟报、谎报、瞒报重大生产安全事故现象
产品质量体系完全有效	建立严格的产品质量控制和检验制度并严格执行，提供良好的售后服务，妥善处理客户提出的投诉和建议
切实履行环境保护和资源节约责任	制定环境保护与资源节约制度，采取措施促进环境保护、生态保护和资源节约，并实现节能减排
促进和保护员工权益	1. 依法保护员工的合法权益，保持工作岗位相对稳定，积极促进充分就业 2. 实现按劳分配、同工同酬，建立科学的员工薪酬制度和激励机制 3. 及时办理员工社会保险，足额缴纳社会保险费，维护员工健康，落实休息休假制度 4. 积极开展员工职业教育培训，创造平等发展机会 5. 积极履行社会公益方面的责任和义务
（五）企业文化 以建设和评估两方面为重点，从而促进诚信、道德价值观的提升，为内部控制的完善夯实人文基础	
企业文化具有凝聚力和竞争力，促进企业可持续发展	1. 采取切实有效的措施，积极探索符合自身特色的企业文化，打造以主业为核心的企业品牌，促进企业长远发展 2. 企业董事、监事及其他高级人员在文化建设和履行社会责任中起到表率作用，促进文化建设在内部各层级的有效沟通 3. 文化建设与发展战略有机结合，使员工自身价值在企业发展中得到充分体现 4. 重视并购重组后的企业文化建设，平等对待被并购方的员工，促进并购后企业持续发展
企业文化评估具有客观性、实效性	1. 建立企业文化评估制度，重点对董事、经理和其他高级管理人员在企业文化建设中的责任履行情况、全体员工对企业核心价值观的认同感、企业经营管理行为与企业文化的一致性、企业品牌的社会影响力、参与企业并购重组各方文化的整合度及员工对企业未来发展的信心做出评估 2. 根据评估结果，研究影响企业文化的不利因素，分析深层次原因，及时采取措施加以改进，并巩固和发扬文化建设成果

资料来源：财政部解读《企业内部控制评价指引》附件 1

（二）风险评估评价

企业组织开展风险评估评价，应当以《企业内部控制基本规范》有关风险评估的要求，以及各项应用指引中所列主要风险为依据，结合本企业的内部控制制度，对日常经营管理过程中的风险识别、风险分析、应对策略等进行认定和评价。相关的评价核心指标和评价标准参考如表 21-3 所示。

表 21-3　企业内部控制评价核心指标参考：风险评估

核心指标	评价标准
目标设定	1. 企业层面，是否有明确的目标，目标是否具有广泛的认知基础，企业战略是否与企业目标相匹配 2. 业务层面，各业务层面目标是否与企业目标一致，各业务层面目标是否衔接一致，各业务层面目标是否具有操作指导性 3. 是否结合企业的风险偏好，确定相应的风险承受度
风险识别	1. 目标是否层层分解并确立关键业务或事项 2. 是否持续性地收集相关信息，内外部风险识别机制是否健全，是否识别影响公司目标实现的风险 3. 是否根据关键业务或事项分析关键成功因素 4. 是否识别影响公司目标实现的风险
风险分析	1. 风险分析技术方法的适用性 2. 结合风险发生可能性和影响程度标准划分风险等级的准确性 3. 风险发生后负面影响判断的准确性
风险应对	1. 风险应对策略与公司战略、企业文化的一致性 2. 风险承受度与风险应对策略的匹配程度

资料来源：财政部解读《企业内部控制评价指引》附件 1

（三）控制活动评价

企业组织开展控制活动评价，应当以《企业内部控制基本规范》和各项应用指引中的控制措施为依据，结合本企业的内部控制制度，对各类业务的控制措施和流程的设计有效性与运行有效性进行认定与评价。相关的评价指标和标准如表 21-4 所示。

表 21-4　企业内部控制评价核心指标参考：控制活动

核心指标	评价标准
（一）控制活动的设计	
控制措施全面覆盖企业重要风险，不存在控制缺失、控制过度	1. 是否针对企业内部环境设立了相应的控制措施 2. 各项控制措施的设计是否与风险应对策略相适应 3. 各项主要业务控制措施是否完整、恰当 4. 是否针对非常规性、非系统性业务事项制定相应的控制措施，并定期对其执行情况进行检查分析 5. 是否建立重大风险预警机制和突发事件应急处理机制，相关应急预案的处置程序和处理结果是否有效
（二）控制活动的运行	
控制活动运行符合控制措施规定	针对各类业务事项的主要风险和关键环节所制定的各类控制方法和控制措施是否得以有效实施

资料来源：财政部解读《企业内部控制评价指引》附件 1

（四）信息与沟通评价

企业组织开展信息与沟通评价，应当以内部信息传递、财务报告、信息系统等相关应用指引为依据，结合本企业的内部控制制度，对信息收集、处理和传递的及时性，反舞弊机制的健全性，财务报告的真实性，信息系统的安全性，以及利用信息系统实施内部控制的有效性等进行认定和评价。相关的评价核心指标和评价标准如表 21-5 所示。

表 21-5　企业内部控制评价核心指标参考：信息与沟通

核心指标	评价标准
信息收集、处理和传递及时、准确、适用	是否有透明高效的信息收集、处理、传递程序，合理筛选、核对、整合与经营管理和内部控制相关的信息
反舞弊机制健全	1. 是否建立健全并有效实施反舞弊机制 2. 举报投诉制度和举报人保护制度是否及时、妥善传达至企业全体员工 3. 对舞弊事件和举报所涉及的问题是否及时、妥善地做出处理
沟通顺畅	1. 信息在企业内部各层级之间、企业与外部有关方面之间的沟通是否有效 2. 董事会、监事会和经理层是否能够及时掌握经营管理和内部控制的重要信息并进行应对 3. 员工诉求是否有顺畅的反映渠道
利用信息化程度	1. 企业是否建立与经营管理相适应的信息系统，利用信息技术提高对业务事项的自动控制水平 2. 在信息系统的开发过程中，是否对信息技术风险进行识别、评估和防范 3. 信息系统的一般控制是否涵盖信息系统开发与维护、访问与变更、数据输入与输出、文件存储与保管、网络安全、硬件设备、操作人员等方面，确保信息系统安全稳定运行 4. 信息系统的应用控制是否紧密结合业务事项进行，利用信息技术固化流程，提高效率，减少或消除人为操纵因素 5. 信息系统实施建立并保持相关信息交流与沟通的记录

资料来源：财政部解读《企业内部控制评价指引》附件 1

（五）内部监督评价

企业组织开展内部监督评价，应当以《企业内部控制基本规范》有关内部监督的要求，以及各项应用指引中有关日常管控的规定为依据，结合本企业的内部控制制度，对内部监督机制的有效性进行认定和评价，重点关注监事会、审计委员会、内部审计机构等是否在内部控制设计和运行中有效发挥监督作用。相关的评价核心指标和标准如表 21-6 所示。

表 21-6　企业内部控制评价核心指标参考：内部监督

核心指标	评价标准
内部监督能够覆盖并监控企业日常业务活动	1. 管理层是否定期与内部控制机构沟通评价结果，并积极整改 2. 是否落实职能部门和所属单位在日常监督中的责任，及时识别环境和业务变化 3. 日常监督的内容是否为经过分析确认的关键控制并有效控制，是否按重要程度将发现问题如实反馈给内部控制机构，是否积极采取整改措施 4. 日常监督用以证明内部控制有效性信息是否适当和充分，监督人员是否具有胜任能力和客观性 5. 内部审计的独立性是否得以保障，审计委员会和内部审计机构是否独立、充分地履行监督职责，审计监督与内部控制沟通是否畅通 6. 是否开展了必要的专项监督 7. 内部控制机构是否追踪重大风险和重要业务，是否制定内部控制自我评价办法和考核奖惩办法，明确评价主体、职责权限、工作程序和有关要求，定期组织开展内部控制自我评价，报送自我评价报告，合理认定内部控制缺陷并分析原因，提出整改方案建议
对内部控制缺陷认定科学、客观、合理，且报送机制健全	1. 内部控制机构是否制定科学的内部控制缺陷认定标准并予以一贯地执行 2. 是否对控制缺陷进行全面、深入的研究分析，提出并实施整改方案，采取适当的形式及时向董事会、监事会或经理层汇报，督促业务部门整改重大缺陷，并按规定予以披露 3. 对发现的内部控制重大缺陷，是否追究相关责任单位和责任人的责任 4. 是否建立内部控制缺陷信息数据库，并对历年发现的内部控制缺陷及其整改情况进行跟踪检查
内部控制建设与评价文档妥善保管	1. 是否采取书面或其他适当方式对内部控制的建立与实施情况进行记录 2. 是否妥善保存内部控制相关记录和资料，确保内部控制建立与实施过程的可验证性 3. 对暂未建立健全的有关内部控制文档或记录，是否有证据表明确已实施了有效控制或者替代控制措施

资料来源：财政部解读《企业内部控制评价指引》附件 1

最后将评价的结果用内部控制评价标准来描述,并将最后结果填入表 21-7 中。例如,内部控制评价内部环境制度设计全面、完整、经济,并覆盖了所有的业务领域和操作环节,适应业务发展和风险防范的需要,符合国家的金融法律和监管部门的规定制度,那么就可以评价内部环境的完整程度是"完整",可以在表 21-7 中找到"内部环境"列和"完整"行,并在交叉的地方标注。

表 21-7 内部控制要素定性评价表

评价标准		内部控制要素				
		内部环境	风险评估	控制活动	信息与沟通	内部监督
完整性	完整					
	基本完整					
	不够完整					
	不完整					
有效性	有效					
	基本有效					
	不够有效					
	无效					

二、内部控制评价的组织形式和职责安排

企业开展内部控制评价既能满足监管部门披露内部控制相关信息的监管需要,又是企业对外传递企业良好经营实力的重要途径,有效的内部控制报告披露机制包含大量决策有用信息,有利于企业不同利益主体关系的维系和发展。然而,由于信息披露的内容和形式的可选择性,企业披露的内部控制评价信息的可靠性需要有效的制度安排予以保证,需要明确内部控制评价的组织形式,明确各有关方面在内部控制评价中的职责安排,处理好内部控制评价和内部监督的关系,定期由相对独立的人员对内部控制有效性进行科学的评价,根据影响程度界定内部控制缺陷认定标准,保证内部控制评价有序地开展。

(一)内部控制评价的组织形式

内部控制评价的组织形式可以分为企业内部组织评价和委托中介机构。

1. 企业内部组织评价

(1)内部开展评价的组织设置。企业根据自身特点,可以决定是单独设置专门的内部控制评价机构,还是由内部控制机构和得到授权的内部审计机构负责内部控制评价的具体组织实施工作。

(2)内部控制评价机构设置条件。内部控制评价机构设置条件:一是能够独立行使对内部控制系统建立与运行过程及结果进行监督的权力;二是具备与监督和评价内部控制系统相适应的专业胜任能力和职业道德素养;三是与企业其他职能机构就监督与评价

内部控制系统方面应当保持协调一致，在工作中相互配合、相互制约，在效率、效果上满足企业对内部控制系统进行监督与评价所提出的有关要求；四是能够得到董事会和经理层的支持，有足够的权威性来保证内部控制评价工作的顺利开展。

（3）为了保证评价的独立性，负责内部控制设计和评价的部门应适当分离。

2. 委托中介机构

企业委托中介机构开展内部控制评价时，董事会（审计委员会）应加强对内部控制评价工作的监督与指导。从业务性质上讲，受托为企业实施内部控制评价是一种非保证服务，内部控制评价报告的责任仍然由企业董事会承担。另外，为保证审计的独立性，为企业提供内部控制审计的会计师事务所，不得同时为同一家企业提供内部控制评价服务。

（二）内部控制评价的职责安排

企业开展内部控制评价不是内部控制评价机构自身的职责任务，而是由企业董事会、监事会、经理层、内部控制评价机构、各专业部门和下属企业共同参与完成的，根据参与评价的具体内容和影响，承担相应的责任，其中企业董事会对内部控制评价报告的真实性负责，并承担最终责任。内部控制评价主要部门职责如表21-8所示。

表21-8 内部控制评价主要部门职责

部门	主要职责	具体内容
董事会	对内部控制评价承担最终的责任，对内部控制评价报告的真实性负责	1. 董事会可以通过审计委员会来承担对内部控制评价的组织、领导、监督职责 2. 董事会或审计委员会应听取内部控制评价报告，审定内部控制重大缺陷、重要缺陷整改意见，对内部控制部门在督促整改中遇到的困难，积极协调，排除障碍
监事会	审议内部控制评价报告	对董事会建立与实施内部控制进行监督
经理层	负责组织实施内部控制评价工作	1. 可以授权内部控制评价机构组织实施，并积极支持和配合内部控制评价的开展，创造良好的环境和条件 2. 经理层应结合日常掌握的业务情况，为内部控制评价方案提出应重点关注的业务或事项 3. 审定内部控制评价方案和听取内部控制评价报告，对于内部控制评价中发现的问题或报告的缺陷，要按照董事会或审计委员会的整改意见积极采取有效措施予以整改
内部控制评价机构	根据授权承担内部控制评价的具体组织实施任务	1. 复核、汇总、分析内部监督资料 2. 结合经理层要求，拟订合理评价工作方案并认真组织实施 3. 对于评价过程中发现的重大问题，应及时与董事会、审计委员会或经理层沟通，并认定内部控制缺陷，拟订整改方案 4. 编写内部控制评价报告，及时向董事会、审计委员会或经理层报告 5. 与外部审计师沟通，督促各部门、所属企业对内、外部内部控制进行整改 6. 根据评价和整改情况拟订内部控制考核方案
各专业部门	负责组织本部门的内部控制自查、测试和评价工作	1. 对发现的设计和运行缺陷提出整改方案及具体整改计划，积极整改，并报送内部控制机构复核 2. 配合内部控制机构（部门）及外部审计师开展企业层面的内部控制评价工作
企业所属单位	逐级落实内部控制评价责任	1. 建立日常监控机制，开展内部控制自查、测试和定期检查评价 2. 发现问题并认定内部控制有缺陷，需拟订整改方案和计划，报本级管理层审定后，督促整改 3. 编制内部控制评价报告，对内部控制的执行和整改情况进行考核

三、内部控制评价程序

企业在进行内部控制评价时,要结合企业内部控制设计与运行的实际情况,制订具体的内部控制评价办法,制订评价工作方案、组成评价工作组,规定内部控制评价的内容、具体组织实施的工作程序、方法和报告形式等,明确相关机构或岗位的职责权限,落实责任制,按照规定的办法,实施现场测试、认定控制缺陷、汇总评价结果、编报评价报告等程序,有序开展内部控制评价工作。概括而言,主要评价程序根据时间进度分为以下四个阶段。

(一)准备阶段

准备阶段分为制订评价工作方案和组成评价工作组两个部分。

1. 制订评价工作方案

企业内部控制评价部门应当拟订评价工作方案,明确评价范围、工作任务、人员组织、进度安排和费用预算等相关内容,报经董事会或其授权机构审批后实施。内部控制评价工作方案制订时,要根据企业经营管理过程中的高风险领域和重要业务事项,确定检查评价方法,科学合理地制定。评价工作方案既可以以全面评价为主,也可以根据需要采用重点评价的方式。

2. 组成评价工作组

企业内部控制评价部门应当根据经批准的评价方案,组成评价工作组。在内部控制评价机构领导下,评价工作组具体承担内部控制检查评价任务。内部控制评价工作组成员要挑选内部相关机构熟悉情况、参与日常监控的负责人或业务骨干参加,并要具备独立性、业务胜任能力和职业道德素养。同时,企业应根据自身条件,尽量建立长效的内部控制评价培训机制。

(二)实施阶段

内部控制评价工作组应当对被评价单位进行现场测试,综合运用各种评价方法,充分收集被评价单位内部控制设计和运行是否有效的证据,分析确认企业是否存在内部控制缺陷及缺陷的主要影响。

1. 了解被评价单位基本情况

充分与企业沟通企业文化和发展战略、组织机构设置及职责分工、领导层成员构成及分工等基本情况。

2. 确定检查评价范围和重点

评价工作组根据掌握的情况进一步确定评价范围、检查重点和抽样数量,并结合评价人员的专业背景进行合理分工。检查重点和分工情况可以根据需要进行适时调整。具体评价内容确定后,内部控制评价工作应形成工作底稿,详细记录企业执行评价工作的内容,包括评价要素、主要风险点、采取的控制措施、有关证据资料及认定结果等。评价工作底稿应当设计合理、证据充分、简便易行、便于操作。

3. 开展现场检查测试

评价工作组根据评价人员分工，综合运用个别访谈、调查问卷、穿行测试、抽样、实地查验、比较分析、专题讨论和信息系统开发检查等方法对内部控制设计与运行的有效性进行现场检查测试，充分收集被评价单位内部控制设计和运行是否有效的证据，按照评价的具体内容，如实填写评价工作底稿，记录相关测试结果，并对发现的内部控制缺陷进行初步认定。

（三）汇总评价结果、编制评价报告阶段

汇总评价结果、编制评价报告阶段分为以下四个部分。

1. 评价工作底稿的质量控制复核

企业内部控制评价工作组按照企业建立的评价质量控制复核制度对评价工作底稿进行复核，评价工作组负责人再对评价工作底稿进行严格审核，并对所认定的评价结果签字确认后，提交企业内部控制评价部门。

2. 编制内部控制缺陷认定汇总表，提出认定意见

企业内部控制评价部门应当编制内部控制缺陷认定汇总表，结合日常监督和专项监督发现的内部控制缺陷及其持续改进情况，对内部控制缺陷及其成因、表现形式和影响程度进行综合分析与全面复核，提出认定意见，并以适当的形式向董事会、监事会或者经理层报告。重大缺陷应当由董事会予以最终认定。

3. 编制内部控制评价报告

企业应当根据年度内部控制评价结果，结合内部控制评价工作底稿和内部控制缺陷认定汇总表等资料，按照规定的程序和要求，及时编制内部控制评价报告。

4. 披露内部控制评价报告

内部控制评价报告，报送企业经理层、董事会和监事会，由董事会审定后对外披露或报送相关部门。

企业内部控制评价部门应当关注自内部控制评价报告基准日至内部控制评价报告发出日之间是否出现影响内部控制有效性的因素，并根据其性质和影响程度对评价结论进行相应调整。

企业每年应对内部控制进行评价并予以披露。虽然内部控制自我评价的方式、范围、程序和频率，由企业根据经营业务调整、经营环境变化、业务发展状况、实际风险水平等自行确定。但是，如果内部监督程序无效，或所提供的信息不足以说明内部控制有效，应提高评价与披露的频率。

（四）报告反馈和跟踪阶段

企业应建立内部控制评价整改反馈机制。对于认定的内部控制缺陷，内部控制评价

机构应当结合董事会和审计委员会要求，提出整改建议，要求责任单位及时整改，并跟踪其整改落实情况；对于已经造成损失或负面影响的，企业应当追究相关人员的责任。

企业应当建立内部控制评价工作档案管理制度。内部控制评价的有关文件资料、工作底稿和证明材料等应当妥善保管。

第三节 内部控制缺陷的认定

内部控制缺陷是描述内部控制有效性的一个负向的维度。企业开展内部控制评价，主要工作内容之一就是要找出内部控制缺陷并有针对性地进行整改。内部控制缺陷包括设计缺陷和运行缺陷。

一、内部控制缺陷的分类

内部控制缺陷的分类如表21-9所示。

表21-9 内部控制缺陷的分类

分类标准	缺陷类型	内容界定
缺陷成因或来源	设计缺陷	指企业缺少实现控制目标所必需的控制或现存控制设计不适当，即使正常运行也难以实现控制目标
	运行缺陷	指设计有效（合理且适当）的内部控制由于运行不当（包括由不恰当的人执行、未按设计的方式运行、运行的时间或频率不当、没有得到一贯有效运行等）而形成的内部控制缺陷
缺陷影响严重程度	重大缺陷	指一个或多个控制缺陷的组合，可能导致企业严重偏离控制目标。当存在一个或多个内部控制重大缺陷时，应当在内部控制评价报告中做出内部控制无效的结论
	重要缺陷	指一个或多个控制缺陷的组合，其严重程度低于重大缺陷，但仍有可能导致企业偏离控制目标。重要缺陷的严重程度低于重大缺陷，不会严重危及内部控制的整体有效性，但也应当引起董事会、经理层的充分关注
	一般缺陷	指除重大缺陷、重要缺陷以外的其他控制缺陷
影响内部控制目标的具体表现形式	财务报告缺陷	指不能合理保证财务报告可靠性的内部控制设计和运行缺陷
	非财务报告缺陷	指虽不直接影响财务报告，但对企业经营管理的合法合规、资产安全、营运的效率和效果等控制目标产生负面影响的缺陷

企业内部控制评价中发现的内部控制缺陷影响程度的认定，需要借助一套可系统遵循的认定标准，认定过程中还需要内部控制评价人员充分运用职业判断。如果一个企业存在的内部控制缺陷达到了重大缺陷的程度，就意味着该企业的内部控制不能说是整体有效的。

二、内部控制缺陷的认定标准

（一）内部控制缺陷的重要性和影响程度

企业在对内部控制缺陷认定的过程中，应当以内部监督中的日常监督和专项监督为基础，结合年度内部控制评价，由内部控制评价机构进行综合分析后提出认定意见，按照规定的权限和程序进行审核，由董事会最终认定内部控制缺陷的类型。

（1）内部控制评价从属于内部监督，是监督结果的总体体现。在企业正常的生产经营中内部控制评价倚重内部监督。

（2）在充分利用日常监督与专项监督结果的基础上，至少每年由内部控制评价机构对内部控制的五要素进行相对独立的评价和全面、综合的分析，提出认定意见，报董事会审定。

（3）企业应当根据评价指引，结合自身情况和关注的重点，自行确定内部控制重大缺陷、重要缺陷和一般缺陷的具体认定标准。

（4）根据具体认定标准认定企业存在的内部控制缺陷，由董事会最终审定。企业在确定内部控制缺陷的认定标准时，应当充分考虑内部控制缺陷的重要性及其影响程度。

（二）财务报告内部控制缺陷的认定标准

财务报告内部控制是指针对财务报告目标而设计和实施的内部控制，是在会计确认、计量、记录和报告过程中出现的，对财务报告的真实性和完整性产生直接影响，能够及时纠正财务报告错报的控制缺陷。由于财务报告的内部控制的目标集中体现在财务报告的可靠性，所以财务报告内部控制的缺陷是指不能及时防治或发现并纠正财务报告错报的内部控制缺陷。

1. 财务报告内部控制缺陷类型

财务报告内部控制缺陷类型认定根据与财务报告重大错报相关内部控制有效性及其影响程度，可划分为重大缺陷、重要缺陷和一般缺陷。

2. 财务报告内部控制缺陷重要程度判断标准

认定缺陷影响的重要程度主要取决于两方面的因素：一方面，该缺陷是否具备合理可能性导致企业的内部控制不能及时防止或发现并纠正财务报告错报。合理可能性是指大于微小可能性（几乎不可能发生）的可能性，确定是否具备合理可能性涉及评价人员的职业判断。另一方面，该缺陷单独或连同其他缺陷可能导致的潜在错报金额的大小。

3. 表明财务报告内部控制可能存在重大缺陷的情况

表明财务报告内部控制可能存在重大缺陷的情况有以下几种。

（1）董事、监事和高级管理人员舞弊。

（2）企业更正已公布的财务报告。

（3）注册会计师发现当期财务报告存在重大错报，而内部控制在运行过程中未能发现该错报。

（4）企业审计委员会和内部审计机构对内部控制的监督无效。

4. 确定缺陷重要性水平的方法

一般而言，如果一项内部控制缺陷单独或连同其他缺陷具备合理可能性导致不能及时防止或发现并纠正财务报告中的重大错报，就应该将缺陷认定为重大缺陷。重大错报中的"重大"，涉及企业管理层确定的财务报告的重要性水平。如果企业的财务报告内部控制存在一项或多项重大缺陷，就不能得出该企业的财务报告内部控制有效的结论。

绝对金额法。例如，规定金额超过 10 000 元的错报应当认定为重大错报。

相对比例法。例如，规定超过资产总额 1%的错报应当认定为重大错报。

一项内部控制缺陷单独或连同其他缺陷具备合理可能性导致不能及时防止或发现并纠正财务报告中虽然未达到和超过重要性水平但仍应引起董事会和管理层重视的错报，就应将该缺陷认定为重要缺陷。不构成重大缺陷和重要缺陷的内部控制缺陷，应认定为一般缺陷。

（三）非财务报告内部控制缺陷的认定标准

非财务报告内部控制是指针对除财务报告目标之外的其他目标的内部控制，这些目标一般包括战略目标、资产安全、经营目标、合规目标等。非财务报告内部控制评价应当作为企业内部控制评价的重点。

1. 特点

非财务报告内部控制缺陷认定具有涉及面广、认定难度大的特点。企业可以根据风险评估的各项工作，自身的实际情况、管理现状和发展要求对企业的风险加以细化或按内部控制原理进行补充，参照财务报告内部控制缺陷的认定标准，合理确定定量和定性的认定标准。

（1）定量标准，即涉及金额大小，既可以根据造成直接财产损失绝对金额制定，也可以根据其直接损失占本企业资产、销售收入及利润等的比重确定。

（2）定性标准，即涉及业务性质的严重程度，可根据其直接或间接负面影响的性质、影响范围等因素确定。

为避免企业操纵内部控制评价报告，非财务报告内部控制缺陷认定标准一经确定，必须在不同评价期间保持一致，不得随意变更。

2. 类型

根据其对内部控制目标实现的影响程度认定为一般缺陷、重要缺陷和重大缺陷。

以下迹象表明非财务报告内部控制可能存在重大缺陷。

（1）国有企业缺乏民主决策程序，如缺乏"三重一大"决策程序。

（2）企业决策程序不科学，如决策失误，导致并购不成功。

（3）违反国家法律、法规，如环境污染。

（4）管理人员或技术人员纷纷流失。

（5）媒体负面新闻频现。

（6）内部控制评价的结果特别是重大或重要缺陷未得到整改。

（7）重要业务缺乏制度控制或制度系统性失效。

需要强调的是，在内部控制的非财务报告目标中，战略和经营目标的实现往往受到企业不可控的诸多外部因素的影响，企业的内部控制只能合理保证董事会和管理层了解这些目标的实现程度。因而，在认定针对这些控制目标的内部控制缺陷时，我们不能只考虑最终的结果，而主要应该考虑企业制定战略、开展经营活动的机制和程序是否符合内部控制要求，以及不适当的机制和程序对企业战略及经营目标实现可能造成的影响。

三、内部控制缺陷的报告与整改

1. 内部控制缺陷报告的格式和途径

企业内部控制评价机构应当编制内部控制缺陷认定汇总表，结合日常监督和专项监督发现的内部控制缺陷及其持续改进情况，对内部控制缺陷及其成因、表现形式和影响程度进行综合分析与全面复核，提出认定意见（针对财务报告内部控制的缺陷，一般还应当反映缺陷对财务报告的具体影响），并以适当的形式向董事会、监事会或者经理层报告，重大缺陷应当由董事会予以最终认定。内部控制缺陷报告应当采取书面形式，可以单独报告，也可以作为内部控制评价报告的一个重要组成部分。

企业对于认定的重大缺陷，应当及时采取应对策略，切实将风险控制在可承受度之内，并追究有关部门或相关人员的责任。

2. 内部控制缺陷整改方案及期限

企业对于认定的内部控制缺陷，应当及时采取整改措施，切实将风险控制在可承受限度之内，并追究有关机构或相关人员的责任。具体如表21-10所示。

表21-10　缺陷类型及其对应的对策措施、整改方案及期限

缺陷类型	对策措施		缺陷整改方案及期限
重大缺陷	1. 重大缺陷应立即报告 2. 及时采取应对策略，切实将风险控制在可承受度之内，并追究有关部门或相关人员的责任		企业内部控制评价机构应当就发现的内部控制缺陷提出整改建议，并报经理层、董事会（审计委员会）、监事会批准。获批后，应制订切实可行的整改方案，包括整改目标、内容、步骤、措施、方法和期限。整改期限超过一年的，整改目标应明确近期和远期目标，以及相应的整改工作内容
重要缺陷	定期（至少每年）报告	1.缺陷及整改方案，应向董事会（审计委员会）、监事会或经理层报告并审定 2.如果出现不适合向经理层报告的情形，如存在与管理层舞弊相关的内部控制缺陷，或者存在管理层凌驾于内部控制之上的情形，应当直接向董事会（审计委员会）、监事会报告	
一般缺陷	定期（至少每年）报告于企业经理层，并视情况考虑是否需要向董事会（审计委员会）、监事会报告		

四、内部控制评价报告

内部控制评价报告是内部控制评价的最终体现，按照编制主体、报送对象和时间，分为对内报告与对外报告。对外报告的内容、格式等强调符合披露要求，时间具有强制性；对内报告则主要以符合企业董事会（审计委员会）、经理层需要为主，编制主体层级更多、内容上更加详尽、格式更加多样，时间可以定期也可以不定期。企业应当根据《企业内部控制基本规范》、应用指引和评价指引，设计内部控制评价报告的种类、格式和内容，明确内部控制评价报告编制程序和要求，按照规定的权限报经批准后对外报出。

（一）内部控制评价报告的内容和格式

内部控制评价报告应当分别以内部环境、风险评估、控制活动、信息与沟通、内部监督五要素进行设计，对内部控制评价过程、内部控制缺陷认定及整改情况、内部控制有效性的结论等相关内容做出披露。内部控制评价报告至少应当披露下列内容。

（1）董事会对内部控制报告真实性的声明。声明董事会及全体董事对报告内容的真实性、准确性、完整性承担个别及连带责任，保证报告内容不存在任何虚假记载、误导性陈述或重大遗漏。

（2）内部控制评价工作的总体情况。明确企业内部控制评价工作的组织、领导体制、进度安排，是否聘请会计师事务所对内部控制有效性进行独立审计。

（3）内部控制评价的依据。说明企业开展内部控制评价工作所依据的法律法规和规章制度。

（4）内部控制评价的范围。描述内部控制评价所涵盖的被评价单位，纳入评价范围的业务事项，以及重点关注的高风险领域。内部控制评价的范围如有所遗漏的，应说明原因及其对内部控制评价报告真实完整性产生的重大影响等。

（5）内部控制评价的程序和方法。描述内部控制评价工作遵循的基本流程，以及评价过程中采用的主要方法。

（6）内部控制缺陷及其认定情况。描述适用本企业的内部控制缺陷具体认定标准，并声明与以前年度保持一致或做出的调整及相应原因；根据内部控制缺陷认定标准确定评价期末存在的重大缺陷、重要缺陷和一般缺陷。

（7）内部控制缺陷的整改情况及对重大缺陷拟采取的整改措施。对于评价期间发现、期末已完成整改的重大缺陷，说明企业有足够的测试样本显示，与该重大缺陷相关的内部控制设计且运行有效。针对评价期末存在的内部控制缺陷，说明企业应采取的整改措施，以及将达到的预期效果，切实将风险控制在可承受范围内。

（8）内部控制有效性的结论。对不存在重大缺陷的情形，出具评价期末内部控制有效结论；对存在重大缺陷的情形，不得做出内部控制有效的结论，并需描述该重大缺陷的性质及其对实现相关控制目标的影响程度，可能给企业未来生产经营带来的相关风险。自内部控制评价报告基准日至内部控制评价报告发出日之间发生重大缺陷的，企业需责成内部控制评价机构予以核实，并根据核查结果对评价结论进行相应调整，说明董事会拟采取的措施。

对内报告的格式、内容应该在符合以上要求的基础上进一步详尽地设计和表达。内部控制评价报告参考格式举例如下。

××股份有限公司20××年度内部控制评价报告

××股份有限公司全体股东：

根据《企业内部控制基本规范》等法律法规的要求，我们对本公司（下称"公司"）内部控制的有效性进行了自我评价。

一、董事会声明

公司董事会及全体董事保证本报告内容不存在任何虚假记载、误导性陈述或重大遗漏，并对报告内容的真实性、准确性和完整性承担个别及连带责任。

建立健全并有效实施内部控制是公司董事会的责任；监事会对董事会建立与实施内部控制进行监督；经理层负责组织领导公司内部控制的日常运行。

公司内部控制的目标是：[一般包括合理保证经营合法合规、资产安全、财务报告及相关信息真实完整，提高经营效率和效果，促进实现发展战略]。由于内部控制存在固有局限性，故仅能对达到上述目标提供合理保证。

二、内部控制评价工作的总体情况

公司董事会授权内部审计机构[或其他专门机构]负责内部控制评价的具体组织实施工作，对纳入评价范围的高风险领域和单位进行评价[描述评价工作的组织领导体制，一般包括评价工作组织结构图、主要负责人及汇报途径等]。

公司[是/否]聘请了专业机构[中介机构名称]实施内部控制评价，并编制内部控制评价报告；公司[是/否]聘请会计事务所[会计师事务所名称]对公司内部控制有效性进行独立审计。

三、内部控制评价的依据

本评价报告旨在根据中华人民共和国财政部等五部委联合发布的《企业内部控制基本规范》（下称"基本规范"）及《企业内部控制评价指引》（下称"评价指引"）的要求，结合企业内部控制制度和评价办法，在内部控制日常监督和专项监督的基础上，对公司截至20××年12月31日内部控制的设计与运行的有效性进行评价。

四、内部控制评价的范围

内部控制评价的范围涵盖了公司及其所属单位的各种业务和事项，重点关注下列高风险领域：

[列示公司根据风险评估结果确定的前"十大"主要风险]

纳入评价范围的单位包括：

[描述公司及其所属单位的明确范围]

纳入评价范围的业务和事项包括（根据实际情况充实调整）：

（一）组织架构

（二）发展战略

（三）人力资源

（四）社会责任

（五）企业文化

（六）资金活动

（七）采购业务

（八）资产管理

（九）销售业务

（十）研究与开发

（十一）工程项目

（十二）担保业务

（十三）业务外包

（十四）财务报告

（十五）全面预算

（十六）合同管理

（十七）内部信息传递

（十八）信息系统

上述业务和事项的内部控制涵盖了公司经营管理的主要方面，不存在重大遗漏。(如存在重大遗漏)公司本年度未能对以下构成内部控制重要方面的单位或业务（事项）进行内部控制评价：

[逐条说明未纳入评价范围的重要单位或业务（事项），包括单位或业务（事项）描述、未纳入的原因、对内部控制评价报告真实完整性产生的重大影响等]

五、内部控制评价的程序和方法

内部控制评价工作严格遵循基本规范、评价指引及公司内部控制评价办法规定的程序执行[描述公司开展内部控制检查评价工作的基本流程]。

评价过程中，我们采用了[个别访谈、调查问卷、穿行测试、抽样、实地查验、比较分析、专题讨论和信息系统开发检查]等适当方法，广泛收集公司内部控制设计和运行是否有效的证据，如实填写评价工作底稿，分析、识别内部控制缺陷[说明评价方法的适当性及证据的充分性]。

六、内部控制缺陷及其认定

公司董事会根据基本规范、评价指引对重大缺陷、重要缺陷和一般缺陷的认定要求，结合公司规模、行业特征、风险水平等因素，研究确定了适用本公司的内部控制缺陷具体认定标准，并与以前年度保持了一致[描述公司内部控制缺陷的定性及定量标准]，或者做出了调整[描述具体调整标准及原因]。

根据上述认定标准，结合日常监督和专项监督情况，我们发现报告期内存在[数量]个缺陷，其中重大缺陷[数量]个，重要缺陷[数量]个，重大缺陷分别为：[对重大缺陷进行描述，并说明其对实现相关控制目标的影响程度]。

七、内部控制缺陷的整改情况

针对报告期内发现的内部控制缺陷（含上一期间未完成整改的内部控制缺陷），公司采取了相应的整改措施[描述整改措施的具体内容和实际效果]。对于整改完成的重大缺陷，公司有足够的测试样本显示，与重大缺陷[描述该重大缺陷]相关的内部控制设计且运行有效（运行有效的结论需提供90天内有效运作的证据）。

经过整改，公司在报告期末仍存在[数量]个缺陷，其中重大缺陷[数量]个，重要缺陷[数量]个。重大缺陷分别为：[对重大缺陷进行描述]。

针对报告期末未完成整改的重大缺陷，公司拟进一步采取相应措施加以整改[描述整改措施的具体内容及预期达到的效果]。

八、内部控制有效性的结论

公司已经根据基本规范、评价指引及其他相关法律法规的要求，对公司截至20××年12月31日的内部控制设计与运行的有效性进行了自我评价。

（存在重大缺陷的情形）报告期内，公司在内部控制设计与运行方面存在尚未完成整改的重大缺陷[描述该缺陷的性质及其对实现相关控制目标的影响程度]。由于存在上述缺陷，可能会给公司未来生产经营带来相关风险[描述该风险]。

（不存在重大缺陷的情形）报告期内，公司对纳入评价范围的业务与事项均已建立了内部控制，并得以有效执行，达到了公司内部控制的目标，不存在重大缺陷。

自内部控制评价报告基准日至内部控制评价报告发出日之间[是/否]发生对评价结论产生实质性影响的内部控制的重大变化[如存在，描述该事项对评价结论的影响及董事会拟采取的应对措施]。

我们注意到，内部控制应当与公司经营规模、业务范围、竞争状况和风险水平等相适应，并随着情况的变化及时加以调整。[简要描述下一年度内部控制工作计划]未来期间，公司将继续完善内部控制制度，规范内部控制制度执行，强化内部控制监督检查，促进公司健康、可持续发展。

××股份有限公司董事会
20××年×月×日

（二）内部控制评价报告的编制

《企业内部控制评价指引》第二十三条规定，企业应当根据年度内部控制评价结果，结合内部控制评价工作底稿和内部控制缺陷汇总表等资料，按照规定的程序和要求，及时编制内部控制评价报告。

1. 评价报告的编制

1）内部控制评价报告的编制时间

（1）定期内部控制评价报告。企业至少应该每年进行一次内部控制评价并由董事会对外发布内部控制评价报告。年度内部控制评价报告应当以 12 月 31 日作为基准日。

（2）非定期内部控制评价报告。可以是因特殊事项或原因（如企业因目标变化或提升）而对外发布的内部控制评价报告，也可以是企业针对发现的重大缺陷专项内部控制评价等向董事会（审计委员会）或经理层报送的内部报告（内部控制缺陷报告）。

2）内部控制评价报告的编制主体

内部控制评价报告的编制主体包括单个企业和企业集团母公司。

单个企业内部控制评价报告，指某一企业以自身经营业务和管理活动为辐射范围编制的内部控制评价报告，属于对内报告。

企业集团母公司内部控制评价报告，是企业集团的母公司在汇总、复核、评价、分析后，以母公司及下属（或控股子公司）的经营业务和管理活动为辐射范围编制的内部控制评价报告，是对企业集团内部控制设计有效性和运行有效性的总体评价，可以是对内或对外报告。

2. 评价报告的调整

企业内部控制评价部门应当关注自内部控制评价报告基准日至内部控制评价报告发出日之间是否出现影响内部控制有效性的因素,并根据其性质和影响程度对评价结论进行相应调整。

3. 评价报告的批准

内部控制评价报告应当报经董事会或类似权力机构批准后对外披露或报送相关部门。

(三) 内部控制评价报告的报送

《企业内部控制评价指引》第二十四条至第二十六条规定了评价报告及内部控制审计报告对外报送的要求。此外,企业内部控制评价报告应按规定报送有关监管部门,如国有控股企业应按要求报送国有资产监督管理部门和财政部门,金融企业应按规定报送银行业监督管理部门和保险监督管理部门,公开发行证券的企业应报送证券监督管理部门。

(四) 内部控制评价报告的披露和使用

1. 内部控制评价报告的披露

公司的价值创造能力不仅取决于现有的经营基础和目前的盈利水平,更取决于公司的决策科学性和管控能力。公司必须向社会披露内部控制评估报告,满足投资者及利益相关者了解企业治理水平、管理规范化和抵御各类风险的能力的需要,更好地为他们做出投资决策和相关决策服务。

评价报告相关的两个日期。一是基准日,企业应当以每年的12月31日作为年度内部控制评价报告的基准日;二是报告日,内部控制评价报告应于基准日后4个月内报出。

评价报告的报出形式。企业内部控制审计报告应当与内部控制评价报告同时对外披露或报送。

2. 内部控制评价报告的使用

企业内部控制评价对外报告的使用者包括政府有关监管部门、投资者,以及其他利益相关者、中介机构和研究机构等。对内报告的使用者主要是企业董事会(审计委员会)、各层级管理者及有关监管部门。

内部控制评价是企业董事会对本企业内部控制有效性的自我评价,具有一定的主观性,在此基础上形成的内部控制评价报告也因此只能作为有关方面了解企业内部控制设计与运行情况的途径之一。在使用内部控制评价报告时,还应注意与内部控制注册会计师审计报告、内部控制监管信息、财务报告信息等相关信息结合使用,以起到全面分析、综合判断、相互验证的效果。

第四节 内部控制评价报告案例

山西某股份有限公司 2016 年度内部控制评价报告

山西某股份有限公司全体股东：

根据《企业内部控制基本规范》及其配套指引的规定和其他内部控制监管要求（以下简称"企业内部控制规范体系"），结合本公司（以下简称"公司"）内部控制制度和评价办法，在内部控制日常监督和专项监督的基础上，我们对公司 2016 年 12 月 31 日（内部控制评价报告基准日）的内部控制有效性进行了评价。

一、重要声明

按照企业内部控制规范体系的规定，建立健全和有效实施内部控制，评价其有效性，并如实披露内部控制评价报告是公司董事会的责任。监事会对董事会建立和实施内部控制进行监督。经理层负责组织领导企业内部控制的日常运行。公司董事会、监事会及董事、监事、高级管理人员保证本报告内容不存在任何虚假记载、误导性陈述或重大遗漏，并对报告内容的真实性、准确性和完整性承担个别及连带法律责任。公司内部控制的目标是合理保证经营管理合法合规、资产安全、财务报告及相关信息真实完整，提高经营效率和效果，促进实现发展战略。由于内部控制存在的固有局限性，故仅能为实现上述目标提供合理保证。此外，由于情况的变化可能导致内部控制变得不恰当，或对控制政策和程序遵循的程度降低，根据内部控制评价结果推测未来内部控制的有效性具有一定的风险。

二、内部控制评价结论

1. 公司于内部控制评价报告基准日，是否存在财务报告内部控制重大缺陷

√是 □否

公司 2016 年存在对关联方山西 A 钢铁有限公司新增应收账款 30 599 224.72 元、对关联方山西 B 冶炼有限公司其他应收款 384 623 498.77 元逾期未收回的情况，形成控股股东对公司的经营性资金占用。截至 2016 年 12 月 31 日，公司控股股东控制的关联方累计有应收款项 1 734 292 981.88 元逾期尚未收回。

2. 财务报告内部控制评价结论

由于存在上述重大缺陷及其对实现控制目标的影响，公司于 2016 年 12 月 31 日未能按照《企业内部控制基本规范》和相关规定在所有重大方面保持有效的财务报告内部控制。

3. 是否发现非财务报告内部控制重大缺陷

□是 √否

根据公司非财务报告内部控制重大缺陷认定情况，于内部控制评价报告基准日，公司未发现非财务报告内部控制重大缺陷。

4. 自内部控制评价报告基准日至内部控制评价报告发出日之间影响内部控制有效性评价结论的因素

□适用 √不适用

自内部控制评价报告基准日至内部控制评价报告发出日之间未出现影响内部控制有效性评价结论的因素。

5. 内部控制审计意见是否与公司对财务报告内部控制有效性的评价结论一致

√是　□否

6. 内部控制审计报告对非财务报告内部控制重大缺陷的披露是否与公司内部控制评价报告披露一致

√是　□否

三、内部控制评价工作情况

（一）内部控制评价范围

公司按照风险导向原则确定纳入评价范围的主要单位、业务和事项以及高风险领域。

（1）纳入评价范围的主要单位包括上市公司母公司本身及下属分、子公司。

（2）纳入评价范围的单位占比：

指标	占比/%
纳入评价范围单位的资产总额占公司合并财务报表资产总额之比	100
纳入评价范围单位的营业收入合计占公司合并财务报表营业收入总额之比	100

（3）纳入评价范围的主要业务和事项包括公司治理结构、组织机构、岗位职责及权限、战略管理、人力资源政策、信息与沟通、内部监督、资产管理、安全生产管理、销售管理、采购管理、存货管理、资金管理、投资管理、关联交易、财务报告。

（4）重点关注的高风险领域主要包括采购业务、销售管理、资金管理、投资管理、关联交易。

（5）上述纳入评价范围的单位、业务和事项以及高风险领域涵盖了公司经营管理的主要方面，是否存在重大遗漏

□是　√否

（6）是否存在法定豁免

□是　√否

（二）内部控制评价工作依据及内部控制缺陷认定标准

公司依据企业内部控制规范体系及公司内部相关规章制度，组织开展内部控制评价工作。

1. 内部控制缺陷具体认定标准是否与以前年度存在调整

□是　√否

公司董事会根据企业内部控制规范体系对重大缺陷、重要缺陷和一般缺陷的认定要求，结合公司规模、行业特征、风险偏好和风险承受度等因素，区分财务报告内部控制和非财务报告内部控制，研究确定了适用于本公司的内部控制缺陷具体认定标准，并与以前年度保持一致。

2. 财务报告内部控制缺陷认定标准

公司确定的财务报告内部控制缺陷评价的定量标准如下。

指标名称	重大缺陷定量标准	重要缺陷定量标准	一般缺陷定量标准
可能导致的利润总额错报	错报≥利润总额5%	利润总额2%≤错报<利润总额5%	错报<利润总额2%
可能导致的收入总额错报	错报≥收入总额1%	收入总额0.5%≤错报<收入总额1%	错报<收入总额0.5%
可能导致的资产总额错报	错报≥资产总额1%	资产总额0.5%≤错报<资产总额1%	错报<资产总额0.5%

公司确定的财务报告内部控制缺陷评价的定性标准如下。

缺陷性质	定性标准
重大缺陷	单独缺陷或连同其他缺陷导致不能及时防止或发现并纠正财务报告中的重大错报。出现下列情形的，认定为重大缺陷。 （1）公司董事、监事和高级管理人员舞弊并给企业造成重大损失和不良影响 （2）外部审计发现当期财务报告存在重大错报，公司未能预先发现 （3）已经发现并报告给管理层的重大缺陷在合理的时间内未加以改正 （4）公司审计委员会和公司内部审计部门对内部控制的监督无效 （5）重要业务缺乏制度控制或制度系统性失效 （6）其他对公司财务报告产生重大影响的情形
重要缺陷	公司财务报告内部控制重要缺陷的定性标准。 （1）未按公认会计准则选择和应用 （2）未建立反舞弊程序和控制措施 （3）财务报告过程中出现单独或多项缺陷，虽然未达到重大缺陷认定标准，但影响到财务报告的真实、准确目标 （4）其他对公司财务报告产生重要影响的情形
一般缺陷	未构成重大缺陷、重要缺陷标准的其他财务报告内部控制缺陷

3. 非财务报告内部控制缺陷认定标准

公司确定的非财务报告内部控制缺陷评价的定量标准如下。

指标名称	重大缺陷定量标准	重要缺陷定量标准	一般缺陷定量标准
实际损失总额及负面影响程度	内部控制缺陷可能导致的负面影响较大，或直接财产损失金额达到500万元以上	该缺陷单独或连同其他缺陷导致的直接财产损失金额达到100万元以上且不超过500万元，且未对公司产生负面影响	该缺陷导致的直接财产损失金额不足100万元，且未对公司产生负面影响

公司确定的非财务报告内部控制缺陷评价的定性标准如下。

缺陷性质	定性标准
重大缺陷	（1）违反国家法律、法规，如环境污染 （2）公司缺乏民主决策程序 （3）媒体负面新闻频现 （4）其他对公司产生重大负面影响的情形
重要缺陷	（1）决策程序导致出现一般性失误 （2）核心管理人员或核心技术人员流失，影响公司生产经营 （3）内部控制评价的结果特别是重大或重要缺陷未得到整改 （4）其他对公司产生较大负面影响的情形
一般缺陷	未构成重大缺陷、重要缺陷标准的其他非财务报告内部控制缺陷

（三）内部控制缺陷认定及整改情况

1. 财务报告内部控制缺陷认定及整改情况

（1）重大缺陷

报告期内公司是否存在财务报告内部控制重大缺陷

√是　□否

根据上述财务报告内部控制缺陷的认定标准，报告期内公司存在财务报告内部控制重大缺陷，数量1个。

财务报告期内内部控制重大缺陷	缺陷描述	业务领域	缺陷整改情况/整改计划	截至报告基准日是否完成整改	截至报告发出日是否完成整改
关联方经营性资金占用	截至2016年12月31日,公司控股股东控制的关联方累计有应收款项17.34亿元逾期尚未收回	财务管理	2017年3月之前,以每月向本公司支付现金、提供所需产品或债务重组等方式予以偿还	否	否

(2) 重要缺陷

报告期内公司是否存在财务报告内部控制重要缺陷

□是　√否

(3) 一般缺陷

报告期内公司不存在财务报告内部控制一般缺陷。

2. 非财务报告内部控制缺陷认定及整改情况

(1) 重大缺陷

报告期内公司是否发现非财务报告内部控制重大缺陷

□是　√否

(2) 重要缺陷

报告期内公司是否发现非财务报告内部控制重要缺陷

□是　√否

(3) 一般缺陷

报告期内公司不存在非财务报告内部控制一般缺陷。

四、其他内部控制相关重大事项说明

1. 上一年度内部控制缺陷整改情况

□适用　√不适用

2. 本年度内部控制运行情况及下一年度改进方向

√适用　□不适用

公司根据《企业内部控制基本规范》及其配套指引和其他内部控制监管要求,持续开展内控体系建设与完善工作。报告期内,公司不存在可能对投资者理解内部控制评价报告、评价内部控制情况或投资决策产生重大影响的其他内部控制信息。针对本报告期内存在的财务报告内部控制重大缺陷,公司董事会及管理层将与相关方积极协商并落实相应的解决措施,尽早消除该不利影响,降低上市公司的经营风险。随着公司内、外部环境以及经营状况的变化,公司将继续加强并完善内部控制制度建设,规范内部控制执行,强化内部控制监督检查,促进公司健康、可持续发展。

3. 其他重大事项说明

□适用　√不适用

董事长(已经董事会授权):×××

山西某股份有限公司

2017年1月23日

本章小结

内部控制评价,是指企业董事会或类似权力机构对内部控制的有效性进行全面评价、形成评价结论、出具评价报告的过程。内部控制评价是企业董事会对本企业内部控制有效性的自我评价,有利于发现内控存在的问题并及时完善,提高企业的经营效率,更好地实现经营目标。内部控制评价是一个过程,是指内部控制评价要遵照一定的流程来进行。内部控制评价工作不是一蹴而就的,它是一个涵盖计划、实施、编报等多个阶段、包含多个步骤的动态过程。同时满足设计有效性和运行有效性标准的内部控制,受内部控制固有局限影响,只能为内部控制目标的实现提供合理保证,而不能提供绝对保证,不应不切实际地期望内部控制能够绝对保证内部控制目标的实现,也不应以内部控制目标的最终实现情况和程度作为唯一依据直接判断内部控制设计与运行的有效。内部控制缺陷按缺陷产生的原因和来源可分为设计缺陷和运行缺陷,按影响程度分为重大缺陷、重要缺陷和一般缺陷。内部控制评价报告应当报经董事会或类似权力机构批准后对外披露或报送相关部门。企业内部控制审计报告应当与内部控制评价报告同时对外披露或报送。企业应当以每年的12月31日作为年度内部控制评价报告的基准日。内部控制评价报告应于基准日后4个月内报出。

复习思考题

一、简答题

1. 如何理解企业的内部控制评价?企业内部控制评价应注意哪些问题?
2. 如何理解企业内部控制评价的缺陷?如果你是企业负责内部控制的工作人员,你将如何设计内部控制评价?

二、案例分析

甲公司在上海证券交易所上市以后,根据财政部等五部委联合发布的《企业内部控制基本规范》《企业内部控制配套指引》以及据此修改后的《公司内部控制手册》,开展内部控制评价并对外披露内部控制评价报告。并由审计部牵头拟订内部控制评价方案。该方案摘要如下。

(一)关于内部控制评价的组织领导和职责分工。董事会及其审计委员会负责内部控制评价的领导和监督。经理层负责实施内部控制评价,并对本公司内部控制有效性负全责。审计部具体组织实施内部控制评价工作,拟订评价计划、组成评价工作组、实施现场评价、审定内部控制重大缺陷、草拟内部控制评价报告,及时向董事会、监事会或经理层报告。其他有关业务部门负责组织本部门的内部控制自查工作。

(二)关于内部控制评价的内容和方法。内部控制评价围绕内部环境、风险评估、控制活动、信息与沟通、内部监督五要素展开。鉴于本公司已按《中华人民共和国公司法》和公司章程建立了科学规范的组织架构,组织架构相关内容不再纳入企业层面评价范围。同时，本着重要性原则，在实施业务层面评价时，主要评价上海证券交易所重点关注的对外担保、关联交易和信息披露等业务或事项。在内部控制评价中，可以采用个别访谈、调查问卷、穿行测试、抽样、实地查验、比较分析、专题讨论和信息系统开发检查等方法。考虑到公司现阶段经营压力较大，为了减轻评价工作对正常经营活动的影响，在本次内部控制评价中，仅采用调查问卷法和专题讨论法实施测试与评价。

（三）关于实施现场评价。评价工作组应与被评价单位进行充分沟通，了解被评价单位的基本情况，合理调整已确定的评价范围、检查重点和抽样数量。评价人员要依据《企业内部控制基本规范》《企业内部控制配套指引》和《公司内部控制手册》实施现场检查测试，按要求填写评价工作底稿，记录测试过程及结果，并对发现的内部控制缺陷进行初步认定。现场评价结束后，评价工作组汇总评价人员的工作底稿，形成现场评价报告。现场评价报告无须和被评价单位沟通，只需评价工作组负责人审核、签字确认后报审计部。审计部应编制内部控制缺陷认定汇总表，对内部控制缺陷进行综合分析和全面复核。

（四）关于内部控制评价报告。审计部在完成现场评价和缺陷汇总、复核后，负责起草内部控制评价报告。评价报告应当包括董事会对内部控制报告真实性的声明、内部控制评价工作的总体情况、内部控制评价的依据、内部控制评价的范围、内部控制评价的程序和方法、内部控制缺陷及其认定情况、内部控制缺陷的整改情况、内部控制有效性的结论等内容。对于重大缺陷及其整改情况，只进行内部通报，不对外披露。内部控制评价报告报董事会审定后对外披露。

（五）关于内部控制审计。聘请具有证券期货业务资格的某大型会计师事务所对本公司内部控制有效性进行审计。重点审计本公司内部控制评价的范围、内容、程序和方法等，并出具相关审计意见。同时，企业除财务报告相关内部控制活动评价结果外，还披露了企业认真履行环保责任，对于污染物排放和产品质量安全管理等实施了比国家规定标准还要严格的控制标准，并对相关控制制度和实施情况进行评价，披露相关内部控制评价结果。

要求：

1. 根据《企业内部控制基本规范》及《企业内部控制配套指引》，逐项判断甲公司内部控制评价方案中的（一）～（五）项内容是否存在不当之处；存在不当之处的，请逐项指出，并逐项简要说明理由。

2. 分析内部控制评价报告与财务报告的关系，为什么公司在环保与产品质量控制方面实施了比国家标准还严格的控制标准，并主动披露相关控制信息？

3. 内部控制评价报告都包括哪些内容？这些信息对外部投资者投资和了解企业有何作用？

第二十二章

企业内部控制审计

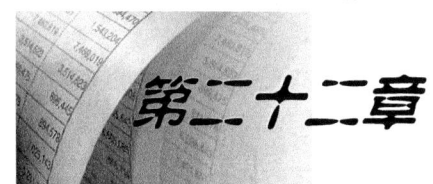

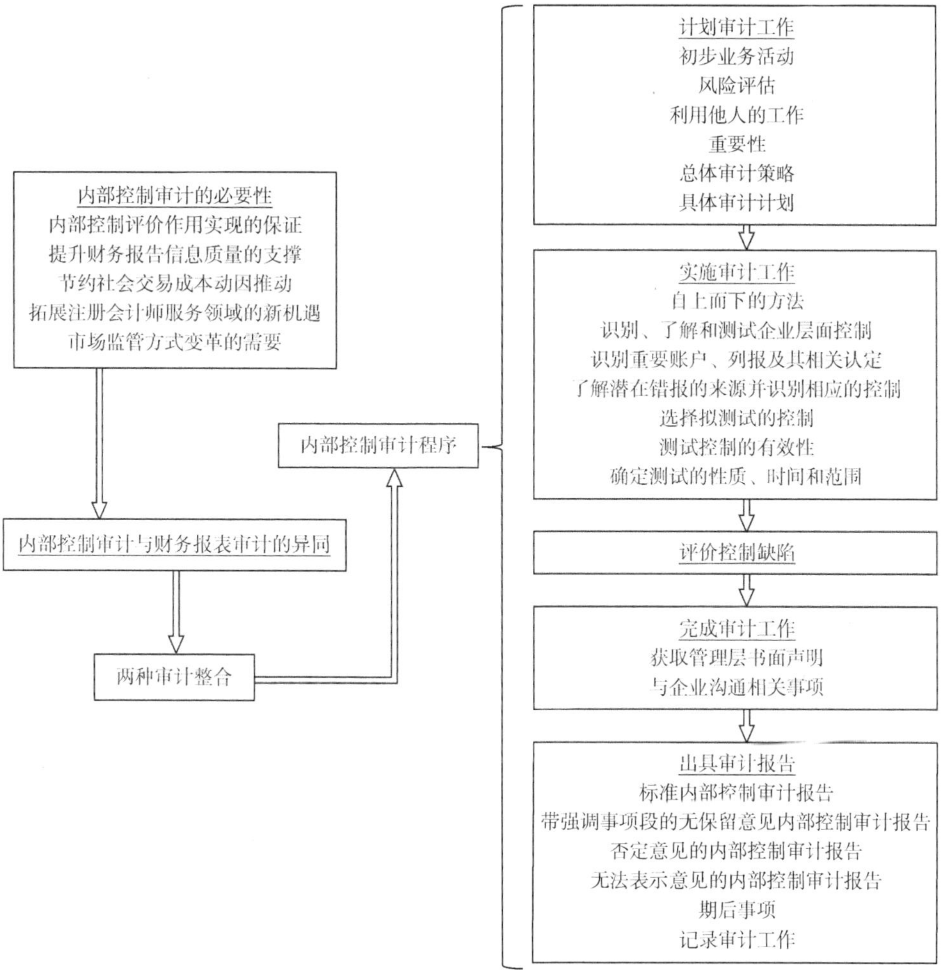

```
                                    ┌─────────────────────────────┐
                                    │ 计划审计工作                 │
                                    │   初步业务活动               │
                                    │   风险评估                   │
                                    │   利用他人的工作             │
                                    │   重要性                     │
                                    │   总体审计策略               │
                                    │   具体审计计划               │
                                    └─────────────────────────────┘
┌──────────────────────┐                         ↓
│ 内部控制审计的必要性  │            ┌─────────────────────────────┐
│ 内部控制评价作用实现  │            │ 实施审计工作                 │
│ 的保证               │            │   自上而下的方法             │
│ 提升财务报告信息质量  │            │   识别、了解和测试企业层面控制│
│ 的支撑               │            │   识别重要账户、列报及其相关认定│
│ 节约社会交易成本动因  │            │   了解潜在错报的来源并识别相应的控制│
│ 推动                 │            │   选择拟测试的控制           │
│ 拓展注册会计师服务领  │            │   测试控制的有效性           │
│ 域的新机遇           │            │   确定测试的性质、时间和范围 │
│ 市场监管方式变革的需要│            └─────────────────────────────┘
└──────────────────────┘                         ↓
         │          ┌──────────────┐   ┌─────────────────────────────┐
         │          │内部控制审计程序│→ │ 评价控制缺陷                │
         ↓          └──────────────┘   └─────────────────────────────┘
┌──────────────────────┐       ↑                 ↓
│内部控制审计与财务报表 │       │      ┌─────────────────────────────┐
│审计的异同            │       │      │ 完成审计工作                 │
└──────────────────────┘       │      │   获取管理层书面声明         │
         │                     │      │   与企业沟通相关事项         │
         ↓                     │      └─────────────────────────────┘
┌──────────────────────┐       │                 ↓
│ 两种审计整合         │───────┘      ┌─────────────────────────────┐
└──────────────────────┘              │ 出具审计报告                 │
                                      │   标准内部控制审计报告       │
                                      │   带强调事项段的无保留意见内部控制审计报告│
                                      │   否定意见的内部控制审计报告 │
                                      │   无法表示意见的内部控制审计报告│
                                      │   期后事项                   │
                                      │   记录审计工作               │
                                      └─────────────────────────────┘
```

内部控制审计,是指会计师事务所接受委托,对特定基准日内部控制设计与运行的有效性进行审计。按照《企业内部控制审计指引》(以下简称《内控审计指引》)和财政部 2012 年《关于 2012 年主板上市公司分类分批实施企业内部控制规范体系的通知》(财办会〔2012〕30 号),要求注册会计师在实施审计工作的基础上对内部控制的有效性发表审计意见,通过对企业的内部控制体系设计的科学性和实施的有效性进行独立的评价与监督,发现企业内部控制存在的缺陷,促使其不断健全完善,为企业运行提供更大效用。我国中央和地方国有控股上市公司自2012年开始全面实施企业内部控制规范体系,在披露年报的同时披露董事会对公司内部控制的自我评价报告及注册会计师出具的财务报告内部控制审计报告,该要求最终在2014年推广到所有主板上市公司。

【重要概念】内部控制审计　内部控制审计报告　整合审计

第一节　内部控制审计概述

一、内部控制审计的必要性

1. 内部控制评价作用实现的保证

自很多企业自愿披露内部控制自我评价报告信息以来,由于报告包含的信息内容有利于外部投资者投资决策,逐渐引起关注,但其作用的发挥有赖于一个重要基础,就是企业披露的内部控制评价信息的可靠性。《萨班斯-奥克斯利法案》第302条款要求管理者对内部控制评价,并要求年度强制性披露控制。相应地,第404条款明确要求审计师对企业管理层对财务报告内部控制的评价进行整合审计;我国《企业内部控制基本规范》要求会计师事务所对企业内部控制的有效性进行审计,出具审计报告,同时对在审计工作中所注意到的非财务报告内部控制重大缺陷进行描述,专门制定《内控审计指引》规范内部控制审计工作。

2. 提升财务报告信息质量的支撑

内部控制作为企业的一项重要管理活动,内部控制的有效性直接影响着企业财务报告及相关信息的可靠性、资产的安全完整以及对法律法规的遵循,关系着企业经营的效率效果和企业发展战略的实现。因而,在对财务报告进行审计时,与财务报告相关内部控制测试结果直接影响实质性程序,关系审计质量和成本。审计很早就关注企业内部控制有效性,甚至直接或间接推动了企业内部控制相关规范的发展进程。然而,企业内部控制在财务报表审计中,只有在两种情况下才强制要求对内部控制进行测试:一是在评估认定层次的重大错报风险时,预期控制的运行是有效的(在确定实质性程序的性质、时间安排和范围时,注册会计师拟信赖控制运行的有效性);二是仅实施实质性程序并不能够提供认定层次充分、适当的审计证据。可见,注册会计师对内部控制的了解和测试不足以对内部控制发表意见,难以满足信息使用者的需求。美国安然等多家大公司爆出财务丑闻后,人们逐步意识到内部控制至关重要,从原本单一注重财务报告可靠性转向注重对保证财务报告可靠性的机制建设上,即通过保证财报编制过程的有效性实现结果的有效。由此推动了内部控制审计的发展,很多国家要求注册会计师对内部控制设计和运行的有效性进行审计或鉴证,在更深层面保障企业财务报告信息质量。

3. 节约社会交易成本动因推动

内部控制审计要求对企业控制设计和运行的有效性进行测试,财务报表审计中,也要求了解企业的内部控制,并在需要时测试控制,这两种控制测试在实务中难以有效区别,因而将这两种审计的相同之处进行整合,注册会计师不仅可以获取充分、适当的证据,支持在财务报表审计中对控制风险的评估结果,也能获取充分、适当的证据,支持在内部控制审计中对内部控制有效性发表的意见,同时,还能避免重复工作,节约大量的外部独立审计鉴证业务成本。因而,尽管《萨班斯-奥克斯利法案》第404条款刚开始实施时,最大的阻力在于执行成本过高,但美国的一项调查也显示,第二年企业执行该条款的成本比第一年下降了46%,而将两项审计工作更好地整合起来则是其中的一个主要原因。

4. 拓展注册会计师服务领域的新机遇

注册会计师行业要拓展服务领域,寻求发展新增长点,既要把传统的审计业务做好,又要大力发展咨询业务。其中,内部控制审计业务正是鉴证业务新的拓展,是财务报表独立审计制度的延伸。实施内部控制审计不仅有政策做基础,又有充裕的市场资源,是拓展注册会计师服务领域难得的新机遇。从未来会计师行业发展趋势来看,其职业价值正从经济鉴证向价值管理转变,从合规性治理向经营性治理和风险管理转变。因而,注册会计师发挥好"诊断"和"增值"等功能,通过内部控制审计,将注册会计师自身的管理能力、管理咨询服务的能力、职业判断能力应用于企业价值提升。以实现行业整体稳定、长远发展。

5. 市场监管方式变革的需要

各国监管机构对微观主体的监管重心,逐渐从事后被动监管转变为过程控制,从财务信息质量监管转变为财务信息质量保证体系的监管,从大案、要案的查处转变为系统风险的防范,发挥既治标也治本的监管效果。开展企业内部控制审计,是实现这一监管方式变革的重要组成部分。企业内部控制审计制度的确立,改变了企业在上市或融资时才委托注册会计师对内部控制进行审计的局面,使得企业内部控制审计与财务报告审计一样,成为经常性、周期性业务,有利于企业治理层借助注册会计师对内部控制审计的成果,更好地履行监督内部控制的责任,有利于防范管理层凌驾于控制之上的风险,完善企业内部治理机制。

二、内部控制审计的含义

内部控制审计是指会计师事务所接受委托,对特定基准日内部控制设计与运行的有效性进行审计。该内涵包括以下几方面内容。

1. 企业内部控制审计基于特定基准日

注册会计师基于基准日(如年末12月31日)内部控制的有效性发表意见,而不是对财务报表涵盖的整个期间(如1年)的内部控制的有效性发表意见。但这并不意味着注册会计师只关注企业基准日当天的内部控制,而是要考察企业一个时期内(足够长的一段时间)内部控制的设计和运行情况。例如,注册会计师可能在5月对企业的内部控制进行测试,发现问题后提请企业进行整改,如 6 月整改,企业的内部控制在整改后要运行一段时间(至少 1 个月),8 月注册会计师再对整改后的内部控制进行测试。因此,虽然是对企业 12 月 31 日(基准日)内部控制的设计和运行发表意见,但这里的基准日不是一个简单的时点概念,而是体现内部控制这个过程向前的延续性。注册会计师所采用的内部控制审计的程序和方法,也体现了这种延续性。

2. 内部控制审计的主体是会计师事务所

我国财务报告审计业务承接只能是以会计师事务所的名义承接,同样,内部控制审计的实施主体也是接受企业委托的会计师事务所。要求上市公司在披露年度自我评价报告的同时,委托具有证券期货业务资格的会计师事务所对其财务报告内部控制的有效性进行审计,并出具审计报告。

3. 注册会计师应当对内部控制的有效性发表审计意见

企业内部控制按照影响内部控制目标的具体表现形式分为财务报告内部控制与非财务报告内部控制。《内控审计指引》第四条第二款规定,注册会计师应当对财务报告内部控制的有效性发表审计意见,并对内部控制审计过程中注意到的非财务报告内部控制的重大缺陷,在内部控制审计报告中增加"非财务报告内部控制重大缺陷描述段"予以披露。

(1)财务报告内部控制。财务报告内部控制是指企业为了合理保证财务报告及相关信息真实完整而设计和运行的内部控制,以及用于保护资产安全的内部控制中与财务报告可靠性目标相关的控制。主要包括:①保存充分、适当的记录,准确、公允地反映企业的交易和事项;②合理保证按照企业会计准则的规定编制财务报表;③合理保证收入和支出的发生以及资产的取得、使用或处置经过适当授权;④合理保证及时防止或发现并纠正未经授权的、对财务报表有重大影响的交易和事项等方面的政策与程序。

(2)非财务报告内部控制。非财务报告内部控制是指除财务报告内部控制之外的其他控制,通常是指为了合理保证经营的效率效果、遵守法律法规、实现发展战略而设计和运行的控制,以及用于保护资产安全的内部控制中与财务报告可靠性目标无关的控制。

由此可见,内部控制审计首先以保证企业财务信息的可靠性为基本出发点,但仅关注财务报告内部控制有效性,不利于整体把握企业内部控制的有效性和风险评估结果,因而将非财务报告内部控制审计作为内部控制审计的间接对象。

4. 企业内部控制责任与注册会计师审计责任的关系

《内控审计指引》第三条规定,建立健全和有效实施内部控制,评价内部控制的有效性是企业董事会的责任;在实施审计工作的基础上对内部控制的有效性发表审计意见,是注册会计师的责任。企业内部控制责任与注册会计师审计责任之间的关系和会计责任与审计责任的区分保持一致,换言之,内部控制本身有效与否是企业的内部控制责任,是否遵循《内控审计指引》开展内部控制审计并发表恰当的审计意见是注册会计师的审计责任。因此,注册会计师在实施内部控制审计之前,应当在业务约定书中明确双方的责任;在发表内部控制审计意见之前,应当取得经企业签署的内部控制书面声明。

三、整合审计

我国《内控审计指引》第五条规定:注册会计师可以单独进行内部控制审计,也可以将内部控制审计与财务报表审计整合进行(以下简称"整合审计")。理解这一规定,要明确两点:一是内部控制审计与财务报表审计是两种不同的审计业务,两种审计的目标不同;二是内部控制审计与财务报表审计可以整合起来进行。

1. 内部控制审计与财务报表审计的异同

财务报表审计是为了提高财务信息的可信赖程度,通过了解企业的内部控制及其有效性,据此制定审计策略,作为进一步审计程序的基础和前提,是重在"结果"的审计;而内部控制审计是对保证财务报表质量的内部控制系统的审计,是重在"过程"的审计。因此,审计对象、重点等的不同,使得二者存在实质性差异,如表22-1所示,内部控制审计独立于财务报告审计。因而,内部控制审计时,注册会计师对内部控制设计与运行的有效性进行测试的目的是获取充分、适当的证据,支持在内部控制审计中对内部控制有效性发表的意见;财务报表审计时内部控制测试的目的是获取充分、适当的证据,支持在财务报表审计中对控制风险的评估结果。因而,两者在审计时控制测试的目标不同。但是,两者都要对内部控制设计和运行的有效性进行测试,这既是相同点,也是整合审计中整合的部分。

表 22-1 财务报表审计和内部控制审计的差异比较

事项	财务报表审计	内部控制审计
审计目标	提高财务信息的可信赖程度,重在"结果"的审计	对保证财务报表质量的内控系统的审计,重在"过程"的审计
对内部控制了解和测试目的	为了判断是否可以相应减少实质性程序的工作量,以及支持财务报表的审计意见	为了对内部控制本身的有效性发表审计意见
内部控制测试范围	根据成本效益原则可能采取不同的审计策略,对于某些审计领域,不实施内部控制测试程序	针对每一审计领域获取控制有效性的证据,以便对内部控制整体的有效性发表意见
内部控制测试结果所要达到的可靠程度	对控制测试的可靠性要求相对较低,注册会计师测试的样本量选择也有一定的弹性	对控制测试的可靠性要求较严,样本量选择相对弹性较小
内部控制缺陷评价要求	仅需将审计过程中识别出的内部控制缺陷区分为值得关注的内部控制缺陷和一般缺陷	对内部控制缺陷进行严格评估,将值得关注的内部控制缺陷进一步区分为重大缺陷和重要缺陷。重大缺陷将影响到审计意见的类型
审计报告的内容	注册会计师一般不对外报告内部控制的情况,除非内控影响到对财务报告发表的审计意见	注册会计师应报告内部控制的有效性

2. 两种审计的整合

财务报告内部控制审计与财务报表审计通常使用相同的重要性(或重要性水平),审计模式、程序、方法等存在若干相同之处,风险识别、评估、应对等大量工作内容相近,如表22-2所示,因而在实务中两者很难分开。同时,注册会计师在审计财务报表时需获得的信息在很大程度上依赖注册会计师对内部控制有效性审计得出的结论。注会计师可以利用在一种审计中获得的结果为另一种审计中的判断和拟实施的程序提供信息。一方面，实施财务报表审计时，注册会计师可以利用内部控制审计的结果来修改实质性程序的性质、时间安排和范围，并且可以利用该结果来支持分析程序中所使用的信息的完整性和准确性。在确定实质性程序的性质、时间安排和范围时，注册会计师需要慎重考虑识别出现的控制缺陷。另一方面，实施内部控制审计时，注册会计师需要评估财务报表审计时实质性程序中发现问题的影响。最重要的是，注册会计师需要重点考虑财务报表审计中发现的财务报表错报，考虑这些错报对评价内控有效性的影响。因此，这两项审计工作完全可以整合进行，而由同一家事务所进行整合审计，不仅有利于提高审计效果和效率，降低审计成本，减少重复劳动，而且可以避免审计判断出现不一致的情形，减轻企业聘请不同事务所实施审计的负担。

表 22-2　财务报表审计与内部控制审计的共性

比较项目	共性内容
审计目标	最终目的一致，虽然二者各有侧重，但最终目的均为提高财务信息质量，提高财务报告的可靠性，为利益相关者提供高质量的信息
审计模式	都采取风险导向审计模式，注册会计师首先实施风险评估程序，识别和评估重大缺陷（或错报）存在的风险，在此基础上，有针对性地采取应对措施，实施相应的审计程序
审计方法	均要了解和测试内部控制，并且对内部控制有效性的定义和评价方法相同，都可能用到询问、检查、观察、穿行测试、重新执行等方法和程序
审计重点	均要识别重点账户、重要交易类别等重点审计领域，注册会计师在财务报告审计中，需要评价这些重点账户和重要交易类别是否存在重大错报，在内部控制审计中，需要评价这些账户和交易是否被内部控制所覆盖
重要性水平	由于审计对象、判断标准相同，所以二者在审计中确定的重要性水平亦相同

第二节　内部控制审计程序

《内控审计指引》的颁布标志着我国企业内部控制审计制度正式确立，为事务所实施内部控制审计提供了标准，而后发布的《企业内部控制审计指引实施意见》和《企业内部控制审计工作底稿编制指南》（以下简称《底稿指南》）等内控审计规范进一步确立了审计的实施模式，有效地化解了标准制定与实施过程中不同利益主体之间可能存在的矛盾和冲突，增强了标准的执行力。内部控制审计程序主要包括计划审计工作、实施审计工作、评价控制缺陷、完成审计工作、出具审计报告。

一、计划审计工作

计划审计工作对于注册会计师顺利完成审计工作和控制审计风险具有非常重要的意义。合理地计划内部控制审计工作，有助于注册会计师关注重点审计领域、及时发现和解决潜在问题、恰当地组织和管理审计工作。充分的审计计划既可以帮助注册会计师对项目组成员进行恰当的分工、指导、监督和复核，又有助于协调组成部分注册会计师和外部专家的工作。在计划内部控制审计工作时，注册会计师需要开展初步业务活动、制订总体审计策略和具体审计计划。在此过程中，注册会计师需要做出很多关键决策，包括确定重要性水平、确定执行业务所需资源的性质、时间安排和范围等。

（一）初步业务活动

1. 内部控制审计的前提条件

内部控制审计的前提条件得到满足，是注册会计师承接或保持一项内部控制审计业务的必要前提。如果内部控制审计的前提条件未得到满足，注册会计师通常不应承接相应内部控制审计业务。

在确定内部控制审计的前提条件是否得到满足时，注册会计师应当做到以下两点。
(1) 确定被审计单位采用的内部控制标准是否适当。
(2) 就被审计单位认可并理解其责任与管理层和治理层达成一致意见。

被审计单位应当认可并理解的责任包括以下几点。
(1) 按照适用的内部控制标准，设计、执行和维护有效的内部控制，以使财务报表不存在由于舞弊或错误导致的重大错报。
(2) 按照适用的内部控制评价标准对内部控制进行评价并编制内部控制评价报告。
(3) 向注册会计师提供必要的工作条件，包括允许注册会计师接触与内部控制的设计、执行和维护相关的所有信息（如运行记录、授权文件等），向注册会计师提供内部控制审计所需要的其他信息，允许注册会计师在获取审计证据时不受限制地接触其认为必要的人员。

2. 初步业务活动的目的

在计划内部控制审计工作前，注册会计师需要开展初步业务活动，以实现下列目的。
(1) 确保项目组具备执行内部控制审计业务所需的独立性和专业胜任能力。
(2) 不存在因管理层诚信问题而可能影响注册会计师接受或保持该项内部控制审计业务的意愿的事项。
(3) 内部控制审计的前提条件已得到满足。
(4) 注册会计师与被审计单位之间不存在对业务约定条款的误解。

3. 初步业务活动的内容

针对上述目的，注册会计师在本期内部控制审计业务开始前应开展下列初步业务活动。
(1) 针对客户关系和具体审计业务的接受或保持，实施相应的质量控制程序。
(2) 评价会计师事务所和项目组遵守相关职业道德要求的情况。
(3) 确定内部控制审计的前提条件是否得到满足。
(4) 就内部控制审计业务约定条款与被审计单位管理层达成一致意见，并单独签订内部控制审计业务约定书。
(5) 根据项目需要，挑选合适的人员，建立项目组。

4. 内部控制审计业务约定书

如果决定接受或保持内部控制审计业务，注册会计师应当就审计业务约定条款与管理层达成一致意见，并签订单独的内部控制审计业务约定书，以记录该审计业务约定条款，避免双方对审计业务的理解产生分歧。

内部控制审计业务约定书至少应当包括下列内容：①内部控制审计的目标和范围；②注册会计师的责任；③被审计单位的责任；④被审计单位采用的内部控制标准；⑤注册会计师拟出具的内部控制审计报告的形式和内容，以及对在特定情况下出具的内部控制审计报告可能不同于预期形式和内容的说明；⑥审计收费。

内部控制审计业务约定书的格式和内容可能因被审计单位和业务的具体情况而异，如果需要，内部控制审计业务约定书还可以包括其他条款。例如，①详细说明内部控制审计工作的范围，包括提及适用的法律法规、内部控制审计标准；②说明由于内部控制的固有局限性，存在不能防止和发现错报的可能性，以及由于情况的变化可能导致内部控制变得不恰当，或对控制政策和程序的遵循程度降低，根据内部控制审计结果推测未来内部控制的有效性具有一定风险；③计划和执行内部控制审计工作的安排，包括项目组的构成；④企业确认将提供必要的书面声明；⑤管理层同意告知注册会计师在被审计单位评价基准日之后至审计报告日之前内部控制是否发生变化，或出现可能对内部控制产生重要影响的其他因素；⑥对审计涉及的其他人员（包括被审计单位的内部审计人员、其他人员以及在管理层或治理层指导下的第三方）工作的安排。

内部控制审计业务约定书参考格式（合同式）如下，该约定书是针对单个报告期间截止日的内部控制审计而起草的，如果拟用于连续内部控制审计业务，需要做出修改。

内部控制审计业务约定书

甲方：ABC 股份有限公司

乙方：××会计师事务所

兹由甲方委托乙方对截至 20×1 年 12 月 31 日的财务报告内部控制进行审计，经双方协商，达成以下约定：

一、内部控制审计的目标和范围

乙方接受甲方委托，对甲方截至 20×1 年 12 月 31 日按照《企业内部控制基本规范》和相关规定建立的财务报告内部控制进行审计并对其有效性发表审计意见。

二、甲方的责任

1. 根据《中华人民共和国会计法》及《企业内部控制基本规范》，甲方有责任设计、执行和维护有效的内部控制，制定本公司的内部控制制度并组织其实施，并对本公司内部控制的有效性进行自我评价，披露年度自我评价报告。

2. 甲方应当及时为乙方的审计工作提供与审计有关的所有记录、文件和所需的其他信息（如果在审计过程中需要补充资料，亦应及时提供），并保证所提供资料的真实性和完整性。

3. 甲方应确保乙方不受限制地接触其认为必要的甲方内部人员和其他相关人员。

[下段适用于集团内部控制审计业务，使用时需根据客户／约定项目的特定情况修

改，如果加入此段，应相应修改本约定书第一项关于业务范围的表述，并调整下面其他条款的编号。]

[4. 为满足乙方对甲方财务报告内部控制的有效性发表审计意见的需要，甲方须确保：

乙方和对组成部分内部控制执行相关工作的组成部分注册会计师之间的沟通不受任何限制。

乙方及时获悉组成部分注册会计师与组成部分治理层和管理层之间的重要沟通（包括就内部控制重大缺陷进行的沟通）。

乙方及时获悉组成部分治理层和管理层与监管机构就与内部控制有关的事项进行的重要沟通。

在乙方认为必要时，允许乙方接触组成部分的信息、组成部分管理层或组成部分注册会计师（包括组成部分注册会计师的工作底稿），并允许乙方对组成部分的内部控制执行相关工作。]

5. 甲方管理层应对其做出的与内部控制审计有关的声明予以书面确认。

6. 甲方应为乙方派出的有关工作人员提供必要的工作条件和协助，乙方将于外勤工作开始前提供主要事项清单。

甲方应按照本约定书的约定及时足额支付审计费用以及乙方人员在审计期间的交通、食宿和其他相关费用。

7. 乙方的审计不能减轻甲方及甲方管理层的责任。

三、乙方的责任

1. 乙方的责任是在执行审计工作的基础上对甲方财务报告内部控制的有效性发表审计意见。乙方根据《内控审计指引》及相关中国注册会计师执业准则的规定执行审计工作。该指引及相关执业准则要求注册会计师遵守中国注册会计师职业道德守则，计划和执行审计工作，以对甲方在所有重大方面是否保持了有效的财务报告内部控制获取合理保证。

[下段适用于集团内部控制审计业务，使用时需根据客户/约定项目的特定情况修改，如果加入此段，应相应修改本约定书第一项关于业务范围的表述，并调整下面其他条款的编号。]

[对不由乙方执行相关工作的组成部分内部控制，乙方不单独出具报告；有关的责任由对该组成部分执行相关工作的组成部分注册会计师及其所在的会计师事务所承担。]

2. 审计工作涉及实施审计程序，以获取与财务报告内部控制有关的审计证据。选择的审计程序取决于乙方的判断，包括评估重大缺陷存在的风险，根据评估的风险测试和评价内部控制设计与运行的有效性。审计工作还包括实施乙方认为必要的其他程序。

3. 内部控制具有固有局限性，存在不能防止和发现错报的可能性；此外，由于情况的变化可能导致内部控制变得不恰当，或对控制政策和程序遵循程度降低，因此，根据内部控制审计结果推测未来内部控制的有效性具有一定风险。

4. 在审计过程中，乙方若发现甲方存在内部控制重大缺陷、重要错报，应以书面形式向甲方治理层或管理层通报。但乙方通报的各种事项，并不代表已全面说明所有可能存在的缺陷或已提出所有可行的改进建议。甲方在实施乙方提出的改进建议前应全面评估其影响。未经乙方书面许可，甲方不得向任何第三方提供乙方出具的沟通文件。

5. 按照约定时间完成审计工作，出具审计报告。乙方应于20×2年×月×日前出具审计报告。

6. 除下列情况外，乙方应当对执行业务过程中知悉的甲方信息予以保密：①法律法规允许披露，并取得甲方的授权；②根据法律法规的要求，为法律诉讼、仲裁准备文件或提供证据，以及向监管机构报告发现的违法行为；③在法律法规允许的情况下，在法律诉讼、仲裁中维护自己的合法权益；④接受注册会计师协会或监管机构的执业质量检查，答复其询问和调查；⑤法律法规、执业准则和职业道德规范规定的其他情形。

四、审计收费

1. 本次审计服务的收费是以乙方各级别工作人员在本次工作中所耗费的时间为基础计算的。乙方预计本次审计服务的费用总额为人民币××万元。

2. 甲方应于本约定书签署之日起××日内支付×%的审计费用，其余款项于审计报告草稿完成日结清。

3. 如果由于无法预见的原因，致使乙方从事本约定书所涉及的审计服务实际时间较本约定书签订时预计的时间有明显增加或减少，甲、乙双方应通过协商，相应调整本部分第1段所述的审计费用。

4. 如果由于无法预见的原因，致使乙方人员抵达甲方的工作现场后，本约定书所涉及的审计服务中止，甲方不得要求退还预付的审计费用；如上述情况发生于乙方人员完成现场审计工作，并离开甲方的工作现场之后，甲方应另行向乙方支付人民币××元的补偿费，该补偿费应于甲方收到乙方的收款通知之日起××日内支付。

5. 与本次审计有关的其他费用（包括交通费、食宿费等）由甲方承担。

五、审计报告和审计报告的使用

1. 乙方按照《内控审计指引》规定的格式和类型出具审计报告。

2. 乙方向甲方致送审计报告一式×份。

3. 甲方在提交或对外公布乙方出具的审计报告时，不得对其进行修改。当甲方认为有必要修改内部控制制度时，应当事先通知乙方，乙方将考虑有关的修改对审计报告的影响，必要时，将重新出具审计报告。

六、本约定书的有效期间

本约定书自签署之日起生效，并在双方履行完毕本约定书约定的所有义务后终止。但其中第三项第6段、第四、五、七、八、九、十项并不因本约定书终止而失效。

七、约定事项的变更

如果出现不可预见的情况，影响审计工作如期完成，或需要提前出具审计报告，甲、乙双方均可要求变更约定事项，但应及时通知对方，并由双方协商解决。

八、终止条款

1. 如果根据乙方的职业道德及其他有关专业职责、适用的法律法规或其他任何法定的要求,乙方认为已不适宜继续为甲方提供本约定书约定的审计服务,乙方可以采取向甲方提出合理通知的方式终止履行本约定书。

2. 在本约定书终止的情况下,乙方有权就其于终止之日前对约定的审计服务项目所做的工作收取合理的费用。

九、违约责任

甲、乙双方按照《中华人民共和国合同法》的规定承担违约责任。

十、适用法律和争议解决

本约定书的所有方面均应适用中华人民共和国法律进行解释并受其约束。本约定书履行地为乙方出具审计报告所在地,因本约定书引起的或与本约定书有关的任何纠纷或争议(包括关于本约定书条款的存在、效力或终止,或无效之后果),双方协商确定采取以下第____种方式予以解决:

(1)向有管辖权的人民法院提起诉讼。

(2)提交××仲裁委员会仲裁。

十一、双方对其他有关事项的约定

本约定书一式两份,甲、乙双方各执一份,具有同等法律效力。

ABC股份有限公司(盖章)   ××会计师事务所(盖章)

授权代表:(签名并盖章)   授权代表:(签名并盖章)

二○××年×月××日   二○××年×月××日

(二)风险评估

风险导向审计是现代审计模式,是风险管理思想在审计上的运用。内部控制审计也要将风险的识别、评估和应对运用到财务报告内部控制审计中,这就要求注册会计师将财务报告内部控制重大缺陷风险的识别、评估和应对作为审计工作主线,在风险评估的基础上,将审计资源投放在高风险领域,以提高审计效率和效果。审计风险是被审计单位财务报告内部控制存在重大缺陷时,注册会计师发表不恰当审计意见的可能性;内部控制存在重大缺陷的风险,是指被审计单位财务报告内部控制在审计前存在重大缺陷的可能性。内部控制存在重大缺陷的风险又可以进一步细分为控制无效的风险和无效导致重大缺陷的风险。特定领域内部控制存在重大缺陷的风险越高,审计就越应该给予该领域更多的关注。

1. 计划审计工作中风险评估的基础作用

1)风险评估结果是确定重要账户列报及其相关认定的依据

根据成本效益原则和重要性内涵,注册会计师必须将重要账户、列报及其相关认定纳入审计范围;对于相对不重要的账户、列报及其不相关认定,在审计时根据企业内部控制特点进行分析应对,甚至可以将其剔除。

2）风险评估是选择拟测试的控制的依据

注册会计师应当以风险评估为基础，选择拟测试的控制。注册会计师应当更多地关注高风险领域，而没有必要测试那些即使有缺陷也不可能导致财务报表重大错报的控制。

3）风险评估是确定针对特定控制所需测试的性质、时间安排和范围的依据

注册会计师应当根据与内部控制相关的风险，确定拟实施审计程序的性质、时间安排和范围，获取充分、适当的证据。审计程序的性质是指询问、观察、检查和重新执行等；审计程序的时间安排既包括测试内部控制所针对的期间（时间），也包括何时实施控制测试；审计程序的范围主要指测试的样本量。与内部控制相关的风险越高，注册会计师需要获取的证据应越多，可靠性要求越高。

4）风险评估结果是确定在多大程度上利用被审计单位自我评价工作的依据

为避免重复劳动，注册会计师可利用被审计单位的自我评价工作。但如果某项控制相关的风险越高，被审计单位内部审计人员、内部控制评价人员和其他相关人员的工作的可利用程度就越低，注册会计师应当越多地对该项控制亲自进行测试。

5）风险评估结果是确定测试范围的依据

如果某些组成部分单独或连同其他组成部分导致合并财务报表出现重大错报的可能性极小，注册会计师无须进一步考虑这些组成部分。对风险较低的组成部分，注册会计师可以首先评价、测试企业层面控制能否提供充分、适当的证据。如果能提供充分、适当的证据，注册会计师对这些组成部分可以仅测试企业层面控制。如果某项风险导致企业合并财务报表发生重大错报的可能性不是极小，注册会计师应当测试针对该项风险而实施的控制。

2. 风险评估程序

在财务报告内部控制审计中，采用的也是风险导向审计的模式，注册会计师需要首先识别内部控制存在重大缺陷的风险，然后有针对性地应对。内部控制存在重大缺陷是指财务报告内部控制不足以应对财务报表层次和认定层次的重大错报风险，包括舞弊引起的重大错报风险。

财务报告内部控制审计与财务报表审计一样，审计的起点都是在了解被审计单位情况的基础上识别和评估财务报表层次与认定层次的重大错报风险，两者对风险的评估方法和结果应当相同。风险评估程序应当在审计工作的各个方面和各个阶段都予以综合考虑，贯穿整个审计工作的始终，而不是仅作为确定审计工作范围的一个步骤。在审计过程中，注册会计师应当随时根据内部控制审计和财务报表审计过程中获取的信息调整拟执行的审计程序。

3. 应对舞弊的风险

整合审计计划和实施内部控制审计工作时，注册会计师应当考虑财务报表审计中对舞弊风险的评估结果。在识别并测试企业层面控制以及选择其他控制进行测试时，注册会计师应当评价被审计单位的控制是否足以应对已识别的、由于舞弊导致的重大错报风险，并评价为应对管理层凌驾于控制之上的风险而设计的控制。被审计单位为应对这些

风险可能采取的控制包括以下几点。

（1）针对重大的非常规交易的控制，尤其是针对导致会计处理延迟或异常的交易的控制。

（2）针对期末财务报告流程中编制的分录和做出的调整的控制。

（3）针对关联方交易的控制。

（4）与管理层的重大估计相关的控制。

（5）能够减弱管理层伪造或不恰当操纵财务结果的动机的控制。

为应对管理层凌驾于控制之上的风险而设计的控制，对任何被审计单位都是重要的。

（三）利用他人的工作

在内部控制审计中，注册会计师应当结合对他人的胜任能力和客观性，以及对与控制相关的风险的考虑，在最大可能限度内利用其工作，以提高审计效率。因此，注册会计师应当评价在多大程度上利用他人的工作以减少本应由注册会计师执行的工作。

注册会计师利用企业内部审计人员、内部控制评价人员和其他相关人员的工作，应当对其专业胜任能力和客观性进行充分评价。专业胜任能力即具备某种专业技能、知识或经验，有能力完成分派的任务；客观性则是公正、诚实地执行任务的能力。专业胜任能力和客观性越高，可利用程度就越高，注册会计师就可以越多地利用其工作。当然，无论人员的专业胜任能力如何，注册会计师都不应利用那些客观程度较低的人员的工作。通常在内部控制审计中，注册会计师利用他人工作的程度还受到与被测试控制相关的风险的影响。与某项控制相关的风险越高，可利用他人工作的程度就越低，注册会计师就需要越多地对该项控制亲自进行测试。

需要特别强调的是，注册会计师应当对发表的审计意见独立承担责任，其责任不因为利用企业内部审计人员、内部控制评价人员和其他相关人员的工作而减轻。

（四）重要性

与财务报表审计相同，在计划内部控制审计工作时，注册会计师同样应当确定重要性，以识别重要账户、列报及其相关认定、重大业务流程，并根据所识别的控制缺陷对财务报表的影响程度进行评价。

在计划内部控制审计工作时，注册会计师应当使用与财务报表审计相同的重要性水平。

（五）总体审计策略

总体审计策略用以总结计划阶段的成果，确定审计的范围、时间和方向，并指导具体审计计划的制订。

1. 总体审计策略的作用

制定总体审计策略的过程有助于注册会计师结合风险评估程序的结果确定下列事项。

（1）向具体审计领域分配资源的类别和数量，包括向高风险领域分派经验丰富的项目成员,向高风险领域分配的审计时间预算等。

(2) 何时分配这些资源,包括是在期中审计阶段还是在关键日期调配资源等。

(3) 如何管理、指导和监督这些资源,包括预期何时召开项目组预备会和总结会,预期项目合伙人和经理如何进行复核,是否需要实施项目质量控制复核等。

2. 总体审计策略的内容

在内部控制审计中总体审计策略包括表 22-3 所示的内容。

表 22-3　内部控制审计总体审计策略

序号	项目	具体内容
1	确定审计业务特征,界定审计范围	(1) 被审计单位采用的内部控制标准 (2) 预期审计工作涵盖的范围,包括涵盖的组成部分的数量及所在地点 (3) 拟审计的经营分部的性质,包括是否需要具备专门知识 (4) 对被审计单位内部控制评价工作的了解以及拟利用其他人员工作的程度 (5) 被审计单位使用服务机构的情况,以及如何取得有关证据 (6) 对利用在以前审计工作中或财务报表审计工作中获取的审计证据的预期 (7) 信息技术对审计程序的影响,如数据的可获得性和计算机辅助审计技术
2	计划审计的时间安排和所需沟通的性质	(1) 被审计单位对外公布内部控制审计报告的时间安排 (2) 与管理层和治理层讨论内部控制审计工作的性质、时间安排和范围 (3) 与管理层和治理层讨论注册会计师拟出具的报告类型和时间安排以及沟通的其他事项,包括审计报告、管理建议书和向治理层通报的其他事项 (4) 与管理层讨论预期就整个审计业务中对审计工作的进展进行的沟通 (5) 项目组成员之间沟通的预期性质和时间安排 (6) 预期是否需要和第三方进行其他沟通
3	考虑用以指导项目组工作方向的重要因素	(1) 财务报表整体的重要性和实际执行的重要性 (2) 初步识别可能存在较高重大错报风险的领域 (3) 评估的财务报表层次的重大错报风险对指导、监督和复核的影响 (4) 被审计单位经营活动或内部控制最近发生变化的程度 (5) 与被审计单位沟通过的内部控制缺陷 (6) 有关管理层对设计、执行和维护健全的内部控制重视程度的证据 (7) 对内部控制有效性的初步判断和对内部控制重大缺陷的初步识别 (8) 可获取的、与内部控制有效性相关的证据的类型和范围 (9) 与评价财务报表发生重大错报的可能性和内部控制有效性相关的公开信息
4	考虑初步业务活动的结果	(1) 注册会计师在执行其他业务时对被审计单位财务报告内部控制的了解 (2) 影响被审计单位所处行业的事项,如行业财务报告惯例、经济状况等 (3) 与被审计单位相关的法律法规和监管环境 (4) 与被审计单位经营相关的事项,包括组织结构、经营特征和资本结构 (5) 被审计单位经营活动的复杂程度以及与被审计单位相关的风险 (6) 以前审计对内部控制运行有效性评价的结果,包括识别出的缺陷的性质和应对 (7) 影响被审计单位的重大业务发展变化,如信息技术和业务流程的变化等
5	确定执行业务所需资源的性质、时间安排和范围,如项目组成员的选择以及对项目组成员审计工作的分派,项目时间预算等	

(六) 具体审计计划

具体审计计划比总体审计策略更加详细,内容包括项目组成员拟实施的审计程序的性质、时间安排和范围。计划这些审计程序,会随着具体审计计划的制订逐步深入,并贯穿于审计的整个过程。注册会计师应当在具体审计计划中体现下列内容。

(1) 了解和识别内部控制程序性质、时间安排和范围。
(2) 测试控制设计有效性程序性质、时间安排和范围。
(3) 测试控制运行有效性程序性质、时间安排和范围。

二、实施审计工作

在实施审计工作阶段，注册会计师识别风险、选择拟测试控制的基本思路是要按照自上而下的方法实施审计工作。

（一）自上而下的方法

自上而下的方法始于财务报表层次，以注册会计师对财务报告内部控制整体风险的了解开始，然后，将关注重点放在企业层面的控制上，并将工作逐渐下移至重要账户、列报及其相关认定。随后，确认其对被审计单位业务流程中风险的了解，并对能足以应对评估的每个相关认定的重大错报风险的控制进行测试。自上而下的方法分为下列步骤。

(1) 从财务报表层次初步了解内部控制整体风险。
(2) 识别、了解和测试企业层面控制。
(3) 识别重要账户、列报及其相关认定。
(4) 了解潜在错报的来源并识别相应的控制。
(5) 选择拟测试的控制。

自上而下的方法描述了注册会计师在识别风险以及拟测试控制时的连续思维过程，但并不一定是注册会计师执行审计程序的顺序。

（二）识别、了解和测试企业层面控制

通过了解企业与财务报告相关的整体风险，注册会计师可以识别出为保持有效的财务报告内部控制而必需的企业层面内部控制。企业的内部控制分为企业层面控制和业务流程、应用系统或交易层面的控制两个层面。注册会计师在实施审计工作时，可以将企业层面控制和业务层面控制的测试结合进行。

1. 企业层面控制的内容

企业层面控制通常为应对企业财务报表整体层面的风险而设计，也是其他控制运行的基础，是作用于整个企业范围内的、比业务流程层面更高的内部控制，作用比较广泛，通常不局限于某个具体认定。注册会计师测试企业层面控制，应当把握重要性原则，至少应当关注下列内容。

(1) 与控制环境（内部环境）相关的控制。良好的控制环境是实施有效内部控制的基础。

(2) 针对管理层和治理层凌驾于控制之上的风险而设计的控制。该控制对所有企业保持有效的内部控制都有重要影响。

(3) 被审计单位的风险评估过程。风险评估过程包括识别与财务报告相关的经营风

险和其他经营管理风险,以及针对这些风险所采取的措施。

(4) 对内部信息传递和期末财务报告流程的控制。财务报告流程的控制可以确保管理层按照适当的会计准则编制合理、可靠的财务报告并对外报告。

(5) 对控制有效性的内部监督(监督其他控制的控制)和内部控制评价。企业对控制有效性的内部监督和自我评价可以在企业层面上实施,也可以在业务流程层面上实施。

此外,集中化的处理和控制(包括共享的服务环境)、监控经营成果的控制以及针对重大经营控制及风险管理实务的政策也属于企业层面控制。

2. 企业层面控制对其他控制及其测试的影响

不同的企业层面控制在性质和精确度上存在差异,注册会计师应当从下列方面考虑这些差异对其他控制及其测试的影响。

(1) 对重大错报是否能够被及时防止或发现的可能性有重要影响。某些企业层面控制,对重大错报是否能够被及时防止或发现的可能性有重要影响,虽然这种影响是间接的,但这些控制可能影响注册会计师拟测试的其他控制及其对其他控制所执行程序的性质、时间安排和范围,如被审计单位是否制定了合适的经营理念等。虽然这些与内部环境相关的控制与某个财务报表认定没有直接关联,也不能取代注册会计师为对财务报表认定相关的内部控制的有效性做出结论而所获得的证据,但是由于这些控制可能会对其他控制的有效运行,以及注册会计师对财务报表是否存在重大错报的风险评估带来普遍性影响,所以注册会计师可能需要考虑这些控制是否存在缺陷,以制定对其他控制所执行的程序。

(2) 某些企业层面控制能够监督其他控制的有效性。管理层设计了某些企业层面控制旨在监督其他控制的有效性,并识别其他控制可能出现的失效情况。当这些控制运行有效时,注册会计师可以减少原本拟对其他控制的有效性进行的测试。

(3) 某些企业层面控制本身能够精确到足以及时防止或发现并纠正一个或多个相关认定中存在的重大错报。如果一项企业层面控制足以应对已评估的重大错报风险,注册会计师就不必测试与该风险相关的其他控制。注册会计师可以综合内部控制对应的重要账户及列报的性质、管理层分析的细化程度等因素来分析某个控制是否有足够的精确度,以及时防止或发现财务报表重大错报。

正是由于企业层面控制的上述作用,注册会计师应当识别、了解和测试对内部控制有效性结论有重要影响的企业层面控制。注册会计师对企业层面控制的评价,可能增加或减少本应对其他控制所进行的测试。此外,由于对企业层面控制的评价结果将影响注册会计师测试其他控制的性质、时间安排及范围,所以注册会计师可以考虑在执行业务的早期阶段对企业层面控制进行测试。在完成对企业层面控制的测试后,注册会计师可以根据测试结果评价被审计单位的企业层面控制是否有效,并且计划需要测试的其他控制及对其他控制所执行程序的性质、时间安排和范围。

(三) 识别重要账户、列报及其相关认定

注册会计师在确定重要性水平之后,应当识别重要账户、列报及其相关认定。如果某账户或列报可能存在一个错报,该错报单独或连同其他错报将导致财务报表发生重大错报,则该账户或列报为重要账户或列报。如果某财务报表认定可能存在一个或多个错

报,这个或这些错报将导致财务报表发生重大错报,则该认定为相关认定。某认定是否为相关认定,因被审计单位和账户而异。在识别重要账户、列报及其相关认定时,注册会计师应当从定性和定量两个方面做出评价。在内部控制审计中,注册会计师在识别重要账户、列报及其相关认定时应当评价的风险因素与财务报表审计中考虑的因素相同。因此,在这两种审计中识别的重要账户、列报及其相关认定应当相同。

1. 从定量的角度

超过财务报表整体重要性的账户,无论是在内部控制审计还是财务报表审计中,通常情况下被认定为重要账户。一个账户或列报,其金额超过财务报表整体重要性越多,该账户或列报被认定为重要账户或列报的可能性就越大。但是,一个账户或列报的金额超过财务报表整体重要性,并不必然表明其属于重要账户或列报,因为注册会计师还需要考虑定性的因素。同理,定性的因素也可能导致注册会计师将低于财务报表整体重要性的账户或列报认定为重要账户或列报。

2. 从定性的角度

尽管某些账户或列报在金额上并不重大,但注册会计师可能因为其受固有风险或舞弊风险的影响而将其确定为重要账户或列报。这些固有风险或舞弊风险很可能导致重大错报(该错报单独或连同其他错报将导致财务报表发生重大错报)。例如,某负债类账户很可能被显著低估,则该负债类账户应被确定为重要账户。

3. 评价财务报表项目及附注的错报风险因素

为识别重要账户、列报及其相关认定,注册会计师应当从下列方面评价财务报表项目及附注的错报风险因素。

(1)账户的规模和构成,易于发生错报的程度。
(2)账户或列报中反映的交易的业务量、复杂性及同质性。
(3)账户或列报的性质。
(4)与账户或列报相关的会计处理及报告的复杂程度。
(5)账户中反映的交易或余额遭受损失的风险。
(6)账户或列报中反映的活动引起重大或有负债的可能性。
(7)账户记录中是否涉及关联方交易。
(8)账户或列报的特征与前期相比发生的变化。

(四)了解潜在错报的来源并识别相应的控制

在内部控制审计中,注册会计师应当实施程序以了解被审计单位流程中可能导致潜在错报的来源和识别管理层为应对这些潜在错报风险而执行的控制。

1. 了解潜在错报的来源

注册会计师应当实现下列目标,以进一步了解潜在错报的来源,并为选择拟测试的控制奠定基础,应亲自执行能够实现上述目标的程序,或对提供直接帮助的人员的工作进行督导。

（1）了解与相关认定有关交易的处理流程，包括这些交易如何生成、批准、处理及记录。

（2）验证注册会计师识别出的业务流程中可能发生重大错报（包括由于舞弊导致的错报）的环节。

（3）识别被审计单位用于应对这些错报或潜在错报的控制。

（4）识别被审计单位用于及时防止或发现并纠正未经授权的、导致重大错报的资产取得、使用或处置的控制。

2. 实现目标的主要程序：穿行测试

穿行测试通常是实现上述目标和评价控制设计的有效性以及确定控制是否得到执行的有效方法。穿行测试是指追踪某笔交易从发生到最终被反映在财务报表中的整个处理过程。穿行测试的作用主要在于：①确认对交易的整个过程、财务报告内部控制的设计、可能发生的交易类型、关联方交易的影响等事项的了解是否正确；②识别被审计期间业务流程发生的所有重大变化及性质对相关账户的影响；③评估控制的有效性；④确认控制是否得到执行；⑤确认注册会计师需要就哪些控制的运行有效性获取证据。所以当被审计单位存在较高固有风险的复杂领域；以前年度审计中识别出有缺陷（需要考虑缺陷的严重程度）的领域；引入新的人员、新的系统、收购和采取新的会计政策而导致流程发生重大变化时，注册会计师就要考虑使用穿行测试以确认内部控制设计和执行的有效性。主要程序包括以下几点。

（1）向实际执行控制的人员进行询问。

（2）观察控制的执行。

（3）查阅在执行控制时使用的或由于执行该控制而生成的文件。

（4）将支持性文件（如销售发票、合同和提货单）与会计记录进行比较。

（五）选择拟测试的控制

注册会计师应当对被审计单位的控制是否足以应对评估的每个相关认定的错报风险形成结论。因此，注册会计师应当选择对形成这一评价结论具有重要影响的控制进行测试，注册会计师没有必要测试与某项相关认定无关的控制。在确定是否测试某项控制时，注册会计师应当考虑该项控制单独或连同其他控制，是否足以应对评估的某项相关认定的错报风险。

在选择关键控制时，注册会计师需要考虑：①哪些控制是不可缺少的？②哪些控制直接针对相关认定？③哪些控制可以应对错误或舞弊导致的重大错报风险？④控制的运行是否足够精确？注册会计师需要通过职业判断选取关键控制。注册会计师应当选择测试那些对形成内部控制审计意见具有重大影响的控制。对于与所有重要账户和列报相关的相关认定，注册会计师都需要取得关于控制设计和运行是否有效的证据。如果存在多个控制均可应对相关认定有关的重大错报风险，注册会计师通常会选择那个（些）能够以最有效的方式予以测试的控制。

（六）测试控制的有效性

1. 注册会计师应当测试控制设计的有效性

如果某项控制由拥有有效执行控制所需的授权和专业胜任能力的人员按规定的程序和要求执行，能够实现控制目标，从而有效地防止或发现并纠正可能导致财务报表发生重大错报的错误或舞弊，则表明该项控制的设计是有效的。

内部控制的有效性包括内部控制设计的有效性和内部控制运行的有效性。注册会计师还应当测试控制运行的有效性。如果某项控制正在按照设计运行、执行人员拥有有效执行控制所需的授权和专业胜任能力，能够实现控制目标，则表明该项控制的运行是有效的。

2. 注册会计师获取的有关控制运行有效性的审计证据

注册会计师获取的有关控制运行有效性的审计证据包括以下几点。

（1）控制在所审计期间的相关时点是如何运行的。
（2）控制是否得到一贯执行。
（3）控制由谁或以何种方式执行。

3. 与内部控制相关的风险影响因素

在测试所选定控制的有效性时，注册会计师应当根据与控制相关的风险，确定所需获取的审计证据。与控制相关的风险越高，注册会计师需要获取的审计证据就越多。下列因素影响与某项控制相关的风险。

（1）该项控制拟防止或发现并纠正的错报的性质和重要程度。
（2）相关账户、列报及其认定的固有风险。
（3）交易的数量和性质是否发生变化，进而可能对该项控制设计或运行的有效性产生不利影响。
（4）相关账户或列报是否曾经出现错报。
（5）企业层面控制（特别是监督其他控制的控制）的有效性。
（6）该项控制的性质及其执行频率。
（7）该项控制对其他控制（如控制环境或信息技术一般控制）有效性的依赖程度。
（8）执行该项控制或监督该项控制执行的人员的专业胜任能力，以及其中的关键人员是否发生变化。
（9）该项控制是人工控制还是自动控制。
（10）该项控制的复杂程度，以及在运行过程中依赖判断的程度。

在连续审计中，影响与控制相关风险的因素除上述因素外，还包括以下几个。

（1）以前审计所执行的审计程序的性质、时间安排和范围。
（2）以前审计控制测试的结果。
（3）自上次审计以来控制或流程是否发生变化。

（七）确定测试的性质、时间和范围

注册会计师通过测试控制有效性获取的证据，取决于实施程序的性质、时间安排和范围的组合。就单项控制而言,注册会计师应当根据与该项控制相关的风险,适当确定实施程序的性质、时间安排和范围,以获取充分、适当的证据。

1. 控制测试的性质

测试控制有效性实施的程序,其性质就是选择的测试内部控制有效性的审计程序。测试控制有效性的审计程序的类型包括询问、观察、检查和重新执行,如表22-4所示。

表22-4 测试控制有效性的审计程序

程序	含义	适用情况	注意事项
询问	以书面或口头方式,向被审计单位内部或外部的知情人员获取信息,并对答复进行评价的过程	对其他审计程序的补充;广泛应用于整个审计过程中	在讨论中注册会计师要注意保持职业怀疑态度。但是,仅实施询问程序不能为某一特定控制的有效性提供充分、适当的证据。必须和其他测试手段结合使用才能发挥作用
观察	察看相关人员正在从事的活动或实施的程序	测试运行不留下书面记录的有效方法;可提供执行有关过程或程序的审计证据	观察所提供的审计证据仅限于观察发生的时间点,而且被观察人员的行为可能因观察而受到影响,这也会使观察提供的审计证据受到限制
检查	对被审计单位内部或外部生成的,以纸质、电子或其他介质形式存在的记录和文件进行审查,或对资产进行实物审查	用于确认控制是否得以执行	检查记录和文件可以提供可靠程度不同的审计证据,审计证据的可靠性取决于记录或文件的性质和来源,在检查内部记录和文件时,其可靠性取决于生成该记录或文件的内部控制的有效性
重新执行	注册会计师独立执行原本作为被审计单位内部控制组成部分的程序或控制	当综合运用询问、观察和检查证据仍无法获取充分、适当证据时,注册会计师才考虑通过重新执行以证实控制是否有效运行	重新执行的目的是评价控制的有效性而不是测试特定交易或余额的存在或准确性,因此一般不必选取大量的项目,也不必特意选取金额重大的项目进行测试

2. 控制测试的时间

对控制有效性的测试涵盖的期间越长,提供的控制有效性的审计证据越多。对于内部控制审计业务,注册会计师应当获取内部控制在基准日之前一段足够长的期间内有效运行的审计证据。对控制有效性测试的实施时间越接近基准日,提供的控制有效性的审计证据越有力。

3. 控制测试的范围

注册会计师在测试控制的运行有效性时,应当在考虑与控制相关的风险的基础上,确定测试的范围(样本规模)。注册会计师确定的测试范围,应当足以使其能够获取充分、适当的审计证据,为基准日内部控制是否存在重大缺陷提供合理保证。

对于发现的控制运行偏离设计的情况(控制偏差),注册会计师需要考虑该偏差对所测试控制的相关风险评估、需要获取的审计证据及控制运行有效性结论的影响。评价控制偏差的影响需要注册会计师运用职业判断,并受到控制的性质和所发现偏差数量的影响。如果发现的控制偏差是系统性偏差或人为意造成的偏差,注册会计师应当考虑是否存在舞弊的迹象及对审计方案的影响。

三、评价控制缺陷

内部控制缺陷按其成因分为设计缺陷和运行缺陷。按其影响程度分为重大缺陷、重要缺陷和一般缺陷。注册会计师应当评价其识别的各项控制缺陷的严重程度,以确定这些缺陷单独或组合起来,是否构成重大缺陷。

在确定一项内部控制缺陷或多项内部控制缺陷的组合是否构成重大缺陷时,注册会计师应当评价补偿性控制(替代性控制)的影响。企业执行的补偿性控制应当具有同样的效果。

四、完成审计工作

在完成内部控制审计工作阶段,主要任务包括获取管理层书面声明、与企业沟通内部控制审计过程中识别的控制缺陷和对内部控制形成初步意见等相关事项。

(一)获取管理层书面声明

注册会计师需要取得经企业认可的书面声明,书面声明需要包括下列内容。

(1)企业董事会认可其对建立健全和有效实施内部控制负责。

(2)企业已对内部控制的有效性做出自我评价,并说明评价时采用的标准以及得出的结论。

(3)企业没有利用注册会计师执行的审计程序及其结果作为自我评价的基础。

(4)企业已向注册会计师披露识别出的内部控制所有缺陷,并单独披露其中的重大缺陷和重要缺陷。

(5)对于注册会计师在以前年度审计中识别的、已与审计委员会沟通的重大缺陷和重要缺陷,企业是否已经采取措施予以解决。

(6)在企业内部控制自我评价基准日后,内部控制是否发生重大变化,或者存在对内部控制具有重要影响的其他因素。

此外,书面声明中还包括导致财务报表重大错报的所有舞弊,以及不会导致财务报表重大错报,但涉及管理层和其他在内部控制中具有重要作用的员工的所有舞弊。如果企业拒绝提供或以其他不当理由回避书面声明,注册会计师需要将其视为审计范围受到限制,并解除业务约定或出具无法表示意见的内部控制审计报告。同时,注册会计师需要评价企业拒绝提供书面声明对其他声明(包括在财务报表审计中获取的声明)的可靠性产生的影响。

(二)与企业沟通相关事项

在内控审计的最后阶段,注册会计师还应与企业管理层沟通审计过程中识别的所有内部控制缺陷。注册会计师对在审计过程中注意到的非财务报告内部控制缺陷,应当区别具体情况予以处理。

1. 重大缺陷

注册会计师需要以书面形式与企业董事会和经理层沟通,提醒企业加以改进;同时应当在内部控制审计中增加非财务报告内部控制重大缺陷描述段,对重大缺陷的性质及其对实现相关控制目标的影响程度进行披露,提示内部控制审计报告使用者注意相关风险。

2. 重要缺陷

注册会计师需要以书面形式与企业董事会和经理层沟通,提醒企业加以改进,但无须在内部控制审计报告中说明。

3. 一般缺陷

注册会计师应当与企业进行沟通,提醒企业加以改进,但无须在内部控制审计报告中说明。

虽然并不要求注册会计师执行足以识别所有控制缺陷的程序,但是,注册会计师需要沟通其注意到的内部控制的所有缺陷。如果发现企业存在或可能存在舞弊或违反法规的行为,注册会计师需要按照有关审计准则的规定,确定并履行自身的责任。

五、出具审计报告

在完成内部控制审计工作后,注册会计师应当出具内部控制审计报告。注册会计师需要在审计报告中清楚地表达对内部控制有效性的意见,并对出具的审计报告负责。

(一)标准内部控制审计报告

当注册会计师出具的无保留意见的内部控制审计报告不附加其他事项段、强调事项段或任何修饰性用语时,该报告称为标准内部控制审计报告。

如果符合下列所有条件,注册会计师应当对内部控制出具无保留意见的内部控制审计报告。

(1)在基准日,被审计单位按照适用的内部控制标准的要求,在所有重大方面保持了有效的内部控制。

(2)注册会计师已经按照《内控审计指引》的要求计划和实施审计工作,在审计过程中未受到限制。

标准内部控制审计报告包括下列要素。

(1)标题。内部控制审计报告的标题统一规范为"内部控制审计报告"。

(2)收件人。内部控制审计报告的收件人是指注册会计师按照业务约定书的要求致送内部控制审计报告的对象,一般是指审计业务的委托人。内部控制审计报告需要载明收件人的全称。

(3)引言段。内部控制审计报告的引言段说明企业的名称和内部控制已经审计。

(4)企业对内部控制的责任段。企业对内部控制的责任段说明,按照《企业内部控制基本规范》《企业内部控制应用指引》《企业内部控制评价指引》的规定,建立健全和有效实施内部控制,并评价其有效性是企业董事会的责任。

(5)注册会计师的责任段。注册会计师的责任段说明,在实施审计工作的基础上,对财务报告内部控制的有效性发表审计意见,并对注意到的非财务报告内部控制的重大缺陷进行披露是注册会计师的责任。

(6) 内部控制固有局限性的说明段。内部控制无论如何有效，都只能为企业实现控制目标提供合理保证。内部控制实现目标的可能性受其固有限制的影响，包括：①在决策时人为判断可能出现错误和因人为失误而导致内部控制失效；②控制的运行也可能无效；③控制可能由于两个或更多的人员进行串通舞弊或管理层不当地凌驾于内部控制之上而被规避；④在设计和执行控制时，如果存在选择执行的控制以及选择承担的风险，管理层在确定控制的性质和范围时需要做出主观判断。因此，注册会计师需要在内部控制固有局限性的说明段说明，内部控制具有固有局限性，存在不能防止和发现错报的可能性。此外，由于情况的变化可能导致内部控制变得不恰当，或对控制政策和程序遵循的程度降低，根据内部控制审计结果推测未来内部控制的有效性具有一定风险。

(7) 财务报告内部控制审计意见段。审计意见段应当说明企业按照《企业内部控制基本规范》和相关规定在所有重大方面保持了有效的财务报告内部控制。

(8) 注册会计师的签名和盖章。

(9) 会计师事务所的名称、地址及盖章。

(10) 报告日期。审计报告的日期不应早于注册会计师获取充分、适当的审计证据（包括董事会认可对内部控制及评价报告的责任且已批准评价报告的证据），并在此基础上对内部控制的有效性形成审计意见的日期。如果内部控制审计和财务报表审计整合进行，注册会计师对内部控制审计报告和财务报表审计报告需要签署相同的日期。

标准内部控制审计报告的参考格式如下。

内部控制审计报告

××股份有限公司全体股东：

按照《企业内部控制审计指引》及中国注册会计师执业准则的相关要求，我们审计了××股份有限公司（以下简称"××公司"）20××年×月×日的财务报告内部控制的有效性。

一、企业对内部控制的责任

按照《企业内部控制基本规范》《企业内部控制应用指引》《企业内部控制评价指引》的规定，建立健全和有效实施内部控制，并评价其有效性是企业董事会的责任。

二、注册会计师的责任

我们的责任是在实施审计工作的基础上，对财务报告内部控制的有效性发表审计意见，并对注意到的非财务报告内部控制的重大缺陷进行披露。

三、内部控制的固有局限性

内部控制具有固有局限性，存在不能防止和发现错报的可能性。此外，情况的变化可能导致内部控制变得不恰当，或者对控制政策和程序遵循的程度降低，根据内部控制审计结果推测未来内部控制的有效性具有一定风险。

四、财务报告内部控制审计意见

我们认为，××公司按照《企业内部控制基本规范》和相关规定在所有重大方面保持了有效的财务报告内部控制。

五、非财务报告内部控制的重大缺陷

在内部控制审计过程中，我们注意到公司的非财务报告内部控制存在重大缺陷 [描述该缺陷的性质及其对实现相关控制目标的影响程度]。由于存在上述重大缺陷，我们提醒本报告使用者注意相关风险。需要指出的是，我们并不对公司的非财务报告内部控制发表意见或提供保证。本段内容不影响对财务报告内部控制有效性发表的审计意见。

会计师事务所	中国注册会计师：×××（签名并盖章）
（盖章）	中国注册会计师：×××（签名并盖章）
中国××市	20××年××月××日

（二）带强调事项段的无保留意见内部控制审计报告

当注册会计师认为财务报告内部控制虽不存在重大缺陷，但仍有一项或者多项重大事项需要提请内部控制审计报告使用者注意时，需要在报告中增加强调事项段予以说明。强调事项段的内容仅用于提醒内部控制审计报告使用者关注，并不影响对财务报告内部控制发表审计意见。带强调事项段的无保留意见内部控制审计报告的参考格式如下。

内部控制审计报告

××股份有限公司全体股东：

按照《企业内部控制审计指引》及中国注册会计师执业准则的相关要求，我们审计了××股份有限公司（以下简称"××公司"）20××年×月×日的财务报告内部控制的有效性。

["一、企业对内部控制的责任"至"五、非财务报告内部控制的重大缺陷"参见标准内部控制审计报告相关段落表述。]

六、强调事项

我们提醒内部控制审计报告使用者关注（描述强调事项的性质及其对内部控制的重大影响）。本段内容不影响已对财务报告内部控制发表的审计意见。

会计师事务所	中国注册会计师：×××（签名并盖章）
（盖章）	中国注册会计师：×××（签名并盖章）
中国××市	20××年××月××日

（三）否定意见的内部控制审计报告

注册会计师认为财务报告内部控制存在一项或多项重大缺陷的，除非审计范围受到限制，否则需要对财务报告内部控制发表否定意见。注册会计师出具否定意见的内部控制审计报告，还需要包括重大缺陷的定义、重大缺陷的性质及其对财务报告内部控制的影响程度。

内部控制审计报告

××股份有限公司全体股东：

按照《企业内部控制审计指引》及中国注册会计师执业准则的相关要求，我们审计了××股份有限公司（以下简称"××公司"）20××年×月×日的财务报告内部控制的有效性。

["一、企业对内部控制的责任"至"三、内部控制的固有局限性"参见标准内部控制审计报告相关段落表述。]

四、导致否定意见的重大缺陷，是指一个或多个控制缺陷的组合，可能导致企业严重偏离控制目标。[指出注册会计师已识别出的重大缺陷，并说明重大缺陷的性质及其对财务报告内部控制的影响程度。]

有效的内部控制能够为财务报告及相关信息的真实完整提供合理保证,而上述重大缺陷使公司内部控制失去这一功能。

五、财务报告内部控制审计意见

我们认为,由于存在上述重大缺陷及其对实现控制目标的影响,××公司未能按照《企业内部控制基本规范》和相关规定在所有重大方面保持有效的财务报告内部控制。

六、非财务报告内部控制的重大缺陷[参见标准内部控制审计报告相关段落表述。]

会计师事务所	中国注册会计师:×××(签名并盖章)
(盖章)	中国注册会计师:×××(签名并盖章)
中国××市	20××年××月××日

(四)无法表示意见的内部控制审计报告

注册会计师只有实施了必要的审计程序,才能对内部控制的有效性发表意见。注册会计师审计范围受到限制的,需要解除业务约定或出具无法表示意见的内部控制审计报告,并就审计范围受到限制的情况,以书面形式与董事会进行沟通。

注册会计师在出具无法表示意见的内部控制审计报告时,需要在内部控制审计报告中指明审计范围受到限制,无法对内部控制的有效性发表意见,并单设段落说明无法表示意见的实质性理由。注册会计师不应在内部控制审计报告中指明所执行的程序,也不应描述内部控制审计的特征,以避免对无法表示意见的误解。注册会计师在已执行的有限程序中发现财务报告内部控制存在重大缺陷的,需要在内部控制审计报告中对重大缺陷做出详细说明。

内部控制审计报告

××股份有限公司全体股东:

我们接受委托,对××股份有限公司(以下简称"××公司")20××年×月×日的财务报告内部控制进行审计。

[删除注册会计师的责任段,"一、企业对内部控制的责任"和"三、内部控制的固有局限性"参见标准内部控制审计报告相关段落表述。]

三、导致无法表示意见的事项[描述审计范围受到限制的具体情况。]

四、财务报告内部控制审计意见由于审计范围受到上述限制,我们未能实施必要的审计程序以获取发表意见所需的充分、适当证据。因此,我们无法对××公司财务报告内部控制的有效性发表意见。

五、识别的财务报告内部控制重大缺陷(如在审计范围受到限制前,执行有限程序未能识别出重大缺陷,则应删除本段)。

重大缺陷,是指一个或多个控制缺陷的组合,可能导致企业严重偏离控制目标。尽管我们无法对××公司财务报告内部控制的有效性发表意见,但在我们实施的有限程序的过程中,发现了以下重大缺陷:[指出注册会计师已识别出的重大缺陷,并说明重大缺陷的性质及其对财务报告内部控制的影响程度。]有效的内部控制能够为财务报告及相关信息的真实完整提供合理保证,而上述重大缺陷使××公司内部控制失去这一功能。

六、非财务报告内部控制的重大缺陷[参见标准内部控制审计报告相关段落表述。]

会计师事务所　　　　　　　　　中国注册会计师：×××（签名并盖章）
（盖章）　　　　　　　　　　　中国注册会计师：×××（签名并盖章）
中国××市　　　　　　　　　　　　　　　　　20××年××月××日

（五）期后事项

对于在企业内部控制自我评价基准日并不存在，但在该基准日之后至审计报告日之前，（以下简称"期后期间"）内部控制可能发生的变化，或出现其他可能对内部控制产生重要影响的因素，注册会计师应当询问是否存在这类变化或影响因素，并获取企业关于这些情况的书面声明。

注册会计师知悉对企业内部控制自我评价基准日内部控制有效性有重大负面影响的期后事项的，应当对财务报告内部控制发表否定意见。

注册会计师不能确定期后事项对内部控制有效性的影响程度的，需要出具无法表示意见的内部控制审计报告。

（六）记录审计工作

注册会计师应当编制内部控制审计工作底稿，完整记录内部控制审计工作情况。注册会计师应当在审计工作底稿中记录下列内容。

（1）内部控制审计计划及重大修改情况。
（2）相关风险评估和选择拟测试的内部控制的主要过程及结果。
（3）测试内部控制设计与运行有效性的程序及结果。
（4）对识别的控制缺陷的评价。
（5）形成的审计结论和意见。

第三节　企业内部控制审计案例分析

2016年财务报告和内部控制报告均被出具非标准审计意见的公司

一、基本情况

哈尔滨某股份有限公司是一家历史悠久、驰名中外的老字号企业，创建于1900年，先后由沙俄资本家、英国汇丰银行、日本商人和苏联政府经营，于1953年10月有偿移交我国。该公司被接收经营后，为适应市场经济需求，满足人民生活，先后进行了4次扩建改造。1992年经哈尔滨市体改委和中国人民银行哈尔滨市分行批准，以该公司为主体，中国工商银行哈尔滨分行、信托投资公司和哈尔滨证券公司共同发起设立股份有限公司，1996年3月6日经中国证监会批准，向社会公开发行人民币普通股27 000 000股，公司总股本增至102 100 000股。该集团公司现已发展成为一个以商业为主的集团化、现代化大型商业零售企业，获得中国商业名牌企业等各种荣誉称号，并被命名为"中华老字号"，是黑龙江省唯一一家商业上市公司。然而这样一家公司，2016年的内部控制审计被某会计师事务所出具了否定意见。该集团公司财务审计与内部控制审计机构都是这家会计师事务所，属于整合审计，并且是连续审计。该集团公司董事会同意内部控制审计报告中注册会计师的意见，公司管理层识别出上述重大缺陷，并将其包含在公司内部控制评价报告中，公司董事会承诺将加强内部控制管理，完善制度，落实各项问题的整改措施。

二、导致否定意见的事项

导致否定意见的事项段原文内容如下：

导致否定意见的事项重大缺陷，是指一个或多个控制缺陷的组合，可能导致企业严重偏离控制目标。在此次审计中，我们识别出该集团公司（含子公司）的财务报告内部控制存在以下重大缺陷。

（1）该集团公司与某信托股份有限公司签订了资金信托合同，于2016年12月23日购买信托产品120 000万元。于2017年2月15日收回了该信托产品资金。对于重大资金投放及收回，公司决策层缺少统筹安排及事前详细的尽职调查，未进行风险评估。

（2）2015年该集团公司定向募集资金净额42 742.39万元，存放于天津孙公司C兴业银行天津分行专户内。2015年累计投入募集资金总额30 503万元，其中支付采购款30 000万元给深圳子公司B。2015年11~12月深圳子公司B收到款项后支付给深圳D公司27 000万元，2015年12月31日深圳D公司退款给深圳子公司B 27 000万元（农商银行天津滨海分行账户）。2016年3月7日深圳子公司B从农商银行天津滨海分行账户支付关联方E公司16 000万元，3月31日关联方E公司还款16 000万元。2016年3月31日至4月间深圳子公司B退款给天津孙公司C 28 018万元，该资金没有退还至募集资金专户，未在非经营性资金占用及其他关联资金往来情况汇总表中进行披露。该事项表明该集团公司对募集资金管理及资金管理使用方面的内部控制存在缺陷。

（3）天津孙公司C对存货采购入库、销售出库及货物运输管理未能按照内部控制管理制度执行，公司对存货的内部控制存在缺陷。

（4）该集团公司的银行开户清单中有在天津银行金盛支行开立账户且有发生额，但财务账面没有记录，该账户于2016年5月26日销户，销户金额24元。该集团公司未能对公司开立的银行账户进行定期检查，该事项表明会计管理制度中与保证经济业务完整、全面记录相关的控制存在缺陷。

（5）2015年该集团公司设立全资子公司北京网络科技有限公司，于2016年12月转让给F公司。该集团公司对该子公司（网络科技公司）在2015年至2016年期间业务的开展、会计核算等状况不清楚。该事项表明该集团公司未能对子公司实施有效控制，对子公司控制管理存在缺陷。

有效的内部控制能够为财务报告及相关信息的真实完整提供合理保证，而上述重大缺陷使该集团公司内部控制失去这一功能。该集团公司管理层已识别出上述重大缺陷，并将其包含在企业内部控制评价报告中，但未在所有重大方面得到公允反映。在该集团公司2016年财务报表审计中，我们已经考虑了上述重大缺陷对审计程序的性质、时间安排和范围的影响。

【案例分析】

操作有效的内部控制措施，对授权审批控制、会计系统控制、财产保护控制、预算控制、运营分析控制和绩效考评控制等提出了严格规范的要求，进一步强化了对财务报告信息和其他管理信息的约束，提高了企业资源管理与利用的安全性和有效性，为维护投资者和社会公众利益提供了有力支持。有利于保证企业经营管理合法合规、资产安全、财务报告及相关信息真实完整，提高经营效率和效果，促进企业实现发展战略。反之，当企业内部控制存在重大缺陷，企业经营的内部环境难以保障内部控制的有效实施，特别是企业高管层面对内部控制缺乏重视、越权审批、例外行为，不仅会导致内部控制制度流于形式，影响企业经营效率，也不可避免地会影响企业财务报告信息质量。而内部控制审计通过及时发现企业内部控制中存在的问题，可在内外两个方面提供帮助：一方面，通过与管理者就相关事项进行及时沟通，有助于企业完善内部控制；另一方面，就审计中发现的财务报告内部控制重大缺陷或非财务报告重大缺陷发布审计意见，有利于外部投资者及时了解企业内部控制相关信息，有助于更好地投资决策，促进资本市场监控发展。尽管某会计师事务所对哈尔滨某股份有限公司2016年财务报表的审计出具了保留意见，对财务报告内部控制审计出具了否定意见，但是哈尔滨某股份有限公司2017年4月的一份公告表示，将继续聘请这家会计事务所对财务报告和财务报告内部控制进行审计。

1. 内部控制审计有利于推动企业强化内部控制建设

事务所在对企业内部控制发表非标准审计意见时会指明导致该意见的具体事项，并与管理者沟通，对于那些采取控制相关措施就可以解决的内部控制问题，直接整改。例如，哈尔滨某股份有限公司对子公司存货采购入库、销售出库及货物运输管理未能按照内部控制管理制度执行的内部控制缺陷，哈尔滨某股份有限公司通过采取在上述子公司增加财务软件的存货模块、录入存货明细账、按期进行盘点等内控措施，就可以实现对存货账目的有效控制监督。另外，对于那些涉及面广、深层次的问题，尽管不可能一蹴而就，却能通过审计信息披露促使企业在内外部共同监督下不断完善。例如，2011年哈尔滨某股份有限公司涉及的一个诉讼案件，就是公司大股东在未经股东大会批准、也没有相关权限的情况下将上市公司重大资产出售导致的，暴露出公司治理机制、内部控制存在的严重问题。而会计师事务所将内部控制重大缺陷在审计报告中披露出来，提示报表使用者注意，有利于促使企业尽快从根本上完善其内部控制。

2. 保护投资者权益

内部控制是推动企业内部各项规章制度令行禁止的重要机制保障。无论对于巩固企业防范风险舞弊的"防火墙"，还是铸牢促进资本市场健康稳定发展的"安全网"，内部控制都将发挥十分重要的基础作用。审计报告提出非标准审计意见，一般说明企业内部控制存在问题的严重程度足以影响投资者对企业投资决策，因而相关问题的披露有助于投资者合理决策。例如，募集资金的存放和使用存在不规范的情形，哈尔滨某股份有限公司违反了《上海证券交易所上市公司募集资金管理办法（2013年修订）》《募集资金管理制度》等规定存放和使用募集资金，相关募集资金的使用未能严格按照《募集资金管理制度》履行上市公司相关审批程序以及信息披露义务。内部审计信息披露后，在政府相关部门的监管下，相关募集资金已经返还至募集资金专户，有利于保护外部投资者权益,维护资本市场效率。

3. 内部控制有效性不仅包括内部控制设计的有效性还包括执行的有效性

内部控制缺陷按成因可分为设计缺陷和执行缺陷。完善的内部控制,首先,需要企业根据自身的经营活动和内外部环境,建立合理的内部控制制度;其次,在经营管理过程中,要严格执行相应的内部控制制度;最后,企业要根据内外部环境的变化,和已有内部控制制度执行反馈的信息不断完善内部控制制度。如果建立的内部控制制度不执行,特别是管理者凌驾于内部控制制度之上,对于重大投资、资产处置和交易活动决策机制缺乏有效的控制,无疑会导致严重的问题。

4. 内部控制重大缺陷对财务报表信息质量影响

有效的内部控制能够为财务报告及相关信息的真实完整提供合理保证,而上述重大缺陷使哈尔滨某股份有限公司内部控制失去这一功能。尽管哈尔滨某股份有限公司管理层认为他们已识别出上述重大缺陷,并将其包含在企业内部控制评价报告中,但正如承担审计的会计师所述,未在所有重大方面得到公允反映,导致其对公司财务报告发表了保留意见的审计报告。

5. 完善内部控制是董事会的责任

尽管公司因为内部控制存在的缺陷,遭到了事务所出具的否定意见的审计报告,同时,还被相关监管部门惩处,但这只是外部的作用。要真正发挥内部审计职能作用,实现内部控制提高经济效率、保护资产安全、保证企业经营管理合法合规、保证财务报告及相关信息真实完整等目标,还需要公司完善公司治理,深入评价揭示公司内部控制存在的缺陷,主动健全和有效实施内部控制。

本 章 小 结

企业内部控制及相关评价信息对于外部投资者更好地了解企业、进行有效决策能够提供更多的信息,然而其作用的发挥依赖于相关信息的真实可靠性,需要独立的专业机构的鉴证,此即内部控制审计的意义所在。安然事件后《萨班斯法案》的颁布推动了内部控制审计的全面发展。建立健全和有效实施内部控制,评价内部控制的有效性是企业董事会的责任;在实施审计工作的基础上对内部控制的有效性发表审计意见,是注册会计师的责任。内部控制审计程序主要有计划审计工作、实施审计工作、评价控制缺陷、完成审计工作、出具审计报告。在内部控制审计中,注册会计师在识别重要账户、列报及其相关认定时应当评价的风险因素与财务报表审计中考虑的因素相同。因此,在这两种审计中识别的重要账户、列报及其相关认定应当相同。在完成内部控制审计工作后,注册会计师应当出具内部控制审计报告。内部控制审计报告分为四种类型:标准内部控制审计报告、带强调事项段的无保留意见内部控制审计报告、否定意见内部控制审计报告和无法表示意见内部控制审计报告。

复习思考题

一、简答题

1. 什么是内部控制审计？如何理解整合审计？
2. 简述企业内部控制责任与注册会计师审计责任的关系。
3. 计划审计工作中，注册会计师需要评价哪些重要事项？
4. 如何理解内部控制审计自上而下的方法？
5. 评价控制缺陷的基本规则是什么？表明可能存在重大缺陷的迹象有哪些？
6. 完成审计工作阶段主要包括哪些工作？

二、案例分析

2016年某会计师事务所对某文化公司出具了否定意见的内部控制审计报告，导致否定意见的事项段内容如下：导致否定意见的事项重大缺陷，是指一个或多个控制缺陷的组合，可能导致企业严重偏离控制目标。我们在审计的过程中，发现某文化公司全资子公司存在以下问题。

（1）子公司存在对预付的影视剧制作款或投资款监督不到位的情况。子公司存在未严格执行合同约定，对预付的影视剧制作款或投资款监督不到位的情况。影视剧未按进度拍摄，可能导致资金被合作方无偿占用，可能使上市公司利益受到损害，甚至可能面临资金无法安全收回的风险。该文化公司管理层已识别出上述问题，并积极采取措施进行整改。截至本报告日，子公司已经收回了尚未按进度拍摄的预付影视剧制作款或投资款，上述存在问题的内部控制已经得到有效整改，未对上市公司造成损失。

（2）子公司存在影视剧制作成本决算不及时的问题。合同约定子公司可向剧组委派财务人员，子公司未向剧组委派财务人员，剧组组建后承制方未定期向子公司提供项目财务报表，影视剧制作成本决算不及时，可能导致部分影视剧最终决算成本与预算成本存在重大差异，可能导致影视剧成本核算不准确、不完整。该文化公司管理层已识别出上述问题，并积极采取措施进行整改。截至本报告日，上述存在问题的内部控制已经得到有效整改。

有效的内部控制能够为财务报告及相关信息的真实完整提供合理保证，而上述重大缺陷使该文化公司内部控制失去这一功能。该文化公司管理层已识别出上述重大缺陷，并将其包含在企业内部控制评价报告中。上述缺陷在所有重大方面得到公允反映。在该文化公司2016年财务报表审计中，我们已经考虑了上述重大缺陷对审计程序的性质、时间安排和范围的影响。本报告并未对我们在2017年4月27日对该公司2016年财务报表出具的审计报告产生影响。

要求：

结合案例分析内部控制审计报告和财务报告审计报告的关系，整合审计的优势和劣势有哪些？

参 考 文 献

陈汉文，池国华. 2015. CEO 内部控制：基业长青的奠基石 [M].北京：北京大学出版社.

陈皓，刘扬帆，高垚. 2015-06-22. 子公司违规担保的罪与罚[N]. 财会信报.（5）.

池国华. 2009. 企业内部控制规范实施机制构建:战略导向与系统整合[J]. 会计研究（9）：66-71.

池国华. 2010. 内部控制学[M]. 北京：北京大学出版社.

崔瑶. 2014. 新华制药内控失效案例分析[J]. 商（8）：18.

董希淼. 2017-07-10. 反思乐视多元化战略——它败在了哪里？[EB/OL].新浪综合.

方红星，池国华. 2014. 内部控制 [M]. 2 版. 大连：东北财经大学出版社.

贾文韬，贾瑞敏. 2017.金亚科技内部控制缺陷案例研究——以大股东资金占用和投资管理不善为视角[J]. 河北企业（7）：14-15.

李三喜. 2010. 三泰公司发展战略内部控制案例及分析[J]. 中国内部审计（12）：46-47.

林野萌. 2016. 内部控制缺陷与内部控制评价[M]. 厦门：厦门大学出版社.

刘玉廷. 2010. 全面提升企业经营管理水平的重要举措——《企业内部控制配套指引》解读[J].会计研究（5）：3-16.

企业内部控制编审委员会. 2017. 企业内部控制基本规范及配套指引案例讲解（2017 年版）[M]. 上海：立信会计出版社.

王怡心. 2013. COSO 2013 的"内部控制"定义[J]. 中国内部审计（6）：47-48.

袭杰，方时雄. 2006. 企业内部控制：理论、方法与案例[M].杭州：浙江大学出版社.

杨有红，李宇立. 2011.内部控制缺陷的识别、认定与报告[J].会计研究（3）：76.

郑石桥，徐国强，邓柯，等. 2009. 内部控制结构类型、影响因素及效果研究[J]. 审计研究(1)：81-86.

朱荣恩，应敏，袁敏. 2005. 企业内部控制制度设计[M]. 上海：上海财经大学出版社.

Root Steven J. 2004. 超越 COSO：加强公司治理的内部控制[M]. 付涛，译. 北京：清华大学出版社.

Daniela Petraşcu, Attila Tamaş. 2013.Internal audit versus internal control and coaching[J]. Procedia Economics and Finance，6：694-702.

Jokipii Annukka. 2010. Determinants and consequences of internal control in firms：a contingency theory based analysis[J]. Journal of Management & Governance，14(2)：115.

Jones Michael John. 2008. Internal control, accountability and corporate governance[J]. Accounting, Auditing & Accountability Journal, 21(7)：1052-1075.